ST. PETERSBURG I
1:36.200
Meter = 2 Kilometer
Sashen = 2 Werst
Pferdebahnen
Eisenbahnen
Halteplätze der Dampfer
Per.=Pereulok
Wiborg
Forst-Institut
Polytechnikum
Kuschelewka
Finnländ. Bhf.
Taurischer Garten
Smolnyj Kloster
Marsso woje Pole
Michailow. Garten
Preobrashenskij Platz
Nikolai-Bhf.
Alexander Baracken Krankenhaus
Alexander Newskij Kl.
Groß Ochta
Kl.-Ochta
Zaren-Pl.
Torgowaja
Nikolaus Armenhaus
Wolkowskij Kirchhof
Wolkowo Polje
Wolkowa Derewnja
Nowo Djewitschij Kloster
Gas-Anstalt
Zarskoje Sselo
Moskau
Murinka
Wagner & Debes, Leipzig.

CHRISTIAN NEEF

Der Trompeter von Sankt Petersburg

CHRISTIAN NEEF

Der Trompeter von Sankt Petersburg

Glanz und Untergang der Deutschen an der Newa

Siedler

MIX
Papier aus verantwortungsvollen Quellen
FSC® C014496

Verlagsgruppe Random House FSC® N001967

Erste Auflage

Umschlaggestaltung: FAVORITBUERO, München
Umschlagabbildung: Sankt Petersburg, Troizki-Brücke, um 1900,
Photochrom © akg-images
Vor- und Nachsatz: Karl Baedeker,
Russland nebst Teheran, Port Arthur, Peking, Leipzig 1912

Lektorat und Satz: Büro Peter Palm, Berlin
Karten: Peter Palm, Berlin
Reproduktionen: Aigner, Berlin
Druck und Bindung: GGP Media GmbH, Pößneck
Printed in Germany
ISBN 978-3-8275-0108-0

www.siedler-verlag.de

Dieses Buch ist auch als E-Book erhältlich.

Für meine Söhne Christian und Matthias,
die in Russland aufgewachsen sind

INHALT

Zweihundert Jahre lang haben Deutsche in Sankt Petersburg gewirkt, rund 50 000 von ihnen lebten dort. Sie haben Zaren, Regierungschefs und Minister gestellt, waren Mediziner und Architekten, Klavierbauer und Buchbinder, Brauer oder Bäcker. Vieles von ihrem Glanz verdankte die russische Residenz den Deutschen.

Der Untergang der deutschen Gemeinde begann mit dem Ersten Weltkrieg und der Revolution. Manche schafften noch die Flucht, die meisten der Zurückgebliebenen aber überlebten die nächsten Jahrzehnte nicht. Bei ihrem Versuch, aus der Sowjetunion die beste aller Welten zu machen, löschten die Bolschewiki fast die gesamte Elite aus, darunter auch die deutsche. Das einstige Petersburg war von dieser Tragödie besonders betroffen. Davon hat sich die Stadt bis heute nicht erholt. Petersburg hat nie mehr an seine große Vergangenheit anknüpfen können.

In einer Zeit, da Russland wieder auf Abschottung vom Westen setzt und sich selbst isoliert, ist es wichtig, sich daran zu erinnern: Auf Dauer können keine Stadt und kein Land, auch nicht Petersburg und Russland, abgewandt von der übrigen Welt gedeihen.

ORENBURG

Als der Musiker Oskar Böhme an diesem Julimorgen des Jahres 1935 in der Provinzstadt Orenburg aus dem Zug steigt, erfasst ihn eine eigenartige Beklemmung. Ist es Unbehagen, Angst oder Bitterkeit? Oft schon hat er fremde Städte betreten, mal neugierig, mal unsicher, aber nie hat er sich so verloren gefühlt. Es war wohl ein Fehler, nach Russland zu gehen, das gesteht er sich nun ein. Hier, in Orenburg, ist er am Tiefpunkt seines Lebens angelangt. Und doch nistet tief in seinem Innern noch immer Zuversicht, die Hoffnung, dass alles gut werden wird.

Böhme hat 72 Stunden auf der Bahn verbracht. Zuerst ging es 700 Kilometer von Leningrad nach Moskau und dann noch 1500 Kilometer Richtung Ural. Bei Samara, das seit Kurzem Kuibyschew heißt nach dem zu Jahresbeginn auf rätselhafte Weise verstorbenen Stalin-Mitstreiter Walerian Kuibyschew, überquerte der Zug die Wolga und nahm Kurs auf Orenburg an der kasachischen Grenze. Dort war Böhme ausgestiegen, obwohl er niemals in diese Stadt reisen wollte.

Schon das dreistöckige Bahnhofsgebäude lässt keinen Zweifel, dass hier eine andere Welt beginnt. Bunt vermischen sich bei dem Bau europäische Formenstrenge und asiatischer Prunk. Den Seitenflügeln sind grüne Kuppeln aufgesetzt, die an die Filzhüte turkestanischer Sultane erinnern und die ebenso in Samarkand oder Buchara stehen könnten. Es ist offensichtlich: Hier verabschiedet sich das Abendland und überlässt dem Orient das Feld. Vom Steilufer des Ural-Flusses, an dem die Stadt liegt, blickt man bereits in die kasachische Steppe. Der Fluss markiert die Grenze zwischen den Kontinenten.

Hier war das Russische Reich einst zu Ende, weswegen die Zarin Elisabeth an dieser Stelle 1743 die Festung Orenburg errichten ließ. Kasernen wurden gebaut, Artilleriehöfe und Militärschulen, Pulverkeller, Kaufhäuser, Zollstationen. Über Orenburg lief Russlands Handel nach Buchara, nach Afghanistan und Indien. Vor gar nicht langer Zeit zogen noch Kamelkarawanen durch die Stadt. Nach der Revolution war Orenburg für einige Jahre die Hauptstadt der Kirgisischen Sozialistischen

Sowjetrepublik, eines autonomen asiatischen Gebiets, das die Bolschewiki bei der Neuordnung ihres Reiches aus verschiedenen Provinzteilen zusammensetzten. Mit Kirgisien aber hatte die Republik wenig zu tun, denn in Wahrheit umfasste sie große Teile des jetzigen Kasachstans. Zu ihrem Namen kam sie wohl, weil die Russen die Kasachen fälschlich für Kirgisen hielten.

Gleich hinter dem Ural-Fluss beginnt der schier endlose Osten mit seinen unwirtlichen Steppen und weiten Wüsten. Das macht die Stadt zu einem idealen Verbannungsort für Menschen, die der Staat aus politischen Gründen nicht schätzt. Sich von hier in den Westen durchzuschlagen ist so gut wie unmöglich. Schon Nikolai II. ließ Marxisten der Sozialdemokratischen Arbeiterpartei und widerspenstige Sozialrevolutionäre daher gern ins Zwangsexil nach Orenburg schaffen. Seit sie die Macht haben, nutzen die Bolschewiki, die sich über diese zaristische Praxis immer empört hatten, die alte Feste am Ural ebenfalls als Verbannungsort. Kontakte der Bevölkerung zu den Verbannten sind nicht erwünscht.

Oskar Wilgelmowitsch Böhme, 65 Jahre alt, von Beruf Musiker, genauer gesagt Cornetist, ist ein nicht sehr großer Mann mit grauen, kurz geschorenen Haaren und grauem Schnurrbart. In seinem blaugestreiften Hemd steht er verloren auf dem Bahnhofsvorplatz von Orenburg. Er hat Zeit. Niemand erwartet ihn, jedenfalls niemand, der sich über seinen Besuch freuen würde. Der weite Platz hat nichts zu bieten, was dem Auge wohltun könnte. Böhme fühlt sich einsam und fremd. Dass er ein Verbannter ist, ahnen die Einheimischen schon, bevor er fragt, wie er zum ehemaligen »Amerikanischen Hotel« in der Straße des 9. Januar kommt. Dort befindet sich seit der Revolution die Filiale des NKWD, des Volkskommissariats für Inneres. Das weiß jeder in Orenburg. Ihre wichtigste Abteilung ist die GUGB, die Hauptverwaltung für Staatssicherheit. Bei der soll Böhme sich nach der Ankunft unverzüglich melden. Es bleibt ihm im Grunde auch gar nichts anderes übrig, wenn er nicht von der nächsten Polizeipatrouille festgesetzt werden will. Den sowjetischen Pass hat man ihm abgenommen, er besitzt nur einen Passersatz, eine »Bescheinigung für einen administrativ Ausgesiedelten«. Bei der Suche nach einer Wohnung, einer Anstellung, auf der Post – überall wird dieses Papier ihn als Aussätzigen ausweisen. Das Papier ist ein Kainsmal.

Die Gostinodworskaja uliza, gleich hinter dem großen Kaufhof gelegen, ist zu Beginn des vorigen Jahrhunderts eine der typischen Geschäftsstraßen in Orenburg und das Amerikanische Hotel mit seinen verspielten Türmchen auf der rechten Seite ein Symbol für den Aufstieg der Stadt. Der Millionär Ahmed-Bai Chusainow hat es erbaut, ein gebürtiger Tatare, der anfangs mit Lehmziegeln und den Fellen von Zieselmäusen gehandelt hatte. Aber bald war er zum Großgrundbesitzer aufgestiegen, hatte sich in Orenburg niedergelassen, der Schnittstelle zwischen orthodoxer und muslimischer Welt, und dort neben dem Hotel auch eine Moschee und eine Medrese erbaut. Die Bolschewiki benennen die Straße später um, nehmen dem Hotel die Türmchen und stocken es auf. Der Bau dient fortan als sowjetische und – bis in die heutige Zeit – als russische Geheimdienstzentrale.

Böhmes ganzes Gepäck besteht aus zwei Handkoffern. In dem größeren bewahrt er zwei weitere Schriftstücke, die er beim Geheimdienst vorzuzeigen hat. Das eine ist die Anklageschrift zur Akte 2778, unterzeichnet am 8. Juni 1935 vom stellvertretenden Chef des Leningrader NKWD, Nikolai Nikolajew. In ihr steht, der Musiklehrer Böhme habe in Leningrad gegen die kommunistische Führung des Landes gehetzt. »In seinen Unterrichtsstunden hat er seine feindliche Haltung zum sowjetischen Staatssystem zum Ausdruck gebracht, scharf den sozialistischen Aufbau kritisiert und so die Studentenschaft gegen die Sowjetmacht aufgebracht.« Am Schluss heißt es, Böhme habe seine Schuld »nicht eingestanden. Aber die Aussagen ehemaliger Schüler haben seine konterrevolutionäre Tätigkeit vollauf bestätigt.«[1]

Das zweite Papier nennt sich »Protokollauszug der Sonderberatung beim NKWD vom 20. Juni 1935«. Der Text umfasst lediglich drei Zeilen, sie lauten:

> Böhme, Oskar Wilgelmowitsch ist wegen der Beteiligung an einer konterrevolutionären Organisation für die Zeit von drei Jahren nach Orenburg zu schicken. Die Frist beginnt am 13.4.1935.[2]

Am 13. April, einem Sonnabend, war er verhaftet worden. Die Haft zählt also immerhin mit. Es hatte ein paar Verhöre gegeben, eine Gegenüberstellung, dann dieses Urteil, gefällt in seiner Abwesenheit von einem jener vierköpfigen Gremien aus Geheimdienst-, Polizei- und Parteifunktionären, die sich euphemistisch »Sonderberatungen« nennen, in Wahrheit aber Sondergerichte sind und mit einer ordentlichen Gerichtsbarkeit so wenig gemein haben »wie eine Schubkarre mit einem Automobil«,[3] wie der russische Schriftsteller und langjährige Gulaghäftling Warlam Schalamow sich dieser »Sonderberatungen« später erinnert.

Der kleinere Koffer, den Böhme bei sich hat, ist eher ein Köfferchen und etwas eigenartig geformt. In ihm befindet sich sein treuester Begleiter, das Instrument, das ihn vor 37 Jahren nach Russland geführt hat. Auf den ersten Blick sieht es aus wie eine versilberte Trompete, gleicht aber eher einem alten deutschen Posthorn, allerdings mit Ventilen. Kenner wüssten sofort, dass es sich um ein Cornet à pistons handelt, ein kleines Ventilhorn. Es wurde 1828 in Frankreich aus einem mit

Pumpventilen versehenen Posthorn entwickelt. Die Franzosen setzten es als Erste in ihren Militärkapellen ein. Im Gegensatz zur Trompete erzeugt das Cornet einen weichen, runden Ton. Schon im 19. Jahrhundert gab es zahlreiche Cornetisten, die mit ihrer stupenden Technik und ihren eingängigen Melodien die bürgerliche Musikwelt begeisterten. 1873 feierte Jean-Baptiste Arban, der französische Paganini des Cornets, in Sankt Petersburg triumphale Erfolge. Deutsche Cornetvirtuosen wie Hugo Türpe und Theodor Hoch wurden in den USA geschätzt, wo frühe Jazzmusiker wie Joe »King« Oliver oder Bix Beiderbecke das Instrument ebenfalls spielten, so wie jetzt Louis Armstrong, der neue Star des Jazz.

Oskar Böhme, 1870 in der Nähe von Dresden geboren, hat in Leipzig und Hamburg Musik studiert und wurde bereits mit 19 Jahren bei Konzerten gefeiert. Nach einem Engagement an der Königlichen Oper von Budapest wagt er den großen Sprung in Russlands musikversessene Hauptstadt Sankt Petersburg, wo er seine Karriere fortsetzen will. In Petersburg arbeitet er zunächst als Musiklehrer und Chorleiter, komponiert verschiedene Stücke und nimmt 1901 die russische Staatsbürgerschaft an. Im Jahr darauf erfüllt sich für ihn ein Traum: Er tritt in das Orchester des weltberühmten Marientheaters ein, der großen Petersburger Oper. 20 Jahre spielt er dort, wird während des Krieges Solist und zuvor sogar erblicher Ehrenbürger der Stadt. Dann aber fegen die Revolutionen über Petersburg hinweg, zuerst jene, die den Kaiser stürzt, dann die der Bolschewiki. Böhme bleibt, denn er ist ja nun russischer Untertan. Die politischen Stürme erfassen ihn, doch er bringt nicht die Energie auf, sich zu wehren oder zu flüchten. Eines Tages ist er sowjetischer Staatsbürger, so plötzlich, wie aus dem alten Petersburg zunächst Petrograd und dann Leningrad wurde.

Er schlägt sich wieder als Musiklehrer durch, spielt in einigen der verbliebenen Orchester und will nicht wahrhaben, dass sich am Horizont dunkle Wolken zusammenziehen, dass die Bolschewiki unter Josef Stalin die Bürger Russlands und erst recht Menschen mit nichtrussischen Namen terrorisieren. Petersburg – Petrograd – Leningrad, die Stadt, die er so liebt, die ihm Heimat geworden ist und in der er so wunderschöne Musik geschrieben hat, wird ihm schließlich zur Falle. 1930 verhaften die Kommunisten ihn zum ersten, knapp fünf Jahre später zum zweiten Mal.

Jetzt steht Oskar Böhme auf dem Bahnhofsplatz von Orenburg – ein Aussätziger, ein Verbannter. Glücklicherweise ist es Sommer, die Wärme macht die Ankunft in der Fremde etwas erträglicher. Angenehme 20 Grad sind es heute. Im Juli ist es hier gewöhnlich viel heißer, dann steigt das Thermometer bis auf 40 Grad. Trocken ist es aber schon jetzt, knochentrocken. Der warme Steppenwind wirbelt Staub und Dreck durch die Straßen und treibt die daunenweichen weißen Flocken der Pappeln so lange vor sich her, bis sie in großen Ballen im Rinnstein landen.

Böhme greift seine beiden Koffer. Er will die Stadt erforschen, will ein Gefühl für den Ort seiner Verbannung entwickeln, bevor er sich beim NKWD meldet. Er überquert den Platz und die anschließende Grünanlage, die beide den Kämpfern der Pariser Kommune gewidmet sind, auch in Orenburg hat die Revolution die alten Straßennamen verdrängt. Wo laut Böhmes Reiseführer die Kasaner Kathedrale stehen müsste, trifft die Straße im spitzen Winkel auf die Hauptstraße der Stadt, die Sowjetskaja uliza, die früher nach dem letzten Kaiser Nikolajewskaja hieß. Die Kirche gibt es nicht mehr, wie Böhme bald begreift. Nichts als ein Steinhaufen ist von ihr geblieben, Orenburgs neue Machthaber haben das Gotteshaus vor drei Jahren gesprengt. Ein paar Hundert Meter weiter sind Arbeiter damit beschäftigt, die Himmelfahrtskirche niederzulegen, ebenso das benachbarte Gebäude der Tauschbörse aus dem 18. Jahrhundert. Die Stadt ist überschaubar, sie hat keine 150 000 Einwohner. Deswegen sind die Wunden, die ihr jetzt geschlagen werden, schwer zu kaschieren. Die zweigeschossigen alten Kaufmannshäuser mit ihren Blechdächern, den verzierten Fenstergiebeln und den hell gestrichenen Fensterläden sind meist noch da, aber sie stehen jetzt wie Zahnstummel zwischen den in die Häuserzeilen geschlagenen Breschen.

Langsam geht Böhme die Sowjetskaja hinauf. Er trifft auf einige Passanten, Angestellte, die in ihre Behörden eilen. In einem Schaukasten hängt ein Bote die neueste Ausgabe der Lokalzeitung aus. Sie nennt sich *Orenburgskaja Kommuna – Orenburger Kommune* – und ist, wie im Zeitungskopf verkündet wird, das »Organ des Orenburger Gebietskomitees der Kommunistischen Allunionspartei (Bolschewiki), des Gebietsexekutivkomitees, des Stadtkomitees der Kommunistischen Allunionspartei (Bolschewiki) und des Stadtrates«. Die Pressevielfalt von einst ist längst dahin. Die zweite Zeitung, die es in der Stadt gibt, ist die *Bolschewistische Arbeitsschicht*, das »Organ des Orenburger Gebiets- und Stadtkomitees des Lenin'schen Kommunistischen Allunions-Jugendverbandes (WLKSM)«.

Die vier Seiten der *Orenburger Kommune* sind eine einzige Bleiwüste, gedruckt auf miserablem Papier. Auf den Feingeist Böhme, der sich die Welt emotional, bildhaft, intuitiv erschließt, wirkt ihre grammatikalisch verquere Sprache mit den unzähligen Substantiven und Genitivketten wie Folter. Von der beginnenden Erntekampagne wird berichtet, davon, dass sich Orenburg auf den Aufruf der Parteiführung hin zur Teilnahme am unionsweiten Wettbewerb zur Einbringung hochwertigen Getreides und gleichzeitig zur vorzeitigen Planerfüllung verpflichtet habe, aber noch längst nicht alle Mähdrescher einsatzbereit seien. 2,4 Millionen Hektar seien rund um Orenburg bestellt. Im Stadttheater habe es ein Treffen von Kolchosaktivisten gegeben. Berichte aus Moskau feiern die Inbetriebnahme der ersten Metrolinie und die Rede Stalins zu ihrer Eröffnung. Ein Film davon werde demnächst im Orenburger Kino »Oktjabr« – Oktober – zu sehen sein. Was Böhme wirklich interessiert, steht im Kleingedruckten. Er liest, dass das Neujahrsfest und die Neujahrstanne – beides bislang als »religiöser Irrwahn« abgetan – wieder zugelassen werden und dass die Lebensmittelkarten für Brot und Mehl abgeschafft sind. Das ist für ihn, den Verbannten und Arbeitslosen, von geradezu existenzieller Bedeutung. Er ist in Orenburg nicht gemeldet, er hat noch nicht einmal eine Unterkunft. Wie soll er da Lebensmittelkarten bekommen? In den nächsten Monaten, so hat er im Zug von Mitreisenden gehört, könnten auch die Karten für Fleisch, Fisch, Zucker, Fett und Kartoffeln abgeschafft werden.

Böhme wendet sich zum Ural-Fluss, kommt am Dramentheater vorbei – Gogols *Revisor* geben sie gerade –, dann an der alten Junkerschule, wo Weißgardisten im Bürgerkrieg 1918 über 100 Rotgardisten – den gesamten Stadtrat samt Familien – abgeschlachtet haben. Schließlich steht er am Ufer des Ural, wo einst der Orenburger Gouverneur residierte. Sein Blick wandert hinüber zum dichten Birkenwald am anderen Ufer und dann weit hinein ins kasachische Land. Doch Böhme hält sich nicht lange auf. Er will noch zwei Adressen aufsuchen, wo er Arbeit zu finden hofft: die Musikschule und das größte Filmtheater der Stadt, das »Oktober«. Die Musikschule findet er nicht, aber schräg gegenüber der Himmelfahrtskirche, in der Uliza Sowjetskaja Nr. 36, entdeckt er das Kino, einen dreistöckigen vorrevolutionären Bau. *Liebe und Hass* steht heute auf dem Programm, ein Drama aus dem Bürgerkrieg, Beginn 7 Uhr abends.[4] Ein älteres Plakat preist den Streifen *Knjaschna Meri*, einen Stummfilm nach Lermontows Kaukasuserzählung *Ein Held unserer Zeit*. »Der Film wird von einem Symphonieorchester begleitet«, steht auf dem Plakat. Daneben ist ein kleiner Zettel angezweckt: »Das Präsidium des Stadtrates hat der Bitte der Kinovereinigung stattgegeben und ihr das Gebäude der Nikolsker Kirche in der Vorstadt übergeben, das seinerzeit auf Verlangen der Bevölkerung geschlossen worden ist. Dort soll am 1. September ein Tonfilmkino eröffnet werden.«[5] Auf Verlangen der Bevölkerung, Böhme schüttelt den Kopf. Wäre es nicht so traurig, würde er laut lachen. Aber dass der Tonfilm sich in Orenburg noch nicht durchgesetzt hat, registriert er mit Erleichterung. Ebendarauf hatte er gehofft. Bekannte in Leningrad hatten ihm den Tipp gegeben, sich in einem Lichtspielhaus eine Stelle als Musiker zu suchen. Sobald er eine Unterkunft hat, wird er zur Kinoleitung gehen.

Es ist inzwischen später Vormittag, die Sonne wärmt immer mehr, Böhme ist jetzt beinahe beschwingt, die bedrückende Stimmung vom Morgen ist leichter Zuversicht gewichen. Warum sollte er sich nicht auch hier als Musiker durchschlagen können? Er hat Erfahrung in der Orchesterleitung, er ist ein anerkannter Solist, in den Musikhandlungen kann man seine Stücke kaufen. Und die Stadt macht einen friedlichen Eindruck, friedlicher jedenfalls als Leningrad, wo seit der Ermordung des Parteichefs Sergei Kirow durch einen mysteriösen Schlossergehilfen im Dezember des vergangenen Jahres eine Welle von Säuberungen und Verhaftungen Unsicherheit und Angst ausgelöst hat und selbst abgebrühte Freunde und Bekannte ihre Nervosität kaum noch verbergen können. Die drei Verbannungsjahre würden schnell vorübergehen. Genau genommen sind es nur noch zwei Jahre und neun Monate, keine Ewigkeit.

Dass sich auch über Orenburg Unheil zusammenbraut, dass die sommerliche Leichtigkeit eine Täuschung ist und es nicht mehr lange dauern wird, bis die russische Revolution weitere Hunderttausende dahinrafft, kann Böhme nicht wissen. Nicht einmal die Mitglieder der Orenburger Gebietsparteiführung, die Chefs des Gebietsexekutivkomitees und die des Stadtrates oder die Funktionäre des örtlichen

Komsomol wissen es. In zwei Jahren werden die meisten von ihnen nicht mehr im Amt und auch nicht mehr am Leben sein. Davon, wie viele Verbannte sich bereits in Orenburg befinden, hat Böhme ebenfalls keine Vorstellung. 1927 sind die ersten 160 Ausgesiedelten in der Stadt am Ural eingetroffen,[6] jetzt, acht Jahre später, leben hier bereits 7000 Verbannte – mit Familienangehörigen sind das 35 000 Menschen.[7] Ein paar Wochen vor Böhmes Ankunft wurden 1500 Offiziere und ehemalige zaristische Beamte, »sozial fremde Elemente«, aus Leningrad nach Orenburg geschafft. Böhme wird die Konkurrenz zu spüren bekommen, wenn er auf Zimmersuche geht. Doch vorerst denkt er an Leningrad. Er macht sich Hoffnungen, dorthin zurückzukehren, und sofort wird ihm leichter ums Herz. Was hat diese Stadt, in der die Musik und das Talent der Deutschen einst so geschätzt wurden, ihm nicht alles gegeben. Doch seit Sankt Petersburg zu Leningrad wurde, sind die Tage der deutschen Gemeinschaft dort gezählt. Oskar Böhme weiß das an diesem Tage ebenfalls noch nicht.

Blick von der Wassili-Insel über die Nikolaibrücke auf das Zentrum von Sankt Petersburg (um 1912). Es ist jener Blick, der sich Oskar Böhme bis in die 1920er Jahre hinein bietet, als er auf der 13. Linie der Wassili-Insel wohnt. Fährt er zum Marientheater, muss er mit der Straßenbahn die Nikolaibrücke Richtung Stadt überqueren.

Ach, meine unergründliche Stadt
Warum hast du dich an den Abgrund begeben?

ALEXANDER BLOK

Eine exotische Idee

Zeitlich schien sich für Heinrich Wilhelm Böhme alles glücklich zu fügen. Am 24. Februar 1870 kommt in Potschappel, einem kleinen Ort südwestlich von Dresden, sein dritter Sohn Oskar zur Welt. Nach der Niederkunft unterstützt er seine Frau Juliane Henriette, so gut er kann, im Haushalt, denn der Erstgeborene Max William, Willi genannt, ist erst neun Jahre und der zweite Sohn, Gustav Eugen, gerade 16 Monate alt. Doch schon im Juli zieht Heinrich in den Krieg gegen Frankreich.

Der Anlass des Krieges ist banal. Formal geht es um die spanische Thronfolge, in Wirklichkeit um die Stellung Preußens in Deutschland und Europa. Die Franzosen gewinnen so gut wie keine Schlacht. Weißenburg, Wörth, Spichern, Sedan – alles geht verloren. Die Preußen und ihre Verbündeten, darunter die Sachsen, haben dagegen Grund zum Feiern, und das macht Böhme zu einem viel beschäftigten Mann. Er ist Trompeter und als Mitglied einer Militärkapelle in den Krieg gezogen. Klingendes Spiel ist beim Vormarsch auf Paris sehr gefragt, erst recht der triumphierende Klang der Trompete.

Böhme hat bereits 1866 am Krieg gegen die Österreicher teilgenommen, auch damals als Mitglied einer Militärkapelle. Aber der achtmonatige Frankreichfeldzug ist besonders inspirierend für ihn. Er erhält mehrere militärische Auszeichnungen,[8] vor allem aber komponiert er während des Vormarsches eine »Cavallerie-Polka« und die Konzertpolka mit dem Trompetensolo »Gruß ans Herzliebchen«. Sie wird bald in aller Welt gespielt und in Schellack geritzt.

Oskar wird also in eine musikalische Familie hineingeboren. Von den fünf Geschwistern – es kommen noch Georg und Benno hinzu – werden vier Trompeter. Nur Benno schlägt aus der Art und wird Holzbildhauer. So viel Musikalität in einer Familie ist zu jener Zeit nichts Außergewöhnliches, schon gar nicht in Sachsen. Das von König Albert regierte Land ist das Mekka der deutschen Musik. Es gibt dort mehrere große, schon vor Jahrhunderten gegründete Orchester. In Dresden spielt die Staatskapelle, in Leipzig das Gewandhausorchester, im Herzogtum

Sachsen-Meiningen die Meininger Hofkapelle. Johann Sebastian Bach, Heinrich Schütz, Carl Maria von Weber, Robert Schumann, Richard Wagner – sie alle kommen aus Sachsen oder haben lange Zeit im sächsischen Königreich gewirkt. In Markneukirchen und Klingenthal befinden sich die bedeutendsten deutschen Produktionsstätten für Musikinstrumente. Auch die sächsische Trompetenkunst steht in hoher Blüte, ihren ersten Höhepunkt hatte sie bereits mit Bachs Ausnahmetrompeter Gottfried Reiche erreicht. Der geniale Wagner liebt das Instrument so sehr, dass im *Tannhäuser* gleich elf Trompeten den Beginn des Sängerkriegs einleiten. Für die *Ring*-Aufführungen, die in jenen Monaten beginnen, lässt er sogar eigens Basstrompeten herstellen.

Die Polka, die Vater Böhme während des Krieges komponierte, ist für Kleines Orchester gedacht und das Solo für ein Cornet à pistons. Mit diesem Instrument wachsen seine Kinder auf. In Deutschland wird es oft nur Piston genannt, ist aber nicht mit dem horizontal zu haltenden deutschen Kornett zu verwechseln, sondern eine Kreuzung aus Horn und Trompete. An die Hörner erinnern noch das trichterförmige Mundstück und der stark konische Verlauf von Mundrohr und Schallstück. Das neue Instrument macht den Naturtrompeten mit ihrem markigen Klang in den Symphonieorchestern inzwischen Konkurrenz. Die Trompete bleibt zwar das klassische Orchesterinstrument, auch weil sie zunehmend raffinierter konstruiert wird und man nun sogar Halbtöne auf ihr spielen kann, aber für Soli greifen die Trompeter gern zum farbenreicheren, handlichen Piston. Giuseppe Verdi setzt seit Langem schon Pistons in seinen Opern ein, Peter Tschaikowski nutzt sie in seinen Balletten, und Gustav Mahler wird sich bald von populären Cornetweisen zu dem ausgedehnten Posthornsolo seiner 3. Symphonie inspirieren lassen.

Potschappel ist bei Oskars Geburt eine Landgemeinde mit nicht mehr als 8000 Seelen. In der Umgebung gibt es ein königliches und ein privates Steinkohlenwerk, einen Eisenbahnanschluss und bald auch Fabriken für Porzellan, Möbel sowie künstliche Blumen und eine Schwefelhölzchenfabrik in der Turnerstraße, in der in Haus Nr. 2 die Böhmes leben. Böhme senior arbeitet nach der Rückkehr aus dem Deutsch-Französischen Krieg als Musiklehrer und spielt in der renommierten Knappschaftskapelle[9] der privaten Freiherrlich von Burgker Steinkohlenwerke, einer Kapelle, die sogar in Brüssel und Hamburg gefeierte

Auftritte hat.[10] Die Begeisterung und Begabung für das Trompetenspiel vererbt er seinen Kindern. Oskar Böhme steht schon mit 15 Jahren als Solist auf der Bühne, zuerst in seinem Heimatort Potschappel und bereits vier Jahre später im fernen Helsinki. Als er 22 ist, wird er mit seinem Bruder Willi in Bayreuth bejubelt. »Als dritte Nummer blies Herr Oscar Böhme die ›Fantasie über Schuberts Sehnsuchtswalzer für Cornet à Piston‹ von Strauß. Später trug dieser Herr Stücke gemeinschaftlich mit seinem Bruder Willy Böhme vor«, schreibt das *Bayreuther Tageblatt* im August 1892 und lobt: »Die künstlerische Begabung des Brüderpaares ist eine ganz bedeutende, die musikalische Ausbildung eine in solcher Virtuosität nicht dagewesene. Beide haben eine ganz vorzügliche, bis ins kleinste saubere Technik, einen unübertrefflichen Ansatz und einen ebenso kräftigen als weichen Ton, und, was uns die Hauptsache zu sein scheint, eine gefühlstiefe Auffassung, die sich mit ihrem technischen Vermögen zu einem wirklich *glanzvollen Effekte* verbindet, der die Hörer begeistern muß. Es ist in der Tat Gesang, warmer, inniger Gesang, was die Brüder Böhme ihren Instrumenten zu entlocken verstehen.« Die Zeitung schwärmt von einem »wunderbaren, wohl selten vorkommenden Spiel der Natur« – ein erstaunliches Urteil, wenn man bedenkt, dass die Böhmes gar keine professionelle Ausbildung genossen haben. Offenbar hat Vater Heinrich Wilhelm ganze Arbeit geleistet.[11]

Oskar beginnt mit 26 Jahren, im November 1896, ein Studium am Königlichen Conservatorium der Musik in Leipzig. Schon zuvor nimmt er Unterricht bei drei bekannten Musikern und Komponisten, zunächst bei Professor Cornelius Gurlitt, Königlicher Musikdirektor von Altona und Lehrer am Hamburger Konservatorium, ferner bei Professor Benno Horwitz in Berlin und schließlich bei dem ungarischen Komponisten und Geiger Victor von Herzfeld, einem hochdekorierten Professor an der Königlich-Ungarischen Musikakademie.

Nach Budapest kommt Oskar auf Empfehlung seines Bruders Willi, der schon 1886 an die Ungarische Musikakademie wechselte und dort bald Furore macht. Er spielt an der Oper, die Akademie ernennt ihn später zum Professor des Trompetenkurses. Oskar verbringt die Jahre 1894 bis 1896 mit Willi in Budapest, dann geht er zum Studium nach Leipzig. Auch ihm wird dort eine »sehr gute musikalische Befähigung« attestiert. Salomon Jadassohn, der zu dieser Zeit am Konservatorium Musiktheorie, Klavier und Komposition lehrt, schreibt am 3. Dezember 1897 im Lehrerzeugnis für Oskar Böhme: »Herr B. hat mit großem Fleiße gearbeitet und bei trefflicher Begabung sich vorzügliche Kenntnisse in Harmonie, Contrapunkt, Canon u. Fuge, in Instrumentation u. in den musikalischen Formen erworben, sich auch mit Talent u. Sachkenntniß in Compositionen für Blasinstrumente versucht.«[12] Der begabte junge Mann komponiert bereits, auch das hat ihm sein Vater beigebracht. Es entstehen ein »Scherzo f. zwei Trompeten« und ein »Praeludium, Fuge u. Choral f. zwei Trompeten, Horn u. Posaune«. Die Werke werden in Leipzig aufgeführt. Auch Lieder komponiert er, manchmal ganz privat – wie im September 1896 das Lied »Im süßem Zauber«, das er einem »Fräulein Lisbeth Hoffheiser« widmet. Es ist bereits Opus Nr. 16.

1896 geht Böhme auf große Tournee. Als der vornehme Städtische Ausstellungspalast im Großen Garten von Dresden in Betrieb genommen wird, gibt er dort acht Tage lang auf der Musikbühne sein Können zum Besten. Er gastiert in Freiberg, Chemnitz, Zwickau und später weiter im Westen in Regensburg, Köln und Düsseldorf, zudem in Breslau und Königsberg, schließlich lernt er auch Karlsbad und Riga kennen. Und er tritt bei Kurkonzerten in Bad Elster, Bad Harzburg, Baden-Baden, in Wiesbaden und in Danzigs Vorort Zoppot auf, also dort, wo in der Saison großer Bedarf an talentierten Musikern besteht. Es ist die Blütezeit der Salonmusik. Bei den gebildeten Schichten stehen Kurkonzerte hoch im Kurs, und für Musiker sind sie eine willkommene Einkommensquelle.

Auch das Ausland wird Oskar auf seinen Reisen allmählich vertraut. Aber er ist inzwischen 27 Jahre alt, er muss sich Gedanken machen, wie und wo er weiter Musik spielen will. Er liebt es zu komponieren, dafür braucht er Zeit und materielle Sicherheit. Ein renommiertes Haus als künstlerische Heimat wäre die ideale Lösung. Die Idee, auf die er verfällt, klingt vielen exotisch. Er liebäugelt damit, nach Russland zu gehen, wo man Musik über alles schätzt und nach fähigen Musikern Ausschau hält. In Deutschland gibt es infolge der ausgeprägten Kleinstaaterei jede Menge Orchester und damit auch viele Klangkünstler. Da man nicht alle beschäftigen kann, ist der Musikerexport entsprechend rege, Russland und die USA sind die bevorzugten Ziele. Deutsche Trompeter haben besonders gute Chancen, denn sie gelten als führend in der Welt. Oskar Böhmes Aussichten sind also nicht schlecht.

Ganz fremd ist dem jungen Trompeter das Land im Osten nicht. Schon als er 1889 in Finnland gastierte, das seit 1809 als Großfürstentum zum Russischen Reich gehört, hatte er einen Abstecher ins nahe Sankt Petersburg unternommen. Die Stadt mit ihren Prunkbauten, den Palästen, Kanälen und Parks gefiel ihm, die Sprache mit den fremden kyrillischen Buchstaben allerdings weniger. Trotzdem kann er sich vorstellen, in der Metropole an der Newa zu leben, wo es so viele Orchester gibt, so glanzvolle Bühnen und großzügige Mäzene, die Kunst und Kultur fördern. In Deutschland sind seine Aussichten schließlich nicht sehr rosig. Beim Städtischen Orchester in Rostock, an dem sein Bruder Eugen gerade Konzertmeister geworden ist, zahlen sie gerade einmal 95 bis 135 Mark Gage pro Monat, keine Sozialversicherung und keine Altersversorgung. Außerhalb Deutschlands käme als erstes Wien in Frage, aber das ist hoffnungslos überlaufen, und in Budapest lebt bereits sein Bruder Willi. Sicher, in Russland stellt die Sprache eine Schwierigkeit dar, aber Sankt Petersburg scheint im Aufschwung zu sein, und so entscheidet er sich schließlich, dort sein Glück zu versuchen.

Sankt Petersburg ist eine dem Westen zugewandte Stadt, in der seit Peter dem Großen viele Deutsche leben. Die Zaren haben deutsche Leibärzte, von Deutschen lassen sie auch ihre Kinder erziehen, die Bäcker heißen Müller oder Weber, und selbst viele der großen Bürgerhäuser haben Deutsche erbaut. Schon Gogol meinte, die Stadt sei wie ein akkurater Deutscher. Rund 50 000 Deutsche leben dort gegen Ende des 19. Jahrhunderts. Es gibt deutsche Theater, deutsche Gesellschaften, deutsche Kirchen und eine deutsche Gemeinde, die deutschen Zugereisten das Einleben erleichtert. Das Risiko eines Wechsels an die Newa scheint also überschaubar. Und so steigt Oskar Böhme im Winter 1898 in den Zug nach Petersburg. Im Gepäcknetz über ihm liegt sein Cornet.

Von Dresden gelangt man in der Regel über Berlin nach Sankt Petersburg. Man könnte auch über Breslau fahren, aber die Strecke von Berlin mit der preußischen Ostbahn ist die schnellste und die preiswerteste – wenn man nicht gerade den Nordexpress Paris–Sankt Petersburg nimmt, einen Luxuszug, der zweimal pro Woche zwischen den Hauptstädten verkehrt. Mit dem D-Zug 2. Klasse kostet die Fahrt 62 Mark für den deutschen und 14 Rubel für den russischen Teil der Reise, etwas mehr als den Monatslohn eines deutschen Arbeiters.

Böhme nimmt von Dresden aus den Zug nach Berlin und steigt auf dem Schlesischen Bahnhof in den D-Zug Nr. 1, der Berlin morgens um 9.17 Uhr Richtung Osten verlässt. Es ist eine für diese Zeit erstaunlich schnelle Verbindung. Der Zug braucht für die ersten 744 Kilometer bis zur ostpreußischen Grenze nicht viel mehr als 13 Stunden. Um 22.33 Uhr erreicht er Wirballen, die erste Station auf russischer Seite. Hier erfolgt die Zollabfertigung. Böhme steigt aus. Man kann die zwei Stunden im recht vornehmen Bahnhofsrestaurant verbringen, aber die Verpflegung im Zug von Berlin war exzellent, es gab Kalbskoteletts, Beefsteak vom Filet und Omelettes aux confitures, dazu Bordeaux-, Rhein- und Moselweine. So gesättigt lässt sich ein fremdes Land leicht betreten. Er ist nun in Russland, und natürlich ist der Grenzübertritt eine Zäsur in seinem Leben.

Kurz nach Mitternacht, um 0.19 Uhr, geht es weiter Richtung Sankt Petersburg. Böhme muss seine Uhr umstellen, denn in Petersburg, das von Wirballen aus weitere 800 Kilometer nordöstlich liegt, ist die Zeit eine Stunde weiter. Der Mond steht fast direkt über dem Bahnhof, als sich der Zug endlich in Bewegung setzt. Böhme hat einen Platz im Schlafwagen gebucht. Am nächsten Tag um 19.30 Uhr kommt er auf dem Warschauer Bahnhof in Russlands Hauptstadt an.

Die Deutschen von Sankt Petersburg

Petersburg, wie ist diese Stadt, die Peter der Große gründete und nach dem Apostel Petrus benannte, nicht geliebt, gehasst und besungen worden! »Moskau ist ein hausbackenes Weib«, sagt Nikolai Gogol, »es bäckt Plinsen, bleibt hocken, lässt sich, ohne vom Sessel aufzustehen, von den Dingen erzählen, die draußen in der Welt geschehen; Petersburg ist ein behender Bursche, der nie zu Hause hockt, der stets zum Ausgehen fertig ist und, zum Abgucken bereit, vor Europa paradiert.«[13] Gogol sieht aber auch das Besondere dieser Metropole. »In gewisser Weise gleicht die Stadt einer europäisch-amerikanischen Kolonie«, schreibt er, »hier ist ebensowenig bodenständig Nationales und ebensoviel international Gemischtes, noch nicht zu einem neuen festen Körper Verschmolzenes. Soviel verschiedene Nationen die Stadt aufweist, soviel verschiedene Gesellschaftsschichten enthält sie auch.«[14]

Dass Petersburg die »abstrakteste und vorbedachteste Stadt der ganzen Welt«[15] ist, wie Fjodor Dostojewski sagt, der die meiste Zeit seines Lebens hier verbrachte, diese Ansicht teilt Gogol durchaus, nur dass er es freundlicher auszudrücken weiß: »Ein tolles Stück vollbringt die russische Hauptstadt, wenn sie sich in der Nachbarschaft des Nordpols niederlässt.«[16] Dostojewski hasste Petersburg, kam aber niemals von der Stadt los, er wurde zu ihrem Dichter. Andrei Bely dagegen schwärmte von diesem »Pieter«, wie die Petersburger liebevoll sagen, als nichtrussischer Stadt, gegen die »alle übrigen russischen Städte ein Haufen erbärmlicher Holzhütten«[17] sind. Für den russischen Historiker Lew Lurje ist Petersburg »eine eigenständige Zivilisation«.[18] Und der Historiker Karl Schlögel sieht in ihr ein »Laboratorium«, einen »Hexenkessel der Geschichte«.[19]

Nicht einmal 200 Jahre ist Sankt Petersburg alt, als Oskar Böhme dort eintrifft. Knapp 1,3 Millionen Menschen leben jetzt in der Stadt, nicht viel weniger als in Berlin oder Paris. Petersburg ist die Herzkammer des Russischen Reichs, von hier aus regiert Nikolai II. das riesige Land, mit mehr oder weniger Erfolg – meist mit weniger. Die Residenz ist die Stadt der Diplomaten und das Finanzzentrum des Reiches, eine brodelnde Handelsmetropole, aber sie ist auch ein Magnet für Sozialdemokraten und Anarchisten, denn vom Lande strömen pausenlos Bauern in die Stadt, um sich in den neuen Fabriken zu verdingen. Es hat schon viele Attentate auf die Kaiserfamilie gegeben, sodass Nikolai eines Tages wehmütig aus dem Fenster seines Sommerpalastes in Zarskoje Selo blickt und bekennt, er fühle sich wie im Gefängnis, während sein Cousin George in London ganz einfach in einen Pub gehen und Bier trinken könne.

1898, das Jahr, in dem Oskar Böhme in Petersburg eintrifft, ist eines der ruhigeren. Die Revolutionen und der große Krieg sind noch weit weg. Die Berichte vom Amerikanisch-Spanischen Krieg, der im April mit dem Aufstand der Kubaner gegen die spanische Kolonialmacht beginnt, beunruhigen in Petersburg niemanden. Hier hat man, so scheint es, alles im Griff. Der linke Agitator Wladimir Iljitsch Lenin, gerade einmal 28 Jahre alt, lebt seit einigen Monaten in der Verbannung in Südsibirien. Und in der Neuen Admiralitätswerft liegt der Kreuzer *Aurora* auf Stapel, aber es deutet nichts darauf hin, dass er knapp 20 Jahre später in einer

Revolution eine Rolle spielen wird. Auch die Verbindungen unter den europäischen Kaiserdynastien wirken intakt. Der Österreicher Franz Joseph I. war im letzten Frühjahr Gast in Petersburg, Nikolai II. hatte ihn mit einer großen Parade auf dem Marsfeld und mit einer Galavorstellung im Marientheater geehrt. Im August suchte Félix Faure, der französische Präsident, die Stadt auf. Und kurz davor reiste das deutsche Kaiserpaar an. Wilhelm II. und Auguste Viktoria kamen mit einem Geschwader über die Ostsee, in Begleitung von Prinz Heinrich, dem Bruder des Kaisers, des kleinen Kronprinzen Friedrich Wilhelm und sogar des Reichskanzlers. Nikolai veranstaltete zu Ehren seines Cousins eine militärische Revue vor dem Sommerpalast in Zarskoje Selo und einen Lichtabend in Schloss Peterhof am Finnischen Meerbusen. Niemand kann sich vorstellen, dass Wilhelm und Nikolaus ihre Länder im kommenden Jahrhundert in einem vierjährigen verlustreichen Krieg zugrunde richten werden. Am 4. Januar 1898 schreibt Wilhelm:

> Liebster Nicky!
> Das neue Jahr hat eben begonnen und das alte Jahr ist zu Ende. Aber ich kann es nicht abschließen, ohne einen Blick auf die reizenden und glänzenden Augusttage zu werfen, als ich Dich und Alix umarmen durfte, und ohne Dir für Deine zärtliche, großartige, ja verschwenderische Gastfreundschaft mir und Viktoria gegenüber zu danken. Möge dieses neue Jahr ein glückliches für Dich, die liebe Alix und Dein ganzes Haus und Dein Land werden. Mögen sich all Deine Pläne erfüllen, die Du zum Wohl Deines Volkes ersinnst. Beste Grüße von Deinem Dir ganz ergebenen treuen Freund und Cousin Willy.[20]

Glücklich hatte sich für »Nickys« Familie bereits das alte Jahr gestaltet, denn im Mai 1897 hatte der Kaiser und Selbstherrscher aller Reußen, Zar von Polen und Großfürst von Finnland, seine Untertanen wissen lassen, dass Ihre Majestät, die Kaiserin Alexandra Fjodorowna, glücklich von ihrer zweiten Tochter Tatjana entbunden wurde.

Die Residenzstadt ist tatsächlich im Aufschwung, wie Böhme vermutet hatte. Am 31. Dezember 1897, um 11 Uhr morgens, war die erste Telefonverbindung zwischen Sankt Petersburg und Moskau feierlich in Betrieb genommen worden, die bisher längste Strecke in Europa. Die deutsche Firma Siemens lieferte dazu mit 9635 Pud die Hälfte des benötigten Drahtes. Im Maschinenbauwerk »Ludwig Nobel« auf der Wyborger Seite der Newa wird der erste Schiffsdiesel gebaut, nachdem Nobel bei Rudolf Diesel das russische Patent für dessen Motor erworben hat.

Petersburg bietet, was Weltstädte zu bieten haben. Im Museum von D. Aram auf dem Newski-Prospekt nahe der Kasaner Brücke kann man die letzte Erfindung Edisons bewundern, einen Cinematographen, der Bilder der »colossalsten, schönsten und gesündesten Riesen-Kinder der Welt« vorführt. Ein paar Häuser weiter, bei Schulze-Benkowsky, Newski-Prospekt Nr. 23, gibt es »das größte Panoptikum der Welt«, in dem gerade »22 Schönheiten und 3 Männer von der Insel Samoa« präsentiert werden. Die Vorstellungen im Circus Ciniselli am Fontanka-Kanal, der einer italienischen Großfamilie gehört und berühmt ist für seine Ringerturniere, sind die Vorstellungen mit »Künstlern und Künstlerinnen 1. Ranges« immer ausverkauft, desgleichen im Theater Alcazar. Auch Konzerte im Wintergarten Arkadia sind gut besucht, und welcher Andrang herrscht erst auf dem Michaelsplatz, wenn im Gebäude der Adelsversammlung ein großes Konzert stattfindet. Vor allem aber bietet die Residenzstadt Pomp. »Die Petersburger Straßen erweckten in mir einen Durst nach großen Schauspielen«, erinnert sich der Dichter Ossip Mandelstam später an seine Kindheit. »Allein schon die Architektur dieser Stadt rief in mir einen kindlichen Imperialismus hervor. Ich phantasierte von den Harnischen des Leibgarderegiments, den römischen Helmen der Gardekavalleristen und den silbernen Posaunen der Preobraschenskij-Regimentskapelle, und mein liebstes Vergnügen war, nach der Maiparade, die Regimentsfeier der Gardekavallerie an Mariä Verkündigung.«[21]

Nach der letzten Einwohnerzählung von 1890 leben 98 000 Adlige in der Stadt, 15 000 Kaufleute, 217 000 Bürger und Zunftmitglieder, ferner 480 000 Bauern sowie 31 000 Soldaten. Arbeiter tauchen als eigenständige Kategorie in der Statistik nicht auf, eine Ignoranz, die sich rächen wird. 87 Prozent der Petersburger sind Russen. Aber danach folgen schon die Deutschen, rund 44 000 sind es jetzt. Nicht einmal annähernd so viele Einwohner stellen Polen, Finnen und Juden, die sich die nächsten Plätze teilen. Dass die Gemeinde der Deutschen so groß ist, wundert niemanden in Petersburg.

Die Deutschen gehören zu der Stadt, seit Peter I. sie gegründet hat. Schon 1730 stand ihre evangelische Hauptkirche Sankt Petri am Newski-Prospekt. Seither sind die Verbindungen zwischen Russen und Deutschen eng. Bereits 1711 hatte Peter der Große seinen unberechenbaren und trunksüchtigen Sohn Alexei mit Prinzessin Charlotte Christine von Braunschweig-Wolfenbüttel verheiratet, die Peter II. das Leben schenkte. Auch seine Nichten vermählte der Kaiser mit deutschen Prinzen. Russische Großfürsten taten es ihm nach und heirateten in deutsche Fürstenhäuser ein. Die Namen der Dynastien Oldenburg, Hessen-Darmstadt, Württemberg, Hohenzollern und Baden sind in der Stadt inzwischen so geläufig wie die Namen Iwanow oder Jakowlew. Im Verlauf des 19. und Anfang des 20. Jahrhunderts haben Deutsche dreimal den Posten des Ministerpräsidenten inne, viermal den des Finanz- und siebenmal den des Verkehrsministers. Auch dem Hofstaat gehören viele Deutsche an. Es ist Tradition, dass Nikolai II. beim Ableben eines Mitglieds des deutschen Kaiserhauses zum Trauergottesdienst in der Petrikirche am Newski-Prospekt erscheint. Im August 1901 gedenkt man dort der Kaiserin Viktoria, der Mutter Wilhelms II.

Deutsche waren auch schon unter den ersten Mitgliedern der Russischen Akademie. Sie betrieben die erste Munitionsgießerei, stellten das Gros der Zimmerleute in den Werften und besiedelten als Brauer und Würstemacher früh ganze Straßenzüge auf der Wassili-Insel. Die deutschen Buchbinder und Uhrmacher sind praktisch ohne Konkurrenz, ebenso die deutschen Konditoren. »Wer je auf der Straße um deutsche Auskunft verlegen ist, braucht nur in den ersten besten Bäckerladen zu treten. Meister und Meisterin werden in der Regel Deutsche sein«, heißt es seit den 1860er Jahren.[22] Auch die Fabriken, in denen besonders anspruchsvolle Arbeit geleistet wird, sind in deutscher Hand, die Klavierfirmen Diederichs und Becker etwa. Die Brüder Siemens errichteten bereits 1852 in Petersburg ein Handelshaus und später auf der Wassili-Insel ihr Kabelwerk. Jeder dritte Arzt oder Apotheker in Sankt Petersburg ist Deutscher, deutsche Architekten erbauen in der Stadt Paläste, Bürgerhäuser, Schulen und Hospitäler.

Dostojewski wie Gogol halten die Deutschen für dumm, stupide und kleinlich, aber sie haben ihnen in vielen ihrer Werke ein Denkmal gesetzt. Gogol beschreibt in *Newski-Prospekt* den Schlossermeister Schiller, der eine Werkstatt in der Uliza Mestschanskaja betreibt:

In Petersburg entsteht eines der ersten Künstlerfotos von Oskar Böhme. In seinem Frack, mit weißem Hemd, Stehkragen, Fliege und Zwicker wirkt er fast ein wenig dandyhaft. Aber solche Fotos entsprechen dem Zeitgeist, sie sind Mittel zur Werbung. In den Händen hält Böhme sein geliebtes Cornet.

»Schiller war ein echter Deutscher in der ganzen Bedeutung dieses Wortes«, heißt es dort. »Schon mit zwanzig Jahren, in jener glücklichen Zeit, da der Russe in wildem Überschwang drauflosIebt, hatte sich Schiller sein ganzes Leben zurechtgelegt und wich keinen Fingerbreit von seinem Ziel ab. Er nahm sich vor, um sieben aufzustehen, um zwei zu Mittag zu essen, in allem pünktlich und jeden Sonntag betrunken zu sein. Er nahm sich vor, im Laufe von zehn Jahren ein Kapital von fünfzigtausend Rubeln zu besitzen, und das war so sicher und unumstößlich wie das Schicksal, weil eher ein Beamter vergißt, einen Blick in das Portierzimmer seines Vorgesetzten zu werfen, als daß sich ein Deutscher entschließt, sein Wort zu brechen.«[23] Manchmal ist Gogol aber auch weniger streng, etwa wenn er die Deutschen als »dieses gediegene, dieses zu hohem ästhetischem Genusse neigende Volk«[24] bezeichnet.

Nach den Beobachtungen des deutschrussischen Wirtschaftswissenschaftlers Heinrich Friedrich von Storch integrieren sich die Deutschen verhältnismäßig leicht, weil sie »die Landessprache oft bis zur größten Vollkommenheit« erlernen und dadurch »unter allen fremden sesshaften Einwohnern besonders Anspruch auf Staatsbedienungen und militärische Würden« erlangen.[25] Das Bild vom ebenso langweiligen wie erfolgreichen Deutschen ist bereits zu dieser Zeit in Russland weit verbreitet. Mit einer Mischung aus Ehrfurcht und Unverständnis blicken die Russen auf die fremden Deutschen, auch wenn bei näherer Betrachtung meist Wertschätzung und Anerkennung überwiegen. Zur Jahrhundertwende ist ein Drittel der Geschäfte und Firmen auf dem vornehmen Newski-Prospekt in deutscher Hand.[26] Auf diesem Boulevard des Luxus und des gehobenen Konsums sind sie mit ihren Kunst- und Antiquitätenläden, den Modehäusern, Kaffeehandlungen und exquisiten Buchgeschäften, mit den zahlreichen Banken und Versicherungsgesellschaften im Verhältnis zu ihrem Anteil an der Stadtbevölkerung weit überrepräsentiert.

Nirgendwo auf der Welt – von Paris einmal abgesehen – gibt es einen so feinen Boulevard, auf dem die ganze Stadt flaniert. Vom frühen Vormittag bis in den Abend trifft man hier Bohemiens und Dandys, adlige Damen und junge Kindermädchen, fesche Polizeioffiziere und würdige Staatsräte sowie jede Menge Hofbeamte, bestechliche wie unbestechliche. Hier gleiten im Winter die Pferdeschlitten nahezu lautlos über das achteckige Holzpflaster, die wenigen Automobile in ihre Mitte

Der Newski-Prospekt in Sankt Petersburg – hier der Blick vom Turm der Stadtduma Richtung Snamensker Platz – ist zu Beginn des 20. Jahrhunderts einer der prachtvollsten Boulevards Europas. Rechts drängeln sich die Menschen vor dem Gostiny Dwor, dem Großhandelsmarkt der Stadt, links wölbt sich das Glasdach der »Passage«, eines der ältesten Handelshäuser mit 64 Geschäften und einem Konzertsaal im hinteren Teil. Der ist in den vergangenen Jahrzehnten durch Auftritte von Schriftstellern wie Turgenjew, Dostojewski und Schewtschenko berühmt geworden. Dostojewski hat der »Passage« 1865 mit seiner satirischen Erzählung »Das Krokodil – Ein ungewöhnliches Ereignis« ein Denkmal gesetzt. Anlass sei, so schreibt er selbst, ein Deutscher gewesen, der im Jahr zuvor in der »Passage« für Geld ein Krokodil gezeigt hatte.

nehmend, und das einfache Volk gerät beim Blick in die Schaufensterauslagen ins Träumen. Überall hängen deutsche Ladenschilder. In Nr. 1 ist das Kontor der Aktiengesellschaft Artur KoppMetropolitel, die mit Eisenkonstruktionen und Baumaschinen handelt, dazu der Laden des Fotografen Bürger, in Nr. 5 das Blumengeschäft Gerstner, in Nr. 7 die Gouvernantenvermittlung Bötlin, Börsennotar Cholm, die Zahnarztpraxis Kaufman sowie die Bäckerei Gul und in Nr. 12 das Göttinger Bankhaus J. W. Junker & Co. Auch die nächsten Häuser beherbergen deutsche Geschäfte: Burchards erstes Spezialgeschäft für Grammophone in Russland, das Schuhgeschäft Heinze, die Buchhandlung und Leihbibliothek von Andreas Isler und das Pelzgeschäft Mertens. Und so geht es weiter die viereinhalb Kilometer bis zum Alexander-Newski-Kloster, vorbei am »Nürnberger Laden« in Nr. 32 und am Geschäft der Pianofirma Schroeder in Nr. 52, zu dem ein eigener Konzertsaal mit 300 Plätzen gehört.

Nach 1860 sind noch einmal Tausende Deutsche in die Residenzstadt geströmt, ermutigt durch das Manifest, das Alexander II. in jenem Jahr erlassen hat, um die russische Volkswirtschaft weiter anzukurbeln. Darin wird Ausländern das Recht zugebilligt, »gleich mit den eingeborenen Untertanen des Reiches« in Stadt und Land ansässig zu werden, Kaufmannsbriefe, Gilde- und Gewerbezeugnisse zu erwerben, Zechen und Gilden beizutreten und in den Genuss aller Privilegien der betreffenden Stände zu gelangen, und zwar unabhängig davon, ob der zugereiste Ausländer die »russische Untertanenschaft« anstrebt oder nicht.[27]

Viele Deutsche kommen und schaffen sich bald ein eigenes Netzwerk. Der Petersburger Verein der Angehörigen des Deutschen Reiches wird gegründet, der hilfsbedürftige Landsleute unterstützt und an jedem 27. Januar mit einem Festgottesdienst den Geburtstag des deutschen Kaisers begeht. Im Jahr 1898 wird im Juli zudem des verstorbenen Fürsten Otto von Bismarck gedacht. Fünf deutsche Kirchen stehen für die Lutheraner bereit, auf der Wassili-Insel gibt es das deutsche Alexanderhospital, dann den Club der Deutschen Gesellschaft in der Demidow-Gasse, wo die Herren Billard, Domino oder Karten spielen. Man kann zwischen zwei deutschen Zeitungen wählen, der *St. Petersburger Zeitung*, einem gemäßigt-liberalen Blatt der Intelligenz mit zunehmend nationalen Zügen, das von Baltendeutschen herausgegeben wird und

Der Deutsche Klub, nach seinem ersten Verwalter auch »Schuster-Klub« genannt, ist einer der beliebtesten Treffpunkte der Deutschen in Petersburg und Heimstatt der Deutschen Gesellschaft. Er ist aber auch eine begehrte Adresse für Beamte und Künstler, reiche Russen und ausländische Kaufleute. Den Klub in der Demidow-Gasse gibt es seit 1772. Als Mitglieder der Gesellschaft sind nur Männer zugelassen, sie zahlen 16 Rubel Beitrag pro Jahr. Zu den Tanz- und Musikabenden dürfen jedoch auch Frauen zugegen sein, man spielt Billard, Karten und Domino, und es gibt eine russlandweite Neuerung: Bei Theateraufführungen werden Garderobenmarken verteilt. Auch mehrere deutsche Wohltätigkeitsvereine gehören zum Klub, der als sehr fortschrittlich gilt, denn er unterstützt 150 Alte und Waisen durch Rentenzahlungen. Ähnlich populär ist der Klub »Die Palme«, der 1863 als Verein deutscher Handwerksgesellen entstanden war. Zu ihm gehören Sportvereine, Gesangszirkel und eine Zeichenschule, dazu Kreditanstalten und Sparkassen.

1898 bereits im 172. Jahrgang erscheint, und dem *St. Petersburger Herold*, einem eher regierungstreuen Massenblatt.

Die Deutschen treffen sich im Hotel Victoria in der Kasaner Straße, wo es Münchener Spatenbräu gibt, oder zum Schweineschlachtfest im Hotelrestaurant »Tirol« in der Offiziersstraße, wo Wellfleisch, Leberwurst, Blut- und Bratwurst und dazu Bockbier serviert werden, oder im Vergnügungspark der russisch-deutschen Bavaria-Brauerei. Sie kaufen in der Fleischwarenhandlung von J.M. Gries gegenüber der Nikolaibrücke gedörrtes Gemüse aus Thüringen oder Braunschweiger Konserven, Spargel und Perlbohnen. Aber die Gemeinde der Petersburger Deutschen ist alles andere als homogen. Da sind zunächst jene, deren Vorfahren sich zum Teil schon im 18. Jahrhundert in der Stadt niedergelassen haben: Handwerker, Kaufleute, Militärs. Sie sind längst in die Petersburger Gesellschaft integriert, haben russische Schulen und Universitäten besucht, die russische Staatsbürgerschaft angenommen und es zum Hoflieferanten oder Ehrenbürger gebracht. Es sind Russlanddeutsche im besten Sinne des Wortes: Ihre Wurzeln liegen in Deutschland, aber ihre Heimat ist Russland. Ganz anders ist das Selbstverständnis der Reichsdeutschen, die in den Gründerjahren nach 1860 gekommen sind. Um die gleichen Rechte wie die Russen zu bekommen, ordnen auch sie sich in die russische Gesellschaft ein, aber formal bleiben sie Deutsche. Das ist erst recht so, seit es das Deutsche Reich gibt. Bei diesen Deutschen, die meist der Oberschicht angehören, bleibt die Bindung an ihr Heimatland stark. Sie behalten ihren deutschen Pass und sind jederzeit zur Rückkehr bereit. Den Sommer verbringen sie gewöhnlich in Deutschland. Besonders Begüterte begeben sich nach Baden-Baden, das in den Petersburger Zeitungen mit dem noblen Hotel Bellevue und Brenners Parkhotel wirbt.

Die dritte Gruppe der Deutschen kommt aus Russland selbst, aus den Ostseeprovinzen. Diese Deutschbalten, meist Adlige oder Angehörige der gehobenen Bildungsschicht, sind überall in der höheren Beamtenschaft und im Militär anzutreffen. Ihre Vorfahren sind zum Teil schon im späten 12. Jahrhundert nach Kurland, Livland und Estland gezogen, als der Deutsche Orden dort die Macht ausübte. Später gerieten sie mit den Balten unter polnisch-litauische, dänische und schwedische Herrschaft, schließlich im 18. Jahrhundert unter die Hoheit Russlands. Aber selbst unter den Zaren vermochten die Baltendeutschen viele ihrer althergebrachten Rechte zu behaupten. Die Familien Wrangel, Manteuffel oder Osten-Sacken, die Grafen Pahlen oder die Brüder von Benckendorff nehmen höchste Ränge im Russischen Reich ein, stellen Minister, Staatsräte, Senatoren, Gouverneure und Botschafter. Obwohl die Deutschen aus dem Baltikum eine so wichtige Rolle in der Administration des Reiches spielen, kommen die Russen mit ihnen am wenigsten zurecht, weil diese Deutschen kaum Neigung zeigen, sich mit den Russen oder etwa den übrigen deutschen Kreisen zu verbinden.

Auf eine fast ebenso lange Tradition wie die Baltendeutschen blickt die vierte Gruppe der Deutschen zurück, die von ganz anderer sozialer Herkunft ist – die deutschen Kolonisten. Zum Teil sind sie schon unter Katharina der Großen eingewandert, haben rund um Sankt Petersburg Dörfer gegründet, die sich inzwischen wie Glieder einer Perlenkette am Ufer des Finnischen Meerbusens entlangziehen und die Residenzstadt vor allem im Süden umfassen: Oranienbaum, Strelna, Rogatka, Saratowka, Jamburg. Auch Graschdanka im Norden unmittelbar vor den Toren von Sankt Petersburg gehört dazu. Die Kolonisten versorgen die Petersburger mit landwirtschaftlichen Erzeugnissen. Viele der jungen Leute zieht es aber in die Residenz, weil sie aufsteigen wollen.

Vier aufstrebende Familien

Petersburg ist 1898 eine unfertige Stadt. Die Industrialisierung, die Russland viel später als die anderen europäischen Länder erfasst, kehrt das Unterste nach oben. Überall wird gebaut, Fabriken wachsen rund ums Zentrum, die Stadt verändert ihr Gesicht. Immer mehr Arbeitskräfte strömen herbei, und es ist abzusehen, dass die vielen zuziehenden Bauern, aus denen nun Proletarier werden, irgendwann auf die höfische Ständehierarchie Druck ausüben werden. Aber noch verläuft das Leben weitgehend friedlich, und die Deutschen profitieren davon. Während sie ihren Geschäften nachgehen, zieht Jahr um Jahr ins Land.

Die Übersicht über den Verlauf der Jahre liefern in der Hauptstadt wie überall im Russischen Reich Kalender von Otto Kirchner. Halb Petersburg kauft bei ihm. Ob Abrisskalender, die »Historischen Kalender«, die wie ein kleines Geschichtsbuch daherkommen, die Taschenkalender »Tag für Tag«, die Tischkalender für Petersburger Beamte, die

Spezialkalender für Juristen oder Studenten oder die feinen Kunstkalender – sie alle kommen aus der »Fabrik für Kontorbücher O. F. Kirchner« in der Puschkarskaja Nr. 14 auf der Petersburger Seite; das ist die Gegend hinter der Peter-und-Paul-Festung, wo Peter der Große die ersten Häuser der Stadt errichten ließ. Es seien »die besten Kalender in Russland«, beteuern Anzeigen in den Zeitungen.

Otto Kirchner, genauer gesagt Otto Franzewitsch Kirchner, wie er sich in Russland nennt, blickt auf eine beeindruckende Karriere zurück. Er wurde 1848 in Coswig im Fürstentum Anhalt-Zerbst geboren, aus dem inzwischen das Herzogtum Anhalt geworden ist. Er kommt also aus derselben Gegend wie die Prinzessin Sophie von Anhalt-Zerbst, die spätere Zarin Katharina. Ihr Beispiel hat ihn zum Umzug nach Petersburg ermutigt, wo Kirchner zu Beginn der 1870er Jahre in der Malaja Morskaja Nr. 14 unweit des Winterpalastes eine kleine Buchbinderei gründet. Es ist nicht ermutigend, dass es zu jener Zeit bereits 160 Buchbindereien in der Stadt gibt, aber Kirchner setzt darauf, dass das deutsche Buchbindehandwerk dem russischen überlegen ist. Er arbeitet feiner und akkurater als andere, er falzt die Blätter sorgfältig, achtet genau auf die Laufrichtung des Papiers, das saubere Vorstechen der Löcher für die Heftung. Anfangs gehen ihm nur zwei Lehrlinge zur Hand. Aber seine handwerkliche Präzision macht ihn bald stadtbekannt. Nach zehn Jahren arbeiten bereits 30 Angestellte für ihn. Er hat die neuesten Werkzeuge und Maschinen angeschafft und bindet täglich 250 bis 300 Bücher.

Der Mann aus Coswig ist jetzt 33 Jahre alt und ganz auf der Höhe der Zeit. Regelmäßig fährt er nach Leipzig, um sich im Zentrum der deutschen Polygraphie über das Neueste aus der Zunft zu unterrichten. 1884 steht die erste Dampfmaschine in seinem Betrieb. Er erweitert seine Firma durch einen Verlag für Abreißkalender. Das Geschäft läuft so gut, dass Kirchner 1893 Grundstücke auf der Petersburger Seite nördlich der Newa kauft und dort auf einer Fläche von 430 Quadratklaftern – fast 2000 Quadratmetern – eine Fabrik errichtet. Den geschäftlichen Durchbruch bringt ein lukrativer Regierungsauftrag: Der Deutsche Kirchner soll neue Pässe für die Bürger des Russischen Reiches drucken. 40 Maschinen produzieren bald bis zu 100 000 Stück am Tag, zum Schluss sind es mehrere Millionen. Der Auftrag wird fristgerecht und mit großer Akkuratesse erfüllt, und Kirchner erhält die ersten Goldmedaillen auf Russlands Industrieausstellungen.

Seit 1894 betreibt der Buchbinder Otto Kirchner oberhalb der Großen Newa eine Fabrik. Er hat genau den richtigen Zeitpunkt für seine Geschäfte in Petersburg gewählt, es ist das goldene Jahrhundert der russischen Literatur und damit auch der Buchkunst. Doch während die meisten Buchbinder Handwerker bleiben, wird Kirchner zum Industriellen, der seine Waren bald ins gesamte Land versendet. Auch weil er sein Geschäft schnell auf andere Bereiche ausdehnt, denn der Markt braucht immer mehr Kontorbücher und Kalender. Kirchner liefert auch die Rezeptbücher (unten) für den Apotheker Alexander von Poehl auf der benachbarten Wassili-Insel. Handschriftlich tragen dessen Mitarbeiter jede verkaufte Arznei in die Spalten ein.

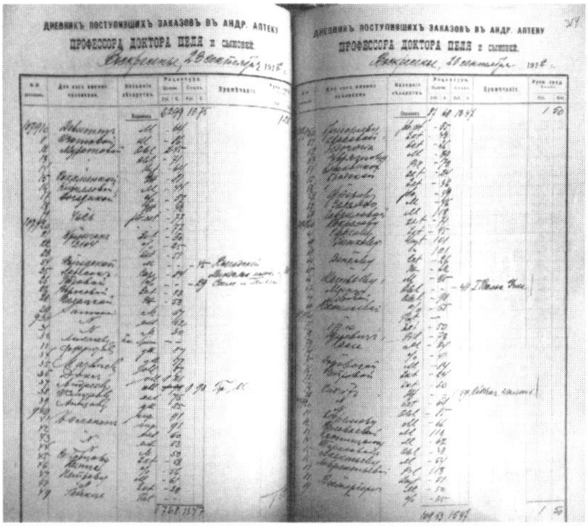

Kirchner ist in zweiter Ehe mit Julia Christine Malson verheiratet, die ihm fünf Kinder geboren hat. Er bleibt zeitlebens deutscher Reichsangehöriger, aber seine Kinder nehmen mit Erlangen der Volljährigkeit die russische Staatsbürgerschaft an. 1898 steht die Firma in voller Blüte. Sie produziert neben Kalendern allerhand Formulare, Schreibblöcke und Alben, dazu Aktenhefter, Dokumentenmappen, Schreibunterlagen und in Leder eingefasste Portefeuilles – alles, was die unersättliche Bürokratie im zaristischen Russland dringend benötigt.

Petersburg und der kaiserliche Hof kommen ohne Kirchner kaum noch aus. Er ist jetzt ein gut situierter Kapitalist und respektierter Familienpatriarch, er besitzt mehrere Häuser und Grundstücke, in nicht einmal 30 Jahren hat er ein ordentliches Vermögen angehäuft. In seiner ehemaligen Werkstatt in der Malenkaja Morskaja, wo seine Karriere einst begann, unterhält er nun ein Stadtgeschäft. Alle seine Unternehmungen scheinen unter einem günstigen Stern zu stehen. Dass seine Kalender einmal ein Spiegel der Umbrüche in Sankt Petersburg sein werden, davon hat Otto Kirchner nicht die blasseste Ahnung.

Nur eine halbe Stunde mit der Droschke von den Kirchners entfernt wohnt auf der Wassili-Insel – der größten Insel im Newa-Delta – die Familie von Poehl. Mit der Bebauung der Wassili-Insel wurde bereits unter Peter I. begonnen. Der Stadtteil besteht aus einem Netz parallel verlaufender Straßen, den »Linien«, die von drei großen Prospekten durchschnitten werden. Das Mietshaus der Familie Poehl – Nr. 16 in der 7. Linie – erhebt sich gegenüber dem Andreasmarkt und der Andreaskirche, die auf Wunsch Peters des Großen der Londoner Sankt-Pauls-Kathedrale nachempfunden ist.

Familienoberhaupt Alexander Wassiljewitsch Poehl hat Chemie studiert, 1898 ist er 48 Jahre alt und einer der angesehensten Apotheker Petersburgs. Im Gegensatz zu Kirchner wurde er bereits hier geboren. Poehl ist Hoflieferant des Zaren und ein weltweit anerkannter Wissenschaftler mit eigenem Forschungsinstitut. Die Kaiserliche Medizinische Akademie hat ihn zum Ehrenprofessor ernannt, lange Jahre war er im medizinischen Beirat des Innenministeriums tätig, und er ist Träger des angesehenen Ordens des Heiligen Wladimir, der aus reinem Gold besteht. Die Poehls sind seit Anfang des Jahrhunderts im Land. Wenn man verstehen will, warum gerade die Deutschen in der fremden Umgebung

Die Poehl'sche Apothekerdynastie ließ sich im Juli 1899 anlässlich der Silberhochzeit von Alexander und Adelheid von Poehl ablichten. Sieben Söhne hat das Paar, um die Nachfolge muss sich der Firmenpatriarch, der die Apotheke auf der Wassili-Insel 1875 vom seinem Vater Wilhelm übernommen und zu großer Blüte geführt hat, also nicht sorgen. Alexander von Poehl sitzt ganz rechts mit dem Nachzügler Basilius auf dem Schoß, zu seiner Rechten seine Frau Adelheid, im Vordergrund vor den Damen der Sohn Richard, rechts hinter ihm seine erste Frau Jenny. Eine weitere, etwas ältere Aufnahme zeigt das Ehepaar mit den Söhnen Arist, Richard, Alexander und Rudolf in der vorderen Reihe (v.l.)sowie Mutter Adelheid, dahinter Boris und Alfred mit Vater Alexander.

Russlands so gut Fuß fassen konnten und wie sie ihre Chancen dort nutzten, dann lässt sich das gut am Aufstieg der Poehls verfolgen.

Die Geschichte der Familie geht auf zwei Männer zurück – Johann Christoph und Friedrich Wilhelm Poehl –, die um 1810 aus Brandenburg auswandern, aus Perleberg, einer mittelalterlichen Hansestadt, der Hauptstadt der Westprignitz. Sie sind dort als Ältester beziehungsweise Jüngster von vier Geschwistern in einer Schuhmacherfamilie aufgewachsen, die in der Perleberger Judenstraße eine Werkstatt betreibt. Beide haben das Schuhmacherhandwerk erlernt und es zum Meister gebracht. Eines Tages brechen sie auf nach Russland, um dort ihr Glück zu versuchen. Sie heiraten deutsche Frauen. Ihre Nachkommen schlagen jedoch ganz andere berufliche Wege ein, klettern auf der sozialen Leiter empor und machen beachtliche Karrieren. Einer der Söhne von Johann Christoph Poehl wird Oberarchitekt der Institutionen der Kaiserin Maria, ein Enkel bringt es bis zum Wirklichen Staatsrat.

Friedrich Wilhelm Poehl, der bald zum Hofschuhmachermeister ernannt wird, hat mit seiner Frau Marie nur einen Sohn, Wilhelm Christoph Ehrenfried Poehl, der die Apothekerdynastie gründet. Denn Wilhelm Christoph, 1820 in Petersburg geboren, wird nicht Schuhmacher wie sein Vater, sondern besucht die Universität im estnischen Dorpat, wo er Pharmazie studiert. Er ist 28 Jahre alt, als er die Apotheke von Karl Samuel Ekkel in der 7. Linie, Haus Nr. 16, für 30 000 Rubel erwirbt und das Nachbargrundstück Nr. 18 noch dazu.

Bereits in Dorpat hat Poehl die Deutsche Albertine Helene Freymann geheiratet, die neun Kinder zur Welt bringt, sieben Jungen und zwei Mädchen. Der Sohn Alexander übernimmt 1873 die Apotheke des Vaters – zunächst zur Miete, bis er sie 1891 für 60 000 Rubel kauft. Gegen Ende des Jahrhunderts hat Alexander aus dem väterlichen Geschäft ein russlandweit und sogar international anerkanntes Unternehmen gemacht. Neben der Apotheke umfasst es das Organotherapeutische Institut und eine pharmazeutische Fabrik mit Filialen in Nischni Nowgorod und Nowo-Nikolajewsk, dem späteren Nowosibirsk, ein Ambulatorium sowie vier Laboratorien, außerdem einen Operationssaal für Tierexperimente, eine große Bibliothek und eine Redaktion für medizinisch-wissenschaftliche Literatur. 1898 gehört ein großer Teil der 7. Linie zum Poehl'schen Unternehmen. Auch Alexander hat in Dorpat studiert, dort die Magisterprüfung für Chemie abgelegt und sich 1882 zum Doktor der Chemie promovieren lassen. Bekannt wird er durch seine organotherapeutischen Forschungen, die von dem berühmten russischen Chemiker Dmitri Mendelejew unterstützt werden. Vor allem das immunstärkende Präparat Spermin verbinden die Petersburger mit dem Namen Poehl, ein Medikament, das aus Tierhoden gewonnen wird. Poehls wichtigste Erfindung ist jedoch das Einschweißen steriler Injektionslösungen in Glasampullen. Diese Neuerung wird weit über seinen Tod hinaus Bestand haben.

Wie sein Vater und sein Großvater nimmt Alexander, dem bald der erbliche Adelstitel verliehen wird, eine Deutsche zur Frau, denn beim Heiraten bleiben die Deutschen gerne unter sich. Nach der Eheschließung im Jahr 1874 bringt Adelheid Breitfuß im Laufe eines knappen Vierteljahrhunderts ebenfalls sieben Söhne zur Welt. Im Mai 1898 wird Basilius, der letzte von ihnen, geboren. Bis auf Basilius, der mit nur 15 Jahren stirbt, werden alle ihr berufliches Leben mit der Firma des Vaters auf der Petersburger Wassili-Insel verbinden. Bald prangt an der Frontseite der Häuser in der 7. Linie die Aufschrift »Prof. Dr. von Poehl & Söhne«. Und nicht nur das berufliche Leben der Söhne wird durch das väterliche Unternehmen bestimmt, sondern auch das private. Vor allem auf den 1877 geborenen Richard trifft das zu, der am Gymnasium des Kaiserlichen Historisch-Philologischen Instituts eine höhere Schuldbildung erhält und 1896 als Apothekenschüler in die Firma des Vaters eintritt. Deren Schicksal wird sein Leben mehr prägen, als ihm lieb sein kann.

Eduard August Maaß wurde nicht in Petersburg geboren. Er ist 1888 als Dreizehnjähriger in die Stadt gekommen. 1898 ist er schon wieder fort, allerdings nur vorübergehend. Auch in seinem Leben wird Petersburg eine große Rolle spielen.

Eduard Maaß kommt 1875 in Dorpat als jüngstes von fünf Kindern einer gläubigen protestantischen Familie zur Welt. Seine Heimat ist also das Baltikum. 1888 übersiedelt die Familie nach Sankt Petersburg. Doch Maaß will Pfarrer werden, und Theologie studiert ein Deutschbalte am besten an der Universität Dorpat, die der Schwedenkönig Gustav II. Adolf 1632 gegründet hat. So kehrt er 1898 zum Studium der Theologie in seine Geburtsstadt zurück. Dorpat war lange Zeit eine wichtige Stadt des deutschen Schwertbrüderordens, seit 1721 gehört sie zum Gouvernement Livland und damit zum Russischen Reich. Die Universität wurde Ende des 18. Jahrhunderts von Deutschbalten neu gegründet. Unterstützung erfuhren die Dorpater von Kaiser Alexander I. Er war ein Enkel Katharinas der Großen, ein Mann mit Idealen, der geistige Bildung förderte. Dorpat ist die einzige deutschsprachige Universität des Zarenreichs, was 1898 allerdings nur noch eingeschränkt gilt, nachdem in Russlands Ostseeprovinzen in den 1880er Jahren eine rigorose Russifizierung eingesetzt hat. Russisch hat Deutsch als Lehrsprache abgelöst, weshalb die meisten der bis dahin in Dorpat dominierenden deutschen Lehrkräfte nach Deutschland wechselten. Für Maaß mag das von Vorteil gewesen sein, denn er wird das Russische später in Petersburg brauchen.

Der junge Theologe heiratet gleich nach dem Studium die Adlige Editha Ida Nelissen von Haken, eine Frau mit typisch deutschbaltischer Abstammung, und verbringt zunächst einige Jahre als Pfarrer in Livland. Eduard und Editha Maaß haben einen Sohn und vier Töchter. Eines der Mädchen, Editha Amalie, genannt Dittchen, verlebt entscheidende Jahre in Sankt Petersburg und wird später die Mutter des Schauspielers Armin Mueller-Stahl.

Kann eine soziale Kluft größer sein als die zwischen dem alten deutschen Geschlecht der von Hakens und der deutschen Bauernfamilie Amann in der Siedlung Graschdanka? Wohl kaum. Die Vorfahren der baltendeutschen Adligen sind vor 600 Jahren ins Land gekommen, die deutsche Kolonistenfamilie Amann erst vor rund 150 Jahren. Katharina die Große rief sie in den 1760er Jahren nach Russland, wo sie mit Fleiß und Ideenreichtum der Landwirtschaft im Zarenreich neue Impulse geben sollten. Deutsche Bauern folgten Katharinas Aufruf in großer Zahl. Sie gründeten an der Wolga, am Schwarzen Meer, bei Nowgorod und bei Sankt Petersburg Siedlungen – Kolonien –, woraus sich später der Begriff Kolonisten ableitete.

Das Dorf Graschdanka wurde 1827 neben einem gleichnamigen russischen Dorf im Norden von Petersburg gegründet. Zwei Brüder aus dem bereits 70 Jahre zuvor entstandenen Nowo-Saratowsk am rechten Ufer der Newa kauften Land zwischen den Dörfern Murino und Spasskaja Mysa und ließen sich hier nieder. So entstand Graschdanka. Bald zogen Kolonisten aus anderen Dörfern hierher und pachteten Land. Meist waren es Aussiedler aus Brandenburg und Württemberg. Obwohl

Eduard Maaß erhält 1913 eine Stelle als Pastor und Religionslehrer der Petersburger Annengemeinde. Maaß kommt aus einer baltendeutschen Familie, was für die Pastoren der Annengemeinde nicht ungewöhnlich ist. Er hat in Dorpat studiert und ist mit einer baltendeutschen Adligen verheiratet. Im Gegensatz zu vielen seiner älteren Amtskollegen beherrscht er das Russische perfekt. Was so vielversprechend scheint – eine Stelle in einer renommierten Gemeinde in der Hauptstadt des Zarenreiches –, erweist sich bald als böse Falle für den jungen Pfarrer und seine Familie. Im »Protocollbuch des Kirchenraths der St. Annen-Gemeinde« wird das Ergebnis der Wahl von Eduard Maaß zum Pastor am 7. November 1913 notiert.

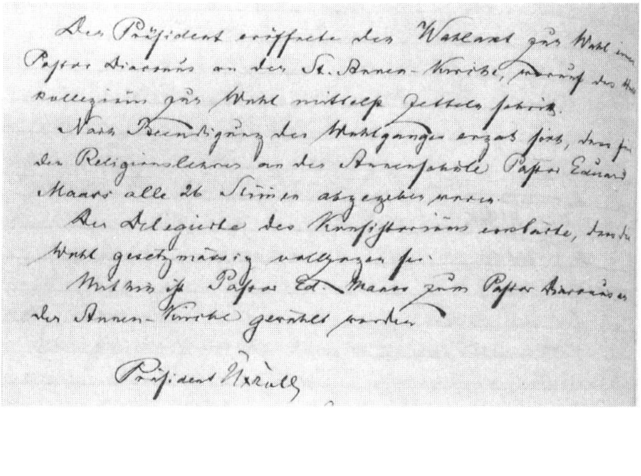

Der Präsident eröffnete den Wahlact zur Wahl eines Pastor Diaconus an der St. Annen-Kirche, worauf das Kirchencollegium zur Wahl mittelst Zettels schritt.
Nach Beendigung des Wahlganges ergab sich, dass für den Religionslehrer an der Annenschule Pastor Eduard Maass alle 26 Stimmen abgegeben waren.
Der Delegirte des Consistoriums erklärte, dass die Wahl gesetzmässig vollzogen sei.
Mithin ist Pastor Ed. Maass zum Pastor Diaconus an der Annen-Kirche gewählt worden.

Präsident Uexküll

der Boden in der gesamten Gegend nicht gerade der beste war, erhofften sie sich auf dieser Scholle mehr Ertrag als in ihrer deutschen Heimat. Die Vorfahren der Amanns, die bislang im Dorf Srednjaja Rogatka gelebt hatten, kamen aus Sachsen oder Schlesien.

Ende des 18. Jahrhunderts bietet Graschdanka das Bild eines typischen deutschen Kolonistendorfes. Einstöckige Holzhäuser säumen die Dorfstraße, Häuser, die über der Veranda einen Balkon haben und vor dem Haus einen kleinen Vorgarten mit Blumenbeeten, umgeben von einem akkurat gesetzten, weiß gestrichenen Palisadenzaun. Genauso akkurat sind die Frauen der deutschen Kolonisten gekleidet, wenn sie zum Markt nach Sankt Petersburg fahren. Jeder Russe erkennt die deutschen Frauen sofort an ihren traditionellen Hauben.

Schnurgerade ist die Straße, die sich durch Graschdanka zieht, und mit dem Lot exakt abgezirkelt hat man auch die Grundstücke der Siedler. Im Süden des Dorfes stehen die Häuser der reichen Erhardt-Familie und der Eidemüllers, schräg gegenüber die Häuser der Großfamilie Vogelsang, dahinter die Häuser der Familien Bauer, Lewerenz, Waliser und Schäfer. Und gleich neben der hölzernen Kirche des Heiligen Nikolaus hat die Amann-Sippe ihre vier Häuser errichtet. Sie tragen die Nummern 20, 22, 24 und 26. Die Amanns sind nicht reich, aber sehr angesehen im Dorf. 1898 ist Adam Amann der Familienvorstand. Er hat eine Tochter und drei Söhne, die in den anderen Häusern wohnen: Georg, Fritz und Adam. Georg wiederum hat zehn Kinder, darunter den 1890 geborenen Peter. Natürlich ist ihm nach der Familientradition eine Zukunft in Graschdanka bestimmt. Doch als Peter acht Jahre alt ist, sterben seine Eltern an Tuberkulose. Für die Waise ist bei den Verwandten in Graschdanka kein Platz, und so sucht Peter sein Glück in Sankt Petersburg.

Der Fabrikant Kirchner, die Apothekerbrüder Poehl, der evangelische Pastor Maaß, die Kolonistenfamilie Amann und der Musiker Oskar Böhme – sie alle leben in Sankt Petersburg, als die deutsche Gemeinde dort in höchstem Ansehen steht. Die ersten Jahre des neuen Jahrhunderts werden für sie zum erfolgreichsten Abschnitt ihres Lebens, Krieg und Revolution sind noch weit. Sie sind auch nicht die letzten Deutschen, die in Petersburg ihr Glück machen wollen. Zwei Jahrzehnte später, nach Krieg, Revolution und Bürgerkrieg, suchen noch einmal

Peter Amann wird 1890 in dem kleinen deutschen Kolonistendorf Graschdanka im Norden der russischen Hauptstadt geboren. Er verliert seine Eltern früh und kommt zunächst in den Haushalt seiner älteren Schwester nach Sankt Petersburg.

Die deutschen Dörfer rund um Sankt Petersburg – hier Strelna am Südufer des Finnischen Meerbusens – haben seit mehr als hundert Jahren ihr typisches Aussehen bewahrt. Es sind Straßendörfer mit einfachen, vorwiegend einstöckigen Häusern. Auch die deutsche Tracht wird noch gepflegt.

Deutsche in der Stadt Unterschlupf und berufliche Sicherheit – Männer wie Pastor Paul Reichert etwa, der 1921 zusammen mit seinem Sohn Bruno aus dem Wolgagebiet nach Petrograd kommt, wie die Stadt dann heißen wird, in einer Zeit, als das Land an der Wolga durch die Kämpfe zwischen Roten und Weißen lahmgelegt ist. Junge Menschen aus den deutschen Siedlungsgebieten im Russischen Reich werden in die Stadt strömen, um hier zu studieren. Auch ihr Schicksal wird die Stadt Sankt Petersburg auf dramatische Weise bestimmen.

Der große Wurf

Der Dresdner Trompeter Oskar Böhme zieht im Frühjahr 1898 mit seiner mitgeführten Habe in die Ligowskaja uliza ein. Der Weg vom Warschauer Bahnhof zu seiner Wohnung – dic Mictformalitäten hatte er bereits von Deutschland aus geregelt – ist mit der Droschke schnell zurückgelegt. Die Ligowka, wie sie im Volksmund heißt, war einst eine Straße mit zweifelhaftem Leumund. Hier legte das Petersburg der Paläste seine vornehmen Kleider ab und streifte sich die grobe Uniform russischer Vorstädte über. Hier waren die Pferdemärkte, die billigen Bordelle und Spelunken, hier versammelten sich Bettler, Räuber und Vagabunden, hier verlief lange Zeit der stinkende Ligowsker Kanal und teilte die Bewohner in zwei Klassen. Inzwischen ist die Ligowka zu einer wichtigen Petersburger Lebensader geworden. Dort, wo der Newski-Prospekt sie kreuzt, steht seit über drei Jahrzehnten der Nikolaibahnhof, Ausgangspunkt der 650 Kilometer langen Nikolaibahn nach Moskau. Und gleich neben dem Bahnhof befindet sich das Depot der Petersburger Pferdestraßenbahn, deren bordeauxrote Wagen durch die Stadt zuckeln auf einem Schienennetz von immerhin neun Werst und 415 Saschen, gut zehn Kilometern. Am Bahnhof startet auch die von kräftigen Pferden gezogene gelbe Expressbahn ihre Tour über den Newski-Prospekt.

Es ist eine quirlige Ecke mit Geschäften, Schulen und Hotels, Botenjungen wieseln herum, überall warten Droschkenkutscher auf Kundschaft, 35 Kopeken nehmen sie für eine halbe Stunde. Die Straßenbahn ist noch keine richtige Konkurrenz, sie wird es erst 1907, als die Elektrische aufkommt. Nach Norden, zur Newa hin, zweigen fächerartig die

Snamenskaja und die Ligowka ab, zwischen beiden steht die fünfkupplige Kirche zum Einzug des Herrn in Jerusalem, im Volk nur die Snamensker Kirche genannt. Dahinter liegt ein Viertel, in dem Privatleute in den letzten Jahren noble Wohnhäuser mit Säulenportalen und üppigem Fassadenschmuck erbaut haben. Neben Russen leben hier vor allem Griechen, Finnen und Deutsche. Böhmes Wohnung befindet sich im Haus Ligowskaja Nr. 27 auf der linken Seite. Sie ist nach russischer Manier möbliert. Alles ist nicht mehr ganz neu und meist im Empirestil gehalten: mit Glastüren versehene Schränke aus Nussholz, Sessel mit dunkelblauem Stoffbezug, in den kleine goldene Kronen eingearbeitet sind, dazu passende Vitrinen und Anrichten und mittendrin ein Bücherschrank aus karelischer Birke.

Wenn Böhme ans Fenster tritt, sieht er links die Griechische Kirche und genau gegenüber den palastartigen Bau des Prinz-von-Oldenburg-Kinderkrankenhauses – eine der erstaunlich fortschrittlichen karitativen Einrichtungen im kaiserlichen Petersburg. Prinz Peter von Oldenburg, Sohn der Zarentochter Katharina Pawlowna, verband privat vieles mit Deutschland. Er wuchs bei seinem Vater Georg von Oldenburg in Stuttgart und Oldenburg auf, seine Mutter, Tochter der Herzogin Sophie Dorothee von Württemberg, wurde in zweiter Ehe Königin von Württemberg. Der Prinz selbst war mit der deutschen Prinzessin Therese von Nassau-Weilburg verheiratet. In Russland stieg er zum General der zaristischen Truppen auf und wurde ein bedeutender öffentlicher Wohltäter. Das Krankenhaus in der Ligowka, das er 1869 gründete, gelte inzwischen als das modernste Kinderhospital in Europa, hat Böhme gelesen. Geführt wird es von dem Deutschen Carl Gottlieb Rauchfuß. Auch dessen Vater stammte aus dem anhaltischen Zerbst, einer Gegend, in der sich seit Katharina offenbar besonders viele Deutsche zu Russland hingezogen fühlten. Rauchfuß wurde bereits in Petersburg geboren. Er genießt große Anerkennung als Begründer der Pädiatrie in Russland, hat viele Neuerungen in der Behandlung infizierter Kinder durchgesetzt, ist Wirklicher Russischer Staatsrat und im Nebenberuf seit der Regierungszeit Alexanders II. Leibarzt der Zarenkinder. Er wird später der engste Vertraute von Nikolai II., als dieser noch auf die Heilung seines Sohnes Alexei von der Bluterkrankheit hofft.

Oskar Böhmes neue Heimstatt ist ein fünfstöckiges Eckhaus. Hier zweigt die kleine Gussew-Gasse ab, die zu einer weiteren Klinik, dem

Marienkrankenhaus, hinüberführt. Das Haus Nr. 27 in der Ligowka hat Alexander Oppenheim vor drei Jahren gekauft, ein Baltendeutscher orthodoxen Glaubens und ebenfalls Doktor der Medizin. Geheimrat Oppenheim ist ein honoriger Mann. Er steht der Petersburger Kommission für öffentliche Gesundheitsfürsorge vor und ist Abgeordneter der Stadtduma, der Gouvernements- und der Kreislandschaftsversammlung. Seine Söhne Wladimir, Beamter der Gouvernementsverwaltung, und Konstantin, Eisenbahningenieur, wohnen ebenfalls im Haus, dazu der Wirkliche Staatsrat und Gynäkologe Dr. Michail Kaschdan und Staatsrat Alexei Petlin. Der wiederum arbeitet als Ingenieur bei der Zarskoje-Selo-Eisenbahn, der ältesten russischen Bahnlinie, die zum Sommersitz des Kaisers in Zarskoje Selo führt. Böhme hat sich also unter ein vornehmes Publikum gemischt. Bald wird er von den Nachbarn zu Tee und Konversation geladen. In diesen Kreisen spricht man vorwiegend Französisch, da ist Verständigung lcicht. Und bald wissen alle, dass der neue Nachbar Oskar Wilgelmowitsch Böhme – sein Vatersname wird in Petersburg etwas verballhornt, weil die Russen kein »h« sprechen können – Trompeter und Musikpädagoge ist.

Bei Alexandra Ignatjewna Jakowlewa erweckt der neue Mieter besonderes Interesse. Frau Jakowlewa wohnt in dem sehr vornehmen Flügel des Eckhauses, der auf die Gussew-Gasse geht. Sie ist eine Kaufmannsfrau der Zweiten Gilde aus Zarskoje Selo, ein Stand, in den sie durch ihren verstorbenen Mann gekommen ist, und sucht jemanden, der ihrer 21-jährigen Tochter Sinaida Klavierunterricht erteilen kann. Böhme, der am Leipziger Konservatorium natürlich auch Klavier studiert hat, scheint der ideale Mann dafür. Man wird sich einig. Dreimal pro Woche steigt Böhme die Treppen hinab und geht durch die etwas verwinkelten Korridore hinüber in den anderen Teil des Hauses, wo er die junge Jakowlewa wunschgemäß im Klavierspiel unterrichtet. Es macht ihm Spaß, Sinaida in die Klangwelten des Klaviers einzuführen. Er lehrt sie die Technik des Anschlags und das Notenlesen, bringt ihr bei, Akkorde zu erkennen, Tonleitern und harmonische Strukturen, und bald schon spielen sie Beethovens »Für Elise«, Mozarts »Türkischen Marsch« und das C-Dur-Präludium aus Bachs »Wohltemperiertem Klavier«. Nach dem Unterricht lädt Sinaidas Mutter oft noch zu Tee und Konfekt in den Salon und lässt sich ausführlich von Deutschland erzählen.

Die schlanke, hochgewachsene Alexandra Ignatjewna beeindruckt den 28-jährigen Böhme. Sie hat den warmen, sinnlichen Blick einer slawischen Frau, der Komplimente noch etwas bedeuten und die dem Blick eines Mannes nicht ausweicht, ja ihm Zuneigung und Ergebenheit signalisiert. Böhme spürt zugleich Energie und Selbstbewusstsein bei ihr, beides beeindruckt ihn. Er kommt jetzt öfter hinüber in ihre Wohnung, es keimt Zuneigung zwischen den beiden, die sehr schnell wächst. Noch im selben Jahr lassen sich der Protestant Böhme und die Orthodoxe Jakowlewa in einer Petersburger Kirche trauen.

Auf den ersten Blick ist das eine überraschende Verbindung. Alexandra ist 43 Jahre alt, der Altersunterschied zwischen beiden beträgt also 15 Jahre. Und sie ist eine alleinstehende Frau mit Kind, was zu dieser Zeit ungewöhnlich ist. Aber für Böhme spielt das alles keine Rolle. Er liebt Alexandra. Dieses Gefühl ist natürlich verbunden mit der Sehnsucht, Halt in der fremden Welt zu finden. Alexandra Jakowlewa, nunmehr verehelichte Alexandra Ignatjewna Böhme, gibt ihm den. Zu dem Gefühl von Halt und Geborgenheit trägt auch bei, dass sie keine mittellose Frau ist – ganz im Gegenteil. Das erleichtert einem Künstler wie ihm das Leben.

Mitglieder der Zweiten Kaufmannsgilde müssen ein bestimmtes Kapital besitzen, mindestens 20 000 Rubel. Wer zur Zweiten Gilde gehört – und das sind nur etwa fünf Prozent der Kaufleute, bei der Ersten Gilde lediglich zwei Prozent –, gilt als begütert. Die Masse der übrigen Kaufleute, also mehr als 90 Prozent, ist in der Dritten Gilde zusammengefasst. Frau Jakowlewa ist gut betucht und verfügt über gediegene gesellschaftliche Verbindungen. Hausbesitzer Alexander Oppenheim war einer der offiziellen Zeugen, als Alexandra vor nicht allzu langer Zeit beim Notar ihr Testament aufsetzen ließ, da sie für ihre Tochter alles geregelt haben wollte, falls ihr etwas zustieße. Böhme und sie wohnen anfangs in getrennten Wohnungen. Oskar gibt im Petersburger Adressbuch die Ligowskaja uliza 27 als Adresse an, Alexandra Ignatjewa die Gussew-Gasse 5. Schließlich zieht er zu ihr hinüber.

Alexandra ist für Böhme nicht nur die Ehefrau, sondern auch eine unschätzbare Hilfe beim Eintritt in die für ihn noch rätselhafte Welt von Sankt Petersburg. Sie hilft, Kontakte zu knüpfen, sie vermittelt beim Umgang mit der russischen Bürokratie, sie setzt gemeinsam mit ihm Schriftstücke auf und vor allem: Ihr Mann lernt unter ihrer Anleitung, einigermaßen mit den Tücken der russischen Sprache zurechtzukommen. Auch für sie erweitert sich nun die Welt. Nicht nur, dass Oskar ihr seine Liebe und den lang ersehnten männlichen Beistand bietet. In einer Zeit, da die Rechte der Frauen noch arg beschnitten sind, ermöglicht ihr die Verbindung mit ihm, quer durch Russland, vor allem aber während der Sommermonate künftig auch nach Deutschland reisen zu können. Sie wird – mehr Selbständigkeit ist noch nicht Mode – in Böhmes Pass eingetragen und erlangt damit Reisefreiheit.

Oskar Böhme nutzt die ersten zwei Jahre seines Aufenthalts in Sankt Petersburg, um die dortige Musikwelt näher kennenzulernen, und er verdient mit Unterricht etwas Geld. Die Deutschen und die Musik – das gehört für Petersburg seit beinahe 200 Jahren zusammen. 1720 spielten die ersten deutschen Musiker bei Herzog Carl Friedrich von Holstein auf, der fünf Jahre später Anna Petrowna, die Tochter Peters I., heiratete. Wenige Jahre später gründete der deutsche Geiger und Dirigent Johann Hübner am russischen Hof ein Orchester, das nur aus ausländischen Musikern bestand, und bald darauf eine Orchesterschule. Auch der Schöpfer der zweiten russischsprachigen Oper, Hermann Friedrich Raupach, Sohn des Stralsunder Organisten Christoph Raupach, war ein Deutscher. Er komponierte 1758 die Oper *Alceste*. Ludwig Wilhelm Maurer aus Potsdam wiederum diente der Französischen Oper von Sankt Petersburg von 1835 an als Kapellmeister. Im Jahr zuvor trat er als Solist bei der Petersburger Erstaufführung von Beethovens Violinkonzert auf. Seine beiden Söhne wirken ebenfalls als Musiker in der Stadt. Und als Böhme an der Newa eintrifft, ist der Deutsche August Bernhard seit zwölf Jahren Direktor des Petersburger Konservatoriums. Er hat bereits zahlreiche russische Opern ins Deutsche übersetzt, Tschaikowskis *Eugen Onegin* etwa und ebenso dessen *Pique Dame*. Deutsche Musiker haben also nicht von ungefähr einen guten Ruf in der Stadt. Davon profitiert Böhme. Ein Freund Alexandras verhilft ihm zu einer Vorstellung bei der Kaiserlichen Philanthropischen Gesellschaft, die ihren Sitz in der vornehmen Furschtatskaja hat, nicht weit von der Ligowka entfernt. Die Gesellschaft wird seine erste Arbeitgeberin.

Alexander I. hatte die Philanthropische Gesellschaft 1802 zur Unterstützung der Armen gründen lassen. Lange Zeit spielte seine Mutter Maria Fjodorowna dort die entscheidende Rolle. Die Gesellschaft unterhält inzwischen Filialen in allen großen Städten Russlands und sammelt jährlich anderthalb Millionen Rubel an Spenden ein. Damit finanziert sie Volksküchen und Schneiderwerkstätten, Waisen- und Frauenhäuser, Schulen und Hospitäler. Seit 1872 betreibt sie sogar ein eigenes Gymnasium am Krjukow-Kanal unweit des Marientheaters, und da man dort der musischen Erziehung der Kinder großes Gewicht beimisst, bekommt Böhme an dieser Schule seine erste Chance als Musiklehrer. Es ist keine einträgliche Stelle, der Wert liegt mehr darin, dass Böhme dort Petersburger Musiker kennenlernt. Denn an dem Gymnasium unterrichten Pädagogen aus dem Petersburger Konservatorium, Künstler der Kaiserlichen Theater, es gibt Klavier- und Gesangsunterricht und natürlich einen Chor, überdies ein Balalaika-Ensemble sowie ein Blas- und ein kleines Streichorchester. Außerdem erteilt Böhme an der Volksschule der Frau Beklemischewaja Unterricht, und er spielt auf Musikabenden der Gesellschaft der Garde-Korps-Offiziere. Seine freie Zeit aber widmet er dem Komponieren.

Es wird sich herausstellen, dass die ersten Jahre in Sankt Petersburg besonders schöpferische sind. Bereits Anfang 1899 trägt er die Noten für »24 methodische Übungen für Trompete (Cornet à pistons)« zum Geschäft von Julius Heinrich Zimmermann, das die ganze erste Etage in der Bolschaja Morskaja Nr. 42 einnimmt. Der im mecklenburgischen Sternberg geborene Zimmermann ist der ideale Partner für den Trompeter Böhme. Zimmermanns Karriere begann in Petersburg, wohin man ihn 1876 nach einer Banklehre versetzte. Wenige Jahre später besitzt er in der russischen Hauptstadt eine Musikalienhandlung mit Filialen in Moskau, Leipzig und London sowie eine Fabrik für Metallblasinstrumente. Als Böhme in die Stadt kommt, beginnt Zimmermann gerade, Blasinstrumente an den Kaiserhof und an die russische Armee zu liefern. Er dominiert den Musikalienhandel in Petersburg, obwohl sich seine Unternehmenszentrale inzwischen in Leipzig befindet. Mit dem Zimmermann-Musikverlag, dem er bereits mehrere seiner Lieder überlassen hat, schließt Oskar Böhme am 30. März 1899 einen Vertrag:

> Hiermit bestätige ich, dass ich Ihnen, für Sie selbst und für Ihre Erben oder Rechtsnachfolger das ausschließliche, alleinige rechtmäßige und unbeschränkte Verlags-, Vertriebs- und Aufführungsrecht, mit einem Worte das gesammte Urheberrecht im weitesten

Sinne für alle Länder und Staaten der Erde, für alle Auflagen und Veröffentlichungen und für immerwährende Zeiten an mein nachgenanntes Werk »24 melodische Übungen für Trompete in B oder A (Cornet à pistons)« im Original sowohl, als auch für alle beliebigen Bearbeitungen überlassen habe.[28]

Zimmermann zahlt ihm 30 Rubel auf die Hand. Das ist nicht viel für die völlige Abtretung seiner Rechte, immerhin verzichtet Böhme auf künftige Tantiemen. Aber er muss erst einmal ankommen in Petersburg, ihm ist der Spatz in der Hand wichtiger als die Taube auf dem Dach. Schließlich kann niemand wissen, dass einige seiner Werke später ausgesprochen populär werden. Bei Zimmermann liefert er im Jahr darauf auch die »Soirée de St. Pétersbourg« ab, eine intime Romanze mit Klavier- oder gar Harfenbegleitung, was ein absolutes Novum ist. Sie bringt ihm 15 Rubel. Im selben Jahr folgen die »Berceuse«, ein Wiegenlied, und 1902 eine Serenade und ein Liebeslied, dazu die leichtfüßige Tarantelle »La Napolitaine«, ein Volkstanz, der bereits ein bisschen an Tschaikowskis Ballettmusiken erinnert. Für die letzten drei Werke – Opus 22 und 25 – zahlt Zimmermann immerhin 55 Rubel.

Die Anfangsjahre in Petersburg sind für den Komponisten Böhme also ausgesprochen fruchtbar. Er hat viel Zeit zum Komponieren und wird von seiner Frau Alexandra liebevoll umsorgt. Das sind ideale Schaffensbedingungen. Und natürlich inspiriert ihn der Reiz der neuen Welt, in der er lebt. Er ist jetzt 29 Jahre alt, und ihm gelingt in diesem Jahr 1899 ein bedeutendes Werk, wie sich später herausstellen wird, sein bedeutendstes überhaupt – das »Concert e-moll für Trompete in A (Cornet à pistons) mit Clavierbegleitung« op. 18. Er widmet es Ferdinand Weinschenk, Solotrompeter im Gewandhausorchester und Lehrer am Königlichen Konservatorium zu Leipzig, und trägt die Noten zu Joseph Jürgenson. Bekannter als Joseph ist dessen Bruder Peter. Er gilt als bedeutendster Notendrucker und Musikverleger in Russland und hat als Erster Tschaikowskis Werke herausgegeben, aber auch Beethoven, Mendelssohn, Schumann und Wagner verlegt. Als Böhmes Konzert entsteht, befindet sich der Verlagssitz bereits in Moskau, aber in der Petersburger Bolschaja Morskaja Nr. 9 betreibt der älteste Bruder Joseph noch immer ein großes Musikgeschäft. Es ist neben Zimmermann die wichtigste Anlaufstelle für alle, die sich in Petersburg dem Komponieren

Der im mecklenburgischen Sternberg geborene Julius Heinrich Zimmermann stellt in seiner Petersburger Fabrik Streich-, Blech- und Holzblasinstrumente her, ist Lieferant für den Hof und die gesamte russische Armee. Er unterhält Filialen in Moskau, Leipzig und London und ist auch im Petersburger Musikalienhandel der führende Mann. Für den Musiker Oskar Böhme, der 1898 in die Stadt kommt, wird das Geschäft in der Bolschaja Morskaja zu einer ersten Anlaufstelle. Zimmermann übereignet er vertraglich viele seiner Kompositionen.

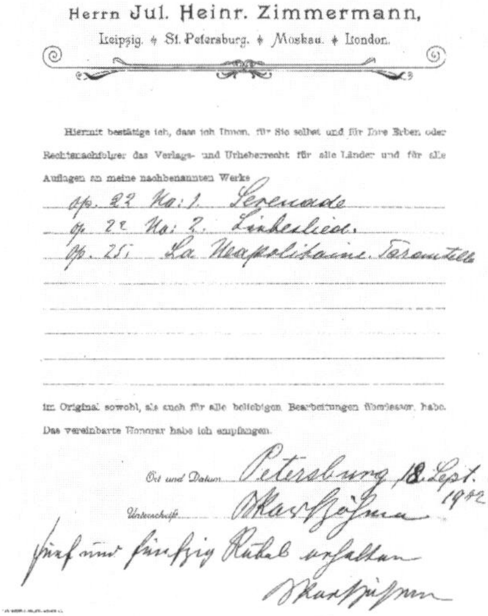

Herrn Jul. Heinr. Zimmermann,

Leipzig. St. Petersburg. Moskau. London.

Hiermit bestätige ich, dass ich Ihnen, für Sie selbst und für Ihre Erben oder Rechtsnachfolger das Verlags- und Urheberrecht für alle Länder und für alle Auflagen an meine nachbenannten Werke

op. 22 No: 1. Serenade

op. 22 No: 2. Liebeslied.

op. 25. La Napolitaine. Tarantella

im Original sowohl, als auch für alle beliebigen Bearbeitungen überlassen habe.

Das vereinbarte Honorar habe ich empfangen.

Ort und Datum Petersburg 18. Sept. 1902

Unterschrift Oskar Böhme

Fünf und fünfzig Rubel erhalten

Oskar Böhme

widmen. Jürgenson gibt die Fassung für »Trompete mit Clavierbegleitung« für zwei Rubel heraus, später folgt die Orchesterpartitur, sie kostet 3,50 Rubel. Es ist ein Werk, das noch heute in aller Welt gespielt wird.

Was der Musiker aus Sachsen mit dieser Arbeit leistet, ist eine Pioniertat.[29] Kein einziger bedeutender Komponist der romantischen Ära, kein Weber, kein Schumann, kein Brahms, hat bisher ein solistisches Werk für die einst so königliche Trompete komponiert. Solokonzerte und Sonaten schreibt man im 19. Jahrhundert für Klavier oder für Streicher, allenfalls einmal für Horn oder ein Holzblasinstrument, niemals für Trompete, die als reines Orchesterinstrument gilt. Die glanzvollen Trompetenkonzerte des Barocks und der Klassik schlummern verstaubt und vergessen in den Archiven und werden erst Jahrzehnte später nach und nach wieder ausgegraben. Sieht man von den zweit- und drittklassigen Pièцen von Kleinmeistern ab, steht ein ambitionierter und musikalisch anspruchsvoller Trompeter am Ende des 19. Jahrhunderts ohne solistische Literatur da. Die Glanznummern der Cornetisten, die populären »Themen mit Variationen« vom Typ »Karneval von Venedig«, taugen nicht für den Konzertsaal, denn das gebildete Publikum rümpft die Nase darüber. Den vielen guten Trompetern in aller Welt bleibt nichts anderes übrig, als sich ihre Vehikel selbst zu schreiben. Doch das will gelernt sein. Im Gegensatz zu den meisten komponierenden Bläservirtuosen beherrscht Böhme das Handwerk des Tonsatzes gründlich und solide. Mit seinem Konzert gelingt ihm ein großer Wurf. Es wird »das einzige authentische Trompetenkonzert der romantischen Ära«, also fast des gesamten 19. und des frühen 20. Jahrhunderts. Er hat es ausdrücklich für Trompete und erst in zweiter Linie fürs Cornet geschrieben. »Das Hauptthema im Kopfsatz ist ein echter ›Ohrwurm‹ und hätte es, wer weiß, im Geigenkonzert eines Großen vielleicht zur Unsterblichkeit gebracht«, urteilt ein namhafter internationaler Trompeter später.[30]

Mit einer ausdrucksstarken Dynamik beginnt das Allegro, eine helle, feierliche Lyrik bestimmt das Adagio, und dann folgt ein »teutonisch-virtuoses«[31] Rondo als verspielter fröhlich-festlicher Tanz, so als würden die Töne fliegen. Böhme hat das Innere seines Wesens in dieses Stück gelegt, die hoffnungsvolle, beschwingte, optimistische Stimmung, die ihn erfasst, wenn er aus seinem Arbeitszimmer über das Häusermeer von Petersburg blickt, diese Stadt, mit der er seine musikalische

Zukunft verbinden will. Technisch ist das Werk sehr anspruchsvoll. Während des Themas gibt es kaum längere Pausen, der Trompeter muss lange Zeit spielen, ohne auch nur einmal das Mundstück abzusetzen. Das Stück erfordert das ganze Können eines Virtuosen, es klingt fast so, als wolle Böhme auf der Trompete Geige spielen. Sein Trompetenkonzert sei »revolutionär für diese Zeit, es eröffnet brillante Möglichkeiten für dieses Instrument«,[32] rühmt ein Mitglied des Russischen Trompetenklubs das Werk später. Und der norwegische Trompeter Lars Næss wird in einer Magisterarbeit nachweisen, dass manche Stellen in Böhmes Konzert stark vom e-Moll-Violinkonzert op. 64 von Mendelssohn inspiriert worden sind. Bereits im Juni 1899 wird das e-Moll-Konzert auf einem Vortragsabend des Leipziger Konservatoriums aufgeführt. Und schon 1904 ist es in den USA zu hören, in Milwaukee.

Oskar Böhme hat vor, diese Kompositionen als Visitenkarte zu nutzen, denn er hat einen klar umrissenen Plan: Er will Mitglied eines der Orchester der Kaiserlichen Theater werden. Und er ist zuversichtlich, dass ihm das gelingen wird. In Sankt Petersburg gibt es am Ausgang des 19. und zu Beginn des 20. Jahrhunderts eine üppige Orchesterlandschaft. Da ist das Hoforchester, das Orchester der Kaiserlichen Russischen Musikalischen Gesellschaft, das Orchester des Grafen Scheremetjew, jenes im Konservatorium, dazu einige Saisonensembles – und dann gibt es noch als Krönung die Orchester der Kaiserlichen Theater, die dem Kaiserlichen Hof unterstehen und bereits seit 1756 existieren. Kunst und Musik lässt der Hof sich etwas kosten, dem Alltag des Volkes steht er ziemlich fern. Er finanziert insgesamt zehn Theater und sieben Ensembles mit neun Orchestern und zwei Chören – zwei russische, drei französische und eine deutsche Operntruppe und dazu noch ein Ballett. Auch das Große und das Kleine Theater in Moskau unterstehen dem Petersburger Hof.

Aber was sind die Moskauer Bühnen schon gegen die drei wichtigsten, hochsubventionierten Petersburger Theater, die zu dieser Zeit die fantastische Summe von mehr als drei Millionen Rubel jährlich verschlingen! Zu ihnen zählt das Alexandratheater am Newski-Prospekt als Heimat des russischen Dramas – es ist nach Charlotte von Preußen benannt, der deutschen Gemahlin Kaiser Nikolaus' I., die in Russland Alexandra Fjodorowna hieß. Das Michailow-Theater am Michailow-Platz, dessen Name sich auf den Zarensohn Michail

Pawlowitsch bezieht, ist Heimstätte der französischen Truppe. Aber das Marientheater zwischen Moika und Gribojedow-Kanal, dessen Name auf Marie von Hessen-Darmstadt zurückgeht, die Gemahlin von Kaiser Alexander II., ist der Primus inter pares – der Olymp für jeden Tänzer, Opernsänger und Musiker. Ballett und Oper – für Gogol sind das schon 60 Jahre zuvor »Zar und Zarin des Petersburger Theaters«.[33] »Menschen, in denen niemand eine musikalische Geisteshaltung vermutet hätte, sitzen wie gefesselt im ›Leben für den Zaren‹, im ›Robert‹, in der ›Norma‹, in der ›Stummen‹ und in der ›Semiramis‹. Opern erleben eine unzählbare Menge von Aufführungen, und trotzdem ist es manchmal unmöglich, eine Eintrittskarte zu bekommen.«[34]

Wer den Petersburger Theaterolymp betreten will, muss zuvor so manche Hürde überwinden. Oskar Böhme will zuallererst eine bürokratische nehmen, und die ist ziemlich hoch: Er will die deutsche gegen die russische Staatsbürgerschaft eintauschen. Dazu haben ihm Kollegen und Freunde in Petersburg geraten. Als Untertan des Kaisers gelange er leichter an die Kaiserlichen Bühnen, sagen sie – von den künstlerischen Hürden einmal abgesehen. Aber ist es nicht leichtfertig, so rasch die deutsche Staatsbürgerschaft aufzugeben? Böhme ist erst seit Kurzem in Russland, und es ist nicht abzusehen, wohin dieses Land steuert. Wird er sich nicht zur Geisel des zaristischen Staates machen?

Unter den Deutschen in Petersburg ist dieses Thema heiß umstritten, fast an jedem Stammtisch kommt das Gespräch darauf. Die meisten sind schon lange hier und wissen die geschäftlichen Vorteile zu schätzen. Aber sich diesem Land ganz anzuvertrauen, ja Verantwortung in und für Russland zu übernehmen, das lehnen sie ab, denn sie halten das Zarenregime – zu Recht – für rückschrittlich, schließlich ist es noch nicht einmal 40 Jahre her, dass die Leibeigenschaft aufgehoben wurde. Jetzt, um die Jahrhundertwende, sieht sich noch niemand gezwungen, Farbe in dieser Frage zu bekennen. Es ist im Grunde egal, ob man die russische oder die deutsche Staatsbürgerschaft besitzt, sofern man nicht irgendeine Stellung am Hof oder in dessen Umgebung bekleiden will. Erst 1914 wird sich das ändern, als der Weltkrieg vor der Tür steht.

Für Böhme liegen die Dinge anders, er sieht in der russischen Staatsbürgerschaft einen Katalysator, der helfen soll, ihm den Weg in die Hoftheater zu ebnen. Und so setzt sich der Deutsche Oskar Böhme

Anfang des Jahres 1901 hin und verfasst einen Brief an »Seine Kaiserliche Majestät, den Kaiserlichen Herrscher Nikolai Alexandrowitsch«.[35] »Proschenije« – Bittgesuch – steht über dem Schreiben. Es ist ein dreiseitiges kalligraphisches Schmuckstück, aufs Sorgfältigste mit der Feder geschrieben, Stellen mit der Anrede der Kaiserlichen Hoheit sind durch größere Buchstaben herausgehoben und durch stärkeres Aufdrücken der Feder zusätzlich betont. Und natürlich ist der Ton schmeichelnd und unterwürfig, wie es sich gegenüber dem Herrscher aller Reußen geziemt. Doch die Sätze wirken etwas atemlos formuliert und sind meist lediglich durch Kommata voneinander getrennt.

> Eure Kaiserliche Majestät, indem ich Ihnen mein Gesuch zu Füßen lege, erlaube ich mir, Sie zu bitten, mich in die Reihen Ihrer untertänigsten Bürger aufzunehmen.
> Wiewohl ich in Deutschland geboren bin und dort meine musikalische Ausbildung erhalten habe, so lebe ich doch seit 1898 in Petersburg, wo ich mich mit musikpädagogischer Tätigkeit befasst habe, im selben Jahr habe ich eine russische Rechtgläubige geheiratet, wodurch sich folglich mein Leben im Geistigen wie Moralischen völlig geändert hat, ich bin Russland jetzt mit der ganzen Seele verbunden und arbeite nun nach Maßgabe von Fähigkeit und Kraft, um mich zum Wohle Russlands einzubringen.
> Aus den Anlagen zur Bittschrift belieben Eure Majestät gewiss zu ersehen, dass ich während meines bisher zwar kurzen Aufenthaltes in Russland stets versucht habe, so gut ich konnte, durch meine Arbeit als Komponist, Solist und Lehrer einen Beitrag zum Nutzen der russischen, mir jetzt heimatlichen Kunst zu leisten. Schlagen Sie es nicht ab, Allbarmherziger Monarch, mich in die Reihen Ihrer untertänigsten Bürger aufzunehmen, und ich hoffe, so weit meine Kräfte reichen, nicht der letzte Ihrer Untertanen zu werden, und so werden ich und meine Familie wärmste Gebete an Gott richten für die durch Eure Majestät erwiesene allergrößte_Gnade.
> Der deutsche Untertan Oskar Böhme. St. Petersburg 7. März 1901

Die letzte Zeile ist in einer anderen Schrift geschrieben und nicht ganz fehlerfrei. Böhme hat das Schreiben also von seiner Frau aufsetzen lassen und nur zum Schluss höchstselbst die Feder angesetzt. Es folgen acht

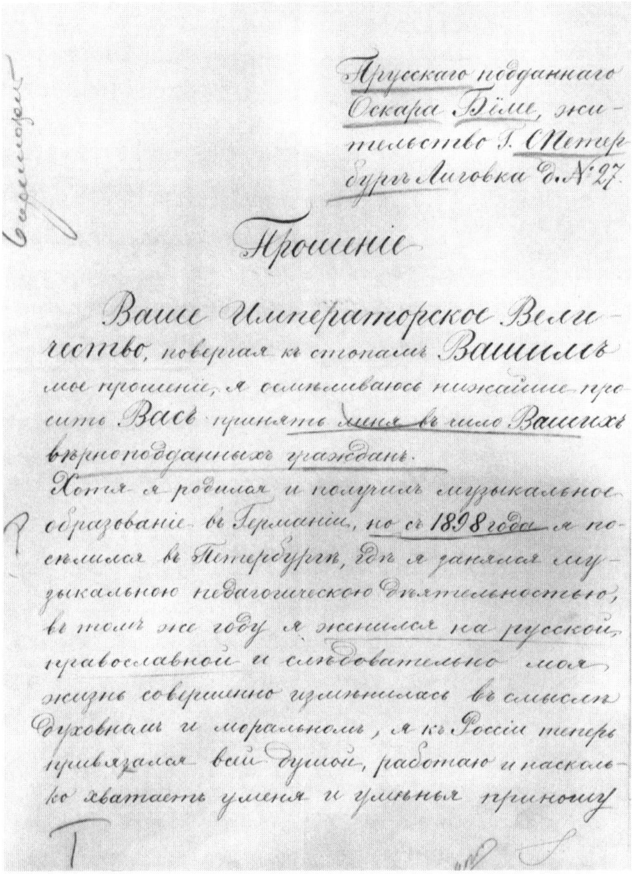
Прусскаго подданнаго
Оскара Бёме, жи-
тельство г. С.Петер-
бургъ Лиговка д. № 27.

Прошеніе

Ваше Императорское Велич-
ество, повергая къ стопамъ Вашимъ
мое прошеніе, я осмѣливаюсь нижайше про-
сить Васъ принять меня въ число Вашихъ
вѣрноподданныхъ гражданъ.
Хотя я родился и получилъ музыкальное
образованіе въ Германіи, но съ 1898 года я по-
селился въ Петербургѣ, гдѣ я занялся му-
зыкальною педагогическою дѣятельностью,
въ томъ же году я женился на русской
православной и слѣдовательно моя
жизнь совершенно измѣнилась въ смыслѣ
духовномъ и моральномъ, я къ Россіи теперь
привязался всей душой, работаю и насколь-
ко хватаетъ умѣнія и умѣнья приношу

Oskar Böhmes großes Ziel in Sankt Petersburg sind die Kaiserlichen Theater. Nachdem er sich eingewöhnt hat, setzt er mit Hilfe seiner Frau Alexandra ein Schreiben auf, in dem er Kaiser Nikolai II. darum bittet, ihm die russische Staatsbürgerschaft zu verleihen. Hinter diesem Schritt steckt der Wunsch, seine Chancen auf eine Stelle bei den berühmten Orchestern der Stadt zu verbessern. Ganz anders als Böhme waren viele Deutsche eher darauf bedacht, ihre deutsche Staatsbürgerschaft nicht aufzugeben.

Anlagen, darunter seine Heiratsurkunde, ein Zeugnis der Kaiserlichen Philanthropischen Gesellschaft, ein Dankschreiben ihres Gymnasiums, ein ebensolches Schreiben der Beklemischewaja-Schule, das Programm eines Musikabends der Offiziersgesellschaft des Gardekorps, ein Verzeichnis von Böhmes Kompositionen sowie ein Polizei- und ein Militärzeugnis.

Des Kaisers Mühlen mahlen langsam. Böhmes Schreiben muss in der Passverwaltung des Petersburger Bürgermeisteramtes eingereicht werden. Die leitet es am 12. Mai weiter ans Innenministerium, denn dessen Kanzlei muss seine Stichhaltigkeit prüfen. In einem Protokoll für die Beschlussfassung kommen die Beamten am 4. Juli zu dem naheliegenden Ergebnis, Böhmes Gesuch hänge ganz offenbar »mit dem Streben nach einer musikalischen Karriere«[36] zusammen; deutlich sei, dass Böhme »nicht zurückkehren will«. Wohlwollend empfiehlt die Kanzlei dem Innenminister eine Woche später, er möge die Möglichkeit prüfen, die Bitte des »preußischen Untertanen Wilhelm-Oskar Böhme«[37] außer der Reihe dem Ministerkomitee zur Entscheidung vorzulegen. Dass Böhme eigentlich Sachse und nicht Preuße ist, fällt unter den Tisch. Am 20. November ist es so weit: Der Allergnädigste Herrscher erteilt – vertreten durch seinen Innenminister Dmitri Sipjagin – dem Bürger Oskar Böhme unter Nummer 12223 die Staatsbürgerschaft des Russischen Reiches. Sipjagin wird fünf Monate später von einem Sozialrevolutionär im Gebäude des Staatsrats erschossen. Auch sein Nachfolger kommt durch eine Bombe um. Es wird also langsam unruhiger im Zarenreich. Bei Böhme müssten die Alarmglocken schrillen, aber der registriert die Ereignisse nur, das Regime des Zaren sieht er nicht gefährdet.

Böhme ist davon überzeugt, dass es richtig war, die russische Staatsbürgerschaft anzunehmen. Seine Rechnung scheint auch aufzugehen. Im Mai 1902 liest Oskar Böhme in der *Russischen Musikzeitung* eine Anzeige. »In den Orchestern der Kaiserlichen Theater gibt es Vakanzen bei Streichern, Blas- und Schlaginstrumenten«, heißt es da. »Personen, die sich am Wettbewerb für diese Stellen beteiligen wollen, können ihren Antrag an den Orchesterleiter K. A. Kutschera (Theaterstraße, Zentrale Musikbibliothek der Kaiserlichen Theater) schicken – nicht später als zum 10. August dieses Jahres.«[38] Das ist sie, die Gelegenheit, auf die er seit vier Jahren wartet. Böhme greift zu.

Das Jahr 1902 ist ein glückliches für Oskar Böhme, ein Jahr des Aufbruchs. Alexandra und er genießen die Monate, sie genießen Petersburg und den Glanz dieser Stadt. Ein Gefühl des Angekommenseins erfüllt Böhme. Sie treffen sich mit Freunden, die er in der Petersburger Musikszene gewonnen hat, oder solchen, die Alexandra mit in die Ehe eingebracht hat, sie speisen zusammen in guten Lokalen, im kleinen Garten des Restaurants »Donon« an der Moika oder auch außerhalb der Stadt, im »Bellevue« auf der Steininsel an der Großen Newa. Und manchmal schlendern sie einfach nur über den Newski-Prospekt, denn Alexandra liebt die Konditoreien, die entlang der Straße zum Verweilen einladen und beliebte Treffpunkte der Petersburger sind, weil dort auch Zeitungen ausliegen und zu Kaffee und Kuchen Pianomusik geboten wird. Im Café »Wolf u. Béranger« werden Menschenfiguren aus Schokolade hergestellt, bei »Pfeiffer« am Alexandratheater Schokospielzeug und sogar Misthaufen aus Schokolade, und der Schweizer Schokoladenfabrikant Eduard Conradi, dessen Neffe Moritz später den Sowjetdiplomaten Wazlaw Worowski erschießen wird, erfindet immer wieder neue, phantasievolle Verpackungen für seine Süßigkeiten. Am liebsten geht Alexandra zu Conradi.

Dass die Petersburger Kunst- und Musikwelt in voller Blüte steht, das lässt sich jeden Abend in den Restaurants beobachten, in denen sich Schauspieler, Sänger, Tänzer und Musiker treffen. Im »Cubat« in der Großen Morskaja Nr. 16 zum Beispiel, dem Speisetempel des Franzosen Pierre Cubat, der ein Restaurant an den Pariser Champs-Élysées betrieb, bevor ihn der Großvater des jetzigen Zaren nach Petersburg lockte. Das Etablissement, das Cubat längst an einen Landsmann verkauft hat, ist ein beliebter Treffpunkt der Tänzer vom Kaiserlichen Theater. Schaljapin pflegt an diesem Ort regelmäßig zu frühstücken. An den Sonntagen gibt es im »Cubat« die berühmten Ballettdinners, bei denen die jüngsten Aufführungen diskutiert werden. Ebenso beliebt ist Leiner's Restaurant am Newski-Prospekt Nr. 18, in dem Puschkin sich vor dem verhängnisvollen Duell am 8. Februar 1837 mit seinem Sekundanten traf. Auch Tschaikowski verkehrte dort. Seit 1885 gehört es dem Deutschen Otto Leiner. Es ist Treffpunkt für die Beamten des nahe gelegenen Generalstabs, für die Petersburger Deutschen und für Sänger und Musiker aus

Die Musikstadt Petersburg ist für ausländische Komponisten und Dirigenten eine beliebte Station auf Gastspielreisen. Nach Franz Liszt, Richard Wagner und Gustav Mahler kommt schließlich auch Richard Strauss in die Residenz, dirigiert an zwei Abenden das Petersburger Hoforchester im Saal der Adelsversammlung und führt seine Tondichtungen »Don Juan«, »Till Eulenspiegel« und die »Sinfonia domestica« auf. Die russischen Zeitungen feiern seine rhythmische Prägnanz und den Komponisten selbst als riesige Elementargewalt. Die Abende nach den Konzerten in der Adelsversammlung klingen für viele Petersburger in den noblen Restaurants rund um den Newski-Prospekt aus. Zu den beliebtesten gehört das »Medwed« (Der Bär) des Belgiers Ernest Hiegel mit seiner Bar in der Großen Stallhofstraße. Hier finden sich reiche Fabrikanten, Kaufleute und Unternehmer ein, aber das »Medwed« ist auch Treffpunkt von Literaten, Musikern und Sängern wie Fjodor Schaljapin. Am Eingang begrüßt ein ausgestopfter Bär die Gäste.

den nahen Theatern sowie der um die Ecke gelegenen Adelsversammlung, wo die ganz großen Konzerte zur Aufführung kommen. Geschätzt wird es nicht zuletzt wegen der vielgerühmten deutschen Gastronomie: Hier wird jedes Fass Bier mit einem besonderen Zeremoniell angestochen.

Es versteht sich von selbst, dass die Böhmes am Konzertleben teilnehmen. Oskar Böhme will in der Musikszene auf dem Laufenden sein. Für den 5. März 1902 haben sie Karten für die Adelsversammlung am Michaelsplatz, wo seit 60 Jahren die wichtigsten Konzerte stattfinden. Die Böhmes – er im Frack und sie im langen Abendkleid – nehmen an diesem Abend eine Droschke. Der fast 2000 Plätze umfassende Saal mit seinen schweren Lüstern, den seitlichen Emporen und der Galerie im ersten Stock ist das Zentrum des Petersburger Musiklebens, hier haben schon Liszt, Berlioz, Wagner, Dvořák und Tschaikowski dirigiert. An diesem 5. März fahren Hunderte von Kutschen vor, strömen Adlige, Hofbeamte und Bürgerliche in den Saal. Sie alle wollen dabeisein, wenn Gustav Mahler, der Kapellmeister und Direktor der Wiener Hofoper, erstmals in der Stadt dirigiert.

Mahler ist mit seiner Frau gekommen, der bildschönen, 19 Jahre jüngeren Alma, geborene Schindler, die er erst eine Woche zuvor geheiratet hat. Die beiden wohnen im Hotel Angleterre an der Isaakskathedrale. Mahler ist in Hochstimmung, und die Konzerte, die er in Petersburg gibt, sind rundum ein Erfolg. Zu Böhmes Verwunderung führt er allerdings keine eigenen Werke auf. Mahler will nichts riskieren und präsentiert die populären Hits der Zeit. Mozarts g-Moll-Sinfonie erklingt, die 3. Sinfonie von Beethoven, Fragmente aus Wagners *Tristan und Isolde* und schließlich Tschaikowskis Manfred-Sinfonie. Böhme ist dem lediglich zehn Jahre älteren Mahler in seinem Musikverständnis nahe, aber er staunt über die große Eindringlichkeit, mit der dieser die Werke ohne jegliche Effekthascherei zum Klingen bringt, und über die Klarheit, die aus der Konzentration allein auf den Kern der Musik erwächst. Für Böhme ist es wie ein Wunder, dass Mahler solch altbekannte Stücke auf neue Höhen bringt. Nach dem Konzert begibt er sich mit Alexandra in das französische Restaurant »Cubat«. Dort treffen sie einen Bekannten: Viktor Walter, den ersten Geiger des Marientheaters, der beim Konzert mitgewirkt hat. Er habe Mahler genau diese Frage nach seiner besonderen Art, Musik zu interpretieren, gestellt, sagt Walter, und dieser habe geantwortet, das Wichtigste in der Musik stehe nicht in den Noten. Böhme bewegt während der Unterhaltung mit Walter noch eine ganz andere Frage: Wird er möglicherweise bald mit diesem zusammen im Orchestergraben sitzen? Ende August 1902 finden an den Kaiserlichen Theatern Aufnahmewettbewerbe für die vakanten Stellen statt.

Es ist ein selten kühler Sommer, an keinem der Augusttage erreicht das Thermometer die 20-Grad-Marke. Umso besser für Oskar Böhme. Er hat sich penibel vorbereitet, hat ein reichhaltiges Repertoire an Stücken anzubieten, natürlich auch eigene. Und er besticht die Kommission durch seine saubere Technik, den unübertrefflichen Ansatz und jene gefühlstiefe Auffassung der Stücke, die zehn Jahre zuvor schon das *Bayreuther Tageblatt* gelobt hatte. Unter den Herren, die im Saal sitzen, befindet sich auch der mächtige Kutschera. 15 Jahre lang war er Kapellmeister der Russischen Oper. Inzwischen ist er zum Chef aller Orchester der Kaiserlichen Theater aufgestiegen.

In den Orchestern der Stadt spielen sehr viele Ausländer. Die Konkurrenz ist groß, eine Chance hat nur, wer wirklich Talent nachweisen kann. Jahrzehntelang sind das vor allem die Deutschen. Bis der Pianist Anton Rubinstein die Russische Musikgesellschaft und kurz darauf, 1862, das Konservatorium in Sankt Petersburg gründet, profitieren vor allem sie davon, dass die russische Musikkultur noch unterentwickelt ist. Rubinstein ordert bei den besten Wiener Instrumentenbauern Hörner, Trompeten und Cornets und wirbt weiterhin Deutsche an: Richard Metzdorff ist der erste Professor für Blasinstrumente, Friedrich Sigmund Homilius aus Dresden Professor für Horn und Wilhelm Wurm Cornetlehrer.

Der virtuose Trompeter Wurm ist Böhmes unmittelbares Vorbild, in dessen Fußstapfen will er treten. 76 Jahre ist der gebürtige Braunschweiger inzwischen, er hat eine glänzende Karriere in Petersburg gemacht. Mit 21 ist er in die russische Hauptstadt gekommen und sofort in die Orchester der Kaiserlichen Theater eingetreten. 1862 wird er von Alexander II. zum »Solisten Seiner Kaiserlichen Majestät« ernannt, ein Titel, der eigentlich nur orthodoxen Christen verliehen werden darf. In den folgenden Jahren prägt Wurm mit seinem Vortragsstil die Kunst des Cornetblasens in Russland, seine Soloauftritte im Ballettorchester des Marientheaters sind legendär. Auch Wurm hat die russische Staatsbürgerschaft angenommen, sonst wäre er wohl nicht 20 Jahre lang Chef der Orchester der Petersburger Gardetruppen gewesen. Er nennt sich jetzt Wassili Wassiljewitsch. Der Dresdner Johann Joseph Armsheimer, der sich in Russland Iwan Iwanowitsch Armsheimer nennt, ist ebenfalls schon lange in Petersburg. Seit fast 20 Jahren spielt er als Trompeter und Cornetist im Michailow-Theater. Und Karl Schwab aus Stuttgart ist seit sechs Jahren Flötensolist am Marientheater, Max Berg aus Breslau spielt dort ebenfalls seit Kurzem Flöte.

In der zweiten Hälfte des 19. Jahrhunderts können sich die deutschen Bläser in Sankt Petersburg der Unterstützung eines besonderen Enthusiasten erfreuen: Kaiser Alexander III. Der Vater des jetzigen Kaisers trat selbst als Cornetspieler hervor, bevor er 1881 den Thron bestieg. Als er noch Großfürst war, lud er im Winter alle drei Wochen zu musikalischen Soireen in seinen Palast und jeden Donnerstagabend in den Großen Saal der Admiralität, wo dann Blasmusik gespielt wurde. Bei diesen Gelegenheiten musizierten nicht nur er und andere Großfürsten, sondern auch Orchesterchefs der Garderegimenter und Dilettanten. Schon Jahre zuvor hatte Alexander ein Bläseroktett ins Leben gerufen, aus dem 1872 der »Verein der Blasmusik-Liebhaber« hervorging.

Das Cornetspielen steht in Russland also seit Langem in allerhöchster Gunst, und die Ansprüche der Juroren sind dementsprechend nicht gering. Oskar Wilgelmowitsch Böhme fällt durch sein besonders virtuoses Spiel auf, von seinen Kompositionen hat man ebenfalls gehört, und alle wissen: Böhme ist nicht nur für ein oder zwei Spielzeiten gekommen, er hat sich Russland offenbar ganz verschrieben. Das Urteil ist einhellig: Böhme darf zum 1. September ins Marientheater eintreten, in die Petersburger Oper. Das Ministerium des Kaiserlichen Hofes, dem die Direktion der Theater untersteht, teilt nach Erledigung aller Formalitäten am Mittwoch, dem 25. September 1902, im *Journal der Verfügungen für die Kaiserlichen St.-Petersburger Theater* mit, dass der »ehemalige preußische Untertan Wilhelm-Oskar Böhme, der die russische Staatsbürgerschaft angenommen hat, als Orchesterkünstler mit einem Gehalt von 720 Rubel« eingestellt worden ist.

720 Rubel Jahresgehalt – selbst in Russland werden Orchestermusiker nicht gerade üppig bezahlt. Man muss schon wie Viktor Walter die erste Geige spielen, um gut das Doppelte zu erhalten. Reich kann man mit einem solchen Salär, das dem mittleren Gehalt eines russischen

Lehrers entspricht, nicht werden. Aber der Durchschnittslohn eines Arbeiters ist weit, weit geringer und liegt noch unter 300 Rubeln. Oskar Böhme ist die Höhe des Gehalts in diesem Moment egal. Er jubelt, er feiert, denn eine Festanstellung am Kaiserlichen Hof ist wie ein Lotteriegewinn. Dass er ausgerechnet im ehrwürdigen Marientheater spielen wird, erscheint ihm wie das I-Tüpfelchen obendrauf.

Das Marientheater – russisch Mariinski-Theater – hat zwei Orchester: eines für die Opern und eines fürs Ballett. Böhme wird sein Cornet in der Balletttruppe spielen. Wie oft ist er in den letzten Jahren als Zuschauer in dieses Theater gefahren! Hier hat er den *Faust* gesehen mit dem jungen, kapriziösen Bass Fjodor Schaljapin in der Rolle des Mephisto, ebenso Wagners *Walküre* und den *Siegfried*, gesungen vom stimmstarken Tenor Iwan Jerschow – zwei Opern, mit denen das in Wagner geradezu verliebte Theater einen neuen *Ring des Nibelungen* eröffnet hat. Und wie umjubelt sind in diesem Haus die Ballette, choreographiert von Direktor Marius Petipa, der in *Giselle* das ganze Corps de ballet der Wilis auf Spitze tanzen lässt!

Das Marientheater hat nach Jahren der Stagnation künstlerisch wieder an Statur gewonnen, der neue *Ring des Nibelungen* ist der Beweis dafür. Derart schwierige Inszenierungen über vier lange Abende hinweg – das können nur die ganz großen Theater, und tatsächlich spricht man über den Petersburger *Ring* nicht nur in Petersburg, sondern in ganz Europa. »Das Publikum, das bislang die Opern des genialen Neuerers Wagner nicht zu schätzen wusste, füllte das Theater jetzt dermaßen beseelt, dass man nur mit Mühe ein Abonnement bekommen konnte«, sagt Wladimir Teljakowski, der Chef der Kaiserlichen Theater, später.[39]

Und erst einmal das Ballett! Wohl nirgendwo gibt es so viele Ballettanhänger wie in Petersburg. Im Marientheater sind sie fast unter sich, man kauft gewöhnlich Abonnements für 40 Vorstellungen. Diese Praxis schließt aus, dass das gewöhnliche Volk in den Genuss der Aufführungen kommt. Schon die Garderobe der Zuschauer lässt erkennen, dass nicht jedermann Zugang hat, denn man erscheint nicht einfach in Kleid oder Jackett, sondern »im Frack, die Offiziere mit Sporen und besonderen Schnurrbärten, die Damen mit bloßer Brust weiß wie Schnee, Brillanten, Parfüm und Spitze«.[40]

Die imperiale Pracht dieses Hauses, das 1860 an der Stelle eines abgebrannten Theater-Zirkusses entstand, gefällt Oskar Böhme. Das

Innere wirkt nach dem jüngst erfolgten Umbau nicht mehr so verstaubt und beeindruckt mit den vergoldeten Brüstungen der Ränge, dem zweieinhalb Tonnen schweren Lüster und natürlich mit der Zarenloge gegenüber der Bühne, die mit einem Monogramm aus den Buchstaben M und A geschmückt worden ist, was für Alexander II. und seine Gemahlin Maria steht. Links neben der Bühne, der Direktorenloge gegenüber, gibt es noch eine Familienloge des Zaren. Von dort führt eine Geheimtür zu den Ankleideräumen der Künstlerinnen, damit der Zar seinen Favoritinnen gleich nach der Vorstellung gratulieren kann. Das Orchester spielt noch unter der Bühne, erst später wird der Orchestergraben nach vorn verlegt und damit zum Zuschauerraum hin geöffnet. Um die Akustik zu verbessern, sind unter dem Orchester die Scherben Tausender zerschlagener Flaschen vergraben.[41]

Für die Saison 1902/03 hat das Marientheater 47 Solosänger engagiert, 120 Chormitglieder, 220 Tänzer und 135 Orchestermusiker. Zu denen gehört nun auch Böhme, der vom Dirigenten aus gesehen hinten rechts sitzt. Chefdirigent ist der unweit des böhmischen Königgrätz geborene Eduard Naprawnik, Kapellmeister der Balletttruppe der Italiener Riccardo Drigo. Naprawnik genießt in Petersburg den allerbesten Ruf, schon 33 Jahre lang führt er die beiden Orchester. Seine Karriere begann ähnlich wie die von Oskar Böhme. Er hatte das Prager Konservatorium absolviert und war als 22-Jähriger nach Sankt Petersburg gekommen. Direkt vom Bahnhof war er schnurstracks zum Jussupow-Palast am Moika-Kanal gegangen und hatte dort ans Tor geklopft. Der steinreiche Mäzen Fürst Jussupow hatte die Stelle eines Kapellmeisters für sein Hausorchester ausgeschrieben. Naprawnik bekam sie. Zwei Jahre später vermittelte Jussupow ihn ans Marientheater. »Das Orchester, das fast völlig aus Ausländern bestand, etwa 70 Leute, war qualitativ recht gut, aber verwildert und ohne jegliche Disziplin«, erinnerte Naprawnik sich später. Als Böhme ans Theater kommt, hat er schon so ziemlich alles dirigiert, was auf der Petersburger Opernbühne gezeigt worden ist, ja sogar selbst vier Opern geschrieben, von denen die bislang letzte, *Francesca da Rimini,* in wenigen Monaten uraufgeführt werden soll.

Naprawnik ist es zu verdanken, dass das Marientheater musikalisch in so hohem Ansehen steht. Tschaikowski und Rubinstein haben mit seinen Musikern ihre eigenen Werke aufgeführt. Auch die Koryphäen der internationalen Dirigentenszene, die zu Gastspielen an die Petersburger Oper kommen, sind begeistert von der Professionalität der Petersburger Truppe – Karl Muck etwa, Felix Mottl, Hans Richter, Arthur Nikisch. Der Kaiser vertraut Naprawnik, manchmal berät er sich sogar mit ihm in musikalischen Dingen. Als die *Walküre* angelaufen ist, bittet Nikolai II. Naprawnik eines Abends in seine Loge, äußert sein Entzücken über das Orchester und bespricht sich dann mit ihm, ob der *Ring* fortgesetzt werden soll oder erst einmal die *Meistersinger* auf die Bühne gebracht werden. Der Dirigent rät zum *Ring*, obwohl er zunächst kein Anhänger dieses Werks gewesen war.

Naprawnik ist ein begabter, aber bescheidener Mann, laut Teljakowski »ein hervorragender Chefkapellmeister, ein rastloser Arbeiter, ausgezeichneter, gerechter und guter Mensch, der sich alles sehr zu Herzen nahm, was die russische Oper«[42] betraf. Und er ist ein ehrlicher Mann, der nicht intrigiert, obwohl das an einem Haus wie dem Mariinski gang und gäbe ist. Vor allem die Regisseure liegen immer wieder miteinander im Streit, worüber Naprawnik sich bei der Theaterleitung verschiedentlich beschwert.

Vier Cornetisten hat sein Orchester, und natürlich stehen sie zueinander in Konkurrenz. Die Nummer eins ist ein Mann, der schon seit Längerem in den Kaiserlichen Theatern spielt: Alexander Gordon. An ihm wird Böhme sich künftig messen. Gordon stammt aus Petersburg, er hat das Cornetspielen am dortigen Konservatorium gelernt, in der Meisterklasse von Wilhelm Wurm, und ist bereits 1890 zu den Kaiserlichen Theatern gestoßen. Für Gordon stellt das Opernorchester nur die Grundlage seiner künstlerischen Existenz dar, und darin ähnelt er vielen der unter Naprawnik spielenden Musiker. Er unterrichtet nebenbei nicht nur am Konservatorium, sondern ist seit 1902 auch Kapellmeister des Finnländischen Garderegiments. In den Sommermonaten dirigiert er in den Kurorten vor Sankt Petersburg verschiedene Symphonieorchester: im Strandbad Sestrorezk am Finnischen Meerbusen, im berühmten Vauxhall, dem Bahnhof von Pawlowsk, oder am Sommersitz des Zaren in Peterhof, aber auch in Jalta und Jewpatoria auf der Krim. Und er hat bereits viele Märsche und Lieder für Blasorchester komponiert. Böhme wird von ihm in mancherlei Hinsicht profitieren, vor allem von Gordons weit verzweigten Verbindungen in die Petersburger Musikszene.

Der 1. September 1902, an dem Böhme seinen Dienst am Marientheater beginnt, ist ein Sonntag. Ausnahmsweise ist am Abend keine Vorstellung, aber um 12 Uhr beginnen die Proben zu Rubinsteins *Dämon*, einer dramatischen und mystischen Oper – das Orchester hat mit dabei zu sein. Für den nächsten Tag ist bereits ein volles Programm geplant: um 11.30 Uhr wieder Orchesterprobe für den *Dämon*, am Abend um halb acht Tschaikowskis *Pique Dame* als Ballett.

Böhme gerät in eine Spielzeit mit einem ungewöhnlich vollen Programm: Wagners *Lohengrin* sowie *Tristan und Isolde*, Verdis *Aida*, Bizets *Carmen* und natürlich allerlei russische Stücke wie Glinkas *Leben für den Zaren*, Tschaikowskis *Eugen Onegin* und dessen *Schwanensee*-Ballett werden gegeben. Die Musiker müssen nicht jeden Tag in die Oper, aber ernst nehmen müssen sie den Theaterbetrieb sehr wohl. Er funktioniert wie ein Großunternehmen, in dem nichts verborgen bleibt, schon weil die Bürokratie des kaiserlichen Hofes allumfassend ist und die Augen der leitenden Beamten überall sind. Ganz oben wacht der Kaiserliche Hofminister, Generaladjutant Baron Wladimir Frederiks, darüber, was auf den drei Bühnen passiert.

Das *Journal der Verfügungen für die Kaiserlichen Theater*, das täglich erscheint, ist der Spiegel dieses Großbetriebs. Jede Anweisung wird in dieser Hauszeitung aufgeführt, jede Krankschreibung und jeder Urlaubsantrag, die Probenansetzungen, die diensthabenden Feuerwehrleute und die an diesem Tag anwesenden Ärzte sind notiert, ebenso das Lob für den besonderen Einsatz eines Musikers oder der Verweis für einen zu spät gekommenen Balletttänzer. Neuernennungen, Wohngeldzuweisungen, Reparaturarbeiten, Abschreibungen von Inventar – die Chronik der Kaiserlichen Theater kennt keine Grenzen. Alle wissen alles, und wahrscheinlich ist das vom Hofministerium auch so gewollt, es hat einen Erziehungseffekt. Ob der Chorsänger Herr Tschekrygin nicht zum Dienst erscheint, weil daheim eine ansteckende Krankheit ausgebrochen ist, oder das Orchestermitglied Herr Michnowski wegen Pflichtvergessenheit mit 20 Rubel Gehaltsabzug und Androhung der Entlassung bestraft wird, ob der Bürger Fokin zum Schneider ernannt und der Feldwebel auf Zeit Alexei Gorjatschow vom 89. Weißmeer-Infanterieregiment zum Kapelldiener berufen wird, ob der erbliche Ehrenbürger Leschen ein Jahr lang für 400 Rubel plus Unkosten alle in den Kaiserlichen Theatern benötigten

Der Theaterplatz mit dem Marientheater und dem Konservatorium ist das Herz der Musikmetropole Sankt Petersburg. Wer es auf die Bühne oder in den Orchestergraben des 1783 gegründeten Marientheaters schafft, darf sich zur russischen Künstlerelite zählen. Die großen russischen Opern sind Fixpunkte im Spielplan des Marientheaters, darunter auch »Boris Godunow«, das »musikalische Volksdrama« des Komponisten Modest Mussorgski, das bereits seit 1874 aufgeführt wird. Es ist eine Oper über den gleichnamigen Zaren, mit dessen Machtübernahme 1598 die *smuta*, die Zeit der Wirren und Unruhen in Russland, begann. In der Aufführung von 1910 singt der Bass Fjodor Schaljapin die Partie des Godunow.

Gewehre, Pistolen und Revolver liefern soll – das kaiserliche Regime ist transparent, hier jedenfalls.

Auch Oskar Böhme findet mehr oder weniger regelmäßig im Journal Erwähnung, wenn er sich krank meldet oder Urlaub in Deutschland beantragt oder sonst irgendetwas zu vermelden ist, was dem Theaterkontor bemerkenswert erscheint. Böhme gewöhnt sich schnell an den Petersburger Opernbetrieb, er hat ja unter ähnlichen Bedingungen schon in Budapest gespielt. Künstlerisch sind die Herausforderungen hier natürlich größer, nicht nur wegen des kritischen Petersburger Publikums und des regelmäßig anwesenden Hofes, sondern vor allem wegen der hochrangigen internationalen Gäste. Aber bei allen Verpflichtungen – Böhme bemerkt das recht bald, und er beginnt es zu genießen – verbleibt ihm genügend Zeit, in der er privat Musik machen und komponieren kann, angeregt von dem, was er im Theater erlebt. Denn die Petersburger Oper gibt sich äußerst sozial, die Truppe ist so groß, dass die Musiker im Schnitt nur 198 Tage pro Spielzeit eingesetzt sind, 44 Tage im Jahr haben sie frei. Ihre Kollegen an der Berliner Oper müssen 290 Tage pro Jahr spielen und die an der Opéra Comique in Paris sogar noch 13 Tage mehr. Nach 20-jähriger Dienstzeit wird vom Kaiserlichen Hof eine Rente gezahlt.

Die erste Spielzeit am Marientheater geht für Böhme schnell vorbei. Für Mitte Mai 1903 hat er zwei Monate Auslandsurlaub eingereicht. Er fährt mit seiner Frau Alexandra nach Deutschland und zeigt ihr das Land, in dem er aufgewachsen ist, zuallererst seine unmittelbare Heimat Potschappel und Dresden. Doch er muss sich auch um seine Gesundheit kümmern. Im Juli erhält der Chef der Kaiserlichen Theater ein Telegramm von Böhme mit einem ärztlichen Attest der Chirurgischen Klinik der Universität Bern, wo Böhme gerade am Hals operiert wurde. Der Hofminister höchstpersönlich wird involviert, er muss genehmigen, dass der Rekonvaleszent einen weiteren Monat in Deutschland bleiben darf. Kaum ist Oskar Böhme zurück in Sankt Petersburg, wird mit Beginn der zweiten Spielzeit am Marientheater sein Gehalt um 50 Prozent angehoben, auf 1080 Rubel. Es ist ein Erfolg. Böhme darf es als Anerkennung für sein Cornetspiel werten, Naprawnik und vor allem Drigo ist das Talent des Deutschen nicht verborgen geblieben.

Im Allgemeinen ist der Aufstieg in den Kaiserlichen Orchestern beschwerlich. Wer an ein anderes Pult rücken will, muss auf den Weggang oder den Tod desjenigen warten, der dort sitzt. Böhme aber kommt schnell voran. Schon in der dritten Spielzeit schafft er einen ganz wichtigen Sprung, und das ausgerechnet an seinem Geburtstag – am 24. Februar 1905. Es ist ein Donnerstag. Im Marientheater werden an diesem Abend drei Einakterballette gezeigt, »Beginn ein Uhr, Ende viereinhalb Uhr«, steht auf dem Plakat. Eines der Stücke heißt *Graziella* und spielt unter Bauern, Fischern und Matrosen in Neapel. Es stammt aus der Feder des französischen Tänzers und Choreographen Arthur Saint-Léon, der bis zu seinem Tod Ballettmeister in Petersburg war. Komponiert wurde es von dem Italiener Cesare Pugni. »Ein Charakter-Ballett«, steht auf dem Plakat, und gleich über dem Namen des Kapellmeisters: »Das Solo auf dem cornet à pistons spielt Herr Böhme«.[43]

Es ist das erste Mal, dass der vor 35 Jahren im fernen Potschappel geborene Cornetist als Solist an der Petersburger Oper auftritt. Zu Beginn der nächsten Spielzeit werden seine Bezüge noch einmal angehoben – auf 1320 Rubel, fast das Doppelte jenes Gehalts, mit dem drei Jahre zuvor seine Karriere am Marientheater begann. Für Böhme ist das Anlass genug, in einem Atelier ein ordentliches Künstlerfoto anfertigen zu lassen, eines, mit dem er sich auch Deutschlands Musikszene präsentieren kann. »Kaiserl. russ. Hofopernkünstler« steht darauf.

Die Wunderarznei

Der Pharmazeut und Chemiker Alexander von Poehl lässt in diesen Tagen ebenfalls ein Fotoporträt von sich anfertigen und sucht dazu eigens den »Fotografen Seiner Kaiserlichen Hoheit« auf, den Schweizer Künstler Heinrich Denier, dessen Atelier sich auf dem Newski-Prospekt befindet. Poehl hat in seinem Leben bereits viel geschafft. Er hat auf der Petersburger Wassili-Insel ein weitreichendes Firmenimperium errichtet.

Die Wassili-Insel im Newa-Delta scheint für Deutsche ein erfolgsträchtiges Pflaster zu sein. Schon vor 40 Jahren hatte der Kaufmann Heinrich Schliemann auf der 1. Linie den Grundstein für sein Vermögen und damit für seine späteren Grabungen in Troja gelegt, und der Deutschstämmige Karl Johann May hat zur selben Zeit und in derselben Straße eine deutsche Privatschule begründet, die inzwischen in einem eigenen Gebäude auf der 10. Linie untergebracht ist. Sie ist wegen ihrer fortschrittlichen Lehrmethoden sehr angesehen. Unter anderem nehmen Lehrer und Gymnasiasten gemeinsam und am selben Tisch die Mittagsmahlzeiten ein.

Der Architekt Karl Schmidt, Sohn eines Bürgers aus dem preußischen Anklam, hat auf der Insel seine ersten großen Petersburger Bauten errichtet, auch die Klavierfabrik des Braunschweigers Friedrich Diederichs hat hier ihren Sitz und die von Jakob Becker, der den Petersburger Hof mit Flügeln beliefert. Der österreichische Kaiser und die Könige von Dänemark, Norwegen und Schweden beziehen ihre Pianos von ihm. Dann gibt es in der Koschewennaja-Linie noch seit über 20 Jahren das Kabelwerk der Gebrüder Siemens. Alexander von Poehls Forschungs- und Produktionszentrum fügt sich damit bestens in die Bebauung der Wassili-Insel ein.

Der Patriarch, inzwischen Wirklicher Russischer Staatsrat und seit 20 Jahren Honorarprofessor für medizinische Chemie am Kaiserlich-Klinischen Institut, genießt viele Ehren. Als Mitglied des Medizinalrats, der direkt dem Innenministerium untersteht, führt er forensische Untersuchungen durch. Seine Wahl zum Vorsitzenden der Petersburger Pharmazeutischen Gesellschaft steht bevor, und natürlich beliefert er den Hof mit seinen Arzneien. Seit ihm der erbliche Adel verliehen worden ist, darf er ein eigenes Wappen führen. Es zeigt ein azurblaues Schild, darauf eine silberne Lilie auf grünem Hügel und in den beiden oberen Ecken je einen sechseckigen silbernen Stern. Auf dem Schild ruht ein gekrönter (also adliger) Spangenhelm mit zwei lilienumrankten Adlerflügeln als Helmzier. Zwischen den Flügeln befindet sich ein weiterer Stern. Das Motto unter dem Schild lautet: »NITIMUR IN ALTIUS« – »Wir streben nach Höherem«. Es ist die Losung der Poehls.

Poehls wichtigstes Produkt, das immunstärkende Spermin, das Ergebnis seiner langwierigen wissenschaftlichen Forschungen zur Organotherapie, gilt inzwischen als medizinischer Schlager. Ein Glück nur, dass Poehls Kunden nicht wissen, woraus dieses Medikament besteht. Denn die Organotherapie, aus der sich später die Hormontherapie entwickelt, verwendet tierische und menschliche Organe und deren Inhaltsstoffe. Medizinforscher sehen ihre Wurzeln in weit zurückliegender Zeit, als man noch daran glaubte, dass der Verzehr des Herzens oder des Gehirns getöteter Feinde deren Kraft und Mut auf die Sieger übertrage. Bis in die Neuzeit wurden Leichenteile und Organsäfte von Tier und

Mensch verwendet »wegen eines vermuteten immateriellen Wirkprinzips, eines ›Seelenstoffes‹ oder ›Spiritus‹«.[44] 1889 hatte dann der französische Medizinprofessor Charles Édouard Brown-Séquard vor der Pariser Société de Biologie die Eigeninjektion von Hodenextrakt des Hundes und dessen Wirkung beschrieben. Er habe danach »eine Kräftigung aller Funktionen, ja eine wahrhafte Verjüngung erfahren«,[45] teilte er mit.

Poehl hatte daraufhin nach den eigentlichen Wirkstoffen gesucht, die in diesem »Spermin« stecken und für die geschilderten Effekte verantwortlich sind. Nach langer Forschung kann er schließlich dessen Komponenten isolieren. Die erstaunlichen Wirkungen schreibt er einer bestimmten Base zu, deren Formel er auch publiziert. Damit gelangte er weit über die Forschung hinaus, die bis dahin über das Wirkprinzip immer nur spekuliert hatte: Er hatte die physiologisch-chemische Wirkung des Spermins entdeckt. Auf dieser Grundlage entwickelte er ein eigenes Spermin, das er aus den Hoden von Hengsten und Fohlen gewinnt. Die Substanz gibt es, wie er erkennt, auch in der Prostata, in den Eierstöcken, in Milz und Bauchspeicheldrüse. Unter der Bezeichnung »Spermin-Poehl« oder »Poehlinum« ist sein Mittel jetzt im Handel. Es ist abgefüllt in kleine Flakons, verpackt in einer Schachtel, die mit dem Schriftzug »Prof. Dr. A. v. Poehl« versehen ist und dem Hinweis, dass es sich bei dem Inhalt um ein »Tonicum, Physiologicum und Nervinum« handelt. Auf der Rückseite der Verpackung wirbt von Poehl mit den Gold- und Silbermedaillen, die er auf Ausstellungen in Paris und Bordeaux, in Mailand, Spa und Chicago erhalten hat.

Tatsächlich ist von Poehls Organotherapeutikum das einzige bislang aus Russland exportierte und mit dem Grand Prix ausgezeichnete pharmazeutische Präparat. Der Extrakt wird in vielen Ländern klinisch angewandt. In Broschüren, die von Poehl über sein Produkt verbreiten lässt, gibt er als Behandlungsgebiete Ermüdungs- und Erschöpfungszustände an, Neurasthenie, Herzneurosen und »Hysterie«. Dazu noch Altersschwäche, Syphilis, Rheumatismus, Alkoholismus, Impotenz. Poehls Spermin – »30 Tropfen täglich in Wasser oder Milch«, der Flakon zum horrenden Preis von drei Rubeln – gilt in erster Linie als Medikament zur Stärkung der Abwehrkräfte und zum Stimmungsumschwung. Es ist damit ein Tonikum von großer Indikationsbreite, ein Allroundmittel, das auf das Zentralnervensystem und die Blutversorgung wirken soll. Wissenschaftler bestätigen die Wirksamkeit seines Medikaments.

Es erweitere die Herzkranzarterien, schreibt ein Pharmakologe aus Charkow auf dem Beipackzettel, ein Neuropathologe aus Heidelberg bestätigt die »günstige tonisierende Wirkung« bei Tuberkulose, und ein Königsberger Arzt lobt den Einsatz von »Spermin-Poehl« bei Infektionskrankheiten.

Die Nachfrage nach der Wunderarznei ist in Petersburg enorm groß, so groß, dass Poehl schließlich warnende Anzeigen im *St. Petersburger Herold* schaltet: »!!! Für Kranke zur Beachtung !!!«, steht da. »In Anbetracht dessen, dass im Handel unter verschiedenen Namen gesundheitswidrige Nachahmungen des Spermium-Poehl aufgetaucht sind, beachte man unbedingt beim Kauf die Bezeichnung Spermin-Prof. Dr. Poehl und verlange solches nur in ORIGINAL-VERPACKUNG des Organotherapeutischen Instituts von Prof. Dr. von Poehl & Söhne (St. Petersburg). Die höchsten Auszeichnungen (Grands-Prix) auf allen Weltausstellungen und die besten Urteile medizinischer Autoritäten.«[46]

Es ist ein sehr modernes Unternehmen, das Poehl auf der 7. Linie aufgebaut hat: urologische und bakteriologische Labors, ein Operationszimmer, dazu Kontore, Eiskeller und Kühlräume sowie Lager für Halbfabrikate, Verpackungen, Korken und Etiketten in benachbarten Häusern, natürlich die eigentliche Apotheke für den Publikumsverkehr – er beliefert pro Jahr weit über 100 000 Rezepte –, die Redaktion des wissenschaftlichen Journals für medizinische Chemie und Organotherapie, das er herausgibt, und eine Bibliothek mit mehr als 6000 wissenschaftlichen Werken, darunter wertvolle bibliophile Bände.

Poehl sorgt inzwischen auch für eine große Familie. Alle ein oder zwei Jahre hat ihm seine Frau Adele ein Kind geboren: 1875 Rudolph, dann Richard, Alfred, Boris, Arist Alexander, Alexander und Basilius. Es sind stramme junge Männer, die dem Vater ähnlich sehen. Von den sieben Söhnen zieht Alexander von Poehl erst einmal zwei zur Arbeit in der väterlichen Firma heran: den Zweitgeborenen Richard und dessen ein Jahr jüngeren Bruder Alfred. Richard ist in der Petrikirche am Newski-Prospekt von Pastor Findeisen getauft worden. Er hat auf der Katharinenschule gelernt, anschließend hat er das Gymnasium des Kaiserlichen Historisch-Philologischen Instituts besucht, eine angesehene Bildungsanstalt, die sich nicht weit von der 7. Linie entfernt zwischen der Ersten Kadettenschule und der Pawlow'schen Infanterieschule am Newa-Ufer befindet.

Für diese Porträtaufnahme hat der Apotheker Alexander von Poehl seine Orden angelegt: unterm Kragen der Orden des Heiligen Wladimir und auf dem Frack diverse weitere Auszeichnungen, darunter zwei Sankt-Stanislaus-Orden und drei Sankt-Annen-Orden. Die Apotheke der Poehls im Haus Nr. 16 auf der 7. Linie suchen selbst Kunden aus anderen Stadtteilen auf. Die universelle Wirkung des hauseigenen Medikamentes Spermin hat sich herumgesprochen, ein Großteil des Erfolgs der Poehls ist dieser Arznei zu verdanken. Die Fertigstellung des neuen Poehl-Hauses auf der 7. Linie erlebt der Patriarch nicht mehr. In dem repräsentativen Bau gegenüber der Andreaskirche wohnt nun die gesamte Familie, auch Apotheke, Labor und das wissenschaftliche Institut sind hier untergebracht.

Im August 1896 tritt Richard als Apothekenschüler in die Apotheke des Vaters ein, wo er »die ihm auferlegten Pflichten mit Eifer bei ausgezeichneter Führung«[47] erfüllt, wie es in seinem Zeugnis heißt. Die Lehre ist das Vorspiel zu einem Studium an der Kaiserlichen Militärmedizinischen Akademie, die schon sein Vater besucht hat. Es ist der in Russland übliche Weg, Apotheker zu werden: zuerst eine praktische Ausbildung in einer Apotheke, dann ein Universitätsexamen als »Aptekarski pomoschnik« – Apothekenhelfer. Nach weiteren praktischen Jahren in einer Apotheke können sich die Kandidaten zum Provisorexamen anmelden, die letzte Hürde, bevor sie selbständig arbeiten und zum Magister der Pharmazie aufsteigen können, zum eigentlichen Apotheker. Am 11. März 1899 bescheinigt die Konferenz der Militärmedizinischen Akademie Richard Alexander Poehl, den Titel des Apothekergehilfen mit Auszeichnung erlangt zu haben. Wie sein Vater ist Richard in erster Linie Chemiker und damit für die Firma bestens prädestiniert.

Im August 1903, mit 26 Jahren, heiratet Richard die acht Jahre jüngere Deutsche Jenny Kern, ein Jahr später kommt ihre erste Tochter zur Welt: Margarethe. Ihr folgt im März 1907 Irene. So erfolgreich die Poehl'sche Firma in diesen Jahren auch läuft – für die Ehe der beiden gilt das nicht.

Der Tod des Kalendermachers

In der Bolschaja Puschkarskaja herrscht im November 1901 Trauer. Bedienstete haben die Fenster der Villa von Otto Kirchner mit schwarzem Flor verhängt, im nahe gelegenen Werk ist die Belegschaft zu einem Gedenkgottesdienst zusammengekommen. Der Kalenderfabrikant Kirchner aus dem anhaltischen Coswig ist verstorben. Es ist die Zeit, da sich in vielen deutschen Unternehmerfamilien ein Generationswechsel vollzieht, auch bei den Poehls wird es bald so weit sein. Die Väter haben in der zweiten Hälfte des 19. Jahrhunderts, als die Gründerjahre in Russland beginnen, den Grundstein für die Petersburger Firmen gelegt. Um die 30 waren sie damals, nun gehen sie auf die 60 zu. Das gilt fast schon als biblisches Alter, die mittlere Lebenserwartung für Männer beträgt in Russland nur 30 Jahre, bei Frauen liegt sie zwei Jahre darüber.

Kirchner ist mit 53 Jahren gestorben. Im Februar 1900 hatte er sein Testament aufgesetzt: »Ich, gebürtig im Herzogtum Anhalt, in Coswig, am 11. März 1848, vermache alles meinen fünf Kindern«,[48] beginnt es, und das bezieht sich sowohl auf die Häuser, das Inventar, die Waren, auf Geld und Wertpapiere. Kirchner war ein wohlhabender Mann, es ist genug für alle da. Tochter Jewgenija, die inzwischen geheiratet hat, sowie die Söhne Karl, Bruno, Otto und Fritz sollen alles »zu gleichen Teilen« erhalten. Sohn Bruno allerdings ist »unglücklich erkrankt und nicht normal entwickelt«. Bis zu ihrem Tod oder zu einer Wiederverheiratung soll Kirchners Frau Julia über dessen Eigentum verfügen. Und dann hat der Unternehmer noch einen Satz angefügt: »Es ist mein Wunsch, dass mein ältester Sohn Karl meine Geschäfte fortführt. Aber meine Frau soll gegebenenfalls entscheiden.«

Karl ist als Geschäftsführer tatsächlich am besten geeignet, die übrigen Brüder sind noch ziemlich jung. Fritz, der eigentlich Friedrich heißt, ist gerade einmal 18 Jahre alt und will im Herbst 1902 ein Studium an der Juristischen Fakultät der Kaiserlichen Universität aufnehmen. Selbstverständlich sehen die Geschwister ihre Zukunft in Russland, das boomende Unternehmen muss weitergeführt werden. Während Otto Kirchner zeitlebens deutscher Reichsangehöriger blieb, wird Fritz nach einigen Jahren die russische Staatsbürgerschaft annehmen und den Eid auf Kaiser Nikolai ablegen. Karl wird es ihm gleichtun. 1904 lässt Karl einen Flügel an das Fabrikgebäude in der Großen Puschkarskaja anbauen. Das Unternehmen, das 1896 bereits 185 Beschäftigte hat, bringt es knapp ein Jahrzehnt später sogar auf 450 Arbeiter. Es sind meist Ungelernte und in der Regel Frauen, denn bei Kirchners sind handwerkliche Fähigkeiten gefragt, keine Kopfarbeit wie bei den Poehls, und die Beschäftigten verdienen entsprechend mäßig. So ist es nicht verwunderlich, dass der Fabrikinspektor des Petersburger Gouvernements bereits im März 1898 vor Unruhen der Arbeiter im Kirchner-Werk warnt, »weil dort vorwiegend Mädchen arbeiten, mit denen sich die Meister manchmal große Freizügigkeiten gestatteten«.[49] Aber man gibt nicht viel darauf. Die Bestellbücher sind gut gefüllt, Aufträge gehen aus allen Landesteilen ein, von Astrachan am Kaspischen Meer bis Wladiwostok am Pazifik. Kirchners Schreibutensilien sind gefragt, die Bilder, die Kontorbücher, vor allem aber die Kalender. Im Hauptbuch der Firma – es wird noch auf Deutsch geführt – sind all die Waren aufgelistet, die die

Kirchners aus Russland, Deutschland, Frankreich und anderen Ländern für die Produktion beziehen: Zelluloid, Lumpenpappe, Damhirsch-Lederpapier, Krokodilpapier, Messingringe, Klammern.

Die Kalender der Kirchners sind so populär, weil sie wie Enzyklopädien oder Geschichtsbücher daherkommen, etwa der »Obschtschedostupny Sowremennik« – der »Gemeinverständliche Zeitgenosse«. Es ist ein Monatskalender, der alle kirchlichen Feier- und Namenstage enthält, historische Ereignisse, landwirtschaftliche Tipps, ja selbst der Umgang mit Singvögeln wird beschrieben. Alle Messen in Russland sind erfasst, sogar die Termine zur Einlösung von Staatsanleihen. Darüber hinaus ist der römisch-katholische Jahreskalender enthalten, der armenisch-gregorianische, der muslimische, der jüdische. Man kann die Namensliste sämtlicher Mitglieder der kaiserlichen Familie durchgehen, jede Menge Statistik, vergangene Kriege in Zahlen und die Namen aller russischen Städte sind aufgeführt. Eisenbahnstationen, Schifffahrtspläne und Telegrammgebühren sind aufgelistet, und zu guter Letzt gibt es Hauswirtschaftstipps und Nachrufe auf herausragende Persönlichkeiten.

Die Gestaltung der Kalender ist Jahr für Jahr die gleiche, die Leute setzen auf Bewährtes, auf Kontinuität. Für sie sind die Kirchner'schen Produkte wie ein Versicherungsschein für das neue Jahr, eine gedruckte Garantie für Stabilität. Und sie nehmen sie als materialisierten Beweis dafür, dass jedes weitere Jahr so ablaufen wird wie das zurückliegende. Selbst die Kirchners denken offenbar so.

Unverhoffte Karriere

Vielleicht wäre der kleine Peter Amann am ehesten in der Lage zu begreifen, dass in dieser Welt nichts auf ewig angelegt ist. Aber er ist erst zwölf, als er nach Sankt Petersburg kommt, und er hat anderes im Kopf. Für ihn bedeutet dieser Ortswechsel eine Chance und einen Aufstieg, einen bescheidenen.

Peter kommt aus einfachen Verhältnissen, im Unterschied zu Unternehmern wie Kirchner oder Poehl und sogar zu Künstlern wie Oskar Böhme waren die deutschen Kolonisten rund um Petersburg nie auf Daunen gebettet. Sie sind zu anderen Zeiten in diese Gegend gekommen – nicht in den Gründerjahren des Russischen Reiches, in denen

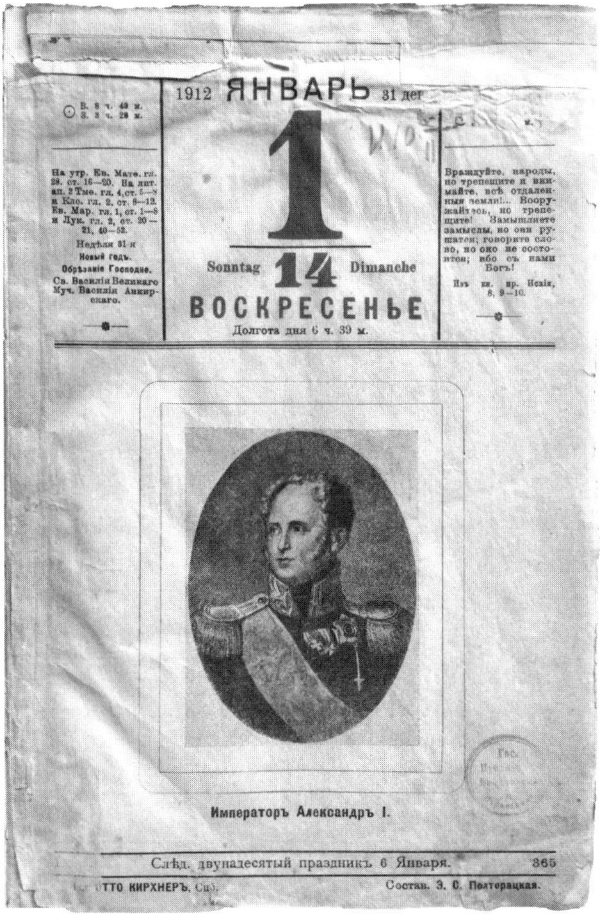

Die Fabrik für Kontorbücher O. F. Kirchner bietet den Deutschen im Zarenreich – und nicht nur ihnen – mit ihren Kalendern alljährlich und zuverlässig zeitliche Orientierung mit informativen Abrisskalendern. Die Kirchners liefern die allseits geschätzte deutsche Wertarbeit und zeigen sich technisch auf der Höhe der Zeit. Aufmachung und Inhalte ihrer Kalender sind stets gleich, sie vermitteln den Käufern ein wohliges Gefühl von Sicherheit und Verlässlichkeit.

sich in Petersburg ein bemerkenswerter Wohlstand und eine ausgeprägte Kultur etablierten, sondern in den kargen Jahren der Regierungszeit der Kaiserin Katharina II. Als diese Siedler mit Privilegien nach Russland lockte, ging es ihr um den Ausbau der Landwirtschaft. Attraktiv war ihr Angebot in erster Linie für deutsche Bauern, die im Siebenjährigen Krieg 1756 bis 1763 ruiniert worden waren. Die zugesagte Religionsfreiheit, die Befreiung vom Militärdienst, die Zuweisung von Land und Steuerbefreiungen zogen diese Menschen an. Sie kamen meist mit dem Schiff von Lübeck bis nach Kronstadt und wurden zunächst am gegenüberliegenden Ufer der Newa, in Oranienbaum, untergebracht. In der Regel wollten sie weiter ins Wolgagebiet, ins spätere Gouvernement Saratow, aber die russischen Behörden siedelten viele von ihnen überraschend bei Petersburg an. Dort gab es ein großes Problem: Die zugewiesenen Böden – in der Regel 35 Desjatinen, rund 38 Hektar – taugten kaum für den Ackerbau, mitunter nicht einmal als Weiden, was die Bauern bald in Schulden stürzte.

Die Neusiedler mussten aus dem Ödland erst mühselig Ackerland machen, es meliorieren, Lehm- und Sandböden intensiv düngen. Dennoch ließen sich nur auf den besten Stücken Roggen und Hafer anbauen, sodass sich viele Bauern auf die in Russland bis dahin unbekannten Kartoffeln verlegten sowie auf Gemüse und Viehzucht. Trotz all dieser Schwierigkeiten erfüllten sich schließlich die Hoffnungen, die Katharina in den Fleiß der Deutschen gesetzt hatte: Als Peter Amann geboren wurde, machten die Deutschen rund um Petersburg einen Anteil von nur sechs Prozent an der Bevölkerung des Gebietes aus, produzierten aber bereits 19 Prozent des gesamten Hafers und fast 53 Prozent der Kartoffeln. Wie viel Arbeit dahintersteckte, sah das städtische Petersburg nicht.

Schwer hatten es die deutschen Siedler auch aus einem anderen Grund. Wegen des Verbots, die Landstücke zu parzellieren, mussten ihre Kinder oft weiterziehen. Dass nur der Älteste das Land erbt, war an sich nicht unvernünftig, denn so blieben die großen Landstücke erhalten. Aber diese Regel zwang die zahlreichen jüngeren Nachkommen, die Heimat zu verlassen und sich anderswo nach Land umzusehen. So war es auch Peter Amanns Vorfahren ergangen, die zunächst in Srednaja Rogatka lebten und dann in das neu gegründete Graschdanka zogen.

Als Peter auf die Welt kommt, wohnt die große Familie in Nr. 24 an der Dorfstraße von Graschdanka. Das Haus besteht aus zwei gleich großen Teilen, jeweils mit großer Küche und zwei Zimmern. Der Herd wird mit Holz geheizt. Er dient zum Kochen, Backen und als Wärmequelle für das ganze Haus. Das Mobiliar beschränkt sich auf einen Kleiderschrank, eine Kommode, ein hohes Doppelbett mit Daunenkissen und bestickten Bezügen, an den Wänden hängen Kalendersprüche in deutscher Sprache, daneben Bilder der Ahnen. Die Straße vor dem Haus wird nach einer festen Ordnung gefegt, man trägt die traditionelle Kleidung der Kolonisten: Gehröcke und in die Stiefel gesteckte Hosen, dazu Westen, Halstücher und Schirmmützen. Die Frauen zeigen sich an Fest- und Feiertagen in langen Seidenkleidern mit gestärkten Unterröcken, einer Seidenschürze mit langen Bändern überm Kleid und einer Haube über dem Haar. Peters Eltern Georgi und Margarethe Amann konnten zwar noch gut Deutsch, aber zu Hause wurde bereits vorwiegend Russisch gesprochen. Von allen Deutschen haben die Siedler sich am gründlichsten assimiliert. Neben den Eltern leben zehn Kinder in dem Haus, fünf Söhne und fünf Töchter. Doch als im Jahr 1900 die Eltern und der älteste Sohn an Tuberkulose sterben, ist die Not groß.

Die Rettung kommt von Peters Schwester Margarethe, die nach Sankt Petersburg geheiratet hat und nun Radtke heißt. Ihr Mann ist Deutscher und leitender Angestellter einer Weinhandlung in der Kasaner Straße, ganz in der Nähe des Newski-Prospekts. Radtke hat ein großes Herz, denn er holt drei der Waisenkinder zu sich in die Stadt. Die Weinhandlung, die er leitet, ist Teil der Handelsgesellschaft »Derby«, die mehrere Filialen in Petersburg besitzt, alle in bester Lage: in der Kasaner Straße, auf dem Newski-Prospekt und auf dem Großen Prospekt, dem Boulevard der Wassili-Insel. Der Weinumsatz in Petersburg ist hoch, selbst der russische Wein wird geschätzt. In den feinen Kreisen wird viel getrunken, am Hof sowieso. Die Händler sind meist Franzosen oder Italiener. Es gibt das große Lager für russische und ausländische Weine von Louis Schmelzer in der Kleinen Italienischen Straße, das zentrale französische Weinlager in der Großen Morskaja, den Spezialladen für Krim- und Kaukasusweine in der Konjuschennaja und in derselben Straße den Tifliser Weinkeller mit Weinen aus dem ostgeorgischen Kachetien und obendrein jede Menge Weinkeller wie den des Deutschen Radtke, der die russische Staatsbürgerschaft nicht angenommen hat.

Peter Amann erweist sich als anstelliger Junge. Beim lutherischen Pastor der Nikolaikirche in Graschdanka hat er eine gute Ausbildung erhalten, und er ist ein ausgesprochener Bücherfreund. Radtke zieht den Jungen nach und nach zur Buchhaltung heran. So wird der kleine Amann nun ebenfalls zu einem Petersburger. Jedenfalls erst einmal.

Bruch mit dem Zaren

Im Jahr 1903 finden in Jussupows Garten zwischen der Fontanka und der Sadowaja, dort, wo sich im Winter die Petersburger zum Schlittschuhlaufen treffen, die Weltmeisterschaften im Eiskunstlauf statt. Noch werden sie nur unter den Herren ausgetragen, und wie in den Vorjahren in London und Stockholm gewinnt der Schwede Ulrich Salchow Gold. Aber diesmal steht erstmals ein Russe auf dem Silbertreppchen, Nikolai Panin, ein Mathematikstudent aus Petersburg. Fünf Jahre später holt er für Russland das erste olympische Gold.

Die Meisterschaft lässt das Selbstbewusstsein der Petersburger weiter wachsen. Die Stadt ist gut ins neue Jahrhundert gekommen. Noch finden die Zusammenstöße des kaiserlichen Regimes mit Sozialdemokraten, Sozialrevolutionären und Anarchisten relativ unbemerkt von der Öffentlichkeit statt, noch sickern Oppositionszeitungen wie Lenins *Iskra* oder das *Revolutionäre Russland* der Sozialrevolutionäre nur spärlich vom Ausland in die Stadt ein. Die Sitzungen der Zarengegner finden in irgendwelchen Petersburger Hinterzimmern statt, auch in den Fabriken ist es noch weitgehend ruhig. Die Stadt genießt ihren Aufstieg und sucht immer neue Anlässe, sich selbst zu feiern.

In der großen Passage am Newski-Prospekt wird kurz nach der Eiskunstlauf-WM die erste große internationale Schau der Petersburger Fotografischen Gesellschaft eröffnet, und im Mai 1903 begeht Petersburg sein 200. Jubiläum. Farbenprächtig sind die Straßen geschmückt, zwischen der Palast- und der Alexanderbrücke wird die neue Troizki-, die Dreifaltigkeitsbrücke, eingeweiht, und auf der Newa gibt es Schiffsparaden zu Ehren Peters des Großen. Der Kaiser feiert mit dem Hof Festgottesdienste in der Isaakskathedrale und in der Peter-und-Paul-Festung. Und im Juni pilgert halb Petersburg ins Zoologische Museum am

Universitätsufer. Dort ist das Skelett eines Mammuts ausgestellt, das Archäologen in Jakutien gefunden haben.

Im Januar 1904 ziehen jedoch erste Wolken auf. Wieder sind die Straßen festlich geschmückt, aber das hat weniger mit Petersburg zu tun. Schier endlose Züge russischer Truppenteile marschieren zum Nikolaibahnhof am Snamensker Platz, begleitet von den Hurrarufen patriotischer Bürger, Mützen fliegen in die Luft. Die Soldaten besteigen Züge, die sie in den Russisch-Japanischen Krieg bringen. Zehn japanische Zerstörer haben in der Nacht zum 27. Januar 1904 ohne vorherige Kriegserklärung das vor Port Arthur auf Reede liegende russische Geschwader angegriffen. Sie haben die besten Panzerschiffe und Kreuzer des Kaisers versenkt oder außer Gefecht gesetzt und damit Nikolais Pazifikflotte blockiert. Port Arthur an der Südspitze der chinesischen Halbinsel Liaodong ist der einzige eisfreie russische Tiefseehafen am Pazifik. Erst sechs Jahre zuvor hatte Nikolai II. ihn besetzt und dann für 25 Jahre gepachtet. Durch sein von Deutschland und Frankreich gestütztes militantes Vorgehen in der Mandschurei und in Korea hat er Japan herausgefordert und sich dabei militärisch gründlich verkalkuliert.

»Liebster Nicky. Ich danke Dir für die ausgezeichnete Art, in der Du die kombinierte Aktion Europas zur Wahrung seiner Interessen gegen Japan in die Wege geleitet hast (…)«, hatte Wilhelm II. bereits 1895 an seinen Cousin in Petersburg geschrieben. »Denn dies ist offenbar in Zukunft die große Aufgabe für Russland, seine Aufmerksamkeit dem asiatischen Kontinent zuzuwenden und Europa vor dem Eindringem der großen gelben Rasse zu bewahren.«[50] Russland und Europa betreiben noch gemeinsam Rasse- und Expansionspolitik, aber Wilhelm freut sich, dass Russlands Aufmerksamkeit abgelegenen Regionen gilt.

Der Krieg beschert Russland eine militärische Niederlage nach der anderen, ein Zerstörer nach dem anderen wird versenkt, und auch an Land schlagen die Japaner die Russen. Im April ist ganz Petersburg auf den Beinen, um – wieder am Nikolaibahnhof – die überlebenden Matrosen des Kreuzers *Warjag* zu begrüßen. Sie kommen mit dem Zug aus Odessa, die Besatzung hat das von den Japanern zusammengeschossene Schiff selbst versenkt. Nun empfängt Kaiser Nikolai sie zu einem Festessen im Winterpalast. Aber die Lage bessert sich nicht. In den Schlachten am Yalu, am Nanshan, im Gelben Meer und bei der langen

Belagerung von Port Arthur kommen Zehntausende Russen um, auch später in der großen Schlacht bei Mukden. Die russische Gegenoffensive im Oktober scheitert.

Der Ferne Osten ist zwar tatsächlich weit entfernt, aber die Hiobsbotschaften gelangen schnell nach Petersburg. Da geht fast unter, dass Kaiserin Alexandra dem Kaiser im Juli 1904 endlich den lang ersehnten Thronfolger Alexei geboren hat. Gut zwei Wochen zuvor war am Warschauer Bahnhof in Sankt Petersburg der mit harter Hand regierende Innenminister Wjatscheslaw von Plehwe durch die Bombe eines Sozialrevolutionärs getötet worden, samt Kutscher und Pferden. Sein auf dem Fahrrad nebenherfahrender Leibwächter wurde nur leicht verletzt. Im nachgereichten »Urteil« der sozialrevolutionären Parteizentrale heißt es, Plehwe habe »das Pflaster unserer Industriezentren mit Proletarierblut«[51] überschwemmt und den Russisch-Japanischen Krieg initiiert. Den Enthusiasmus, den dieser Mord in den Kreisen der Petersburger Regimegegner auslöst, erkennt Nikolai II. nicht. Am 1. Januar 1905 schreibt er in einem Tagesbefehl an Armee und Flotte: »Meine ruhmreichen Truppen und Seeleute! Das geschehene Leid wird Euch nicht beirren. Russland ist mächtig. In seiner tausendjährigen Geschichte gab es Jahre mit noch schwereren Heimsuchungen, aber jedes Mal ist es aus den Kämpfen mit neuer Kraft und neuer Stärke hervorgegangen.«[52]

Noch bevor im Sommer 1905 mit Japan ein Friedensvertrag geschlossen wird und Russland die Hälfte von Sachalin, Port Arthur und die südmandschurische Eisenbahn verliert, sieht sich der Kaiser einem neuen und noch größeren Problem gegenüber: In Sankt Petersburg brechen Unruhen aus. Sie beginnen in der Eisengießerei von Nikolai Putilow, die Schienen, Lokomotiven, Kräne, Torpedoboote und Granaten produziert. Es ist das größte Unternehmen dieser Art im Land, ein russischer Krupp-Konzern. Anlass der Erhebung ist die ungesetzliche Entlassung von vier Arbeitern. Angeführt wird der Ausstand von Georgi Gapon, einem Geistlichen, der den Vorsitz in der Gesellschaft der Petersburger Fabrikarbeiter innehat. Bereits nach vier Tagen, am 7. Januar 1905, streiken 100 000 Arbeiter in Petersburg. Es vergehen noch zwei weitere Tage bis zu jenem berüchtigten Sonntag, der als Blutsonntag in die Geschichte eingeht.

Bis dahin geschieht nichts wirklich Gefährliches. Gapon hatte Kontakt zum kaiserlichen Hof, wo er sein Anliegen vortragen konnte: Er

Im Juli 1904 kommt vor dem Warschauer Bahnhof von Sankt Petersburg Innenminister Wjatscheslaw von Plehwe bei einem Bombenattentat ums Leben. Plehwe hatte Oppositionelle mit harter Hand verfolgt und auch Bauernaufstände rigoros niederschlagen lassen. Erst im Jahr darauf werden unter der Regierung des Deutschbalten Sergei Witte politische und wirtschaftliche Reformen eingeleitet – gegen ihn hatte von Plehwe zu Lebzeiten heftig intrigiert.

wolle mit seinen Anhängern Nikolai II. eine Petition übergeben, in der auf die ungerechte Behandlung der Arbeiter und deren schwere Lebensbedingungen hingewiesen wird. Und so ziehen Zehntausende zum Winterpalast – nicht mit umstürzlerischen Losungen, sondern mit Kirchenfahnen und Zarenporträts. Der Kaiser ist, sicherheitshalber, mit seiner Familie in Zarskoje Selo geblieben, die Stadt hat er der Polizei überlassen. Die stoppt den Zug weit vorm Zentrum am Narwaer Tor und eröffnet sogleich das Feuer. 40 Menschen sind auf der Stelle tot. Die Menge reagiert mit Rufen wie »Mörder! Blutsauger! Henker« auf die Schüsse: »Ihr flieht vor den Japanern, aber schießt auf eure eigenen Leute.«[53] Ähnliches geschieht auf der Wassili-Insel am Zugang zur Nikolaibrücke und vor der neuen Dreifaltigkeitsbrücke. Vergeblich wartet das sonntäglich gekleidete Bürgertum auf dem Newski-Prospekt auf die Arbeiterdemonstration.

426 Menschen verlieren an diesem Sonntag ihr Leben. Es ist nach der Niederschlagung des Dekabristenaufstands von 1825 das schlimmste Blutbad in der Stadt. Nikolai II. schreibt in sein Tagebuch:

> 9. Januar, Sonntag. Ein schwerer Tag. Infolge des Wunsches der Arbeiter, zum Winterpalais zu ziehen, kam es in Petersburg zu ernsten Unruhen. Die Truppen waren in verschiedenen Stadtteilen gezwungen, zu schießen, es gab viele Tote und Verwundete. Ach Gott, wie schmerzlich und schwer ist es! Mama kam von der Stadt direkt zur Frühmesse. Wir lunchten mit allen. Ich ging mit Mischa spazieren. Mama blieb bei uns über Nacht.[54]

Nikolai unternimmt alles, um die Arbeiter zu besänftigen. Er empfängt eine Delegation, spendet gemeinsam mit der Kaiserin 50 000 Rubel aus seiner Privatschatulle für die Familien der Getöteten und entlässt den neuen Innenminister. Ferner stimmt er endlich zu, den Weg für ein Parlament als Interessenvertretung der Bürger frei zu machen, was er nach dem Rat von Vertrauten schon vor Jahren hätte tun müssen. Und er beruft die erste gesetzgebende Staatsduma ein. Doch das Land ist in diesen Tagen ein anderes geworden, der Glaube des Volkes an den Zaren erschüttert. Die Unruhen dauern das ganze Jahr über an und weiten sich zur ersten russischen Revolution aus: Millionen Arbeiter streiken, Bauern enteignen Gutsbesitzer, die Flotte meutert.

Nikolai verkriecht sich im September in Peterhof und lässt seine Jacht *Polarstern* unter Dampf halten, um gegebenenfalls nach Dänemark flüchten zu können. Noch einmal übersteht die Monarchie die Machtprobe, aber von nun an ist die Herrschaft des Kaisers eingeschränkt. Im April 1906 tritt die erste Staatsduma im Taurischen Palast zusammen, der einst Fürst Potemkin gehörte, dem Favoriten Katharinas der Großen. In diesem Haus werden sich in den nächsten Jahren für das Schicksal des Russischen Reiches entscheidende Dinge abspielen.

Nach der niedergeschlagenen Revolution kommt es zunächst immer wieder zu weiteren Terroranschlägen. Auch der 1906 zum Ministerpräsidenten ernannte Pjotr Stolypin und seine Familie überleben nur mit Glück ein Attentat in ihrer Staatsdatscha auf der Apothekerinsel. Aber dann beruhigt sich der politische Sturm erst einmal. 1907 ist die Zeit der Wirren vorbei, keine Soldatenmeutereien mehr, keine Pogrome gegen Juden, keine Schießereien in der Residenz. Die Revolution scheint Geschichte und alles wie früher zu sein. Der Kaiser traut sich erneut auf die Straße. Wenn Nikolai mit seiner Familie durch die Stadt zu fahren beliebt, stehen wieder überall die Polizeiinspektoren mit ihren frisch gewichsten Schnurrbärten, und die Hausmeister streuen mit Holzschaufeln gelben Sand, bevor die wappengeschmückte Kutsche mit den goldenen Vögelchen auf den Laternen vorüberfährt.

Nicht alles ist wie früher. Neu ist die elektrische Straßenbahn und ein Bauboom von bis dahin nicht gekannten Ausmaßen. Am Newski-Prospekt, in der Morskaja und in der Sadowaja entstehen prächtige Bankgebäude. Die Asow-Don-Bank, die Russische Außenhandelsbank, die Internationale Handelsbank und viele neue Warenhäuser prägen nun das Zentrum, etwa das Handelshaus Mertens am Newski-Prospekt oder das Kaufhaus der Gardeökonomischen Gesellschaft am Moika-Kanal mit seinem eleganten Eckturm. Ganze Wohnviertel wachsen empor, mit Häusern im Jugendstil, sechs bis sieben Stockwerke hoch, mit prachtvollem Eingang, Lift, Badezimmer mit fließend warmem Wasser und Gastherme in der Küche. Die Stadt wie das Land erleben einen Aufschwung der Industrie. Russland holt fieberhaft nach, was es bis dahin versäumt hat. Premierminister Stolypin ebnet mit seinen Reformen den Weg dafür. Ob Eisenproduktion, Steinkohleförderung oder Maschinenbau – das Wirtschaftswachstum explodiert förmlich, auch die Bevölkerung spürt das. Einfache Leute kommen nun in die Läden und kaufen Dinge, die sie sich bis dahin niemals hatten leisten können. Armee und Flotte werden wiederhergestellt. Grundschulbildung wird für alle Schichten erreichbar.

Die Deutschen in Petersburg sind von den Revolutionswirren der Jahre 1905 bis 1907 kaum betroffen. Ganz anders die Baltendeutschen in den Ostseeprovinzen. Sie sind in der Regel Gutsbesitzer, und die setzen die Aufständischen mit der Regierungsmacht gleich. 180 Güter werden während der Unruhen ausgeraubt und vernichtet, 80 Baltendeutsche umgebracht. Allein im Dezember 1905 werden im Estländischen Gouvernement 160 Landgüter abgebrannt. Im Livländischen und Kurländischen Gouvernement fällt fast jedes zweite der 1095 Adelsgüter der revolutionären Wut zum Opfer, die ganz allmählich aus dem Konflikt um die Landfrage im Allgemeinen und die Privilegien des deutschbaltischen Adels im Besonderen erwachsen ist. In der Duma werden deutschrussische Abgeordnete, die dort die livländischen und kurländischen Bauern vertreten, bald beides auf die Tagesordnung bringen und das 700-jährige »deutsche Joch« im Ostseeraum anprangern. Doch vorerst haben sich selbst in den Ostseeprovinzen die Wogen wieder geglättet.

Der Herr ist deine Zuversicht

Seitdem er Mitglied des Marientheaters ist, reist Oskar Böhme während des Sommers mit seiner Frau Alexandra oft durch Russland und nach Moskau, mehrfach nach Finnland und fast jedes Jahr nach Deutschland, meist gleich zu Beginn der Theaterferien Ende April. So auch im Jahr 1907, als er den ganzen Mai und den Juni mit Alexandra in seiner Heimat verbringt. Obwohl ihm die Kaiserlichen Theater im Urlaub das Gehalt weiterzahlen, nutzt Böhme stets einige der freien Wochen, um Engagements in deutschen Kurorten anzunehmen. Der Bedarf an guten Musikern dort ist riesig, auch wenn es in vielen Bädern bereits feste Kurorchester gibt. In Baden-Baden tritt Böhme besonders gern auf, denn dort gibt es jetzt einen neuen Musikpavillon an der Kurpromenade, ein kunstvolles Gebilde aus Schmiedeeisen mit einer raffiniert konstruierten Kuppel, die für einen wunderbaren Klang bei den Freiluftkonzerten sorgt. Hier spielen neben dem Kurorchester Musikkapellen örtlicher badischer, preußischer und österreichischer Regimenter, schließlich hat Deutschland einen ins Militär vernarrten Kaiser. In Bad Kissingen werden die Konzerte ebenfalls immer populärer, auch dort gibt es einen großen Pavillon im Kurgarten, und abends wird im Regentenbau gespielt. Bad Kissingen verfügt bereits über regelmäßig anreisende Ensembles wie das Münchener Orchester von Franz Kaim und den Wiener Concertverein. Zusätzliche Bläser wie Böhme werden trotzdem gebraucht, denn die Kurorte veranstalten nicht nur die gängigen Nachmittags-, sondern ab 6 Uhr morgens auch Frühkonzerte, dazu große Sinfonickonzerte, Beethoven- und Wagner-Abende. Die deutschen Seebäder allerdings meidet Böhme. Inseln wie Borkum oder Orte wie Zinnowitz und Bansin sind für ihre antisemitischen Ressentiments berüchtigt, da kann man schnell seinen Ruf beschädigen.

Für Alexandra sind diese Sommerreisen besonders interessant. Nicht nur, weil sie ihr eine neue Welt erschließen, sondern weil sie immer wieder in Orte führen, die auch im Russischen einen guten Klang haben. In Baden-Baden hat ihr Lieblingsdichter Iwan Turgenjew jahrelang gelebt, in Bad Kissingen hat Alexander II. gekurt, und auch jetzt sind dort jedes Jahr russische Großfürsten zu Gast. Wiesbaden, wo Dostojewski vor 40 Jahren sein Geld verspielte, übt eine besondere Faszination auf Alexandra aus. Denn sie hat den *Spieler* gelesen, Dostojewskis unter drückenden Geldsorgen in 24 Tagen niedergeschriebenen Wiesbaden-Roman. Und die dortige russische Kirche des Sergius von Radonesch, erbaut anlässlich der Krönung von Kaiser Nikolaus II., erinnert sie an ihr Heimatland.

Böhmes lange Sommeraufenthalte in Deutschland haben auch mit seiner »angeschlagenen Gesundheit«[55] zu tun, wie er der Theaterleitung beim nächsten Urlaubsantrag am 1. Mai 1908 erklärt. Den Ärzten in Petersburg traut Böhme nicht sonderlich viel zu, und so nutzt er die Aufenthalte in Deutschland auch zu medizinischen Konsultationen. Bei all dem Guten und Schönen, was das Leben jetzt für ihn bereithält, mit zwei Dingen hat Böhme zu kämpfen: Er hat Probleme mit dem Herzen, was sich mit den Jahren nicht legt, er ist leicht erschöpft. Und auch seine Sprachkenntnisse bessern sich nicht, Russisch bleibt ihm fremd. Vor allem schriftliche Eingaben bei den Behörden bereiten ihm große Schwierigkeiten. Die schier unzähligen Formen des russischen Verbs, die Suffixe und Präfixe der Adjektive, die für Deutsche unbegreifliche Betonung der Wörter können Böhme in die Verzweiflung treiben. In den russischen Geschäften verstehen die Verkäuferinnen ihn mitunter nicht, das ist belastend.

Die finanziellen Verhältnisse der Böhmes sind dagegen gut, deswegen ziehen sie nun von der Ligowka in die Fontanka. Eine vornehmere Gegend lässt sich in Petersburg kaum finden. Die Fontanka ist ein Flussarm, der von der großen Newa abzweigt und quer durch die Stadt verläuft. Er heißt so, weil aus ihm das Wasser für die Fontänen der zahlreichen Adelsvillen entnommen wird, die an diesem Fluss liegen. Haus Nr. 18 ist ein stattlicher Bau, der einst Kavalleriegeneral Graf Wassili Lewaschow gehörte. Hier haben die Böhmes die Wohnung 5 gemietet. Gegenüber erhebt sich das stattliche Michaelsschloss, in dem 1801 Kaiser Paul I. ermordet wurde, 40 Tage nach seinem Einzug. Noch heute soll des Nachts sein Geist im Hause spuken. Gleich links steht der Rundbau des Zirkus Ciniselli. Neben Böhmes Haus, in Nr. 16, hat Premier Pjotr Stolypin sein Büro als Innenminister, denn auch diese Funktion übt er neben dem Amt des Regierungschefs aus, und rechts von dem neuen Wohnsitz der Böhmes lebten einst die mit Alexander Puschkin befreundeten Brüder Turgenjew. In diesem Haus soll der Dichter die »Ode an die Freiheit« geschrieben haben, die ihm die Verbannung ins bessarabische Kischinjow einbrachte. So behaupten jedenfalls die Leute.

Im Theater läuft es gut für Böhme, immer häufiger können die Petersburger jetzt seinen Namen auf den Plakaten lesen. Ob *Der Nussknacker* von Tschaikowski, ob sein *Schwanensee* oder Pugnis *Die Tochter des Pharao* – das Cornet à pistons spielt oft der Solist Oskar Böhme. Die Ballettaufführungen am Marientheater finden besonders großen Anklang beim Publikum, denn mit Paul Gerdt, dem Solisten der Kaiserlichen Majestät, tanzt ein bezaubernder Künstler auf der Bühne am Theaterplatz. Oft genug ist auch der Kaiser zu Gast. Dann spielt das Orchester mitunter gleich dreimal die Hymne, und Nikolai empfängt in seiner Loge Schauspielerinnen und Tänzerinnen wie die Pawlowa. Oder seine Gemahlin kommt mit den Töchtern zu einer der Tagesvorstellungen, nicht selten auch Maria Fjodorowna, die überaus kunstverständige Witwe von Kaiser Alexander III., mit ihren Enkeln. Sie liebt es, bei den Besuchen großzügig Konfekt an die Schülerinnen und Schüler der Theaterschule auszuteilen.

Petersburg vergnügt sich. Musik lässt sich jetzt vielerorts in der Stadt genießen. Außer von den Theaterorchestern – das des Marientheaters macht derzeit wegen der Wagner-Wochen besonders von sich reden – wird in der Kaiserlichen Russischen Musikalischen Gesellschaft Musik geboten, das Hoforchester lädt ein, es gibt die Graf-Scheremetjew'schen-Konzerte, die Symphoniekonzerte von Belajew und die Siloti'schen Konzerte, die Petersburger Liedertafel und jede Menge Kammermusik. Und es gibt den Bahnhof in Pawlowsk im gleichnamigen Park hinter dem kaiserlichen Sommersitz Zarskoje Selo, der auf Englisch Vauxhall genannt wird. Es ist ein repräsentativer gläserner Bau mit Hotel, Restaurant und Wintergärten sowie zwei Sälen für Bälle und Konzerte. Eigentlich weniger ein Bahnhof für Züge, eher ein Bahnhof für Musik. Walzerkönig Johann Strauß hat von 1856 an zehn Jahre lang während des Sommers mit Riesenerfolg die Pawlowsker Orchester dirigiert und den Bahnhof zu einem gesamtrussischen Musiktempel gemacht, der sogar über die Grenzen des Russischen Reiches hinaus bekannt wurde.

Die Musik in Pawlowsk ist in der Familie des Dichters Ossip Mandelstam ein unerschöpflicher Gesprächsstoff, denn die Mandelstams leben in Pawlowsk. Ganz Petersburg eilte dorthin »wie in irgendein Elysium«, wird Mandelstam später schreiben. »Pfiffe von Dampflokomotiven und die Klingelzeichen vor der Abfahrt der Züge mischten sich mit der patriotischen Kakophonie der Ouvertüre auf das Jahr 1812, und ein besonderer Geruch stand in diesem riesigen Bahnhof, in dem Tschaikowskij und Rubinstein regierten. Feuchtende Luft modriger Parks, der Geruch fauliger Warmbeete und Treibhausrosen, und ihm entgegen – die schweren Ausdünstungen des Büfetts, beißender Zigarrenrauch, brandige Bahnhofsluft und die Kosmetika einer vieltausendköpfigen Menschenmenge.«[56]

Pawlowsk ist einer der Orte, wo Mitglieder der Theaterorchester in den Sommermonaten ihr Salär aufbessern – auch Oskar Böhme, den sein Kollege Alexander Gordon hier eingeführt hat. Die Saison geht von Anfang Mai bis Anfang September. Jeden Abend fahren dann Hunderte Petersburger für 70 Kopeken in der dritten, einen Rubel in der zweiten oder 1,50 Rubel in der ersten Klasse nach Pawlowsk hinaus, um dort Musik zu hören – und um von den anderen gesehen zu werden. »Sehr geschmackvolle und sehr geschmacklose Toiletten«, amüsiert sich der *St. Petersburger Herold* über das Publikum, »Militärs mit nach ä umflektiertem a-Laut, alte ausgediente Kriegskameraden, die Siege unter friedlich gesinnten und abenteuerlich gestimmten Backfischen mehr oder weniger vergeblich suchen, Künstler und solche, die es werden wollen, Datschenernährer mit und ohne Embonpoint, grüne Bäume und giftgrüne Glühlampen, Sabatelli mit seinem Militärorchester auf der Veranda, Tellerklappern und Tschaikowski, eng gedrängte Melomanen und noch enger gedrängte Ritter des Flirts – und dann weibliches Geschlecht in einer Anzahl, Auswahl und Stichwahl – das ist des Frühlings traurige Luft!«[57]

Böhme komponiert weiterhin fleißig, unterschiedlichste Werke entstehen. Er schreibt eine »Ballettscene für Clavier und Orchester op. 31« und die »Danse russe«, den Russischen Tanz op. 32. Das alles ist mehr Salonmusik, gehobene Unterhaltungsmusik, mit der sich Geld verdienen lässt. Er verkauft die Noten bei Jürgenson und Zimmermann, bei Bellmann & Thümer in Waldheim, bei A.E. Fischer in Bremen. Aber Böhme vertont auch Texte aus dem *Buch der Lieder* von Heinrich Heine: »Mein Herz, mein Herz ist traurig,/Doch lustig leuchtet der Mai;/Ich stehe, gelehnt an der Linde,/Hoch auf der alten Bastei.«

Und noch eine Möglichkeit, seine Liebe zur Musik auszuleben, hat Oskar Böhme für sich entdeckt. Freunde haben ihn auf die vakante Stelle des Chordirigenten im Verein »Arion« hingewiesen. »Arion« ist eine »Gesellschaft der Liebhaber des Männergesangs«, deren Mitglieder jeden Donnerstag um 9 Uhr abends im Hotel Victoria in der Kasaner Straße zusammenkommen. Böhme übernimmt diesen Chor und hält die Rolle für gesellschaftlich so wichtig, dass er sich fortan nicht nur als Künstler des Marientheaters, sondern auch als Dirigent des »Arion«-Chores im Petersburger Adressbuch aufführen lässt. So vergeht die Zeit, und für Böhme ist es eine gute.

Zehn Jahre nach seiner Ankunft in der Stadt an der Newa fühlt er sich als Petersburger. Dennoch unterhält er nach wie vor enge Verbindungen zu Deutschland. Er spricht inzwischen etwas besser Russisch, aber nicht wirklich gut. Darunter wird er zeitlebens leiden. Er hat trotzdem viele Freunde in Russland. Aber dann – Alexandra und er sind am 26. Juni aus dem Urlaub in Deutschland zurückgekehrt – trifft ihn im Herbst 1909 völlig unerwartet ein privater Schicksalsschlag. Am Mittwoch, dem 23. September, steht auf der ersten Seite der *St. Petersburger Zeitung*, gleich unter dem Zeitungskopf, über die halbe Seite hinweg, eine schwarz umrandete Anzeige: »Nach kurzem schwerem Leiden verschied Montag, den 21. Sept., meine geliebte, gute Frau und meine teure Mutter Alexandra Ignatjewna Böhme, geb. Jakowleff. Das Begräbnis findet Mittwoch, den 23. Sept., auf dem Friedhofe des Alexander-Newski-Klosters statt. Oskar Böhme, Sinaida Jakowleff«.[58]

Was für ein Unglück! Nach gerade einmal elf Jahren Ehe hat Böhme seine Frau verloren, im Alter von nur 54 Jahren. Sie hatten die aufkommende Krankheit erst bemerkt, als sie Alexandra spürbar die Luft zum Atmen nahm. Ihre Blutgefäße hatten sich verengt, ob durch ungenügend gute Ernährung oder durch mangelnde Bewegung, das ließ sich nicht mehr feststellen. Als sie die Diagnose erfahren, ist es bereits zu spät. Erzpriester Nikolai Drosdow vom Alexander-Newski-Kloster bescheinigt Böhme schriftlich, dass seine Gattin Alexandra »gemäß Gottes Willen an Sklerose der Venen und Arterien des Herzens am 21. September um 19 Uhr«[59] verstorben ist. Er meint den in der Folge eingetretenen Herzinfarkt. Der Befund wird auf Seite 7 des Passes von Oskar Böhme eingetragen. Für Böhme ist es, als würde die Welt sich nicht mehr drehen. War er nicht angekommen in Russland? Er hatte dort die Karriere gemacht, die er sich erträumt hatte, und Alexandra hatte ihm dabei mit aller Kraft geholfen. Gut, sie hatten zusammen keine Kinder mehr bekommen können, aber ihre Verbindung war harmonisch gewesen. Alexandra hatte lebhaft Anteil am Künstlerleben ihres Mannes genommen, und gerade erst hatten sie sich die repräsentative Wohnung an der Fontanka eingerichtet. Und nun Gottes unerfindlicher Ratschluss! Böhme ist plötzlich allein in Sankt Petersburg. Zum Nachdenken kommt er nicht, denn schon zwei Tage nach dem Tod seiner Frau soll die Beisetzung stattfinden.

Am 23. September, morgens um halb zehn, versammeln sich an der Fontanka 18 die Trauernden. Viele Freunde und Bekannte sind gekommen, um dem Sarg zu folgen. Man nimmt den Weg am Kanal entlang, dann über den Newski-Prospekt nach Osten zum Alexander-Newski-Kloster, das Peter der Große nach seinem Sieg über die Schweden im Jahr 1709 errichten ließ, genau an der Stelle, wo der russische Nationalheld Alexander Newski 1240 die Schweden besiegt haben soll. In der kleinen Mariä-Verkündigung-Kirche wird nun der orthodoxe Abschiedsgottesdienst für Alexandra Böhme abgehalten. Er beginnt mit dem 91. Psalm. »Schiwy w pomoschi, w krowe boga nebesnago wodworitsja« – »Denn der Herr ist deine Zuversicht, der Höchste ist deine Zuflucht«. Mit Kerzen in der Hand umsteht die Trauergemeinde den Sarg, ganz vorn Oskar Böhme und Sinaida, Alexandras erwachsene Tochter. Psalmen und Seligpreisungen werden verlesen, Gebetsstrophen der Geistlichen steigen in die Kuppel hinauf. Einer nach dem anderen treten die Trauernden an den offenen Sarg, um Alexandras Stirn und die Ikone in ihren Händen zu küssen. Dann wird der Sarg verschlossen. Man betet ein letztes Vaterunser, der Chor stimmt dreimal das »Ewige Gedenken« an. Während der Lobhymnus an die göttliche Dreieinigkeit ertönt – »Heiliger Gott, heiliger starker, heiliger unsterblicher, erbarme dich unser« –, wird der Sarg mit der Verstorbenen aus der Kirche getragen.

Böhme hat ein Grab auf dem Nikolsker Friedhof gleich hinter dem Kloster gekauft. Schriftsteller, Professoren, Minister und Generäle sind hier beigesetzt worden, erst vor wenigen Tagen Generalmajor Lischin, der Wirkliche Geheimrat Michailowski, die Witwe des Kollegiumssekretärs Hamburger, Titularrat Jakowlew, Staatsrat Pusyrew, Rittmeister Glasunow und der General der Artillerie Jesaulow. Dem Monatsbericht an den Metropoliten von Petersburg ist zu entnehmen, dass »der Orchesterkünstler der Kaiserlichen St. Petersburger Theater Böhme« eines der teureren Gräber für seine Gattin Alexandra erworben hat. Es ist das Letzte, was er für sie tun kann.

Schon am Tag vor der Beerdigung wurde das Testament von Alexandra Böhme, das in der Filiale der Russischen Staatsbank verwahrt worden war, gerichtlich eröffnet. Dabei stellte sich heraus, dass Alexandra Böhme tatsächlich recht bemittelt war. Sie besaß für 23 000 Rubel Pfandscheine der Agrarbank des Chersoner Gouvernements, für 40 000 Rubel ebensolche Papiere der Poltawaer Agrarbank und für 2500 Rubel Aktien der Petersburger Diskont- und Darlehensbank. Bis auf die Aktien haben die Papiere zwar leicht an Wert verloren, mit Zinsen und Dividenden ergibt sich aber immer noch ein Gesamtvermögen von 56 620 Rubel, für die 849 Rubel Erbschaftssteuer zu zahlen sind. »A. I. Böhme vermacht ihr gesamtes Eigentum ihrer Tochter Sinaida Anatoljewna Jakowlewa zur vollen Verfügung, wenn sie 25 Jahre alt geworden ist«, steht im Testament.[60] Die Testamentsvollstrecker notieren: »Sinaida J. wurde am 27. August 1877 geboren und steht jetzt im 33. Lebensjahr«, sie ist also Alleinerbin.

Alexandra Böhme hatte das Testament verfasst, bevor sie Oskar Böhme kennenlernte, und es dann nicht mehr geändert. Offenbar sah sie keinen Handlungsbedarf, sie war ja noch nicht alt. Zudem war das Geld in Papieren angelegt und nicht verfügbar. Ebendas wird sich noch als schweres Handicap herausstellen, und es erklärt auch, warum Oskar Böhme sich einen Monat nach dem Tod seiner Frau in einem Brief an die Theaterleitung wendet: »Am 21. September ist meine Frau Alexandra Ignatjewna gestorben«, schreibt er, »die Ausgaben für die Bestattung muß ich selbst tragen. Außer meinen Bezügen habe ich keinerlei Mittel, so dass ich ergebenst um finanzielle Beihilfe für die Begleichung der Schulden für die Bestattung bitte.«[61] Tatsächlich verschlingt die Beisetzung fast vier Monatsgehälter. »Der Orchesterkünstler O. Böhme verdient Aufmerksamkeit«,[62] notiert ein Beamter im Kontor der Kaiserlichen Theater. Am 1. Dezember werden ihm 60 Rubel Beihilfe ausgezahlt.

Kabale und Liebe

Im Haus der Poehls ist schon im August 1908 ein Todesfall zu beklagen. Auch hier hat das Schicksal unerwartet zugeschlagen. Der Familienpatriarch Alexander von Poehl ist verstorben, und wie Alexandra Böhme wurde er nicht sehr alt – nur 58 Jahre. Poehl befand sich auf der Reise ins Seebad Opatija an der österreichischen Riviera, das offiziell Abbazia heißt. Er wollte dort den 4. Internationalen Kongress für Thalasso-Therapie besuchen. Aber dann stirbt er ganz plötzlich beim Zwischenaufenthalt in Berlin. Eine bemerkenswerte Karriere ist zu Ende.

Man überführt den Toten nach Sankt Petersburg, wo in der Petrikirche am Newski-Prospekt ein großer Trauergottesdienst stattfindet, eine bewegende Feier mit vielen Gästen. Mitarbeiter der Apotheke und des Organotherapeutischen Instituts tragen den Sarg mit dem Firmenchef zehn Kilometer weit auf ihren Schultern – über den Newski-Prospekt zum Nikolaibahnhof, dann die Ligowka hinunter nach Süden bis zum Wolkowo-Friedhof, der Grabstätte der Lutheraner. Wissenschaftliche Gesellschaften aus dem In- und Ausland schicken Kränze, am Ende zählt man mehr als 40.

Noch am letzten Tag des Jahres 1908 gründen die Erben, Poehls Söhne und seine Witwe Adele, eine Kommanditgesellschaft der Firma »Prof. Dr. von Poehl & Söhne«. Die Apotheke, das Institut, die Zeitungsredaktion, der Forschungsbetrieb – alles soll im Sinne des Verstorbenen weitergeführt werden unter genauer Abgrenzung der Pflichten jedes Einzelnen. Darüber hinaus gründet Alfred von Poehl im Sommer 1909 eine Filiale in Berlin, die ihren Sitz in der Friedrichstraße 43 hat und Kontakte nach Westeuropa herstellen soll. Noch 1907 hatte der Vater die Erweiterung des Hauses veranlasst. Der Architekt Siegfried Lewi hatte für die Grundstücke Nr. 16 und 18 ein großes fünfstöckiges Gebäude im Jugendstil entworfen, das in diesen Monaten an der Stelle errichtet wird, wo bisher die zweistöckigen Häuser von 1730 standen. Zwei Erker markieren die Mitte des Hauses, sie ziehen sich über die letzten drei Geschosse hin und enden in Kuppeln, die in kurzen Spitzen auslaufen. Aufschriften und Wappen an der Fassade sind in Mosaiken gelegt. Innen bieten großzügige Räume Platz für die Apotheke und das Labor, und auf dem Hof steht nun ein Turm, in dem die Poehls experimentieren können. Der Ausbau des Unternehmens erfordert einige Anstrengung, doch 1910 ist das Gebäude fertig. Der gewaltige Komplex an der Ecke 7. Linie und Dneprowski-Gasse mit dem großen Eckerker verändert die Silhouette der Wassili-Insel. Das hoch aufragende Gebäude zieht ebenso Aufmerksamkeit auf sich wie der Glockenturm der Andrejewkirche und die Kuppel der Mariä-Verkündigung-Kirche.

Die Bestellbücher der Apotheke, die die Firma Otto Kirchner eigens für die Poehl-Familie druckt, sind weiterhin voll. Selbst an Sonntagen füllen die Bestellungen fünf oder sechs Seiten. In gestochener Handschrift werden die Nummern der Rezepte, der Name des Patienten, die Arznei und die Rezeptur eingetragen und dahinter der Preis: 43 Kopeken, 56 Kopeken, 99 Kopeken. Das Unternehmen expandiert, seine Korrespondenzbücher lesen sich wie ein Führer in die entlegensten Winkel des Reiches. Aus der Kleinstadt Gschatsk nordöstlich von Smolensk etwa schreibt am 13. Juni 1909 der Arzt Dr. M. Iwanow:

> Es drängt mich, mit Ihnen die Ergebnisse der Behandlung eines Rachitis-Falles mit Ihrem Lactalexin zu teilen. Es geht um den Zögling des Moskauer Kinderheims Pjotr Wassiljew, geboren am 17. November 1907. Dieses anderthalbjährige Kind besitzt einen großen viereckigen Kopf mit sehr großen Scheitelfontanellen, großem Bauch und nur 4 Zähnen, es kann weder gehen noch kriechen und ist sehr träge und launisch. Am 23. Mai habe ich ihm ein Gläschen Ihres Lactalexin gegeben, 3 mal einen Teelöffel pro Tag in Milch.

Noch überragt die Petrikirche die Häuser am Newski-Prospekt, bevor diese Gebäude 1910 um zwei weitere Etagen aufgestockt werden. Es ist bereits die dritte Petrikirche, die an dieser Stelle steht. Kaiser Nikolai I. persönlich hatte 1833 den Bauplan bestätigt. Zur Gemeinde gehört auch die hinter der Kirche gelegene Petrischule. 1909 wird in der Aula der Petrischule deren 200-jähriges Bestehen gefeiert. Sie gilt als eine der ältesten allgemeinbildenden Schulen in Sankt Petersburg. Dass ausgerechnet eine Schule für Ausländer diese Pionierrolle spielt, hat mit Zar Peter dem Großen zu tun: Es war die Zeit des Aufbaus von Sankt Petersburg, zahlreiche deutsche Spezialisten kamen damals mit ihren Familien in die Stadt.

> Der Durchfall wurde 2 Tage nach der Behandlung gestoppt und wiederholte sich nicht mehr, nach einer Woche begann das Kind zu kriechen, das Launische verschwand, es wurde fröhlich, und was besonders erstaunlich ist, seine Kopfgröße verringerte sich. Und das alles unter einfachen bäuerlichen Umständen und einfacher Kost, also unter Umständen, unter denen sich bei dem Zögling die Rachitis entwickelt hatte (...). Ich sage Ihnen großen Dank für das gelieferte Lactalexin und die Möglichkeit, durch seine therapeutischen Eigenschaften einige Leiden zu erleichtern. Aufrichtig Ihr verehrter und ergebener Dr. M. Iwanow.[63]

Die Witwe Alexander von Poehls und die Söhne wohnen jetzt in dem neuen großen Haus. Bis auf Basilius haben alle geheiratet. Rudolph bereits 1901, Alfred 1905, Arist, der 1911 die Leitung der Apotheke übernimmt, 1907 und im selben Jahr auch Boris. Alexander von Poehl heiratet 1909, und sie nehmen alle Deutsche zur Frau. Rudolph scheidet 1910 aus der Firma aus. Er ist psychisch krank, sein Anteil am Vermögen – jeder der Söhne hat Anspruch auf ein Achtel – wird ihm ausbezahlt. Seinen Anteil verkauft Rudolph später – da hat dieser einen Wert von 454 000 Rubel – und zieht mit seiner Familie nach Schweden.

Richard, der 1903 geheiratet hat, steht bereits am Ende seiner Ehe mit Jenny Kern, als seine Brüder heiraten. Es ist ein schmutziger Streit entbrannt. Die beiden hatten nach der Hochzeit die Wohnung Nr. 7 im Poehl-Haus bezogen, aber schon 1908 ist Jenny zu ihrer Mutter in die Glinka-Straße zurückgekehrt. Im Mai 1909 reicht sie gegen Richard von Poehl eine Klage auf Alimente ein. Von »unerträglichen Familienbedingungen, denen J. Poehl durch ihren Mann unterworfen wurde, und seiner Forderung, die Wohnung freizugeben, in der sie gemeinsam lebten«,[64] liest man in der Klageschrift. Jennys Anwalt fordert 125 Rubel Alimente monatlich, ein Leben lang. Richard lässt entgegnen, diese Vorwürfe seien unwahr, er habe Jenny zu halten versucht und später mehrere Vermittlungsversuche unternommen: Nach wie vor wolle er, dass sie zu ihm zurückkommt. Dann aber wirft er seiner Frau »extrem egoistische Ansichten, keinerlei Anteilnahme an meiner Lage, unterstützt von ihrer Mutter« vor. »Die Mutter«, so erklärt er vor Gericht, »hatte sich vergeblich an meinen verstorbenen Vater gewandt, mir vorzeitig den Anteil am Erbe auszuzahlen. Danach brach sie die Beziehungen zu allen meinen Verwandten ab.« Ja, die Schwiegermutter habe bei ihm »am heiligen Tag des Gedenkens an meinen toten Vater« sogar getanzt und ständig erklärt, ihre Tochter brauche jemanden mit mehr Geld.

Es ist eine der Kabalen, wie sie in Familien eben vorkommen, mit dramatischen Szenen, Unterstellungen, Verleumdungen, und natürlich geht es um Geld, denn das Poehl'sche Unternehmen ist eine Goldgrube. Jenny, die Luxus erwartet und offensichtlich unterschätzt hatte, wie sehr die Firma auf der Wassili-Insel jeden Mann fordert, und zwar weit über das normale Maß hinaus, suchte schließlich anderswo Trost. Sie sei untreu geworden, heißt es in der Familie Poehl, und das sei der eigentliche Grund des Streits. Natürlich will man das nicht publik werden lassen. Nach langem Tauziehen wird die Ehe 1911 geschieden und Jenny abgefunden. Noch hält die Großfamilie im Interesse der Firma zusammen, das Vermächtnis des so erfolgreichen Vaters soll bewahrt werden. Noch setzen sich die Söhne mit ganzer Kraft für das väterliche Unternehmen ein, aber es wird nicht mehr lange dauern, bis jeder seiner eigenen Wege zieht.

Glückliche Berufung

Die Petersburger Annenkirche liegt in einem Viertel die Newa aufwärts, in der Nähe des Taurischen Palastes, wo sich einst ausländische Handwerker lutherischen Glaubens niederließen. So entstand neben der Petrigemeinde am Newski-Prospekt die zweite evangelische Gemeinde von Petersburg, die 1740 mit Unterstützung der Kaiserin Anna Iwanowna diese Kirche erbaute. Die Straße, an der das Gotteshaus liegt, heißt Kirotschnaja, was auf das deutsche Wort »Kirche« zurückgehen soll. Von den Ausmaßen her kann sich die Annenkirche nicht mit der Hauptkirche Sankt Petri messen, aber sie ist ein überaus anmutiger und graziös wirkender klassizistischer Bau. Der nördliche Teil, der an die Furschtatskaja grenzt, wird durch eine von ionischen Säulen getragene halbkreisförmige Rotunde abgeschlossen. Im Innenraum tragen Säulen eine rundherum verlaufende Galerie, und auf der Empore steht eine Orgel der renommierten württembergischen Firma Walcker.

Die Gemeinde der Annenkirche zählt 11 000 Mitglieder und gilt mit ihrem aristokratischen Publikum als eine der vornehmsten in der

Stadt. Wie alle evangelischen Gemeinden genießt sie seit Katharina der Großen Privilegien: Sie betreibt in den Gebäuden zu beiden Seiten der Kirche Elementarschulen für Knaben und Mädchen, in denen auf Deutsch unterrichtet wird. Zu dem Komplex gehören weiter eine Realschule, ein Gymnasium und eine Höhere Mädchenschule, ein Waisenhaus, ein Frauenasyl, eine Armenpflege und ein Siechenhaus.

Sankt Annen ist eine der am meisten besuchten Kirchen der Stadt, ihre Lehranstalten gelten als streng, aber effizient und werden in bürgerlichen Kreisen sehr geschätzt. Ein gutes Drittel der Schüler sind Russen. Auch Anna Dostojewskaja, die zweite Frau des Schriftstellers, hat hier gelernt. Als eine der Ersten in Sankt Petersburg haben die Anstalten der Sankt-Annen-Gemeinde die Ausbildung um Körperertüchtigung und Sport erweitert und modern ausgestattete Turnhallen eingerichtet. Das ist derart vorbildlich, dass der russische Bildungsminister im April 1912 eine Gymnastikvorführung für die Petersburger Schulen mit seiner Anwesenheit beehrt. So modern die Kirchenschule auch ist, das Leben der Gemeinde verläuft in sehr traditionellen Bahnen. Am Sonntag feiert man gemeinsam den Gottesdienst. Zu Taufen, Konfirmationen und der Aussegnung verstorbener Gemeindemitglieder kommt man ebenfalls in der Kirche zusammen. Man erzieht die Kinder gemäß den bürgerlichen Standards und übt sich in Wohltätigkeit. Und die Kirchenleitung wird noch immer gemäß den vier Ständen gewählt, getrennt nach Adel, Gelehrten, Kaufleuten und Fabrikanten sowie Gewerbetreibenden.

Der Präsident des Kirchenrats ist Baron von Uexküll-Güldenbandt, ein Baltendeutscher. Er ist Staatssekretär der russischen Regierung und Mitglied des Staatsrates. Zu dem Gremium gehören weiter Senator Emil von Scholz und Generallieutenant Karl von Haller. Ferner sitzen im Rat Kommerzienräte, Kaufleute, Fabrikdirektoren, Ingenieure, Ärzte, ein weiterer General, ein Gardekapitän, ein Hofrat und ein Börsenmakler. Es ist eine erlauchte Gesellschaft, und man ahnt, nach welchen Regeln sie funktioniert und welchen politischen Intentionen sie folgt.

Am 7. November 1913 tritt der Rat turnusmäßig zusammen und hört den langjährigen Pastor Arthur Malmgren an. Malmgren berichtet vom Tod des Pastors, Diakons und Religionslehrers Hermann Hansen und davon, dass die Pastoren und die Leitung der Sankt-Annen-Schule bereits vor Monaten Schritte unternommen haben, um die Lücke im

Lehrerkollegium zu schließen. Man habe »als Religionslehrer Herrn Pastor Eduard Maas, früher Prediger zu Nuckö in Estland und zuletzt Direktor des deutschen Progymnasiums in Weißenstein, einen Pädagogen von Ruf gewonnen, der (…) mit Schulbeginn das Amt angetreten« habe.[65] Nun sei es wünschenswert, dass Maas auch das Amt des Diakons erhalte, umso mehr, als der Posten des Religionslehrers ungenügend dotiert sei. Der Neue solle die Diakonatswohnung erhalten, man habe die Hausverwaltung bereits entsprechend instruiert. Der Kirchenrat stimmt dem Antrag zu. Er beauftragt den Pastor, Missionsstunden in der Gemeinde abzuhalten und alternierend mit den Gemeindepredigern die Kirchengottesdienste zu leiten. Ihm wird dafür die Diakonatswohnung zur Verfügung gestellt, zudem erhält er 30 Faden Brennholz à 14 Zoll und 200 Rubel Vergütung.

Eduard Maaß, wie er sich richtig schreibt, hatte sich auf die frei gewordene Stelle von Estland aus beworben. Er hatte nach dem Studium in Dorpat und nach der Hochzeit mit der in Riga geborenen Arzttochter Edith Ida Nelissen von Haken jahrelang an der Peripherie des Reiches gelebt. Mehr Peripherie war kaum möglich. Zwar hatte Maaß seine Theologiestudien mit allerbesten Noten abgeschlossen, aber dem jungen Absolventen war erst einmal eine abgelegene Pastorenstelle auf der estnischen Halbinsel Nuckö zugewiesen worden. Die Bevölkerung dort zählt kaum mehr als 5000 Seelen, es sind vor allem Schweden, zu einem geringeren Teil Esten. Maaß hatte beide Sprachen gelernt und in diesen auch gepredigt. Zur Gemeinde gehörte die kleine Leuchtturminsel Odisholm, die er zweimal im Jahr besuchte, denn selbst dort hatten die Bewohner aus angeschwemmtem Treibholz eine Kirche errichtet. Und Eduards Frau Edith Ida, die schon mit zwölf Jahren an der Rigaer Kunstakademie aufgenommen worden war und der Familienlegende zufolge mitunter den Kochlöffel mit dem Malpinsel verwechselte, hatte für diese Kirche ein Altarbild angefertigt: Jesus mit den verängstigten Jüngern im Boot auf dem See Genezareth, den Sturm stillend.

Familie Maaß lebte auf Nuckö in einem strohgedeckten Haus, zu dem eine Landwirtschaft mit Hühnern, Pferden und Vieh gehörte. Das Leben war einfach, aber immerhin so solide, dass man sich eine Köchin, zwei Stubenmädchen und für einige Jahre auch eine Amme leistete, weil die zweite Tochter Irene als Frühchen auf die Welt kam und die Mutter wegen einer Malaria-Erkrankung nicht stillen konnte.

Dass Vater Maaß 1910 die Leitung der deutschen Schule in der kleinen estnischen Stadt Weißenstein übernahm, war schon ein Schritt in die größere Welt. Maaß unterrichtete dort Geschichte und Latein, studierte aber auch Theaterstücke ein, denn er besaß wie seine Frau künstlerisches Talent. Aber Weißenstein zählte nur wenige Tausend Einwohner, und so schien der Ruf an die Petersburger Annenkirche für Maaß ein Wendepunkt seiner Karriere zu sein.

Er hat die Stadt schon als Kind erlebt, und nun kann er beides verbinden: seine Tätigkeit als Prediger und die Arbeit als Lehrer. Petersburg ist ein Glücksfall. Seine Familie ist bereits durch einige Fäden mit der Hauptstadt verbunden, denn für die Tochter Irene hat eine Baronin von Rosen die Taufpatenschaft übernommen. Frau von Rosen ist Hofdame der Kaiserin und hat dieser von ihrem Patenkind und dessen schwieriger Geburt erzählt. Die Kaiserin hat daraufhin Babysachen ihrer Tochter Anastasia an die Maaß-Familie weitergeleitet – alle geschmückt mit der Zarenkrone. Es ist jene Anastasia, von der Jahrzehnte später Gerüchte umgehen, sie habe als Einzige die Hinrichtung der Zarenfamilie überlebt.

So kommt die Familie Maaß 1913 in die Residenz des Russischen Reiches. Inzwischen zählt sie sieben Köpfe, dazu noch die Kindermädchen Liese und Johanna. Man zieht in das Haus Nr. 8 an der Furschtatskaja gleich neben der Annenkirche, es ist vornehm und hat einen mit rotem Samt ausgeschlagenen Lift. Die Wohnung ist gediegen und weiträumig. Im Nachbarhaus zur Kirotschnaja hin wohnt Ernst Igel, ein enger Verwandter der Familie, der seit 1911 Direktor der Annenschule ist. Bald steht erstmals im Kirchlichen Anzeiger des *St. Petersburger Evangelischen Sonntagsblattes:* »Sonntag, St. Annenkirche: 10 ½ Uhr Gottesdienst, Beichte und Kommunion. Pastor Maaß.«[66] Aber der Pastor und seine Familie kommen spät, sehr spät. Die Freundschaft der Stadt zu den Deutschen wird nicht mehr lange halten.

Erinnerung an eine Heldentat

Bei den Kirchners brummt das Geschäft. Jedes Jahr steigen die Umsätze, 1913 liefern sie Waren für 720 000 Rubel aus. Die Selbstkosten fallen nicht allzu sehr ins Gewicht, denn fast alle Arbeiter der Fabrik sind

Russen. Bei den Männern beträgt der Wochenlohn acht bis zehn Rubel, Vorarbeiter in der Kalenderabteilung bekommen 15,50 Rubel. Viel Geld ist das nicht. Frauen, von denen es bei den Kirchners ziemlich viele gibt, verdienen weitaus weniger, bestenfalls sieben Rubel, oft aber nur zwei bis drei. Die meisten Lebensmittel kosten zwar lediglich Kopeken – das Pfund Mehl sechs, ein Pfund Fleisch 23, ein Dutzend Eier 30 und selbst das Pfund roter Kaviar maximal 75 Kopeken. Aber bei zwei Rubeln Wochenlohn fallen selbst kleine Preise schnell ins Gewicht. Für einen Eimer Bier sind schon 1,24 Rubel hinzulegen, für ein Pfund Tee mehr als zwei, für ein Paar Damenschuhe aus schwarzem Leder 3,50 Rubel und für einen Platz in der ersten Reihe des Marientheaters sogar 7,80 Rubel. Der Besuch einer Oper, sofern so etwas einer Arbeiterin überhaupt in den Kopf kommt, kann also schnell zwei Wochenlöhne verschlingen. Und wenn man noch eines seiner Kinder aufs Gymnasium schicken will, braucht man dafür mindestens 150 weitere Rubel im Jahr. Aber die Kassen der Kirchners sind voll, und so entschließen sie sich, im Hof des Hauses Nr. 18 in der Bolschaja Puschkarskaja ein weiteres Gebäude zu errichten. 97 704,86 Rubel hat die Baufirma dafür veranschlagt.

»Die besten Kalender in Russland in Sachen Eleganz, Inhalt und Vielfalt«, wirbt Kirchner in den Zeitungen. »Verlangen Sie nur Kalender von Otto Kirchner, Sankt Petersburg.«[67] Die Kirchners haben ein Gespür dafür, was die Leute wollen. 1912 widmen sie ihren »Historischen Kalender« nur einem Thema – dem 100. Jahrestag des Russlandfeldzugs von Napoleon, einem Krieg, der im Gedächtnis des Volkes als Heldentat lebendig ist. Immerhin haben die Russen damals nicht nur Napoleon aus Moskau vertrieben, sondern sind selbst bis nach Paris marschiert. Der Kalender ist ein kleines Geschichtsbuch. Der 1. Januar, der nach westlicher Zählung bereits der 14. ist, zeigt ein Porträt von Kaiser Alexander I., dem Sieger im Krieg gegen den großen Franzosen. Der 2. Januar ist Napoleon gewidmet, am 3. Januar kann man Auszüge aus der Biographie von Alexander lesen, am 4. etwas über dessen Gemahlin Jelisaweta Alexejewna. Das Thema des Vaterländischen Krieges zieht sich durch das ganze Jahr, Feldherr Kutusow, die Schlacht von Borodino, die Ruinen von Moskau – kein Detail vom dramatischen Kampf gegen den Aggressor aus Paris wird ausgelassen. Die Kirchners, die sich weiterhin eher Deutschland verbunden fühlen, leisten Bildungsarbeit im Sinne des Zaren. Negotium est negotium – Geschäft ist Geschäft.

Einberufung

Weinhändler Radtke hat derweil auf der Petersburger Seite, dem Stadtbezirk nördlich der Newa, ein weiteres Weinkontor eröffnet. Peter Amann aus dem Kolonistendorf Graschdanka, den er zu sich genommen und der sich als verlässlich erwiesen hat, genießt inzwischen so viel Vertrauen bei ihm, dass er dieses Geschäft führen darf. Auch er macht also einen großen Sprung. Aber es kommt, was bei einem gesunden jungen Mann zu erwarten ist: Er wird 1912 zur kaiserlichen Armee einberufen.

Die Wehrpflicht beginnt in Russland mit 21 Jahren, nach dem Russisch-Japanischen Krieg wird sie von fünf auf drei Jahre herabgesetzt. Peter Amann gerät in eine Zeit der Militärreformen hinein. Zwar unterhält Russland mit mehr als einer Million Soldaten inzwischen die größte Armee der Welt, aber die Ausrüstung ist schlecht, es mangelt an Waffen, Munition und Nachrichtenmitteln, und die Truppe ist notorisch unterversorgt. Insofern kann Amann von Glück reden, dass man seine Fähigkeiten als Geschäftsführer erkennt und ihn als Schreiber in den Generalstab schickt, was bedeutet, dass er in Petersburg bleiben kann.

Russlands Armee, von den Gegnern früher als russische Dampfwalze gefürchtet, ist in Wirklichkeit also kaum mehr als ein Papiertiger. Erst 1913 wird ein großes Bewaffnungsprogramm aufgelegt. Im Zuge der damit verbundenen Maßnahmen wird die Armee um 480 000 Mann aufgestockt. Alle Truppeneinheiten sollen bis 1917 moderne Waffen erhalten. Das ist, wie sich zeigen soll, viel zu spät. Schon im Herbst des Jahres 1914 wird die Armee vor dem Zusammenbruch stehen. Peter Amann wird das nicht treffen, denn zu dieser Zeit ist er nicht mehr in Sankt Petersburg.

Unzeitgemäße Visite

In Petersburg ahnt wohl niemand, der am Morgen des 1. Januar 1914 das erste Blatt des Kirchner'schen Kalenders abreißt, dass am Ende des Jahres nichts mehr so sein wird, wie es derzeit noch ist. Es gab in der Geschichte Jahre, in denen die Menschen einen heraufziehenden Krieg mit allen Fasern ihres Körpers spürten, Jahre, in denen die politische

Im Jahr 1913 scheint Petersburg in voller Blüte zu stehen. Der Kaiser pendelt zwischen Zarskoje Selo, Peterhof und dem Winterpalast an der Newa hin und her. So wie hier zeigt er sich nicht selten auch den Petersburgern, mit dabei in der Droschke sind seine deutsche Gemahlin Alexandra Fjodorowna und seine Mutter Maria Fjodorowna, die Witwe von Alexander III. Niemand ahnt, dass 1913 das letzte Friedensjahr ist und das letzte Jahr des alten Petersburg, das mit seinem Glanz so viele Talente aus Deutschland anlockte.

Lage so verfahren war und sich die Konflikte mit einem Nachbarn so zuspitzten, dass sie sich nur noch mit einem Waffengang lösen ließen. Oder in denen ein Staat insgeheim einen Militärschlag vorbereitete und das Volk propagandistisch längst darauf eingestimmt hatte. 1914 gehört nicht zu diesen Jahren. Niemand ahnt, dass Europa im August in einen Krieg ziehen wird, an dem sich 40 Staaten beteiligen. Es sind am Ende 17 Millionen Tote zu beklagen, darunter fast zwei Millionen russische Soldaten. Der Krieg wird das Leben aller Europäer verändern und das der Menschen in Sankt Petersburg besonders radikal. Dass Deutschland mit Ausbruch des Krieges plötzlich zum größten Feind Russlands wird, das war nicht vorherzusehen.

1914 darf sich Petersburg nach New York, London, Paris und Berlin zu den fünf bevölkerungsreichsten Städten der Welt zählen. Über zwei Millionen Menschen leben in der Hauptstadt des Russischen Reiches. Der russische Goldrubel ist nach dem englischen Pfund die gefragteste Währung auf dem internationalen Valutamarkt. Eine Deutsche Mark bekommt man bereits für 46 Kopeken. In Petersburg gibt es nun Zehntausende ungelernte und schlecht bezahlte Arbeiter, die aus Russlands Dörfern in die Stadt geströmt sind und im Durchschnitt 200 Rubel jährlich verdienen – so viel, wie Pastor Maaß im Monat bekommt –, und auf der anderen Seite unverhältnismäßig viele betuchte Bürger. Leitende Beamte im Kriegsministerium erhalten 9000 Rubel im Jahr, Abgeordnete der Staatsduma 4200. Die Primaballerina der Kaiserlichen Theater und ehemalige Geliebte von Nikolai II., die schöne Matilda Kschessinskaja, bekommt für jeden Soloauftritt 750 Rubel. Für das Honorar von fünf Auftritten kann sie sich ein schickes Automobil kaufen.

Der Januar beginnt mit 13 Grad Frost und leichtem Schneefall. Es ist ein typischer russischer Winter, und auch politisch geht das Leben seinen gewohnten Gang. Die Welt hat in den vergangenen Monaten registriert, dass sich die Beziehungen zwischen Österreich und Serbien verschlechtern. Nikolais Flottenminister Iwan Grigorowitsch macht den Kaiser am 13. Januar bei einer Audienz ausdrücklich darauf aufmerksam und auch darauf, dass die russische Flotte für einen Krieg nicht gerüstet ist. Aber beunruhigt ist man kaum, und mit Deutschland steht alles zum Besten.

In Sankt Petersburg feiert an jenem 13. Januar eine deutsche Prinzessin ihren 49. Geburtstag – Jelisaweta Mawrikijewna. Sie ist die

Gemahlin des Großfürsten Konstantin Konstantinowitsch Romanow, eines Enkels von Kaiser Nikolai I., und hat als Elisabeth Auguste Marie Agnes von Sachsen-Altenburg in Meiningen das Licht der Welt erblickt. Nun lebt sie bereits das 30. Jahr im Marmorpalast an der Newa, hat aber im Unterschied zu anderen deutschen Prinzessinnen, die ins Haus Romanow eingeheiratet haben, nie den orthodoxen Glauben angenommen. Das Paar hat sich nicht mehr viel zu sagen, wie Konstantin Konstantinowitsch gegenüber Freunden klagt. Das liegt weniger daran, dass der Großfürst homosexuell ist, sondern eher daran, dass Jelisaweta Mawrikijewna dem dichtenden Gemahl intellektuell nicht das Wasser reichen kann. Den Sommer dieses Jahres werden die Prinzessin und ihr Gemahl wieder in Deutschland verbringen.

Die Empfänge und Bälle am Zarenhof finden statt wie immer, warum auch nicht. Im Februar besucht der Zar mit seinen Töchtern einen Ball bei der Großfürstin Maria Pawlowna, einer in Ludwigslust geborenen Prinzessin von Mecklenburg-Schwerin, die seit dem Tod ihres Gemahls Präsidentin der Russischen Akademie der Künste ist. Im Mai trifft im Hafen ein Schiff ein, das in großer Zahl Tiere aus dem Hamburger Tierpark Hagenbeck an Bord hat. Der Zoologische Garten von Sankt Petersburg hat sie den Deutschen abgekauft, seltene Schimpansenarten und große Schlangen sind darunter. Und am 6. Juni macht der sächsische König Friedrich August III. Kaiser Nikolai seine Aufwartung. Der empfängt den Gast mit allen Ehren in Zarskoje Selo, lässt die Truppen der örtlichen Garnison zur Parade antreten und gibt für den Deutschen gleich mehrere festliche Empfänge. Nikolai ernennt Friedrich August zum Chef des 4. Koporsker Infanterieregiments, was der Gast aus Dresden umgehend mit der Beförderung des russischen Kaisers zum Chef des 2. Sächsischen Artillerieregiments Nr. 28 erwidert. Auch die entsprechende Uniform wird überreicht. Der russische Zar wie der sächsische König sind nun ehrenhalber Befehlshaber von Regimentern, die in nicht einmal sechs Wochen gegeneinander in den Krieg ziehen werden.

Zwei Tage später besucht Friedrich August die Hauptstadt. Er empfängt im Winterpalast die sächsische Kolonie von Sankt Petersburg, besucht die Isaakskathedrale sowie die Peter-und-Paul-Festung und besichtigt den Hafen. Er stellt fest, dass es den Deutschen in der Stadt gut geht. Sie fühlen sich wohl, sie arbeiten, sie genießen die Angebote der Metropole. Sie gehen in den *Werther*, jene Oper, die der Franzose

Jules Massenet vor nicht allzu langer Zeit nach Goethes Briefroman verfasst hat und die jetzt im Marientheater läuft, ebenso wie Wagners *Walküre* und der *Lohengrin*. In der Petrikirche feiern die Deutschen einen Festgottesdienst zum 55. Geburtstag Wilhelms II., die deutschen Zeitungen bewerben bei diesem Anlass den Geschenkband *Kaiser Wilhelm II. und seine Zeit*.

Nachdem vor einiger Zeit Max Reinhardts Deutsches Theater mit Schauspielern wie Rosa Bertens, Josef Klein und Wilhelm Diegelmann erfolgreich im Zirkus Ciniselli aufgetreten ist – man gab die Sophokles-Tragödie *König Ödipus* –, kommt Ende April das Berliner Theater des Westens zu einem Gastspiel in die Stadt. Es beglückt die Petersburger mit leichterer Kost, mit Operetten wie *Polenblut*, *Der Zigeunerprimas* und *Die Fledermaus*. Auch das Petersburger Deutsche Theater im Gesellenhaus zur Palme in der Maximilianowski-Gasse, dem wichtigsten Treffpunkt der Reichsdeutschen, bietet weiter seine beliebten Possen dar. *Eine tolle Nacht* wird seit Januar gespielt. »Glänzender Schlager« und »Enormer Heiterkeitserfolg«, sind die Plakate überschrieben.

Die Spalten der Zeitungen sind voller belangloser Nachrichten der Art, dass der Solist Seiner Majestät W. W. Andrejew mit seinem Großrussischen Orchester ein vorteilhaftes Engagement für zwölf Wochen nach Amerika angenommen hat oder dass der Polizeimeister des Michailow-Theaters, Oberst F. A. Perejasslawzew, an Appendizitis erkrankt ist. Im Juni 1914 beginnt der *St. Petersburger Herold* sogar, Hedwig Courths-Mahlers Roman *Dein ist mein Herz* in Fortsetzungen abzudrucken. Sorglosigkeit spricht aus alledem. Liebe, Eifersucht, Intrigen – wichtigere Themen gibt es offenbar nicht.

Petersburg erlebt das, was Chronisten gern als »Tanz auf dem Vulkan« beschreiben. Am Montag, dem 16. Juni, erscheint auf Seite 1 des *Petersburger Herold* eine klein gedruckte Meldung, noch unterhalb der Mitteilung, dass die Petersburger Liedertafel an diesem Montag mit einer Fahrt aufs Meer ihren ersten Sommerabend veranstaltet. »Der österreichisch-ungarische Thronfolger und seine Gemahlin ermordet«, lautet die Überschrift.[68] Der dürftige redaktionelle Kommentar zu der Meldung beschränkt sich aufs Private: Erst habe Franz Joseph I. seinen einzigen Sohn, Kronprinz Rudolf, verloren, dann seine Gemahlin Elisabeth und nun den jetzigen Thronfolger. »Armer alter Kaiser! Diese Worte drängen sich unwillkürlich über meine Lippen, als wir die erschütternden telegraphischen Meldungen aus Sarajevo empfingen. Will das Schicksal wirklich nicht müde werden, die seelische Stärke Kaiser Franz Josephs, dieses jetzt bald 84jährigen Patriarchen auf dem Throne zu prüfen?« Für den Wiener Monarchen ist das ganz sicher ein schwerer Schlag. Franz Josephs einziger Sohn Rudolf hatte sich vor 25 Jahren umgebracht, und die beliebte Kaiserin Sisi war 1898 von einem Anarchisten ermordet worden. Aber dass die Nachricht aus Sarajevo keineswegs nur den alten Kaiser persönlich betrifft, sondern alle Menschen in Europa etwas angeht, das erkennt der Kommentator des *Petersburger Herold* genauso wenig wie andere Petersburger.

Letzter Urlaub

Oskar Böhme gibt die Wohnung an der Fontanka nach dem Tod seiner Frau wieder auf, zu sehr erinnert ihn dort alles an das traurige Ende seiner Ehe. Mit seiner Stieftochter Sinaida findet er eine neue Bleibe auf der 13. Linie der Wassili-Insel, im Haus Nr. 10, drei Straßenzüge von der Poehl'schen Apotheke entfernt. Das zweistöckige Haus wurde 1725 erbaut und später im Stil des Klassizismus umgestaltet. Es liegt ganz in der Nähe der Newa. Böhme und seine Stieftochter mieten sich hier jeder eine Wohnung, Böhme bezieht Wohnung Nr. 4. Dort beginnt für ihn das Jahr 1914.

Auch die 13. Linie ist eine vornehme Adresse. Hier haben sich Kaufleute, Schiffsbauer, Wissenschaftler und Militärs niedergelassen. Böhmes Wohnung gegenüber liegen die Gebäude der Kadettenschule der Kaiserlichen Flotte, an der unter anderen Admiral Pawel Nachimow seine Ausbildung erhalten hatte, der sich als Verteidiger von Sewastopol einen Namen machte, oder General Lawr Kornilow, der als gescheiterter Putschist gegen Kerenski in die Geschichte eingehen wird. In Haus Nr. 9 wohnt der Pianist Alexander Siloti, ein Cousin von Sergei Rachmaninow. Siloti hat bei Franz Liszt in Weimar Klavier studiert und in den 1890er Jahren in Deutschland gelebt. Jetzt leitet er die von ihm ins Leben gerufenen Symphonie- und Kammermusikkonzerte. Sergei Rachmaninow oder dem inzwischen fast ebenso berühmten Bass Fjodor Schaljapin, den er vom Marientheater kennt, begegnet Böhme mitunter auf der Straße, denn beide sind häufig Gast im Haus Siloti.

Zum Theater kommt Böhme von hier ganz bequem mit der Straßenbahn. Er muss nur bis zur 8. Linie vorgehen. Dort hat er gleich mehrere Bahnen zur Auswahl. Vor der Nikolaibrücke über die Newa muss er in die Linien 6 oder 8 umsteigen, die zum Baltischen Bahnhof fahren und in der Glinka-Straße vor dem Theater halten.

Das Musikleben in Petersburg ist in den Monaten vor Kriegsbeginn ungewöhnlich rege. Es habe inzwischen fast »Berliner Dimensionen«[69] erreicht, konstatieren die Feuilletonisten der Petersburger Zeitungen. Nur das Marientheater, Russlands erste Bühne, macht Kennern Sorgen. »Desorganisation«, »wirre Gastspielwirtschaft«, »Niveau der Mittelmäßigkeit« und Debütanten mit nicht ausreichenden Stimmen, urteilen Musikkritiker und erregen sich über den Verfall an dem einst so geschätzten »höheren Operntempel«.[70] Andere sprechen vom »grauen Einerlei des Marientheaters«.[71] »Kein Funkensprühen«[72] kritisiert die *St. Petersburger Zeitung* nach der Premiere der *Meistersinger von Nürnberg* im März 1914. Die Musiker des Theaters sind von dieser Kritik ausdrücklich ausgenommen und finden nach wie vor höchste Anerkennung: »Das Orchester spielte schön, Blech und Hölzer verdienen großes Lob«,[73] heißt es nach einer der Aufführungen. Damit ist auch Oskar Böhme gemeint.

Die Truppe hat einen neuen Dirigenten bekommen: Albert Coates. Coates ist der Sohn eines englischen Geschäftsmanns, in Petersburg geboren und gerade einmal 32 Jahre alt, als er 1914 den Posten des Ersten Dirigenten am Marientheater übernimmt. Er wurde in London erzogen, hat in Liverpool studiert und begann 1902 mit dem Musikstudium am Leipziger Konservatorium. Seine ersten Sporen verdiente er sich als Assistent von Arthur Nikisch an der Leipziger Oper, dann als Dirigent in Elberfeld, Dresden und Mannheim. Nach einem Gastauftritt im Marientheater 1911 ernennt ihn die Direktion zum Ersten Dirigenten. Die Rezensenten feiern seine improvisatorische Glut der Empfindung und sein – noch etwas überbordendes – Temperament. Beides vermissen sie bei Eduard Naprawnik, dem Patriarchen des Orchesters. Der ist bereits 75 Jahre alt und kränklich. Coates dagegen macht sich 1913 einen Namen, als Richard Strauss nach Sankt Petersburg kommt, um der Inszenierung seiner noch ziemlich frischen Oper *Elektra* im Marientheater beizuwohnen. Direktor Teljakowski hat dieses Werk ins Programm genommen, obwohl er weiß, dass die neue Musik von Strauss keine Gnade vor dem konservativen Petersburger Opernpublikum finden wird. Allzu ungewohnt hört sie sich an. Die *Elektra*-Partitur mit ihren zügigen Tempi, den scharfen Rhythmuswechseln, der Kühnheit der Akkorde und der Dichte der Instrumentierung gilt zudem als extrem schwierig. Aber Coates meistert die Aufgabe so hervorragend, dass ihm ein anerkennender Spitzname verliehen wird: Albert Elektrowitsch. Strauss, der bei den Proben hin und wieder selbst dirigiert, zeigt sich vom Orchester begeistert. Teljakowski behält allerdings recht: Die Presse verreißt das Stück. Wer Wagner liebt, gewöhnt sich nicht über Nacht an Strauss.

Oskar Böhme hat sich nach dem Tod seiner Frau Alexandra tief in die Arbeit gestürzt und dem Komponieren viel Zeit gewidmet. Die hat er nun ja, denn er muss auf niemanden Rücksicht nehmen. Acht Werke sind in den letzten Jahren entstanden, Ballettszenen, Tänze und mehrere Fugen. Vom kompositorischen Handwerk versteht er etwas, von Harmonie, Kontrapunkt und Orchestration. Das anspruchsvollste Werk dieser Jahre ist ein Trompetensextett es-Moll, bei dem nicht etwa sechs Trompeten zum Einsatz kommen, sondern ein Cornet à pistons, zwei B-Trompeten, eine Basstrompete, ein Tenorhorn und eine Tuba. Zunehmend mischen sich russische Einflüsse in Böhmes Musik, Anklänge an Glinka oder Borodin sind zu hören. Er komponiert das eine oder andere Lied für den Kirchengesang sowie Lieder über die Liebe und die Natur für vierstimmigen Frauenchor. Das hat seinen Grund, denn Böhme hat den Männerchor des Gesangsvereins »Arion« aufgegeben und ist nun Dirigent des Frauenchors »Harmonie«. Als Ende 1914 das Petersburger Adressbuch für 1915 erscheint, steht unter dem Buchstaben »B«: Böhme, Osk. Wilg. erbl. Ehrenb. Wass.-Insel, 13 Lin. 10, Tel. 57241. Orch. Marien-Theat.; Dirig. Frauenchor »Harmonie«.[74]

Ostern steht vor der Tür, das Schuljahr neigt sich dem Ende zu. Böhme hat inzwischen auch Pastor Maaß von der Annengemeinde kennengelernt. Die beiden Musikliebhaber pflegen freundschaftlichen Umgang und freuen sich auf den 19. April, an dem der Chor »seinen alljährlich üblichen Musikabend zum Schluß der Saison im Schulsaale der Annen-Elementarschule« veranstaltet, wie der *St. Petersburger Herold* berichtet. »Der erste Teil des vom beliebten Vereinsdirigenten Oskar Böhme zusammengestellten Programms wies unter anderem die von ihm selbst komponierten in griechischen Ton gehaltenen höchst eigenartigen Frauenchöre mit Begleitung von Blasinstrumenten auf, in denen wir den talentvollen Autor von einer neuen Seite kennen lernten.«[75] Neben den griechischen Stücken hat Böhme für diesen Abend Lieder von Liszt, Grieg und Jadassohn mitgebracht. Der Kritiker der *St. Petersburger Zeitung,* der ebenfalls anwesend ist, sieht in Böhme gleichfalls einen talentierten Musiker. »Die Seele der ›Harmonie‹ ist der Dirigent Herr Oskar Böhme«, schreibt das Blatt. »Ohne die guten Stimmen, den ernsten Eifer und den musikalischen Sinn der Sängerinnen würden wir allerdings diese Seele nicht erkennen.«[76] Die Zeitung lobt vor allem Böhmes musikalische Kreativität. »Die phrygische, dorische und mixolidische Tonart gibt den Liedern einen Charakter, an den die Sängerinnen nicht gewöhnt sind. Die Stimmung entwickelte sich durch Hineindenken in den fremdartigen Zug. Diese Vorträge boten eine Abwechslung, die sich von den anderen Chören interessant abhob.« Und so kommt der Rezensent zu dem Schluss: »Schatten wären nur bei übler Laune an diesem Abend zu bemerken gewesen, zu der kam man aber nicht, und so kann man der ›Harmonie« zu den Leistungen gratulieren.« Unter den Solistinnen des Abends ist eine »Sopranistin A. v. Hübbenet« erwähnt, die stimmungsvoll sang und feinfühlig phrasierte, wie die *Petersburger Zeitung* zu berichten weiß. Alice von Hübbenet war einst Schülerin der Annenschule. Sie ist jetzt 22 Jahre alt und wird noch eine wichtige Rolle im Leben Oskar Böhmes spielen.

Ende April geht auch die Theatersaison zu Ende. Für das Marientheater ist sie trotz aller Nörgeleien der Kritiker bestens verlaufen. 700 000 Rubel Einnahmen kann die Direktion für die vergangene Spielzeit verbuchen. Das finanziell erfolgreichste Stück war Tschaikowskis *Pique Dame.* Nun geht es in die Ferien. Oskar Böhme hat wie üblich Urlaub eingereicht und wird wieder einmal nach Deutschland fahren. »Entlassen in den Urlaub mit Weiterzahlung des Gehalts v. 1. Mai bis 2. Juli«, verkündet die Direktion unter dem Namen Böhme im *Journal der Verfügungen für die Kaiserlichen St.-Petersburger Theater.*[77] Der 2. Juli ist nach europäischem Kalender der 15. Juli. Böhme kehrt nur zwei Wochen vor Kriegsbeginn nach Russland zurück.

Ende einer Freundschaft

Am 6. Januar feiert Eduard Maaß am Epiphaniasfest den ersten Gottesdienst des Jahres 1914 in der Sankt-Annen-Kirche. Alles nimmt seinen gewohnten Lauf. Allerdings muss er Editha, Dittchen, die älteste Tochter, zu den Eltern nach Riga geben. Das raue Petersburger Klima, der viele Regen und der ständige Nebel machen dem zehnjährigen Mädchen zu schaffen. In Riga ist die Luft milder. Ostern fällt für die Lutheraner in diesem Jahr in dic erste Aprilhälfte. Für die Annenschule sind die Monate April und Mai wie jedes Jahr voller Betriebsamkeit. Am 8. Mai finden in der Höheren Mädchenschule die Aufnahmeprüfungen für das Schuljahr 1914/15 statt, am 12. Mai die für das Gymnasium, die Realschule, die Vorbereitungsklassen und die Knabenelementarschule. Eine Woche später wird die Eignung der Mädchen geprüft, die sich für die Mädchenelementarschule beworben haben. Direktor Igel lässt die entsprechenden Aufrufe in den Zeitungen verbreiten. Es gibt den üblichen Andrang auch russischer Interessenten, die in die angesehene Annenschule drängen, von antideutschen Stimmungen ist nichts zu spüren. Ob russische oder deutsche Kinder – alle Kinder in der Annenschule betrachten Russland als ihre Heimat, hier wachsen sie ja auf. Sie kennen zumeist nichts anderes als das imperiale Petersburg, die in die Stadt strömenden Russen und den Kaiser, der in der Kutsche hin und wieder über den Newski-Prospekt fährt. Ellen, die jüngste Tochter von Pastor Maaß, schreibt in ihr Tagebuch:

> Ein Zarenregiment mit Blasmusik und einem großartigen Paukenpferd zogen an unserem Haus vorbei. Dabei wurde auch die Zarenhymne »Bosche, Zarja chrani« (Gott schütze den Zaren) gespielt. Ich stand auf dem Fensterbrett und schaute ergriffen zu. Die Musik bewegte mich so stark, daß ich in heiße Tränen ausbrach.[78]

Über die Sommerferien schickt Maaß seine Kinder nach Elva, einen kleinen Villenort in der Nähe von Dorpat. Er selbst bleibt in Petersburg, er ist zu beschäftigt, den Urlaub verschiebt er auf später. Aber es wird nichts aus dem Urlaub. Am Sonntag, den 19. Juli 1914, ist für 10.30 Uhr wie üblich der Gottesdienst in der Annenkirche angesetzt, dazu Beichte und Kommunion. Vier Tage vor diesem Sonntag bricht mit der österreichischen Kriegserklärung gegen Serbien der Weltkrieg aus. Nikolai II. befiehlt die Mobilmachung. Am 18. Juli versetzt der Petersburger Stadthauptmann die Stadt in den Kriegszustand. Am 19. Juli – in Europa schreibt man den 1. August – erklärt Deutschland Russland den Krieg. »Am 19. Juli wurde die 150-jährige deutsch-russische Freundschaft begraben«, steht im *St. Petersburger Herold*. »Zwei gewaltige Reiche, die mit ihren Lebensinteressen auf das engste auf einander angewiesen erscheinen, stoßen nun in einem tödlichen Ringen auf einander.«[79]

Lots Weib

> Ich habe Dein Telegramm bekommen. Ich verstehe, dass Du Deine Truppen mobilisieren musst, aber ich wünsche, von Deiner Seite dieselben Garantien zu bekommen, die ich Dir gegeben habe, das heisst, dass die militärischen Vorbereitungen nicht Krieg bedeuten und dass wir die Verhandlungen im Interesse des Wohlergehens unserer Staaten und der ganzen Welt, die uns allen teuer ist, fortsetzen. Unsere lang erprobte Freundschaft muss mit Gottes Hilfe Blutvergießen verhindern. Mit Ungeduld und Hoffnung erwarte ich Deine Antwort. Nicky.[80]

Dieses letzte Schreiben, das Nikolai II. an seinen Cousin Wilhelm II. schickt, geht am 19. Juli ab. Es ist zu spät. Noch am selben Tag erklärt sein Cousin Willy ihm den Krieg. Keine Seite ist zum Einlenken bereit. Der Erdball stürzt ins Inferno.

Nikolai hält sich zu Kriegsbeginn auf seinem Sommersitz in Peterhof auf. Im nahen Petersburg sind die Menschen fassungslos. Aber so wie die Deutschen in Berlin oder die Franzosen in Paris glauben auch sie, dass es ein kurzer Waffengang wird. Und wie in Berlin bricht nach der Kriegserklärung auch in Petersburg nationaler Jubel aus. Schon an den Tagen zuvor waren Zehntausende mit russischen Fahnen, Ikonen und unter Absingen der Hymne durch die Stadt gezogen. Sie hatten »Nieder mit den Schwaben« gerufen, »Nieder mit dem Lumpenreich« und »Es lebe Serbien und seine Armee«. Viele waren zur Serbischen Botschaft in der Furschtatskaja gezogen, wo gleich nebenan Familie Maaß wohnt. Und dann hatten sich Tausende in der Kasaner Kirche zu einem feierlichen Gebet zusammengefunden. Das Motto war: »Slawen, vereinigt euch – die historische Stunde ist gekommen!«

Nikolai II. kehrt in jener Nacht um 2.15 Uhr auf seiner Jacht *Alexandria* nach Petersburg zurück. Er fährt vorbei an der Wassili-Insel, vorbei am Haus von Oskar Böhme und an der Poehl'schen Apotheke und begibt sich dann mit dem Wagen in den Winterpalast. Nicht wenige Mitglieder der kaiserlichen Familie sind an diesem Tag gar nicht in Petersburg, viele sitzen wegen der Kriegswirren in den Ländern Europas fest, einige sogar in Deutschland. Großfürst Konstantin Konstantinowitsch ist in Bad Nauheim zur Kur, seine Gemahlin mit den Kindern bei ihrer Mutter in Bad Liebenstein. Sie werden nur mit Mühe die östlichen Grenzen des Reiches passieren können, ebenso der spätere Chef der medizinischen Truppen, Prinz Alexander von Oldenburg, der sich zu Kriegsbeginn in Hamburg aufhält. Kaum im Winterpalast angekommen, unterschreibt Nikolai II. ein »Allerhöchstes Manifest«:

> Wir, Nikolaus der Zweite, Kaiser und Selbstherrscher aller Reußen, Zar von Polen, Großfürst von Finnland usw., usw., usw. tun kund allen Unseren getreuen Untertanen: Inmitten der freundschaftlichen Verhandlungen hat das Österreich verbündete Deutschland entgegen Unseren Hoffnungen auf jahrhundertealte gute Nachbarschaft und in Nichtachtung Unserer Versicherungen, daß die ergriffenen Maßnahmen durchaus nicht feindschaftliche Zwecke verfolgen, sich bemüht, die sofortige Aufhaltung der Maßnahmen zu erzwingen, und es hat, nachdem es mit dieser Forderung auf den Widerstand Rußlands gestoßen, unvermutet Rußland den Krieg erklärt. Nun haben Wir nicht nur für ein uns stammverwandtes Land einzutreten, sondern auch die Ehre, die Würde, die Integrität Rußlands und seine Stellung inmitten der Großmächte zu wahren.[81]

Es ist der – arg verklausulierte – Aufruf an alle Untertanen, sich selbst aufzuopfern zur Verteidigung des russischen Landes. Nach der Verabschiedung des Manifests begibt sich der Kaiser in den Nikolaisaal des Palastes, um gemeinsam mit Generälen und Offizieren von Garde und Armee zu beten. Dann tritt er hinaus auf den Balkon und zeigt sich der Menge, die sich vor dem Winterpalast versammelt hat. Stürmisch jubeln Zehntausende Nikolai II. zu. Sie und nicht der Kaiser werden in den kommenden Monaten mit ihrem Blut die Stellung Russlands als Großmacht zu sichern versuchen.

Da ist sie nun, die Situation, über die ernsthaft nachzudenken die Petersburger Deutschen vermieden hatten, geschweige denn, dass sie Vorkehrungen getroffen hätten. Mit einem Schlag wird ihnen klar, dass sie von nun an als Feinde gelten, egal wie lange sie schon in der Stadt leben und was sie für diese getan haben. Jetzt wird kaum noch helfen, dass sich in den vergangenen Wochen in der deutschen Gemeinde viele kritisch zum politischen Kurs Berlins geäußert haben. »Mit tiefem Befremden und aufrichtiger Betrübnis müssen wir die Kundgebungen der einflussreichsten Berliner Blätter verzeichnen«, hatte der *Herold* am 13. Juli gewarnt. »Dieselben stoßen bedingungslos in das Wiener Horn. Sie arbeiten daran mit, ein fait accompli zu schaffen, aus welchem es für das deutsche Volk kein Zurück mehr gibt. Daß nun Wien das traurige Attentat in Sarajevo benutzen will, um die österreichisch-serbischen Beziehungen zu klären, kann niemand tadeln. Aber durch die Art seines Vorgehens setzt sich Österreich-Ungarn ins schwerste Unrecht und wird zum verbrecherischen Friedensstörer.«[82] Hier wird der innere Konflikt sichtbar, in dem sich die Deutschen befinden, wenn es um die Angelegenheiten Deutschlands geht. Dennoch ist der Kommentar klar in seiner Aussage.

Genauso klar – und weitsichtig – äußert sich die *St. Petersburger Zeitung*, die die Meinung der führenden deutschen Kreise in der Stadt wiedergibt, am Tag nach dem Kriegsausbruch: »Was wir mit ganz Europa seit dem österreichischen Ultimatum gefürchtet haben, ist jetzt zur Tatsache geworden – der große europäische Krieg ist da. Es hebt jetzt ein Blutvergießen an, wie es die Welt noch nicht gesehen hat.«[83] Nach Ansicht des Kommentators ist es keine Frage, wem die Loyalität der Deutschen in Russland zu gelten habe: »Es gibt nur eines, was uns in dieser schweren Stunde vorschweben kann: unsere Pflicht als treue Untertanen unseres Kaisers und Bürger des Russischen Reiches zu tun, unsere Pflicht, die uns vorschreibt, in hingebungsvollem Eifer Gut und Blut zu opfern .« Aber das sehen nicht alle Deutschen in Petersburg so. Viele fühlen mit Deutschland. Da sich die Ereignisse jetzt förmlich überschlagen, sind alle Deutschen gezwungen, ihre Haltung gründlich zu überdenken.

Am Montag, den 21. Juli abends um sechs Uhr, laden Kuriere der Deutschen Botschaft an der Isaakskathedrale das Gepäck der deutschen Botschaftsmitglieder in die bereitgestellten Wagen. Auf dem Finnländischen Bahnhof steht ein Sonderzug bereit. Kurz nach acht Uhr besteigt Graf Friedrich Pourtalès, der Deutschland sieben Jahre in Petersburg als Botschafter vertreten und am Vortag dem russischen Außenminister Sergei Sasonow unter Tränen die deutsche Kriegserklärung überreicht hat, den Zug und reist mit 55 seiner engsten Mitarbeiter ab. Gut zweieinhalb Jahrzehnte später, am 22. Juni 1941, wird nachts um halb vier Uhr erneut ein deutscher Botschafter eine Kriegserklärung übergeben und – um Aufklärung gebeten – hilflos mit den Schultern zucken.

Die Abreise von Pourtalès ist das Signal für die russischen Patrioten von Sankt Petersburg. Am nächsten Vormittag brechen in der Stadt antideutsche Pogrome aus. Sie nehmen ihren Anfang vor dem Gebäude der Kaiserlichen Deutschen Botschaft am Isaaksplatz Nr. 11. Die deutsche Regierung hat das charmante einstöckige Haus der Gräfin Lwowa, in dem die Botschaft residierte, erst im Jahr zuvor von dem Jugendstilkünstler Peter Behrens zu einem monumentalen Repräsentationsbau mit einer Fassade aus rotgrauem finnischen Granit und einem mächtigen klassizistischen Portikus umgestalten lassen. Die Petersburger empfanden das Gebäude von Anfang an als »teutonisch«[84] und sahen darin einen Ausdruck des deutschen Militarismus. Wilhelm II. gefiel das Gebäude bereits bei der Einweihung ebenfalls nicht, weil er der Moderne so gar nichts abgewinnen kann – von Nikolai II. ganz zu schweigen.

Jetzt richtet sich der Zorn der wütenden Menge vor allem gegen die monumentale Skulpturengruppe auf der Attika, die von der deutschen Kolonie Sankt Petersburgs gestiftet worden ist: zwei athletische nackte Männer, ein Pferdepaar führend. Das aufgebrachte Volk holt die »abscheulichen Statuen der nackten Germanen«[85] vom Dach, das Wappen und die Flagge des kaiserlichen Deutschland fliegen hinterher. Das Wappen und einer der Rosselenker landen im nahen Moika-Kanal. Auf dem Dachboden des Gebäudes wird der 60-jährige russische Botschaftsangestellte Alfred Kettner entdeckt. Er ist erstochen worden. Wann und von wem, lässt sich nicht klären. Bald darauf fliegen aus den Botschaftsfenstern Möbel, wertvolle Bilder, Bronzen, Wäsche und Papier, und irgendwann brennt das Gebäude. Der Brand bricht im Schlafzimmer des Botschafters aus. Die Glut der vandalierenden Hitzköpfe wird noch mehr angefacht, als sie im Keller große Vorräte Champagner entdecken. Aufgebracht ist die Menge auch, weil bis auf Kettner kein Botschaftsmitarbeiter im Gebäude anzutreffen ist. Gerüchte von einem unterirdischen Geheimgang machen die Runde, der zum gegenüberliegenden, ebenfalls erst kürzlich erbauten Hotel Astoria führen soll. Nur mit Mühe gelingt es Polizei und Feuerwehr, die Vandalen aus dem Haus zu vertreiben. 101 Menschen werden festgenommen, Arbeiter, Handwerksgesellen, Kellner, Menschen, die sich von der antideutschen Propaganda haben aufwiegeln lassen.

Und die Erregung nimmt noch zu. Am 23. Juli zieht eine aufgebrachte Menge mit dem Schlachtruf durch Petersburg: »Alles Deutsche boykottieren!« Sie stürmt zuerst die Redaktion der *St. Petersburger Zeitung*, deren Räume sich auf dem Newski-Prospekt neben der Petrikirche befinden. Die Leute wissen nicht – und deswegen ist diese Aktion besonders absurd –, dass die *Petersburger Zeitung*, die früher *St. Peterburgische Zeitung* hieß, schon seit 1727 besteht und damit nicht nur die älteste Zeitung der Stadt ist, sondern die zweitälteste in Russland überhaupt. Seit 36 Jahren verlegt die baltendeutsche Familie von Kügelgen das Blatt. Auch das deutsche Café Reuter an der Ecke zur Sadowaja-Straße wird Opfer russischer Patrioten, ebenso die Druckerei Knebel. Deren gerade neu angeschaffte Maschinen wirft der Mob aus dem zweiten Stock auf die Straße. Die Ausschreitungen sind allerdings längst nicht so schlimm wie die im Mai 1915 in Moskau ausbrechenden Unruhen, wo 759 deutsche Firmen, Geschäfte und Wohnungen heimgesucht werden. Das Ergebnis: drei Tote, 40 Verletzte und ein materieller Schaden von 29 Millionen Goldrubel.

Die Empörung des Volkes kommt der russischen Führung gelegen, und so schreitet das Petersburger Stadtoberhaupt, Generalmajor Fürst Obolenski, erst am 25. Juli ein. Zwar sei bereits am 13. Juli ein Demonstrationsverbot verhängt worden, erklärt Obolenski, aber man habe die sich in der Stadt vollziehenden »grandiosen patriotischen Märsche« dennoch gestattet »angesichts ihres völlig friedlichen Charakters und ihrer hohen Ziele«. Erst als die Deutsche Botschaft demoliert worden sei, habe man sich zum Einschreiten verpflichtet gefühlt. »Ich wende mich an alle Einwohner der Stadt mit der Bitte, keine feindseligen Handlungen gegenüber ausländischen Staatsbürgern zulassen, deren

Das neue Gebäude der Kaiserlichen Deutschen Botschaft gegenüber der Isaakskathedrale war erst im Januar 1913 bezogen worden. Entworfen hatte es der Jugendstilkünstler Peter Behrens, Kaiser Wilhelm II. hatte den Plan genehmigt und der Bildhauer Eberhard Encke die monumentale Skulpturengruppe auf der Attika hergestellt. Aber das düstere Gebäude gefällt dann weder dem deutschen Kaiser noch seinem russischen Cousin, auch wenn es im Innern sehr modern ausgestattet worden ist. Lediglich 19 Monate arbeiten die deutschen Beamten in diesem Haus. Die 1,7 Millionen Mark für den Bau an der Morskaja sind umsonst ausgegeben worden.

Persönlichkeit und Eigentum gleich allen anderen Einwohnern unter dem Schutz des Gesetzes stehen.«[86]

Auch der Kaiser baut auf die patriotischen Gefühle seines Volkes. Er muss die Russen hinter sich bringen, das Land ist schlecht auf diesen Krieg vorbereitet und er selbst den Ereignissen ganz offensichtlich nicht gewachsen. Am Sonnabend, den 26. Juli, empfängt er morgens um halb zehn Uhr die Mitglieder des Staatsrates und der Staatsduma im Winterpalast. »Deutschland und danach Österreich haben Rußland den Krieg erklärt«, verkündet Nikolai, bevor er die Herren in einen unbefristeten Urlaub schickt. »Jener gewaltige Aufschwung der patriotischen Gefühle der Liebe zur Heimat und der Ergebenheit zum Thron, der sich wie ein Orkan durch unser ganzes Land fortpflanzt, dient in meinen Augen als Bürgschaft dafür, dass unser großes Mütterchen Russland den uns von Gott auferlegten Krieg zum gewünschten Ende bringt.«[87]

Umgehend werden erste Maßnahmen gegen die in Petersburg lebenden Deutschen ergriffen. Am 23. Juli entfernt man deutsche und österreichische Staatsbürger aus der Stadt. Oskar Böhme betrifft das nicht, er besitzt die russische Staatsbürgerschaft. Die rettet auch die Apothekerfamilie von Poehl und Pastor Maaß mit Frau und Kindern. Aber die russische Staatsbürgerschaft ist keine Garantie für Unantastbarkeit. Die Staatsmacht will auf Nummer sicher gehen und würde am liebsten alle Deutschen ins Hinterland verfrachten. Sie nimmt es nicht so genau mit der Staatsbürgerschaft, und so trifft es zum Beispiel die Kirchners. Karl und Fritz werden gleich in den ersten Kriegstagen verhaftet und in ein Internierungslager im 600 Kilometer weiter östlich gelegenen Gouvernement Wologda gebracht. Es gelingt ihnen gerade noch, die Geschäftsführung ihrer Fabrik einem Mann ihres Vertrauens zu übergeben. Auch Peter Amann, der noch im Generalstab dient, wird ins Hinterland deportiert – nach Saratow an der Wolga, seit Katharinas Zeiten das Kerngebiet der Deutschen.

Oskar Böhme ist jetzt 44 Jahre alt. Die Wehrpflicht endet mit Vollendung des 43. Lebensjahrs. Eine Einberufung wie anderen Orchestermitgliedern des Marientheaters droht ihm also nicht. Ohnehin werden nur ein paar Zehntausend Russen deutscher Abstammung zu den Waffen gerufen, und die schickt man zumeist nicht an die Westfront, sondern setzt sie im Kaukasus gegen die Türken ein. Es gibt allerdings einige Deutsche, die auf wichtigen Posten für den Zaren kämpfen. So werden Nikolais Truppen zu Kriegsbeginn bei ihrem Vorstoß nach Ostpreußen von dem deutschbaltischen General Paul von Rennenkampff geführt. Auch der baltische Baron Roman von Ungern-Sternberg steht in russischen Diensten und wird im September für seine Aufklärungsmissionen in Ostpreußen das Georgskreuz erhalten.

Aber in Petersburg zieht man nun gegen alles Deutsche zu Felde. Die Stücke Goethes und Schillers verschwinden von den Spielplänen, und über die weitere Aufführung von Wagner-Opern wird heftig diskutiert. Bald werden die Deutschen von den Hochschulen des Landes verwiesen. Dass im Konservatorium deutsche Klaviere aus den Klassen verbannt werden sollen, vor allem die Bechstein-Flügel, mag man als Kuriosität verbuchen. Aber dass man in Petersburger Zeitungen nun die »Wiederherstellung des historischen russischen Namens der Hauptstadt« fordert, um »den Fehler der Vorfahren zu korrigieren und endlich den letzten Schatten deutscher Bevormundung abzustreifen«,[88] das ist ernst zu nehmen. Als Nikolai II. am 18. August tatsächlich ein Allerhöchstes Manifest zur Umbenennung von Petersburg in Petrograd unterschreibt, geschieht das nicht aus eigenem Antrieb, sondern auf Druck seiner Umgebung. Petersburger Intellektuelle wie der Maler Konstantin Somow oder der Kunsthistoriker Nikolai Wrangel halten diesen Schritt selbst angesichts der patriotisch aufgeheizten Stimmung für schändlich und historisch für Unfug. Die Lyrikerin Sinaida Hippius schreibt: »Infolge des Größenwahns des Zaren ist das Petersburg des großen Peters gefallen, zerstört. Ein schlimmes Zeichen! Es wurde ein gewisses Nikolograd errichtet – offiziell ›Petrograd‹ genannt. Die dicke Hofschranze Witner hat es dem Zaren zur Unterschrift untergeschoben: Patriotisch, sagt er, denn was soll das deutsche ›Burg‹ (!?!).«[89]

Ganz gleich, wie lange die Deutschen und ihre Familien schon in Petersburg leben, für jeden Einzelnen von ihnen stellt sich nun die existenzielle Frage: flüchten oder den Krieg einfach aussitzen? Sie glauben noch immer, dass er nicht allzu lange dauern wird. Die deutsche Gemeinde sucht täglich neue Beweise ihrer Loyalität zum Russischen Reich zu erbringen. Am 29. Juli veranstaltet sie in der Petrikirche einen »Bittgottesdienst um den Sieg der russischen Waffen«. Die Kirche ist überfüllt. Der Gottesdienst findet in russischer Sprache statt, und auch die Choräle werden in Russisch gesungen. Während des Gebets kniet die Gemeinde nieder, und es geht ein Schluchzen durch die Reihen. »Wer jetzt nicht seine Kräfte der allgemeinen Sache zur Verfügung stellt, der wird innerlich zur Salzsäule erstarren, wie Lots Weib äußerlich zur Salzsäule erstarrt ist«, sagt Generalsuperintendent Pingond.[90] Als erste praktische Maßnahme erfolgt die Errichtung eines evangelischen Feldlazaretts.

Die Deutschen, die noch deutsche Pässe haben, fühlen sich dennoch von Tag zu Tag unsicherer und unbehaglicher. In bemerkenswerter Offenheit und auf die Gefahr hin, seine Leser zu verprellen, nimmt sich der *Petersburger Herold*, das Konkurrenzblatt zur vornehmen *Petersburger Zeitung*, gut zwei Wochen nach Kriegsbeginn dieser Gruppe an. Er druckt ein »Wort an die Reichsdeutschen in Rußland« ab:

> Die engen Beziehungen, welche bisher auf dem Gebiet von Handel und Industrie zwischen Rußland und Deutschland bestanden, der Umstand vor allem, daß Deutschland als Industriestaat viel älter und viel entwickelter ist als Rußland, haben es mit sich gebracht, daß Tausende von Reichsdeutschen in Rußland eine für sie von reichen materiellen Erfolgen gekrönte Lebensarbeit gefunden haben. Der Krieg hat alle diese Leute in eine sehr schwere Lage gebracht. Wenn diese Leute bisher keine Schritte taten, um in die russische Untertanenschaft aufgenommen zu werden, so geschah das zum großen Teil aus recht egoistischen Gründen. Die russische Untertanenschaft mußte manche Lasten mit sich bringen, denen der Ausländer entging. Nun aber kam der Krieg. Aus den Grenzgebieten und den großen Zentren des Reiches wird ein großer Teil der Reichsdeutschen und Österreicher als kriegsgefangen nach den ferneren Gegenden Rußlands fortgebracht. Diese Maßregel bedeutet für sehr viele eine Vernichtung der Existenz. Da ist es menschlich sehr begreiflich, daß diese Leute alles versuchen, um, gewissermaßen nach Ablauf der »letzten Stunde«, in die russische Untertanenschaft aufgenommen zu werden.[91]

Aber dann grenzt sich der *Petersburger Herold* deutlich von jenen Deutschen ab, die nun aus konjunkturellen Gründen ihre Haut zu retten versuchen, und zeigt Verständnis dafür,

Die Petersburger, die nach Kriegsausbruch vor dem Winterpalast demonstrieren, sind überzeugt: Allein Russland und den Slawen wird der Sieg gehören. Der Platz, auf dem Nikolai II. am 20. Juli 1914 seine Untertanen zur Verteidigung des Landes aufruft, ist immer wieder Ort patriotischer Aufwallungen. »Mit Ruhm und Würde hat unser großes Mütterchen Rußland die Nachricht aufgenommen, daß uns der Krieg erklärt worden ist«, behauptete dagegen Nikolaus II., den die *St. Petersburger Zeitung* am 21. Juli zitiert.

St. Petersburger Zeitung.

Alexander Mayer.

SELECT-HOTEL

Restaurant auf der Dachterrasse.

EDEN

„Запертый городъ"

Restaurant Brockmann

Petersburg nach der Kriegserklärung.

Der Krieg.

daß die russische Gesellschaft dieser plötzlich erwachten Liebe für Rußland sehr skeptisch gegenübersteht. Es mag sein, daß die Regierung in vielen Fällen die Aufnahmegesuche z. B. von größeren Industriellen usw. aus rein praktischen Erwägungen bewilligen wird, aber die neugebackenen oder neu zu backenden russischen Untertanen müssen sich darüber klar sein, daß sie für das Erste mit einem gewissen Mißtrauen werden angesehen werden, daß viel ernste Arbeit zum Nutzen Rußlands dazu gehören wird, damit der gesellschaftliche Organismus Rußlands diese neuen Untertanen verdaut. (…) Wenn wir aber z. B. lesen, daß plötzlich eine Reihe Reichsdeutscher, die sich in der Kanzlei des Moskauer Stadthauptmannes einfindet, die russische Nationalhymne anstimmt, so müssen wir sagen, daß derartige Demonstrationen nicht den geringsten Eindruck auf die russische Gesellschaft machen können; sie tragen eher dazu bei, das Gefühl der allgemein menschlichen Achtung vor diesen Leuten zu verringern.

Am 12. Oktober meldet das Kaiserliche Außenministerium, dass seit Beginn der Kampfhandlungen am 20. Juli 10 023 Anträge vorwiegend deutscher, österreichischer und türkischer Staatsbürger eingegangen seien zur Erteilung der russischen Staatsbürgerschaft. Die Beamten nehmen sich für ihre Entscheidung Zeit. Bisher haben sie 168 Anträge bewilligt und 543 abgelehnt. Für die Deutschen, selbst wenn sie integriert sind und an ihrer Treue zum russischen Staat kein Zweifel besteht, wird es eng. Auch die beiden großen Zeitungen der deutschen Kolonie, die nun unter den neuen Namen – *Petrograder Zeitung* und *Petrograder Herold* – erscheinen, bekommen das zu spüren. Und das, obwohl der *Petrograder Herold* patriotisch davon berichtet, wie sich »unsere Vorhut Königsberg nähert«,[92] und konstatiert, dass »die Wirkung der russischen Siege ungeheuer«[93] ist. Dennoch wird der Verkauf der deutschen Zeitungen auf den Straßen und Bahnhöfen zunehmend behindert. Es ist ein schleichender Tod. Zu Weihnachten erscheinen die letzten Ausgaben der deutschen Blätter, dann werden sie verboten.

In rechten Kreisen findet man nun reichlich Vorwände, die Deutschen unter den Verdacht der Hilfe für den Feind oder zumindest des Boykotts vaterländischer Anstrengungen zu stellen. Es trifft deutsche Industrielle ebenso wie lutherische Pastoren im baltischen Gebiet, denen unterstellt wird, sie predigten »Germanismus«. Besonders die deutschen Kolonisten in den Dörfern rund um Petrograd werden angefeindet. »Deutschland hat keine Ausgaben gescheut, um innerhalb unserer Grenzen Vorposten zu schaffen, und jetzt trägt die langjährige Arbeit Früchte«, verkündet der Assistent des russischen Militärstaatsanwalts. »Noch keine Armee der Welt hat eine solche Masse von Spionen aufgestellt, unsere Feinde nutzen nun die Spionagedienste der deutschen Kolonisten.« Und dann folgt ein Satz, der wie eine Generaldenunziation klingt: »Der Krieg hat die Seele der Deutschen entblößt, auf deren Grund sich Bosheit, Grausamkeit, Täuschung und Verrat verbergen.«[94]

Anfang September entschließt sich der Pastor der Gemeinde Neu-Saratowka, Klage gegen das rechte Blatt *Wetscherneje Wremja* zu erheben, denn es habe die Kolonisten des Dorfes verleumdet. »Der Berichterstatter der ›Wetscherneje Wremja‹ hätte sich besser dafür interessiert, wie viele gute Pferde und Wagen aus der Kolonie Neu-Saratowka dem Militär gestellt worden sind«, schreibt Pastor William Jucum, »wieviel Heu freiwillig geliefert, wieviel Geld für die Verwundeten gesammelt worden ist und wieviel Wäsche in den deutschen Kolonien genäht wird. Damit er die Kolonien mit anderen Dörfern vergleichen kann, sei erwähnt, daß *bisher* zum Besten der Verwundeten einer Kolonie 25 Kop. pro Seele, in Neu-Saratowka 33 Kop. pro Seele und in einer anderen Kolonie gar 50 Kop. pro Seele aufgebracht worden sind. Welche Summen würden im ganzen Reiche zusammenkommen, wenn überall soviel geopfert würde!«[95]

Die Kolonisten fühlen sich ungerecht behandelt. Aber es war eben auch blauäugig von ihnen, all die Jahre anzunehmen, dass der überproportionale Einfluss der Deutschen im öffentlichen Leben nicht irgendwann Widerstand hervorrufen würde. In der Duma haben sich Politiker von rechts wie von links seit Jahren darüber erregt, die Linken haben die Russlanddeutschen sogar bezichtigt, Drahtzieher der imperialistischen Großmachtpolitik von Großindustrie, Großhandel und hoher Bürokratie zu sein. Den Nutzen aus dieser Politik, so der Sprecher der Trudowiki, einer Organisation der Bauerndeputierten, würden allein die Deutschen ziehen, »die außerhalb Russlands ebenso wie die in seinem Innern lebenden, die Rußland auf friedlichem Wege und auf allerschönste Weise erobern und in ihm die besten Posten einnehmen. An der Spitze des Außenministeriums haben wir zur Zeit Schwarz, Rödiger, Schaufuß-Schaffhausen, und selbst in dem sich so patriotisch gebärdenden Bund des Russischen Volkes verteidigt vielleicht die Hälfte aller führenden Bündler mit deutschen Familiennamen die Interessen des echt-russischen Volkes.«[96]

Es gibt viele, die zu Kriegsbeginn mit Genugtuung verfolgen, wie die bislang in Petersburg so einflussreichen Deutschen zum Sündenbock werden. Zu ihnen gehört Maurice Paléologue, der französische Botschafter. Er ist erst seit Jahresanfang in der Stadt, lässt aber keine Gelegenheit verstreichen, die russische Regierung in ihrer harten Haltung gegen die Mittelmächte zu bestärken. »Die Feindschaft zu den Deutschen verbreitet sich jetzt mit Kraft und Eindringlichkeit überall in Russland«, schreibt Paléologue in sein Tagebuch. »Die Führerschaft, die Deutschland in allen Wirtschaftsbereichen des russischen Lebens errungen hatte und die immer öfter einem Monopol gleichkam, rechtfertigt weitgehend die grobschlächtige Reaktion des Nationalgefühls. Es ist schwer, die Zahl der deutschen Staatsbürger, die in Russland leben, zu bestimmen, aber es ist sicher keine Übertreibung, sie mit 170 000 zu beziffern. Die Liste der importierten Waren ist nicht weniger beredt. Im Laufe des letzten Jahres besaßen die aus Deutschland eingeführten Waren einen Gesamtwert von 643 Millionen Rubel, während die englischen Waren in der gleichen Zeit nur 170 Millionen ausmachten, die französischen 56 Millionen und die österreichisch-ungarischen 35 Millionen. Zu den Elementen des deutschen Einflusses in Russland muss man noch die gesamte Bevölkerung der deutschen Kolonisten zählen, die Deutsch sprechen und deutsche Traditionen bewahren und deren Zahl sich auf nicht weniger als zwei Millionen beläuft.«[97]

Das Tagebuch

Pastor Eduard Maaß holt seine Familie aus den Sommerferien zurück. Auch in Estland hat sich die Stimmung gedreht. Die sonst so friedfertigen Esten drohen den Deutschen auf der Straße mit Fäusten und werfen Steine in ihre Fenster. In aller Eile packen Editha Maaß und die Kinder ihre Sachen zusammen und fahren zurück nach Sankt Petersburg. 36 Stunden braucht der Zug diesmal für die 400 Kilometer von Dorpat über Taps hinauf nach Petersburg. Editha ist inzwischen elf Jahre alt und schreibt über die Rückkehr nach Sankt Petersburg in ihr Tagebuch:

> Endlich, endlich langten wir in Petersburg an. Pappi trat uns mit dem Finger an den Lippen entgegen und bedeutete uns, kein Wort zu sprechen. Wir verstanden sofort, wußten wir doch, daß wir Balten mit deutscher Sprache waren und nirgends in der Welt eine sichere Heimat hatten, denn selbst in Riga, der alten Baltenstadt, würde jedes deutsche Wort mit 3000 Rubel oder drei Monaten Gefängnis bestraft. Ganz verschüchtert folgten wir Pappi, und der vierjährigen Ellen musste das Mündchen beständig zugehalten werden. Wolfi, der schon fünf Jahre alt war, verstand die ernste Lage ganz genau. Als wir ihm erklärt hatten, er dürfe nicht mehr Mamá rufen, sondern müsse die Betonung wie im Russischen auf die erste Silbe legen, da wurde er ganz vergnügt und konnte nicht satt werden, immer abwechselnd zu rufen: Máma, Pápa. Pappi jedoch war etwas bleich und erregt und bestellte schnell ein geschlossenes Auto, um uns bald in Sicherheit zu bringen.[98]

In den Schaufenstern der Geschäfte und an öffentlichen Gebäuden sind tatsächlich Schilder angebracht mit dem Hinweis, dass das Deutschsprechen verboten ist. Und Wilhelm II., der Cousin des Kaisers Nikolai, ist plötzlich nicht mehr der liebe »Willy«, sondern ein Teufel und Dämon. »Wir leben in ständiger Unruhe und mit klammem Herzen, während wir in den Zeitungen von den Gräueltaten der Barbaren und wilden Germanen lesen, was für Hundesöhne sind das! Ich hoffe, nie wieder im Leben einen von ihnen sehen zu müssen, schon gar nicht Wilhelm, diesen besessenen Teufel«, schreibt Nikolais Mutter Maria Fjodorowna, die Witwe des Kaisers Alexander III., an Großfürst Nikolai Michailowitsch.[99] Sie notiert das nach den ersten großen Niederlagen der russischen Armee, als sich in Ostpreußen das Blatt zugunsten der Deutschen wendet. Zwei russische Armeen sind bei Tannenberg und an den Masurischen Seen vernichtend geschlagen worden, der Kaiser hat mit einem Schlag über 100 000 Mann, Dutzende Generäle und 600 Geschütze verloren. Auf der Straße und in den Straßenbahnen wird nun verstärkt Jagd nach vermeintlichen deutschen Spionen gemacht. Nicht selten kommt es vor, dass Russen ihnen verdächtige Passagiere aus den Waggons zerren und aufs nächste Polizeirevier schleppen.

> Es hat uns am Anfang des Krieges nichts so bedrückt wie dieses Verbot, Deutsch zu sprechen, auch bei den Kleinen steigerte sich das Verleugnen der Muttersprache fast bis zur Qual. (…) Mein kleiner vierjähriger Vetter stand einmal in der Elektrischen neben seiner Mutter. Irgendetwas auf der Straße fesselte ihn so, daß er es unbedingt seiner Mutti erzählen wollte. Es ging nicht, er konnte ja noch kein Russisch, und deutlich sah man den Krampf in dem Kindergesichtchen, das vor Begierde brannte, sich mitteilen zu dürfen. Schließlich in Tränen ausbrechend, mit Füßchen aufstampfend rief er ganz laut: Ich will aber deutsch sprechen! Die Leute in der Straßenbahn rührte die innere Qual des kleinen Jungen, denn sie lächelten der erschreckten Mutter begütigend zu. (…) Der Haß gegen das Deutschtum ging in Petersburg so weit, daß Leute mit germanischem Typ häufig beschimpft wurden. So bin ich manchmal mit heimlicher Furcht neben Mutti und Irene gegangen. Die beiden waren unverkennbare Balten mit ihren ovalen Gesichtern und dem rosigen Teint.[100]

Die von Angst und Verdächtigungen geschwängerte Atmosphäre prägt auch den Alltag der Kinder. Für sie wird es schwierig, sich in dieser Welt zurechtzufinden. Editha Maaß erfährt erst später, dass ihre Eltern und noch mehr ihre Großeltern in Riga in ihrem Innersten für Deutschland Partei ergreifen, obwohl sie doch seit Generationen russische Untertanen sind. Solange sie in Petersburg sind, wissen die Kinder davon nichts.

> So kam es, daß ich ganz begeistert für Rußland war und mir das unsinnigste Zeug ausdachte. Mit Grauen studierte ich die großen Plakate und glaubte wirklich, daß Kaiser Wilhelm ein Teufel in Menschengestalt wäre, und schauderte vor den Greueltaten, die von den Deutschen verübt wurden, wie es überall hieß. Mein sehnlichster Wunsch war, den Russen zu helfen, und in meiner Phantasie entstanden, beeinflußt durch Indianerbücher und Kriegsgeschichten, die abenteuerlichsten Pläne. Als Junge verkleidet wollte ich mich bei der Armee melden und auch in den Krieg ziehen. Heimlich in der Dunkelheit würde ich dann zum Feinde herüberschleichen und ihn belauschen, um seine Pläne zu erfahren und sie den Unseren zu

> verraten – ich hoffte durch meine Tapferkeit und List berühmt zu werden und dem Russischen Reich die größten Dienste zu erweisen. Ich war so durchdrungen von meinen kindlichen Plänen, daß meine Abendgebete recht unchristlich waren und ich mich nicht scheute, für Deutschland die furchtbarsten Plagen zu erbitten.[101]

Ein Leben für den Zaren

Mitte Juli passiert Oskar Böhme wieder die Grenze zu Russland, natürlich hat er die aufgeheizte Stimmung in Deutschland registriert. Während der langen Rückfahrt nach Sankt Petersburg fragt er sich immer wieder, ob die Theatersaison in diesem Jahr überhaupt beginnen wird. Als er endlich in der Stadt eintrifft, stellt er fest, dass die Sommerkonzerte wie gewohnt stattfinden. Im Pawlowsker Bahnhof und im Kurort Sestrorezk wird ungerührt aufgespielt, obwohl der patriotische Furor längst unüberhörbar geworden ist.

Für das 8. Symphoniekonzert in Sestrorezk am 13. Juli hat Dirigent Wjatscheslaw Suk, ein gebürtiger Böhme, einen Wagner-Abend geplant, er will die *Faust*-Ouvertüre spielen, die Tschaikowski für eines der ausgezeichnetsten Werke der deutschen symphonischen Literatur hielt. Doch vor dem Konzert erscheinen ein Offizier und ein Staatsbeamter im Hinterzimmer und fordern den Dirigenten zur Programmänderung auf. Aus dem Wagner- soll ein nationaler Tschaikowski-Abend werden mit der *Ouvertüre 1812*, die Russlands Sieg in den Napoleonischen Kriegen feiert, und mit dem *Slawischen Marsch*. Und so geschieht es.

Am Tag des Kriegsausbruchs kündigt die Direktion der Kaiserlichen Theater eine Spielplanänderung für die bevorstehende Saison an. Es würden nur Stücke russischer Autoren zur Aufführung kommen und Opern deutscher Komponisten aussortiert werden. Man überlegt sogar, ob es nicht besser sei, die Spielstätten zu schließen, und zwar weniger aus Gründen der Pietät, sondern weil den Verantwortlichen eine Öffnung als nicht lohnend erscheint – fürs Marientheater sind bisher auffallend wenig Abonnements verkauft worden. Aber dazu kommt es dann doch nicht. Ende Juli lässt das Theaterkontor Anzeigen schalten, dass die Proben in den Kaiserlichen Theatern am 21. August beginnen, die Theatermitglieder also bis 20. August einzutreffen hätten.

Aus dem pünktlichen Erscheinen der Ensemblemitglieder zum 20. August wird aber nichts. Gleich zu Kriegsbeginn werden viele zur Armee einberufen. Die Direktion muss sich beeilen, Ersatz zu beschaffen. Andere stecken auf Auslandsreisen zwischen den verschiedenen Lagern fest. Von Albert Coates, dem gefeierten Kapellmeister, weiß man nicht einmal, wo er sich befindet. Nachdem er im Londoner Covent Garden mit Wagners *Tristan und Isolde* debütiert hat, gibt es keine Spur mehr von ihm. Später stellt sich heraus, dass er für einige Wochen in die englische Armee eingetreten ist und erst über Umwege nach Petersburg gelangte. Den Zirkus Ciniselli an der Fontanka trifft es besonders hart. Die meisten der Zirkusbereiter, Künstler und Clowns sind Deutsche und dürfen nicht mehr nach Russland ausreisen. Der Zirkus wird zu Saisonbeginn wohl gar nicht eröffnet werden. Immerhin werden deutsche Künstler, die in Petersburg beziehungsweise Petrograd sind, nicht unbedingt ausgewiesen. Russische Künstler dagegen, die im Dienst der deutschen Hoftheater stehen, müssen Deutschland verlassen.

Die neue Spielzeit beginnt am Sonntag, dem 30. August 1914. Das Marientheater eröffnet sie mit der Oper, mit der noch jede Saison begonnen hat: Michail Glinkas *Ein Leben für den Zaren*, eine Oper, die in Petersburg schon seit fast 80 Jahren gespielt wird. Diesmal ist sie so aktuell wie selten zuvor, denn sie spielt in der Zeit der Wirren nach dem Tod des Zaren Boris Godunow, als verschiedene Mächte, allen voran Polen, ins Land einfallen und einen der Ihren auf den russischen Thron bringen wollen. Doch das Volk schlägt die Eindringlinge in heldenhaftem, aufopferungsvollem Kampf zurück. Es ist die 782. Vorstellung in Petersburg/Petrograd, seit die Oper 1836 uraufgeführt wurde.

Zu Beginn der Vorstellung singen die Künstler gemeinsam »Gott schütze den Zaren«. Alles, was im Marientheater Rang und Namen hat und an diesem Abend anwesend ist, wirkt mit. Naprawnik dirigiert – es wird seine letzte Spielzeit. Fjodor Schaljapin allerdings, der den Helden Iwan Sussanin singen sollte, ist von einem Auslandsgastspiel nicht rechtzeitig zurückgekehrt. In den nächsten Tagen gibt man *Rusalka*, die erfolgreichste Oper von Antonín Dvořák, ein ebenfalls zutiefst slawisches Stück. Nach der zweieinhalbstündigen Aufführung sind 1900 Rubel an Einnahmen in der Kasse, mehr, als die Theaterleitung erwartet hat. Das macht ihr Mut, die Saison trotz des Krieges fortzusetzen.

Das Theater bietet jetzt jede Menge kriegerische Symbolik. Fast in jeder Vorstellung werden die Zarenhymne und die Hymnen der mit Russland verbündeten Länder gespielt. Es gibt Wohltätigkeitsabende und solche, bei denen ein Teil der Einnahmen gespendet wird – am 8. November etwa »der Bevölkerung Belgiens, die unter dem Angriff des Feindes leidet«. Eine Woche später wird einer der Abende den Kriegswaisen gewidmet. Auch dem Orchester ist gestattet worden, sechs Konzerte für einen guten Zweck zu veranstalten. Das erste findet am 25. Oktober zu Tschaikowskis Todestag statt. Auf dem Programm stehen mit der 6. Symphonie, der *Pathétique*, das ebenso vollkommene wie rätselhafte Abschlusswerk des Komponisten und das 1. Klavierkonzert. Zehn Prozent der Einnahmen sollen für Verwundete gespendet werden. Das Theater hat zudem ein eigenes Feldlazarett mit 40 Betten eröffnet. Es befindet sich in der Galernaja-Straße, und selbstverständlich sammeln die Theatermitarbeiter Machorka für die Soldaten an der Front.

Oskar Böhme bereitet der Alltag zunehmend Sorgen. Lebensmittel sind seit Kriegsbeginn immer schwerer zu bekommen, und die Preise steigen ständig. Der Petersburger Stadthauptmann hat sich gezwungen gesehen, Obergrenzen festzulegen. Ein Pud Zucker, etwa 16 Kilogramm, darf künftig nicht mehr als 16 Kopeken kosten. Und als im Winter der Frost die Stadt in die Zange nimmt – bereits Ende Dezember zeigt das Thermometer minus 20 Grad –, da weiß Böhme kaum, wo er genügend Holz zum Heizen hernehmen soll. Die Wohnung in der 13. Linie ist groß und hoch, und es stehen nur alte Kachelöfen darin. Glücklicherweise teilt die Direktion der Kaiserlichen Theater ihren Mitarbeitern verbilligtes Birkenbrennholz zu. Im Gegensatz zu vielen anderen Deutschen in Petersburg geht es Böhme gut. Da er einen deutschen Namen trägt, wäre er per se zwar verdächtig, aber er ist unzweifelhaft russischer Staatsbürger, und sogar ein besonderer: Kurz vor Kriegsausbruch ist er Ehrenbürger von Sankt Petersburg geworden, erblicher Ehrenbürger gar – also einer, der diesen Titel an seine Nachkommen weitergeben darf. Es ist eine Anerkennung für sein 13-jähriges künstlerisches Wirken am Marientheater. Es gibt mehrere Tausend Ehrenbürger in Petersburg – kraft Herkunft, Dienstalter oder besonderer Leistungen. Dieser herausgehobenen Kaste der Stadt gehört er nun an. Er weiß das zu schätzen. Er hat keine Pressionen zu befürchten, keine Einberufung zur Armee, und er hat einen vergleichsweise krisenfesten Beruf. Abgesehen von den Nöten, die in den nächsten Monaten und Jahren alle Petersburger plagen – Versorgungsengpässe, Kälte, Unruhen –, ist er vom Krieg nicht sonderlich betroffen.

Kriegsschwierigkeiten

Nach Anfangserfolgen in Ostpreußen und Galizien wendet sich das Kriegsglück gegen Russland. 1915 muss sich Nikolais Armee fast überall aus Galizien zurückziehen, muss Warschau und damit Polen aufgeben, dazu Kaunas, Brest-Litowsk und Grodno. Der Rückzug ist blamabel, und natürlich ist in Sankt Petersburg sofort wieder von Spionen und von Verrat die Rede. Verschwörungstheorien machen die Runde. Der Rückzug kommt für Eingeweihte nicht überraschend. Die Misserfolge der Russen sind nicht zuletzt auf den gewaltigen Mangel an Granaten für die Artilleriegeschütze zurückzuführen. Das Hinterland kommt einfach nicht nach. Die Not ist so groß, dass Betriebe wie die Fabrik von Otto Kirchner einen Teil ihrer zivilen Produktion auf Kriegsproduktion umstellen müssen. Die Kalenderfabrik nennt sich jetzt Genossenschaft und läuft trotz Krieg und Internierung der Kirchner-Söhne gar nicht schlecht. 1914 produziert man Waren im Wert von 850 000 Rubel, 1915 beläuft sich die Summe sogar auf 960 000 Rubel. Die Fabrik liefert nicht nur weiter ihre Kalender, sondern auch alle möglichen Ledererzeugnisse, Bilder- und vor allem Bucheinbände, die etwa das große Petersburger Verlagshaus »Brockhaus & Efron«, eine Schwesterfirma des Leipziger Brockhaus-Verlages, bei den Kirchners für Puschkin-Bände, für Schiller, Shakespeare, Gogol, Lermontow und für die Jüdische Enzyklopädie bestellt. Auch in Kriegszeiten wollen die Leute lesen, schon um die traurigen Meldungen von der Front zu vergessen. Aber jetzt gibt es auch eine Granatenwerkstatt auf dem Gelände der Fabrik, in der Geschosse für russische Artillerieeinheiten produziert werden. Für 1916 ist ein Auftrag des »Petrograder Stadt- und Gebietskomitees zur Versorgung der Armee« eingegangen: Die »Genossenschaft Kirchner« soll 30 000 Stück 9-cm-Mörsergranaten liefern, dazu Bleikappen für Handgranaten.

Die Regierung hat inzwischen eine Reihe von Gesetzen gegen Deutsche erlassen, darunter die sogenannten Liquidationsgesetze. Sie richten sich zuallererst gegen deutschen Landbesitz oder die Nutzung von Land durch Deutsche in einem 100 Werst breiten Streifen an den Grenzen zu Deutschland und Österreich-Ungarn, an den Ufern des Schwarzen und des Asowschen Meeres sowie an der Ostsee. 100 Werst sind 106 Kilometer. Die Gesetze betreffen über eine Million Russen deutscher Abstammung. Das Land wird beschlagnahmt, der Russischen Bauernbank übergeben und dann an verdiente russische Offiziere und Soldaten weitergereicht. Auch Friedrich (Fritz) Kirchner steht in der Liste der Immobilienbesitzer, deren Besitz laut Gesetz vom Februar 1915 der Liquidierung unterliegt. Kirchner nennt zwei Stück Land im Luschsker Amtsbezirk zwischen Zarskoje Selo und dem Gouvernement Pskow sein Eigen: 281 Dessjatinen und noch einmal 2058 Quadratsaschen, das sind gut 300 Hektar. Aber er hat sich freiwillig zur Armee gemeldet und mit Hilfe eines Anwalts geklagt, und tatsächlich wird das Gesetz in seinem Fall außer Kraft gesetzt. Noch geht es rechtsstaatlich zu. Im Beschluss der zuständigen Behörde heißt es: »F. O. Kirchner lebt und ist als Freiwilliger in ein Spezialkommando der Flieger eingetreten. Er hat als Volljähriger die russische Staatsbürgerschaft erhalten und den Eid am 20. Mai 1905 geleistet.«[102]

Auch die Apothekerfamilie von Poehl kämpft mit kriegsbedingten Schwierigkeiten. Viele der Rohstoffe für ihre Arzneien hat sie bisher aus dem Ausland bezogen. Nun sind die meisten Verbindungen gekappt, Dienstreisen nach Deutschland verbieten sich von selbst. Die Poehls müssen neue Lieferkanäle finden, aber die russischen Behörden haben strenge Regeln für Bestellungen aus dem Ausland und noch strengere für die Valutawirtschaft eingeführt. Fast täglich schreiben die Poehls Briefe an den Rat der Industrie- und Handelsvertreter auf dem Liteiny-Prospekt. Richard von Poehl fährt oft zu Sitzungen dorthin. Es geht um neue Preise und Zollgebühren für Anthracen, Naphthalin, Benzol oder etwa Phenol, das die Brüder für die Herstellung von Acetylsalicylsäure benötigen, für schmerzstillende und fiebersenkende Mittel. Der Bedarf an Medikamenten ist groß. »Spermin-Poehl« ist weiterhin oder vielleicht erst recht sehr gefragt. In allen Anzeigen, die das »Chemische Labor Prof. Dr. Poehl und Söhne, Lieferant des Hofes Seiner Kaiserlichen Hoheit« schalten lässt, preisen die Brüder ihre Arznei: »Neurasthenie, Nervenkrankheiten, vorzeitige Kraftlosigkeit, Neuralgie, Neurosyphilis, Lähmungen, Herzerkrankungen, Altersschwäche und Erschöpfung heilt erfolgreich Spermin-Poehl. Spermin-Poehl gibt es überall.«[103] Als Blickfänger steht über den Annoncen groß und fett gedruckt das Wort Neurasthenie – Nervenschwäche. Noch ist nicht von Depressionen oder Burn-out die Rede, aber die Symptome dieser Krankheiten sind bereits weit verbreitet. In einem Krieg sowieso.

Überleben in der Annenschule

Seit Kriegsbeginn macht die russische Presse Stimmung gegen die Kirchenschulen der Deutschen. Plötzlich gelten sie als Brutstätten germanischen Großmachtdenkens. Im August 1914 wird ihnen untersagt, Kinder von deutschen Reichsangehörigen aufzunehmen. Mit dem Ausschluss der reichsdeutschen Kinder verliert die Hauptschule von Sankt Annen mit einem Schlag 95 Zöglinge, die Knabenelementarschule 35, die Mädchenelementarschule 45. Das Budget ist empfindlich getroffen, ein Teil des Schulgeldes fehlt. Es geht nun um alles, es geht ums Überleben. Jetzt rächt sich, dass sich die Annenschule wie viele deutsche Einrichtungen in Petersburg zu sehr separiert hat. Die Landessprache hat sie nicht als eigenständiges Fach angeboten, obwohl viele russische Schüler in den Klassen sitzen.

Überhaupt haben es die meisten Balten nie für nötig befunden, Russisch zu sprechen. Sie haben auf ihren gesellschaftlichen Status gepocht und sich in ihren eigenen sozialen Netzwerken bewegt. Auch in der Maaß-Familie ist das lange so. Editha und ihre Schwestern haben kaum Kontakt zu russischen Kindern. Editha grenzt sich in ihrem Tagebuch von den »überfeinen, verwöhnten kleinen Russinnen ab, die schon in den untersten Klassen die feinen Weltdamen« spielen. Das ändert sich nun zwangsläufig. »Ich hoffe, wir können die Schulen erhalten, wenn wir freiwillig die russische Unterrichtssprache bei uns einführen«, sagt Edithas Onkel, der Schuldirektor Ernst Igel, vor dem Kirchenrat. »Wir müssen einlenken, um die Schule zu erhalten, zumal wir schon Militäreinquartierung haben.«[104]

In der Tat: In die Annenkirche ist nicht nur das Rote Kreuz eingezogen, das einen Teil der Räume der Elementarschule übernommen hat, sondern auch russisches Militär. Es hat den größten Teil ihrer Räumlichkeiten beschlagnahmt und in ihnen eine Ingenieur-Fähnrichschule

Auch die Apothekerfamilie von Poehl hat nach Kriegsausbruch mit großen Schwierigkeiten zu kämpfen. Viele der Verbindungen, über die sie bislang Rohstoffe aus dem Ausland bezog, sind nun gekappt, dabei ist der Bedarf an Medikamenten dramatisch gestiegen. Aber die Poehls sind Patrioten. Überall in Petrograd werden jetzt Lazarette eingerichtet. Fast jedes Unternehmen nimmt verwundete Soldaten auf, auch die Firma Prof. Dr. von Poehl & Söhne. Im Stammhaus auf der 7. Linie werden dafür Räume freigemacht. Das Foto aus dem Jahr 1915 zeigt genesende Soldaten mit Ärzten und Krankenschwestern im Poehl-Lazarett. Insgesamt stehen in Petrograd nun 566 Lazarette mit 45 400 Betten bereit. In den Kriegstagen besonders gefragt ist Poehls »Spermin«. So lange es die deutschen Zeitungen in Petrograd noch gibt, wirbt die Firma für ihr Universalmittel, das nicht zuletzt Depressionen bekämpfen soll.

eingerichtet. Von den evangelischen Gemeinden der Stadt ist die Annengemeinde durch den Krieg am schwersten betroffen. Dass ausgerechnet sie so leiden muss, hat mit ihrer Lage inmitten eines Rings von Kasernen zu tun, dem Preobraschenski- und dem Chevalier-Garde-Regiment sowie dem Artillerie-Arsenal am Liteiny-Prospekt. Von hier ist es zudem nicht weit bis zum Finnländischen und zum Nikolaibahnhof, wo die Truppen Richtung Front verladen werden. Planmäßiger Schulunterricht lässt sich nun nicht mehr durchführen. Er läuft jetzt in zwei Schichten, von 9 bis 13 und von 14 bis 19 Uhr. Bald geht auch das nicht mehr, und die Gemeinde kommt nicht umhin, 37 Klassen in die Petrischule am Newski-Prospekt zu überführen. Die Schüler müssen fortan mit der Straßenbahn zur Schule fahren und sich daran gewöhnen, dass ihr Unterricht erst ab 15 Uhr stattfinden kann, denn auch die Kapazitäten der Petrischule sind begrenzt.

Immer mehr regiert die Obrigkeit jetzt in die Schulen hinein. Im Dezember 1914 fordert sie, dass die Morgenandacht in der Höheren Mädchenschule für Orthodoxe in denselben Räumen stattzufinden hat wie die Andachten für Lutheraner. Es ist offensichtlich, dass die deutschen Schulen ihren eigenständigen Charakter verlieren sollen. Dass es tatsächlich so kommt, wird immer wahrscheinlicher.

Neben dem Druck von außen wächst auch der Druck im Innern. Es gebe »Spannungen an der Schule, angeregt durch Expektorationen der chauvinistischen Presse, die schon zu gewissen Auseinandersetzungen in der Schule geführt haben«,[105] heißt es in einer Notiz im November. Weniger diplomatisch formuliert bedeutet das, dass russische und deutsche Kinder zunehmend heftiger aneinandergeraten, da sie zu Hause ganz unterschiedliche Versionen von Kriegsgrund und Kriegsverlauf hören. Nach zweieinhalb Jahren Krieg muss der Kirchenrat konstatieren, dass allein die Hauptschule ein Defizit von 38 000 Rubel aufweist. Das ist eine gewaltige Summe. Ein Betrag von 15 000 Rubel kann noch durch einen Reservefonds gedeckt werden. Dennoch muss das Schulgeld – ausgerechnet in diesen Kriegstagen – auf 200 Rubel für Gemeindemitglieder und 260 Rubel für Fremde erhöht werden. Für Arbeiter wäre das mehr als ein halber Jahreslohn. Noch scheint man nicht am Ende, denn die Kirche, so erklärt der Schatzmeister, habe immer noch ein Vermögen von 780 000 Rubel, und die Immobilie sei weitere anderthalb Millionen wert.

Jeder muss jetzt mit Einschränkungen leben. Pastor Maaß hat seit Kriegsbeginn zwei Klassen der Knabenelementarschule in seiner großen Wohnung untergebracht, ein paar Zimmer zum Unterrichten abgetrennt, wofür ihm der Kirchenrat Dank ausspricht. Und weil er deswegen seine Familie nach Finnland schickt, bewilligt ihm das Gremium eine einmalige Entschädigung in Höhe von 2000 Rubel. Maaß ist Realist. Er hat seinen Kindern, die sich nun mit seiner Frau auf dem Land in Finnland aufhalten, verstärkt russischen Sprachunterricht verordnet, damit sie sich später frei in Petrograd bewegen können, wo nun kein Deutsch mehr gesprochen werden darf, jedenfalls nicht öffentlich. Ein russisches Fräulein plagt sich täglich mit ihnen ab, aber die Sprache erscheint den Mädchen viel zu schwer. Und weil Maaß das weiß, hat er ihnen eine gleichaltrige russische Spielgefährtin beigegeben, Maja, die allerdings schneller Deutsch lernt als die Mädchen Russisch. Im Sommer 1915 entschließt sich der Pastor, die Familie in Finnland zu lassen. Er bringt sie für den Winter in ein kleines Kirchdorf, stellt eine Gouvernante für den Hausunterricht ein und nimmt nur Editha, die Große, mit zurück nach Petrograd:

> Ich führte in Petersburg ein einsames Leben, und in meinem Herzen wuchs ein großer Widerwille gegen alles Russische, denn die Sprache bereitete mir viele Schwierigkeiten. In der Schule schlossen wir Balten uns eng zusammen, denn der große Zwang, unsere Muttersprache zu verleugnen, führte unsere Herzen zusammen und erweckte einen leichten Trotz in uns. Wir sprachen in den Pausen lieber englisch und französisch, als daß wir uns russisch unterhielten, obwohl manchem von uns eine praktische Übung in der letzteren gut tat.
> Am Vormittag machte ich meine Schulaufgaben, denn die Schule fand nur am Nachmittag statt, weil wir unser schönes Annengebäude Offizieren hatten abgeben müssen. Nun hieß es täglich zu der Petrischule hinauszupilgern. Um drei Uhr begann der Unterricht und dauerte bis sieben Uhr abends. An Pappis Seite wanderte ich dann nach Hause, denn unheimliche Gestalten machten das Straßenleben unsicher. Wenn es Pappi eilig hatte, mußten wir nach Hause fahren. An diese Fahrten denke ich mit Schrecken, denn die Elektrischen waren so überfüllt, dass Mord und Totschlag dort herrschten. Manchmal

kam es vor, dass ich mich auf der Strecke hinstellen musste, um mich von außen in voller Fahrt an die Elektrische zu klammern. Pappi, der ein paar Schritte weiter stand, sprang gleich hinter mir auf und schützte mich davor, erdrückt zu werden.

So gelangten wir in unsere große Wohnung auf der Furschtatskaja. Alles war still und dunkel, nur Leni, unser Mädchen, wirtschaftete in der Küche, die von unseren Wohnräumen so weit entfernt war, daß man laut rufen konnte, ohne gehört zu werden. An vielen verschlossenen Türen vorbei ging es ins Speisezimmer, denn Pappi hatte unsere größten Zimmer der Knabenschule zur Verfügung gestellt, die dort ihre Klassen einrichtete; dadurch wurde unsere Wohnung in zwei Teile geteilt, und Pappis Arbeitszimmer lag weit entfernt von meinem Wohnzimmer. So kam es, daß ich oft mutterseelenallein an meinem Schreibtisch saß und sich in der Stille des Abends ein leichtes Grauen einstellte. Bei jedem Geräusch zuckte ich erschreckt zusammen und wagte nicht, von meinem Buch aufzuschauen. Um schließlich alles Knacken und Knistern zu übertönen, fing ich laut zu singen an, bis meine Stimme ganz heiser wurde und Pappi erschien, um mich ins Bett zu schicken.

Mit der Zeit wurde es anders. Pappi siedelte, um mir meine Furcht zu nehmen, mit seinem Schreibtisch in das Schlafzimmer über, so daß ich abends nicht mehr allein war. Nun brauchte ich mich nicht mehr zu fürchten, nur wenn Pappi abends Konferenz hatte und erst um Mitternacht nach Hause kam, stellte sich die alte Angst wieder ein. In Schweiß gebadet lag ich dann in meinem Bett, und in meiner erregten Fantasie entstanden die schrecklichsten Bilder. Ich sah Pappi beraubt und gemordet auf der Straße liegen, oder ich mußte an alle grauenvollen Gefängnisgeschichten denken, von denen man jetzt sehr viel hörte. Jedes Knacken in den Zimmern erweckte in mir die Vorstellung von Einbrechern und Mördern, und der kalte Angstschweiß verwandelte sich oft in Fieberglut. So lag ich oft stundenlang in gespannter Erwartung, bis endlich der Schnapper klirrte.[106]

Der schlesische Fotograf Carl Bulla (stehend 2. v. l.), der bereits seit 1867 in Sankt Petersburg lebt, hält den Beginn des Krieges mit seinen Bildern fest, übergibt aber bald darauf sein Geschäft und das große Atelier am Newski-Prospekt 54 den Söhnen Alexander (stehend 1. v. l.) und Viktor (ganz rechts). Er war als 12-Jähriger in die Stadt gekommen, hatte als 20-Jähriger einen ersten Fotopavillon eröffnet und 1886 die Genehmigung erhalten, auch außerhalb seines Ateliers fotografieren zu dürfen. So wird er zum Chronisten der Stadt. Er fotografiert die Petersburger Bäcker beim Brotbacken und die Feuerwehr bei der Brandlöschung, die Kunden in den Geschäften und die Kaufleute im Handelshof, aber auch einfache Leute wie die Arbeiter in den Betrieben oder bei der Eisenbahn. Bald gibt er die ersten Ansichtskarten mit seinen Fotos heraus und publiziert in den angesehensten russischen Journalen. Petersburg ernennt ihn zum Ehrenbürger. Seinen Söhnen wird das Schicksal nicht so gnädig sein.

Oskar Böhmes Welt ist klein geworden: Er fährt gegen mittags und abends mit der Linie 8 zum Marientheater und danach wieder zurück. Was im Zentrum der Stadt vor sich geht, erfährt er kaum. Er ist auf sich selbst zurückgeworfen. Reisen kann er nicht mehr, Post von den Brüdern aus Deutschland kommt nicht mehr an. Die meiste Zeit ist er damit beschäftigt, Lebensmittel oder Heizmaterial für die Wohnung zu beschaffen. Und dann passiert dieser große Fauxpas: Am 15. Dezember 1915 kommt er zu spät zur Vorstellung. Ausgerechnet an diesem Abend steht Georges Bizets Erfolgsoper *Carmen* auf dem Programm. Bizet hat das Orchester bei *Carmen* nicht übermäßig üppig besetzt. Aber direkt auf der Bühne haben zwei Musiker das Cornet à pistons zu spielen, einer davon ist Böhme. Als die Vorstellung um halb acht beginnen soll, ist Böhme nicht da – es kommt zum Skandal. Man kann ohne ihn nicht anfangen, sein Cornet ist unverzichtbar. Erst zehn Minuten vor acht taucht Böhme auf.

Die Vorstellung beginnt mit mehr als 20 Minuten Verspätung, das Publikum ist verstört. Der Vorgang setzt das Räderwerk der Kaiserlichen Theater in Bewegung. Der Chefregisseur schreibt am nächsten Tag einen Rapport ans Theaterkontor, in dem er der Direktion den Vorfall schildert. Der Chef des Kontors, Baron Kusow, bemerkt auf dem Schreiben handschriftlich: »Bitte darum, dass Herr Böhme schriftlich eine Erklärung zu dem Vorfalle liefert.«[107] Und die verfasst Böhme voller Zerknirschung am 18. Dezember.

> Ich halte es für meine Pflicht, Ihnen folgendes zu sagen: In der letzten Zeit war der Beginn der Vorstellungen von der Direktion oft auf 7.30 Uhr festgesetzt worden, oft aber auch auf 8 Uhr. In der völligen Gewissheit, dass ich gelesen hatte, die Vorstellung der »Carmen« beginne um 8 Uhr, erschien ich um 7.45 Uhr zum Dienst. Daß ich die Anfangszeit der Vorstellung verwechselt habe, erkläre ich mir mit der Angegriffenheit meines Gedächtnisses, deren Ursache der schwere Kampf um die Existenz ist, der besonders in der letzten Zeit physisch wie psychisch ziemlich große Anforderungen stellt, besonders an die weniger Bemittelten. Ich habe bereits an dem betreffenden Abend dem Kapellmeister Herrn Cooper und dem

> Chefregisseur Herrn Tartschakow mein Bedauern über meine Vergesslichkeit ausgedrückt. Nehmen bitte auch Sie meine aufrichtige Entschuldigung für die Verspätung entgegen, die mir im Verlauf meines 13jährigen Dienstes das erste Mal passiert ist. Orchesterkünstler Oskar Böhme[108]

»Es bei einem Verweis belassen«, notiert Baron Kusow auf dem Schreiben. Der Hinweis auf die große physische und psychische Anspannung ist keine Ausrede. Die Verhältnisse machen Oskar Böhme tatsächlich zu schaffen, er ist gesundheitlich ja nicht der Stabilste. Bereits im Februar hat er beim »hochwohlgeborenen«[109] Dirigenten Nikolai Malko, der bald Nachfolger von Riccardo Drigo werden wird, schriftlich um Entschuldigung dafür gebeten, dass er aus gesundheitlichen Gründen vorzeitig eine Probe verlassen musste.

Auch der jüngste Vorfall wirkt sich nicht dramatisch aus. Böhme hat einen guten Stand bei der Orchesterleitung, man schätzt ihn, und zwar so sehr, dass der russische Staatsbürger deutscher Abstammung Oskar Böhme knapp einen Monat später die bislang größte Beförderung erfährt – mitten im Krieg gegen Deutschland. Unter dem Datum 24. Januar 1916 schreibt der Direktor der Kaiserlichen Theater, Wladimir Teljakowski: »Mit Genehmigung des Kaiserlichen Hofministers wird dem Ersten Cornetisten der ersten Gruppe Oskar Böhme der Titel eines Solisten verliehen, mit den Rechten eines Künstlers der 1. Klasse.«[110]

Die Verfügung des obersten Beamten aller Kaiserlichen Theater in Russland wird sofort im Theaterjournal veröffentlicht. Böhme lässt den neuen Titel sogar in seinen Pass eintragen. »Künstler-Solist des Orchesters der Kaiserlichen Theater« steht jetzt dort. Solist – das ist ein Titel, der ihn aus der Masse der übrigen Künstler heraushebt. Mit ihm ist automatisch die Ehrenbürgerschaft verbunden, aber die besitzt Böhme ja schon. Eigentlich hat er nach gut 13 Jahren alles erreicht, was sich am Marientheater erreichen lässt. Er ist jetzt 46 Jahre alt, doch seine Zukunft steht in den Sternen.

Selbst wer die Ereignisse in der Welt nicht sehr aufmerksam verfolgt, muss inzwischen erkannt haben, dass nichts vorhersehbar und der Ausgang des Krieges ungewiss ist. Zwar setzt die Entente Deutschland immer mehr unter Druck, aber was aus Russland wird, das lässt sich nicht sagen. General Alexei Brussilow und die 8. Armee haben im

Sommer Ostgalizien und die Bukowina zurückgeholt, ansonsten können die russischen Militärs kaum Erfolge vermelden. Petrograd ist voller Flüchtlinge, an die 200 000 sollen es inzwischen sein, die Löhne fallen, die Inflation steigt. Selbst die rechte Zeitung *Nowoje Wremja* warnt, dass die Ernährung mit Grundnahrungsmitteln wie Kohl und Kartoffeln kaum noch zu gewährleisten ist. Die 13-jährige Editha beobachtet, wie sich die Lage im zweiten Kriegsjahr zuspitzt:

> Überall machten sich Nahrungssorgen bemerkbar, die Gesichter wurden schmal und blaß. Das Brot wurde streng nach Karten aufgeteilt, und auch die anderen Lebensmittel waren immer schwerer zu erhalten. Mütter und Dienstboten wanderten schon im frühsten Morgengrauen zu den Geschäften, um beim Öffnen die ersten zu sein. Wir haben manchmal mit Pappi die Frauen zu zählen versucht, die in langen Reihen die Straßen entlang standen und mit Ungeduld darauf warteten, an den Ladentisch zu kommen. Ihre Gesichter waren verhärmt, und oft sah man einen bösen neidischen Zug in ihren Augen, wenn wir, die sogenannten Bourgeois, von denen sie glaubten, daß wir alles in Hülle und Fülle haben, an ihnen vorbeigingen.[111]

Seit Monaten erheben sich immer wieder Proteste. Im September 1915 streiken die Arbeiter der Putilow-Werke. Sie haben sich allmählich radikalisiert. Ihre Forderungen gehen längst über den Achtstundentag hinaus und umfassen inzwischen auch die Forderung nach Einrichtung einer Konstituierenden Versammlung und einer Republik. Doch dann übernimmt Nikolai II., dem niemand weitsichtige Entscheidungen zutraut, auch noch das Oberkommando der Armee. Damit beschädigt jede weitere Niederlage der russischen Armee unmittelbar die Autorität des Kaisers, die ohnedies beständig abnimmt, selbst am Hof, im Generalstab, in den Ministerien. An der Front zirkulieren bereits sozialdemokratische und sozialrevolutionäre Flugblätter mit Aufrufen zur Beendigung des Krieges. Und es gibt Gerüchte über eine Verschwörung der Deutschen mit Kaiserin Alexandra, die beim russischen Volk ohnehin nie viele Sympathien genoss. Auch das Gerede über den unheilvollen Einfluss des Wanderpredigers und Wunderheilers Grigori Rasputin auf die Kaiserin will nicht verstummen. Der Kaiser hatte diesen praktisch in die Familie aufgenommen, weil Rasputin die Bluterkrankheit des Thronfolgers zu heilen versprach.

Dass sich eine entscheidende Wende für Russland vorbereitet, das wird Oskar Böhme am 17. Dezember klar, als er gegen Abend wie immer mit der Straßenbahn über die Nikolaibrücke und den Mariä-Verkündigung-Platz zum Theater fährt, vorbei an der Insel mit den holländischen Werften Peters des Großen und den Kasernen der Gardemarine und weiter über die Moika. Als die Tram die Brücke überquert und er nach links aus dem Fenster schaut, sieht er am Ufer des Kanals die rote Deutsch Reformierte Kirche und schräg gegenüber den großen Palast des Fürsten Jussupow, an dessen Tor einst Chefdirigent Eduard Naprawnik geklopft hatte. Zu dieser Stunde hat sich bereits wie ein Lauffeuer herumgesprochen, dass Rasputin, der große Einflüsterer am Zarenhof, in der Nacht zuvor verschwunden ist. Im Keller ebendieses Jussupow-Palastes ist er ermordet worden. Das stellt sich heraus, als seine Leiche am 18. Dezember aus dem Wasser gefischt wird.

Die Verschwörer, der junge Fürst Felix Jussupow, der Monarchist Wladimir Purischkewitsch, Großfürst Dmitri Pawlowitsch und der britische Agent Oswald Reyner, hatten den Bauernprediger am 16. Dezember abends in den Palast gelockt und zunächst mit Zyankali zu vergiften versucht. Es war dem kredenzten Rotwein und den angebotenen Piroggen beigemischt, tat aber kaum Wirkung. Dann hatten sie ihm mit einem britischen Webley-Revolver in Leber, Nieren und Stirn geschossen, den Leichnam schließlich zur Steininsel im Norden der Stadt geschafft und dort in die halb vereiste Newa geworfen.

Den Verschwörern ging es vor allem um die Deutschen und ihren Einfluss. Jussupow war nicht nur davon überzeugt, dass Rasputin den Zaren zu der katastrophalen Entscheidung überredet hatte, 1915 anstelle von Großfürst Nikolai Nikolajewitsch den Oberbefehl über die Armee zu übernehmen. Er klagte auch schon lange über den verhängnisvollen Einfluss der Deutschen am Hof. Die Mehrheit der Minister, die ihre Ernennung Rasputin zu verdanken hätten, seien Germanophile: »Die Frechheit der Deutschen kannte keine Grenzen. Sowohl in der Armee als auch am Hofe trugen sie deutsche Namen.«[112] Schon sein Vater, der 1915 vom Kaiser zum Moskauer Generalgouverneur ernannt worden war, sei am starken Einfluss seiner deutschen Umgebung gescheitert. Jussupow glaubt das unter anderem, weil der Kaiser den Vater schnell wieder abgesetzt hat mit der Begründung, der Gouverneur habe die antideutschen Pogrome in Moskau nicht verhindert.

Man könnte Jussupows Aktion in der Nacht zum 17. Dezember einen Umsturzversuch von rechts nennen. Die wirkliche Revolution bricht zweieinhalb Monate später aus.

Traumloser Schlaf

Der Taschenkalender »Tag für Tag« für das Jahr 1917, von der Petrograder Militärzensur am 4. März 1916 genehmigt, unterscheidet sich kaum von den Ausgaben der Jahre zuvor. Der orthodoxe Kalender nimmt wie immer den meisten Platz ein. Jeder Tag beginnt mit kirchlichen Daten. Aber es ist der letzte Kalender der Kirchners in dieser Form. Im folgenden Jahr wird alles anders sein. Im Jahr 1917 ist die Dynastie der Romanows 304 Jahre an der Macht, das Russische Reich 196 Jahre alt. Es verfügt über eine gewaltige Armee, eine Flotte, eine mächtige Polizei und Zehntausende dem Zaren ergebene Beamte. Dass all das schlagartig bedeutungslos werden kann, wird sich bald erweisen.

Der Winter ist sehr hart, die Quecksilbersäule sinkt unter minus 20 Grad. Auf dem Schwarzmarkt hat sich das Pud Mehl um das Fünffache verteuert. Am 1. März werden Brotmarken eingeführt. Jeden Tag bilden sich gewaltige Schlangen vor den Bulotschnajas, den Bäckereien, die Stimmung der Wartenden, denen man nur teures weißes Brot anbietet, wird immer aggressiver. Die Revolution beginnt mit dem Sturm einer dieser Bäckereien, einem Geschäft an der Ecke zwischen der Ordinarnaja und dem Großen Prospekt auf der Petrograder Seite. Zehn Tage reichen, um das Land radikal zu verändern.

Am 18. Februar bricht ein Streik in den Putilow-Werken aus. Am 22. werden alle 36 000 Arbeiter des Werkes wegen dieses Streiks entlassen. Am 23. Februar streiken bereits die Arbeiter der Torschilow-Werke, auch die beim Autohersteller Lessner stellen die Arbeit ein, ebenso bei »Russki Renault«, bei Erikson und bei Rosenkranz. Über den Newski-Prospekt marschiert die Arbeiterschaft mit Losungen wie »Nieder mit dem Krieg!«, »Weg mit der Selbstherrschaft!«, »Brot!«.

Am 24. Februar sind bereits 170 000 Arbeiter im Ausstand, und obwohl Polizei und Truppen an den hochgezogenen Brücken stehen und das Stadtzentrum wie eine Festung abgeriegelt ist, dringen die Protestzüge übers Eis der Newa bis ins Herz von Petrograd vor. Die meisten ziehen zum Snamensker Platz am Nikolaibahnhof, wo vor dem Denkmal für Alexander III. Kundgebungen stattfinden. Auch hier stehen Polizei und Kosaken, aber es wird kaum geschossen und wenn, dann nicht gezielt, sondern über die Köpfe der Menschen hinweg. Auf dem Newski-Prospekt wiederum erinnert die Lage eher an einen Karneval. Dort trifft man Damen der Gesellschaft, Studenten und Kriminelle, das Kaufhaus Gostiny Dwor ist in der Hand der Kosaken. Wer gegen wen kämpft, ist nicht auszumachen. Am 25. Februar streiken 305 000 Menschen in 421 Betrieben. Überall wird demonstriert, und als der Polizeivorsteher Krylow auf dem Snamensker Platz eine rote Fahne zu zerreißen versucht, wird er von der Menge erschlagen. Er ist das erste Opfer der Revolution.

Der Zar weilt noch immer in Mogiljow, weit weg im Hauptquartier der Armee. Die Brisanz der Lage erkennt er nicht. Als der Duma-Präsident Michail Rodsjanko ihn schriftlich anfleht, dem Parlament die Macht zu übertragen, hält Nikolai das schlicht für Unsinn und meint, darauf nicht einmal antworten zu müssen. Wie immer vertraut er auf seine Gemahlin, die während seiner Abwesenheit stets ein sicheres Gespür für die Geschehnisse in Petrograd bewiesen hat. Aber Alexandra Fjodorowna, die besorgte Mutter, ist in diesen Tagen ausschließlich mit ihren Kindern beschäftigt. Alexei und Olga haben die Masern, und nun hat sich auch noch Tatjana angesteckt. Sie glaubt, was ihr der Premier und der Innenminister erzählen.

Am 26. Februar werden auf dem Snamensker Platz bereits 40 Tote gezählt, und am folgenden Tag laufen die Soldaten zu den Demonstranten über. Sie schießen nun auf die Polizei und ihre eigenen Kommandeure. Den Anfang macht die 4. Kompanie des Reservebataillons der Leibgarde des Pawlow'schen Regiments, es folgen Einheiten des Wolhynsker und des Preobraschensker Regiments. Die Soldaten meucheln ihre Offiziere und öffnen das Gefängnis im Litowsker Schloss, auch das berüchtigte »Kresty«. Die Regierung ist paralysiert, der Chef des Staatsrats wird verhaftet. Am 28. Februar sind die Peter-und-Paul-Festung sowie die Bahnhöfe in den Händen der Aufständischen. Telegramme des Kaisers, die Unruhen niederzuschlagen, gehen ins Leere. Daraufhin beschließt dieser, nach Petrograd zurückzukehren, aber das gelingt ihm nicht mehr. Denn am 1. März erheben sich sogar die zarentreue Garnison in Zarskoje Selo und die Flottenbasis in Kronstadt. Nun endlich erfolgt die Wende: In einem Waggon des kaiserlichen Zuges, der nach Peterhof unterwegs ist, dort aber niemals ankommt, unterzeichnet Nikolai II. am 2. März um 23.40 Uhr – offiziell um 15.05 Uhr – seinen Thronverzicht und bezieht seinen Sohn Alexei gleich mit ein:

> In den Tagen des großen Kampfes gegen den äußeren Feind, der sich seit drei Jahren bemüht, unser Vaterland zu unterjochen, hat Gott Rußland eine neue schwere Prüfung gesandt. In diesen für das Leben Rußlands entscheidenden Tagen hielten Wir es für Unsere Gewissenspflicht, Unserem Volk den engsten Zusammenschluß und die Organisierung aller seiner Kräfte erleichtern zu sollen, damit ein schneller Sieg verwirklicht werden kann. Deshalb haben Wir im Einvernehmen mit der Reichsduma für gut befunden, der Krone des Russischen Reiches zu entsagen und die oberste Gewalt niederzulegen. Da Wir uns nicht von unserem geliebten Sohne trennen wollen, übertragen Wir die Erbfolge auf unseren Bruder, den Großfürsten Michail Alexandrowitsch, dem wir bei der Besteigung des Thrones des Russischen Reiches unseren Segen erteilen.[113]

Aber der Bruder lehnt dankend ab. Von jetzt an spielt sich fast alles im und um den Taurischen Palast in Petrograd ab, wo die Reichsduma sitzt. Editha Maaß, die mit ihrem Vater in unmittelbarer Nähe wohnt, verfolgt am ersten Märzmorgen die Ereignisse:

> Ich kniete am Fenster und sah neugierig auf das bunte Treiben, das heute auf den Straßen herrschte, hinab. Unzählige Soldaten zogen mit Musik und großen roten Fahnen vorbei. Manche schwenkten ihre Säbel, so daß sie schrecklich in der Sonne funkelten, andere erhoben ihre Arme und ließen laute Rufe erschallen, das Volk aber, eng zusammengedrängt, jubelte den Soldaten zu, und das brausende »Hurra« wollte gar nicht aufhören. (…) Plötzlich ertönten in meiner nächsten Nähe Schüsse. Die Menschen unter meinem Fenster flüchteten in eine Seitengasse, und nur hin und wieder wagte sich einer hervor, um neugierig um die Ecke zu lugen. Mir wurde es unheimlich. Ich war ganz allein in unserem großen Hause, nur in der Küche, die weit abgelegen

war, hantierte das Mädchen. Ich lief dorthin, um in der Nähe eines Menschen zu sein, aber ich fand sie nirgends. Endlich sah ich sie in der Haustür mit der Frau des Portiers stehen. (…) Ein blutüberströmter Junge mit weit aufgerissenen Augen wurde herübergeschleppt. Draußen rannten die Menschen schreiend vorüber, Automobile, überfüllt mit Soldaten, die ihre blanken Säbel weit von sich gestreckt hatten, sausten vorbei. »Lieber Gott, behüt Pappi«, flehte ich. Am Ende ist er erschossen? Unheimliche Bilder tauchten vor mir auf. In meiner Phantasie sah ich Pappi in seinem Blute liegen, ein roher Soldat geht dabei über ihn hinweg und tritt ihm dabei auf die Brust. Ich zitterte am ganzen Leibe und starrte hinaus auf den Hof, einige Soldaten kamen gerade heraus, einer hob die Flinte und schoß in die Luft. »Leni, Leni«, schrie ich, »wo ist Pappi?« Da knarrte die Türe, und er kam endlich und beruhigte mich, und ich vergaß die schreckliche Revolution.

Maaß bringt seine Tochter in einem Mädchenpensionat auf dem Annenhof unter. Auch eine Cousine und ein Mädchen aus Edithas Klasse wohnen dort. Sie alle schlafen gemeinsam in einem großen Zimmer.

Lange, lange konnte ich nicht einschlafen. Unruhig warf ich mich von einer Seite auf die andere und preßte mein Gesicht ins Kopfkissen, um den Feuerschein draußen nicht sehen zu müssen – denn dort schlugen rote Flammen aus einem Haus. Es war eine Bank, die da brannte. Mir war alles so furchtbar, daß ich selbst den Schlaf fürchtete. Allmählich erst fielen meine Augenlider zu. Ein traumloser Schlaf überkam mich an diesem bisher schrecklichsten Tag meines Lebens.

Am nächsten Tag gehen die Unruhen weiter, auch bei der Annenkirche. Erst gegen Mittag wird es ruhiger. Maaß und seine Tochter nutzen den Moment und retten sich über den Annenhof in die Wohnung von Schuldirektor Ernst Igel.

Wir saßen im hellen Speisezimmer, Soldaten stürmten herein. »Waffen her!«, schrien sie und »Sind hier Schutzmänner versteckt?« Immer lauter wurde es auf den Straßen. Es war, als ob die Welt in tausend Stücke bersten wollte. Dann ein furchtbarer Knall über mir. Mein Vater, mein Onkel und mein Vetter warfen sich auf den Fußboden hinter dem Polstersessel. Hier konnte uns kein Schuss treffen. Ein kleines dunkles Loch zeigte die Stelle, wo die letzte Kugel dicht an mir vorbei hereingesaust war. Auch aus den Eingängen der früheren Annenschule, die jetzt zu einer Kaserne und zu einem Lazarett umgewandelt war, stürmten blutjunge Soldaten hervor. Die meisten waren verwundet und trugen noch Verbände.

Zwei Tage später reisen der Pastor und seine Tochter nach Finnland ab. Dort erreicht sie die Nachricht, dass ihre Wohnung in Petersburg geplündert und gänzlich ausgeräumt ist. Nur ein kleines leeres Tintenfass habe noch mitten im Zimmer gestanden.

Anarchismus

Ist die Februarrevolution so »sehenswert, romantisch und spontan« gewesen, wie der Petersburger Historiker Lew Lurje meint? Aus späterer Sicht wohl schon: Die 433 Toten sind ein vergleichsweise geringer Blutzoll. Die Menschen jubeln, der Zar ist gestürzt, sie können es kaum glauben. Gestürzt hat ihn keine Partei und schon gar nicht die der Bolschewiki. Ein Gefühl des Aufbruchs macht sich breit.

Im Taurischen Palast konstituiert sich ein »Provisorisches Komitee zur Wiederherstellung der öffentlichen Ordnung«, das Parlament ist vorübergehend der neue Souverän. Aber auch die Revolution auf der Straße schafft sich ihr eigenes Organ, den Petrograder Sowjet der Arbeiter- und Soldatendeputierten, der ein Provisorisches Exekutivkomitee wählt. Aus den Verhandlungen zwischen beiden entsteht die Provisorische Regierung, die bis zum Zusammentritt einer noch zu wählenden Konstituierenden Versammlung amtieren soll. Es ist erstaunlich, was sie in kurzer Zeit auf den Weg bringt. Bürgerliche Grundrechte und Pressefreiheit werden noch im März proklamiert, die Todesstrafe und die Militärgerichtsbarkeit außerhalb der Front werden abgeschafft, die Beschränkungen für religiöse und ethnische Gruppen aufgehoben, zuallererst für die Juden. Aber auch die zu Kriegsbeginn erlassenen Gesetze gegen deutsche Untertanen werden außer Kraft gesetzt.

Am 8. März steht in den Zeitungen, dass die Provisorische Regierung den Beschluss gefasst habe, »jede weitere Liquidierung deutschen

Grundbesitzes einzustellen«,[114] um Ernte und Aussaat zu fördern. Am 11. März verfügt sie offiziell, die antideutschen Gesetze des Jahres 1915 aufzuheben. Wie eine Art Manifest der neuen Führung wirkt das Gesetz über die Gleichheit aller Nationen und Glaubensbekenntnisse. Im Entwurf sind russische Bürger deutscher Herkunft noch ausgenommen, aber Alexander Kerenski, zur Zeit Justizminister, setzt durch, dass der einschränkende Passus gestrichen wird. Der Gleichheitsakt, der am 21. März verabschiedet wird, hebt alle Beschränkungen auch für Deutsche auf, und das mitten im Krieg, während die deutsche Armee in den russischen Ostseeprovinzen steht, gar nicht weit vor Petrograd. Die Deutschen dürfen sich wieder frei bewegen, überall siedeln, Immobilien erwerben, sich an Unternehmen beteiligen und in den zivilen wie militärischen Staatsdienst eintreten. Und sie dürfen ihre Sprache frei benutzen. Nach fast drei Jahren Ausgrenzung atmen die Petrograder Deutschen auf, in den Kolonistendörfern vor der Stadt bricht Jubel aus.

Die »Genossenschaft Kirchner« profitiert sogleich von der politischen Lage. Sie produziert, was die neue Macht braucht. Bis zum Erscheinen der nächsten Kalender bleiben noch ein paar Monate Zeit, und so druckt sie in diesen Tagen das »Gesetz über die Verfassunggebende Versammlung«, das im Juli der Zeitung *Trud i Wolja* – »Arbeit und Wille« – beigelegt wird. Die Wahl zur Versammlung soll auf Grundlage gleichen Rechts erfolgen, ohne Unterschied von Geburt und Geschlecht. »Die große Revolution vom 27. Februar bis 4. März hat die alte Staatsordnung beseitigt. Das Land muss umgestaltet werden«, schreibt der 36-jährige Alexander Kerenski im Begleitwort.[115] Der gemäßigte Sozialist, der mütterlicherseits von Russlanddeutschen abstammen soll, steht jetzt an der Spitze der Provisorischen Regierung.

Die Firma Kirchner druckt nun jede Menge Flugblätter, im Mai und im Juni etwa für den Militärbund »Persönliches Beispiel«. Zwischen den verschiedenen Parteien ist inzwischen ein erbitterter Kampf um den künftigen Weg Russlands ausgebrochen. Lange bleibt er unentschieden. Die Intellektuellen mögen über die Implosion des Kaiserreichs jubeln, die Juden und Deutschen sich über ihre wiedererlangten Freiheiten freuen – die Arbeiter jedoch warten vergeblich auf eine Verbesserung ihrer Lebensbedingungen, und auch den Bauern geht es mit der Landverteilung viel zu langsam voran. Und dann sind da auch noch die unzufriedenen Soldaten. Petrograd brodelt. Kadetten, Oktobristen,

Sozialrevolutionäre, Anarchisten, Sozialdemokraten, Nationalisten, jeder kämpft jetzt gegen jeden und sucht für das eigene Lager herauszuholen, was möglich ist. Dazwischen bewegen sich die während des Krieges aus Polen oder Lettland Evakuierten, 15 000 Soldaten aller nur denkbaren Garnisonen und mindestens 50 000 Deserteure. Überall gibt es Kundgebungen und Versammlungen, überall Konzerte. Selbst die Hofarbeiter und Portiers sind nicht mehr an ihrem Platz, die Stadt versinkt im Müll. Die Häuser sind bis zur zweiten Etage hinauf mit politischen Plakaten, Aufrufen, Erklärungen, Losungen und Karikaturen beklebt, und auf den Bürgersteigen watet man durch Schichten ausgespuckter Schalen von Sonnenblumenkernen.

Die meisten der zweieinhalb Millionen Einwohner Petrograds sind mit sich selbst beschäftigt. Hastiger Lärm, nervöses Straßenbahnquietschen, Geschrei vor den Geschäften und ab und an Schüsse – niemand weiß, was morgen in der Stadt geschehen wird. Die Doppelherrschaft von Provisorischer Regierung und Deputiertenrat führt zu chaotischen Verhältnissen. Im Juli proben Teile der Bolschewiki einen Aufstand und scheitern. Wenig später unternimmt Oberbefehlshaber Lawr Kornilow einen Putschversuch von rechts, findet aber keine Unterstützung durch die Petrograder Bevölkerung.

Den Arbeitern sind im März zwar die Löhne erhöht worden, die Inflation hat diese Zulage aber gleich wieder aufgefressen. Immer weniger Lebensmittel kommen in die Stadt, denn der Eisenbahnverkehr ist zusammengebrochen. Banditen oder Bauern hängen die Waggons einfach ab und plündern sie. Es gibt kaum noch Brennstoff, Ersatzteile, Rohstoffe. Betriebe müssen schließen, die Kriminalität greift um sich. Dann wird es auch in Finnland unruhig. Die Abdankung des russischen Kaisers, der gleichzeitig Großfürst von Finnland ist, stürzt auch dieses Land in die Krise. Die dramatisch schlechte Versorgungslage und die Radikalisierung der Arbeiter tragen dazu bei, dass es binnen wenigen Monaten zum Bürgerkrieg kommt. Familie Maaß kann sich in Finnland nicht mehr halten. Im Frühherbst kehrt sie in ihre notdürftig wiederhergerichtete Petrograder Wohnung zurück. Editha notiert:

> In den Wohnungen war man sich vor Raub und Plünderung von jetzt ab nicht mehr sicher. Zum Schutz wurden die Vordereingänge mit Brettern vernagelt und nur die versteckten Hofeingänge benutzt.

Später wurde ein Hausschutz gebildet. Jede Nacht wachten auf unserem Hof bei einem großen Feuer Bewohner des Hauses. Alle unsere Herren mußten zwischendurch ihre Nachtruhe opfern, und am Tage hatten unsere Damen den Dienst. Auch Mutti hat bei eisiger Winterkälte draußen gestanden. (…)
Meine Geschwister, die sich nur schwer nach der Freiheit in Finnland an das Stadtleben gewöhnen konnten, besuchten alle die Schule und quälten sich mit dem Russischen ab. Doch das Schulleben trat immer mehr in den Hintergrund, denn der Kampf ums Dasein und ums tägliche Brot griff auch in das Leben von uns Kindern ein. Die Brotrationen verkleinerten sich von Tag zu Tag, und immer sparsamer und geiziger wurden wir mit jedem Krumen und verschlossen unseren Teil in feste Kästchen. Allmählich verschwand das Brot ganz von unserem Speisezettel, und eine Kartoffel mußte für den Tag Ersatz leisten. Mit müden, hungrigen Augen saßen wir morgens um den Kaffeetisch, schlürften das bittere, schwarze Getränk und kauten bedächtig an einer sehr zweifelhaften Kartoffel. Die Schale und alle schwarzen Stellen wurden zuerst vertilgt, um den guten Rest als Leckerbissen zuletzt zu verschmausen. (…)
Pappi wurde durch den Hunger sehr krank. Er kam mit heftigen Schmerzen, wohl mit Magengeschwüren in das Diakonissenhaus, an dem er Pastor und Rektor war. Es war vielleicht ein Glück für uns, denn von der großen Küche des Hauses fiel doch etwas für uns ab. Die schwedische Gesandtschaft nämlich unterhielt täglich 100 deutsche Kriegsgefangene, die im Diakonissenhaus untergebracht waren. Nun kam es öfters vor, dass einige Portionen übrigblieben, und die wurden unter die Angestellten der Anstalt verteilt. (…)
Traurig war es mit unserer alten Omama, die durch Arterienverkalkung ihr Gedächtnis eingebüßt hatte. Sie verstand nicht, daß wir eine Hungerszeit durchmachten, und oft hörte ich sie bitten: »Ach Herzchen, bring mir doch ein kleines Stückchen Brot!« »Aber Omama, wir haben doch keins.« »Ach red doch nicht! Ein Stückchen trockenes Brot werdet ihr doch im Hause haben, gebt es mir doch, bitte bitte!« Wir brachten ihr dann ein kleines Plätzchen aus Kartoffelschalen, das wohl nicht sehr schön schmeckte, und Omama tadelte auch das seltsame Gebäck, aß es aber auf. Wir bekamen nämlich zwischendurch aus dem Diakonissenhaus Schalen von gekochten Kartoffeln. Diese ließen wir

durch die Fleischmaschine laufen, kneteten den Teig mit etwas Salz und Kümmel, formten kleine Plätzchen und ließen sie im Ofen trocknen. Auch den Kaffeegrund bewahrte Mutti sorgfältig auf. Sie machte daraus kleine runde Kuchen, indem sie den Grund mit Kakao und Zucker vermengte und die Kuchen im Backofen trocknen ließ.

Einmal bekam Papi durch einen glücklichen Zufall ein paar Pfund Schokolade, von der wir Kinder jeden Abend ein kleines Stück bekamen. Den ganzen Tag freuten wir uns schon darauf, denn unsere Hauptnahrung bestand ja nur aus Sauerkohl, Hering, schwarzem Kaffee und Tee. Abends bekamen wir, streng eingeteilt, ein winziges Stückchen Brot vom Diakonissenhaus. Darauf strichen wir die Schokolade, die wir auf einem Teelöffel im Dampf des Tees zuvor geschmolzen hatten, und verwahrten das Schnittchen sorgsam bis zum Schlafengehen.

Seitdem Pappi im Krankenhaus war, hatte Mutti uns Kinder zu sich ins Schlafzimmer genommen. Ganz früh legten wir uns alle hin, und Mutti las uns Karl May vor, bis uns die Augen zufielen.[116]

Der Umsturz

Dass die Bolschewiki die Macht übernehmen würden, war lange Zeit überhaupt nicht abzusehen. Der Umsturz geht zunächst beinahe unbemerkt vonstatten und hat so gar nichts von einem Staatsstreich. Während die Revolution sich gegen Ende des Sommers radikalisiert, fällt die Provisorische Regierung in Agonie und verstrickt sich in innere Flügelkämpfe. Es gibt im Grunde keinen Staat mehr. Diese Situation nutzen Lenins Bolschewiki. Sie kapern den Petrograder Rat der Arbeiter- und Soldatendeputierten und machen ihn zum politischen Hauptakteur. Ein Klassenbewusstsein, aus dem ein revolutionäres Verhalten erwachsen kann, haben die Arbeiter und Soldaten nicht, obwohl Lenin das später behauptet. Ihnen geht es im Chaos jener Tage einzig und allein um das, was sie hautnah tangiert. Lenin ist den meisten völlig unbekannt. Am 22. Oktober erklärt das militärisch-revolutionäre Komitee des Petrograder Rates, dass Anweisungen an das Militär ab sofort nur noch von ihm erteilt werden. So verliert die Provisorische Regierung peu à peu die Gewalt über die Truppenteile. Am Morgen des

Am 18. Juni 1917 wird noch friedlich auf dem Newski-Prospekt gegen die Provisorische Regierung demonstriert. Am 4. Juli aber kommt es zur Katastrophe: Regierungstruppen schießen auf dem Newski-Prospekt Hunderte Demonstranten nieder, mindestens 400 Menschen sterben. Viktor Bulla ist Zeuge, er fotografiert aus seinem Atelier heraus. Die Bolschewiki haben in Verkennung des wahren Kräfteverhältnisses eine Entscheidung gesucht. Sie haben den Generalstreik ausgerufen, einen Minister als Geisel genommen und die Machtübergabe an die Sowjets verlangt. Der Versuch, auf diese Weise die Doppelherrschaft in Russland zu beenden, misslingt auf blutige Weise. Kriegsminister Kerenski übernimmt die Regierung.

25. Oktober proklamiert das Komitee schließlich die Absetzung der Regierung. Trotzdem verläuft der Tag ruhig.

Kerenski hofft noch immer, dass von der Front Truppen zu Hilfe kommen, er hat sie herbeigerufen, aber die Eisenbahn ist lahmgelegt. In Petrograd sind die Telefonzentrale, das Postamt und die meisten Regierungsgebäude von den Roten Garden besetzt, auch der Winterpalast ist von der Außenwelt abgeschnitten. Kerenski beschließt, den Truppen entgegenzufahren. Die amerikanische Botschaft bietet ihm an, sein Auto mit einer amerikanischen Flagge zu versehen, aber das will er nicht. Begleitet von drei Adjutanten, fährt er mit seinem Wagen quer durch die Stadt Richtung Gatschina. »Mein Erscheinen in der Stadt, mitten unter den Aufrührern, war so unerwartet, daß sie nicht so reagierten, wie sie es hätten tun sollen. Viele der ›revolutionären‹ Wachposten salutierten! Als wir aus der Stadt draußen waren, drückte mein Fahrer den Gashebel durch. Gegen Abend erreichten wir Pskow, das Hauptquartier des Oberkommandierenden der Nordfront.«[117] Die Provisorische Regierung und die demokratische Revolution scheitern an Kerenskis Wankelmütigkeit, seiner Unentschlossenheit und seiner persönlichen Eitelkeit, meinen später viele.

Am späten Abend – der Panzerkreuzer *Aurora* hat einen ersten Schuss als Startsignal für die Aktion abgegeben – werden die zurückgebliebenen Minister im Winterpalast verhaftet und in die Peter-und-Paul-Festung gebracht. Bald darauf sind sie wieder frei, nachdem sie versprochen haben, sich politischer Aktivitäten zu enthalten. Es gibt keinen Sturm auf den Winterpalast, diese Legende entsteht später. So erwacht Petrograd am 26. Oktober und hat gar nicht bemerkt, was sich in der Nacht abgespielt hat. Um so schlimmer wird das langsame Erwachen. Denn Petrograd wird zum Zentrum einer historischen Katastrophe. »Ich beende, wie es aussieht, meine Aufzeichnung in der Hölle«, notiert Sinaida Hippius in jenen Tagen in ihr Tagebuch. Noch zur Jahrhundertwende galt sie als Skandaldichterin und Femme fatale, jetzt ist sie eine Chronistin der Revolution. »Im Übrigen war die Hölle in Moskau, bei uns ist noch die Vorhölle, d. h., man drischt nicht mit schwerem Geschoss auf uns ein und erwürgt uns nicht in unseren Häusern. Die Moskauer Bestialitäten sind nicht übertrieben, eher untertrieben.«[118]

Vorbei ist die kurze Phase, in der eine demokratische Wende in Russland möglich schien. Nun sind Männer an der Macht, die Frieden, Brot und Land versprechen, aber in Wirklichkeit von der Idee einer Weltrevolution besessen sind. Männer, die Grund, Boden und Betriebe verstaatlichen und eine Diktatur der Arbeiterklasse errichten wollen. Da sie sich ihrer Herrschaft nicht sicher fühlen und lange in der Minderheit bleiben, bauen sie einen staatlichen Sicherheitsapparat auf, der die eigene Bevölkerung terrorisiert. Millionen Menschen werden sterben. Die ersten Entscheidungen der Regierung lassen das nicht erahnen. Noch sind die Bolschewiki schwach und zu Kompromissen gezwungen. Außerdem stehen die Deutschen im Land. Aber etwas ist schon damals in Petrograd zu spüren: die Rücksichtslosigkeit, mit der sie ihre Ziele durchsetzen werden. »Alles wird zerstört, alles geht zum Teufel, und es gibt kein Leben«, schreibt Sinaida Hippius. »Und es riecht nach Aas. Selbst in einem Erdbeben, im Untergang und in einem ganz und gar äußeren Unglück liegt mehr Leben, mehr Sinn, als im tiefsten Grund des jetzt Vorsichgehenden, das vielleicht eben erst begonnen hat, seine Kreise zu ziehen.«[119]

Die Kalenderrevolution

Hiobsbotschaft für die Kirchners: Die Fabrik muss alle bereits vorgefertigten Kalender für das Jahr 1918 einstampfen. Eine neue Zeit ist angebrochen, mit neuen Herrschern, neuen Symbolen, neuen Bildern, neuen Begriffen. Alles muss neu gedruckt werden. Die Bolschewiki lassen die alten Kalender nicht mehr durch. Es gibt Schlimmeres in diesen Tagen, ganz sicher, aber für die »Genossenschaft Kirchner« stellt das Verbot eine kleine Katastrophe dar.

Bei den Russlanddeutschen ist die Euphorie bereits in den letzten Monaten gebremst worden und hat sich mit bösen Vorahnungen vermischt. Die bestätigen sich nun allzu schnell. Am 25. November, einen Monat nach der Machtergreifung der Sowjets, finden die lang erwarteten Wahlen zur Konstituierenden Versammlung statt. Die Bolschewiki erringen nur 183 der 715 Sitze, es ist eine verheerende Niederlage. Lenin lässt daraufhin öffentlich erklären, dass es ein »Mißverhältnis« zwischen dem Wahlergebnis und dem Volkswillen gebe. Das ist der Beginn der Attacke auf die Nationalversammlung. Noch im November rollt eine Verhaftungswelle an, die Führer demokratischer Parteien verschwinden in der Peter-und-Paul-Festung oder werden wie die Kadetten Fjodor Kokoschkin und Andrei Schingarjow gleich umgebracht. Kokoschkin und Schingarjow lynchen die Bolschewiki auf besonders hinterhältige Weise, in einem Krankenzimmer des Marienkrankenhauses am Liteiny-Prospekt. Es ist der erste Akt des Roten Terrors. Es folgen die Isolierung und Vernichtung aller anderen Parteien, die Pressefreiheit wird eingeengt, die Kirche vom Staat getrennt, und dann beginnt die »Expropriierung der Expropriateure« – ein brutal inszenierter Klassenkampf.

Viele der Petrograder Deutschen spüren die Wende sofort. Vorneweg die Kirchners. Die Revolution hat den Produktionsablauf bei ihnen völlig durcheinandergebracht. Und so häufen sich im Dezember im Posteingangsbuch die telegrafischen Nachfragen von Kunden: »Telegrafieren Sie, wann Sie die Kalender schicken. Bücher- und Papiergeschäfte R. J. Godenko, Jusowka«.[120] Aber die Firma, die immer wie ein Uhrwerk arbeitete, die vor Monaten noch mit ihren 1500 Arbeitern und 750 Maschinen sowie der umfangreichsten Produktion von Kontorbüchern in Russland warb – alle aus bestem Papier, fest gebunden, zu niedrigen Preisen –, hat mit erheblichen Lieferengpässen zu kämpfen und kann ihren Verpflichtungen nicht wie gewohnt nachkommen. Sie braucht Papier von der Petrograder Schreibpapierfabrik in der Uralskaja-Straße, und sie hat 4000 Pud gelbe Pappe bestellt, die noch immer nicht eingetroffen sind. »Sommer hat die Arbeit noch nicht wieder aufgenommen (…) Fabrikanten nehmen keine Bestellungen an (…) Verkaufen die Ware nur zu Tagespreisen (…) Schwierigkeiten mit den Banken«, solche Bemerkungen stehen nun täglich in den Büchern der Kirchners. Einen Termin für die Fertigstellung könne man nicht mehr angeben und keinerlei Verpflichtungen übernehmen, erklärt das Handelshaus A. W. Rotermund in der Swetotschnaja-Straße, wo die Kirchners ebenfalls eine Bestellung aufgegeben haben.

Und welche Preise soll man jetzt ansetzen? In den Büchern sind fast alle alten Preise durchgestrichen und daneben mit dem Bleistift neue, höhere notiert. Das Leben geht schließlich weiter, und alle bestellen jetzt, im Dezember, »srotschno« – eilig – neue Kontorbücher: Die Schuhfabrik »Skorochod« will 20 mit je 100 Seiten haben, die

Niederlassung von Hugo Stinnes und die Genossenschaft der Narvaer Tuchmanufaktur des Baron Stieglitz ebenfalls. Von der Russisch-Amerikanischen Handels- und Industrie-AG am Newski-Prospekt laufen Bestellungen ein, und die Russische Außenhandelsbank wünscht sich ein spezielles Kontorbuch mit 400 Seiten in Kartoneinband. Die Ölgesellschaft der Brüder Nobel in Nischni Nowgorod schreibt am 27. Dezember 1917: »Gnädige Herren, wenden uns mit der nachdrücklichen Bitte an Sie, die von uns bestellten Kontorbücher *unverzüglich* hierher zu schicken, denn ihr Nichterhalt zum 1. Januar wird uns in eine schwierige Lage bringen.«[121] Das Land hat noch keine fest installierte neue Führung, aber es braucht Kontorbücher für das neue Jahr, damit es halbwegs weiterfunktioniert.

Endlich sind auch die neuen Kalender gedruckt. Den für Studenten gibt es nicht mehr, aber immerhin noch den gewohnten Abreißkalender »Tag für Tag« für nunmehr zwei Rubel. Man kann diesen Kalender neben einen der alten legen: Beide sehen gleich aus, aber zwischen ihnen liegt der Untergang einer Epoche. Kirchner ist mit seinen Kalendern ungewollt zum Dokumentar der Zeitenwende geworden. Die kirchlichen Feiertage sind alle noch enthalten, auch die Liste mit den wunderbringenden Mutter-Gottes-Ikonen. Verschwunden aber sind alle Feiertage, die mit der kaiserlichen Familie zu tun hatten. Der »Allgemeine Russische Kalender« für 1918 zeigt anstelle des gewohnten Kaiserporträts ein Puschkin-Porträt, es folgen Abhandlungen über die »1. Revolution«, die von 1905, und über die Erfolge der Bauernschaft und das ganzen werktätigen Volkes.

Im Jahr darauf werden die Kalender ihr Gesicht völlig verändert haben, werden mit Abhandlungen über die »Arbeiterfrage« sowie die »Bauernbefreiung« gefüllt, und die Feiertage werden ganz andere sein: Der 22. Januar gilt dem Gedenken an die Revolution von 1905, der 12. März erinnert an die Zerschlagung der Selbstherrschaft, der 18. März an die Pariser Kommune, der 1. Mai ist der Tag der Internationale und der 7. November der Tag der Proletarischen Revolution. Die größte Neuerung aber tritt bereits im Februar 1918 in Kraft: Von diesem Monat an gilt in Russland der Gregorianische und nicht mehr der Julianische Kalender, nach dem man sich mehr als 200 Jahre gerichtet hat. Die Russen gehen am 31. Januar 1918 schlafen und wachen am 14. Februar wieder auf. Also noch eine Revolution.

Am 30. November 1917 tritt der Rat der Annenkirche zusammen, um die Verfügungen der neuen Machthaber zu erörtern. Für die Gemeinde wird es bedrohlich. Die Bolschewiki wollen die Trennung der Kirche vom Staat und die der Schulen von der Kirche. Religion ist nach ihrer Ansicht Opium fürs Volk. Es gibt erste Meldungen, dass das Privateigentum an Immobilien in den Städten aufgehoben wird. Von nun an sollen alle Mietzahlungen an den Hauptbesitzer geleistet werden – das wären die Stadt oder der Staat. Zuwiderhandlungen werden mit Gefängnisstrafen und dem Verlust der Wohnung geahndet. Die Immobilie der Annenkirche sei nicht privat, argumentieren die Gemeinderäte, sie diene Bildung und Wohltätigkeit, das Gesetz könne für die Annenkirche also nicht zutreffen. Das ist die Logik von Baltendeutschen, für die Besitz unantastbar ist. Die Bolschewiki sehen das anders.

Der Kirchenrat weist die Grundstücksverwalter an, weiterhin Mietzahlungen in Empfang zu nehmen, die Meldungen also zu ignorieren. Im Januar 1918 spürt die Führung der Annengemeinde, dass die Geduld der neuen Machthaber endlich ist, denn der Petrograder Arbeiter- und Soldatenrat erlegt der Kirche eine Strafe von 300 Rubeln auf, wegen angeblich mangelnder Schneeabfuhr. Und der Minister für Volksbildung, der wie alle Ressortchefs der neuen Regierung nicht mehr Minister heißt, sondern Kommissar, fordert, die Abiturientenklassen wegen Schwierigkeiten mit der Verpflegung und »Depression der Schüler« sofort zu entlassen. Das Gerücht von einer Schließung der Schulen macht die Runde. Schließlich wird die Kirche mit einer einmaligen Steuer von 40 000 Rubeln belegt, die sie nicht zahlen kann. Die Stadt treibt daraufhin die Mieten ein und setzt über diesen Umweg eine indirekte Enteignung durch.

Trotzig setzen die Männer im Kirchenrat weiter auf die Vergänglichkeit des roten Regimes. Sie stecken den Kopf in den Sand und kümmern sich auf ihren Versammlungen vor allem um das bevorstehende Kirchenjubiläum: Am 1. Advent 1919 soll die sich zum 200. Mal jährende Einsetzung des ersten Pastors an der Annenkirche gefeiert werden. Man hege die Hoffnung, dass »nach Wiedereintritt geordneter Verhältnisse im russischen Staatswesen« die Kirchenschulen erneut zu großer Bedeutung gelangen werden und die Wiedereinführung der deutschen Unterrichtssprache möglich werden wird, halten sie im »Protocollbuch des Kirchenraths« fest.[122]

Doch schon im Februar muss der Rat einsehen, dass mit den Bolschewiki nicht zu spaßen ist. Da ist die Not schon so groß, dass man für den 11. des Monats eine außerordentliche Versammlung der Gemeindemitglieder einberufen lässt. Von den 9000 Mitgliedern der Gemeinde erscheinen mehrere Hundert. Es wird eine Krisensitzung. Zu Beginn singen sie »Befiehl du deine Wege und was dein Herze kränkt der allertreusten Pflege des, der den Himmel lenkt«. Malmgren, nunmehr Generalsuperintendent, spricht das Gebet, dann kommt er auf das Dekret über die Trennung von Kirche und Staat zu sprechen, das der Rat der Volkskommissare am 20. Januar erlassen hat. Es bedeutet, dass alles Kirchenvermögen nationalisiert wird. Die Existenz der Annenkirche und ihrer Gemeinde hängt am seidenen Faden. Die Lage sei als »Bankrott« zu bezeichnen, gesteht der Generalsuperintendent. Gegenwärtig würden noch 800 Kinder unterrichtet, 90 Kinder würden erzogen, und 75 arme alte Frauen seien untergebracht. Sie hätten nur noch verschuldete Immobilien, der Krieg habe alles verschlimmert, auch die Schulräume seien weg. Und obendrein habe die Annenkirche nach der Oktoberrevolution Coupons auf 800 000 Rubel Wertpapiere verloren, die sie zur Unterhaltung der Anstalten besaß.

»Alles, was unsere Gemeinde im Laufe von zwei Jahrhunderten gesammelt und geschaffen hat, soll ihr genommen beziehungsweise lebensunfähig gemacht werden. Wir sind vor ganz neue Aufgaben gestellt, das zu erhalten. Das kann nur gutgehen im Vertrauen auf Gott und dadurch, daß jeder einzelne jetzt seine Pflicht tut«, sagt Malmgren abschließend.[123] Viel bleibt jedoch nicht, worauf sie noch hoffen können.

Der Trick mit der Apotheke

Das Problem der Deutschen ist jetzt nicht mehr, dass sie Deutsche sind, die Diskriminierungen der Kriegszeit sind vorbei. Denn die Bolschewiki haben eine »Deklaration der Rechte der Völker Russlands« verabschiedet. Sie haben die Souveränität der Völker und Ethnien des einstigen Russischen Reiches und deren Selbstbestimmungsrecht verkündet und alle Formen von nationaler und religiöser Diskriminierung aufgehoben. Lenin will mit solchen Maßnahmen die Völker an der Peripherie des Reiches an die Bolschewiki binden und die nationalen Bewegungen im Land als Verbündete gewinnen. Das betrifft auch die Deutschen.

Die Deutschen, die in Petrograd leben, haben nun ganz anderes zu befürchten. In der Regel verfügen sie über Besitz, und oft ist der nicht gering. Sie führen entweder eigene Firmen wie die Kirchners und die Poehls und besitzen Immobilien. Damit sind sie nach Lenins Kategorien vom Klassenkampf »Bourgeois« und Gegner von Arbeiterklasse und Bauernschaft. Sie müssen enteignet, die Besitztümer zugunsten des Volkes umverteilt werden. Überall werden jetzt Bankguthaben beschlagnahmt, Fabriken enteignet und zerstört, Warenlager und Privatvermögen demoliert. Der ideologische Furor triumphiert über wirtschaftlichen Sachverstand. Die vermögenden Deutschen bangen um ihren Besitz. Mühsam geschaffene Werte sind nicht mehr unantastbar, sie können ihnen jederzeit entrissen werden. Andere wie die Familie Maaß sind mit der Kirche verbunden und damit ohne Zukunft, weil Religion und sozialistische Ideologie miteinander nicht zu vereinbaren sind. Schwer hat es auch die Intelligenz, weil die nun hinter Arbeitern und Bauern in die Drittklassigkeit abrutscht. Sie produziert nichts, sie gilt als Schmarotzer, sie wird ihre angeblich luxuriösen Lebensgewohnheiten aufgeben müssen. In diese Rubrik fällt der Musiker Oskar Böhme.

Die Apothekerfamilie von Poehl ist noch gut durch die Wirren von 1917 gekommen. Sie hat im Revolutionsjahr elf Millionen Rubel Umsatz gemacht, und Richard, inzwischen 40 Jahre alt, hat im Juni 1917 wieder geheiratet. Seine zweite Frau, die 26-jährige Musiklehrerin Eugenie Trompeter, bringt nach knapp einem Jahr die Tochter Marie zur Welt. Alle Poehls wohnen weiterhin auf der 7. Linie: in Nr. 18, Wohnung 5, die verwitwete Mutter Adele, in Nr. 16, Wohnung 6, Alfred, in Wohnung 8 Richard mit seiner Frau, in Wohnung 10 Alexander. Noch glauben sie, dass das Land ihre Firma gerade jetzt dringend braucht, denn im nachrevolutionären Petrograd herrscht katastrophaler Arzneimittelmangel, nicht einmal Jod gibt es. Und dann bricht auch noch die Cholera aus. Doch die Poehls werden bald erfahren, dass der gute Ruf des Unternehmens und der Apotheke, dass all ihre Fachkenntnisse und die Nachfrage nach ihren Medikamenten bei den Bolschewiki wenig zählen. Zu groß ist ihr Besitz, zu sichtbar ihr Wohlstand.

Ihr Unternehmen und das große Wohnhaus befinden sich auf einem Grundstück von 600 Quadratfaden, rund 2700 Quadratmeter. Allein der Wert von Grund und Boden beläuft sich auf 90 000 Rubel, der des Hauses noch einmal auf 600 000 Rubel. Es verfügt über eine Dampfheizung, Gasversorgung und drei Lifte. Außerdem besitzen die Poehls ein Grundstück von 3557 Quadratfaden auf der Pesotschnaja Nabereschnaja, am Ufer der Kleinen Newa, das sie im Kriegsjahr 1916 gekauft haben, zwei Grundstücke in Wolinkino bei Petrograd von gut acht Dessjatinen, zusammen etwa neun Hektar, weiter Grundstücke in Nischni Nowgorod an der Wolga, ihre Niederlassung auf dem Gelände der Brauerei Wien in Nowo-Nikolajewsk im Gouvernement Tomsk und mehrere Grundstücke mit Datschen an der Peterhofer Chaussee sowie in Zarskoje Selo. Nach den Maßstäben der neuen Machthaber ist das ein gewaltiger kapitalistischer Besitz, den es umzuverteilen gilt.

Zunächst erfolgt die Aneignung solchen Eigentums eher willkürlich und juristisch schlecht untermauert – nationalisiert wird zuerst nur der Grund und Boden –, doch der Rat der Arbeiter-, Bauern- und Rotarmisten-Deputierten der Wassili-Insel hat bereits Instruktionen zur Munizipalisierung der Häuser erlassen. »Munizipalisieren« bedeutet in Gemeineigentum überführen, in den Besitz der Stadt. Die Maßnahme rangiert eine Stufe unter der Nationalisierung, bei der privates in staatliches Eigentum umgewandelt wird, aber am Ergebnis ändert das nichts.

Der Rat verlangt von den Hauskomitees, die jetzt überall aus Arbeitern, Angestellten und Soldaten gebildet werden, Mieterversammlungen einzuberufen. »Das Komitee fordert von den Hausbesitzern die Herausgabe der Hausbücher und völlige Rechenschaft über die Einnahmen und Ausgaben mit entsprechenden Belegen seit Anfang 1914.« Die Häuser seien mit allem in ihnen befindlichen Eigentum in eigene Verfügung zu überführen. »Um in den Augen der Massen und der ehemaligen Hausbesitzer zu belegen, dass der Rat das Privateigentum abgeschafft hat, und zwar nicht dazu, um daraus Gewinn zu ziehen, sondern zur Verbesserung der Lebensbedingungen, sind zentrale Reparatur-, Bau- und Wohnungskomitees zu schaffen.«[124] Dass dieses Schicksal auch den Häuserkomplex von »Prof. Dr. von Poehl & Söhne« trifft, ist so gut wie gewiss. Aber was wird mit der Firma, dem Institut, dem Labor, der Apotheke geschehen?

Am 12. Februar 1918 tritt die Leitung der Gesellschaft unter dem Vorsitz von Alfred von Poehl zusammen. Routinemäßig legt sie fest, wie der Nettogewinn zu verteilen ist – 8,5 Prozent soll der Geschäftsführer für 1917 erhalten, 12 Prozent für 1918. Die Gesellschafter vereinbaren, dass in den kommenden Jahren die Hälfte des Gewinns für den Ausbau des Geschäfts verwendet wird, der Rest soll unter ihnen aufgeteilt werden. Es ist die gleiche Realitätsverweigerung wie im Kirchenrat der Annengemeinde, denn es wird kein Gewinn mehr zu verteilen sein, wenn ihr Unternehmen verstaatlicht ist, und das ist wohl kaum noch abzuwenden.

In der nächsten Sitzung – am 28. März – klingt alles schon anders. Da ist nur noch von einem geringen Gewinn in diesen schweren Zeiten die Rede. Die Brüder beschließen, die Firma mit all ihren Aktiva zu verpachten und sie auf diese Weise womöglich noch zu retten. Pächter soll eine Person ihres Vertrauens werden, ihr Mitarbeiter Viktor Schwarz, der im Unterschied zu ihnen deutscher Staatsbürger ist. Die Poehls erhoffen sich davon eine gewisse Immunität. In aller Eile unterzeichnen sie den entsprechenden Pachtvertrag. 120 000 Rubel pro Jahr beträgt die Pachtsumme, die Laufzeit des Vertrages fünf Jahre. Aber Schwarz wird mit dem Unternehmen nicht froh werden.

Entscheidung im Theater

Auch im Marientheater kommt es am Donnerstag, dem 3. Januar 1918, zum Clinch mit der Sowjetmacht. Oskar Böhme ist mit dabei, als es ums Ganze geht. Anatoli Lunatscharski betritt die Bühne, Lenins Kommissar für das Bildungswesen, dem auch die Theater unterstehen. Die Führung der Bolschewiki hat ihn geschickt. Sie weiß, die meisten Künstler lehnen die Revolution ab, sie drohen zu einem ernsthaften Gegner zu werden. Lenins Partei will daher quasi die Notbremse ziehen.

Lunatscharski, unehelicher Sohn eines Adligen und einer leibeigenen Bäuerin, Berufsrevolutionär, Schriftsteller, Übersetzer, Publizist, Kritiker und Kunstexperte, gilt im Gegensatz zu Lenin als liberaler Mann. Den Künsten gegenüber ist er aufgeschlossen. Lunatscharski ist der Intellektuelle unter den Bolschewiki und zugleich Bolschewik unter den Intellektuellen. Er schreibt selbst Theaterstücke und kennt sich in der westlichen Kunstszene aus. Er will Russlands historisches und kulturelles Erbe bewahren und kämpft vehement für die Umstellung der russischen Sprache auf die lateinische Schrift. Seit 20 Jahren steht er im Dienst der Revolution, er ist gestählt durch zahlreiche Verhaftungen in der Zarenzeit und war mit Lenin im Schweizer Exil.

Lunatscharski kommt mit einem klaren Auftrag Lenins. Dass er vor einem feindlich gesinnten Auditorium steht, ist ihm bewusst, schließlich hat er in den Tagen zuvor den Rücktritt von Alexander Siloti gefordert. Der Dirigent und Pianist Siloti, ein Schüler Tschaikowskis und Cousin von Sergei Rachmaninow, wurde nach der Februarrevolution zum Chef des Marientheaters gewählt. Er will das Theater aus der Politik heraushalten und autonom verwalten. Das widerspricht dem Selbstverständnis der Kommunisten. Sie halten ihn für einen Saboteur und Konterrevolutionär, für einen Mann, der die Künstler gegen die Regierung aufwiegelt. Doch nicht nur Siloti erscheint den Bolschewiki gefährlich. Dirigent Albert Coates hat dem Volksbildungskommissar ausrichten lassen, wenn der irgendwann während einer Vorstellung im Theater erscheinen sollte, werde er, Coates, den Dirigentenstab unverzüglich niederlegen und das Spiel des Orchesters abbrechen. Die beiden würden sich »unverfroren und frech« verhalten, hatte Lunatscharski daraufhin gesagt. Er werde einschreiten und einen Theaterrat aus ihm genehmen Leuten einsetzen.

Schon seit der Abdankung des Kaisers zu Beginn des Jahres 1917 befindet sich das Marientheater in schweren Turbulenzen. Alles geht so schnell, dass der Kopf auf den offiziellen Papieren nur handschriftlich verändert wird. Vor das Wort Hofministerium wird ein »ehemaliges« gesetzt, und die Zeile »Kaiserliche Theater« wird einfach mit »Staatstheater« überschrieben, denn unter diesem Begriff firmieren das Marien-, das Alexandra- und das Michailow-Theater seither. Doch die Disziplin in den sonst so hochprofessionellen Spielstätten ist dahin und offenbar auch die Hochachtung vor ihnen. Im April wird ins geheiligte Marientheater eingebrochen. Die Diebe stehlen wertvolle Instrumente: eine Klarinette, eine Oboe, ein Englischhorn, eine Bassklarinette, ein Fagott. »Unsere Lage ist aussichtslos, man kann diese Instrumente nicht kaufen, die einzige Fabrik, die sie produziert, befindet sich in Deutschland, und nach den Gerüchten ist der Besitzer im Krieg gefallen«, schreiben die Orchestermitglieder nach dem Einbruch an die Provisorische

Regierung. »Der einzige Ausweg ist, nach Schweden zu fahren und sie dort zu bestellen. Aber dafür brauchen wir Geld. Man muss die ganze Zeit der Anfertigung der Instrumente dort leben, weil die Instrumente unseren Fingern angepasst werden müssen«.[125] »Einverstanden«, notiert Wladimir Teljakowski, der Chef aller Theater, auf dem Schreiben, und so werden in diesen wirren Zeiten 1000 Rubel ausgerechnet für Instrumente bewilligt.

Teljakowski, der die Theater 16 Jahre lang geleitet hatte, kann sich nicht mehr lange halten, weil er dem Kaiser viel zu nahe stand. Am 1. März wird er zum ersten Mal verhaftet. Aber dann darf er die Geschäfte doch weiterführen und wird erst entlassen, als Anfang Mai ein »Kommissar der Provisorischen Regierung für die Staatstheater« an seine Stelle tritt. Die Opernaufführungen finden weiterhin statt, selbst am 25. Oktober, als die Kerenski-Regierung fällt und die Bolschewiki die Macht übernehmen. Um 7 Uhr abends stehen die Ballette *Der Nussknacker* und *Eros* auf dem Programm, schließlich ist es der Todestag von Peter Tschaikowski, und den kann man nicht einfach ignorieren. Noch einmal dirigiert Riccardo Drigo und nicht der junge Nikolai Malko, der ihm als Orchesterchef folgen soll. Rechts von Drigo sitzt Oskar Böhme mit seinem Cornet. Während der Straßenbahnfahrt ins Theater hat er nichts Besonderes bemerkt.

Am nächsten Tag gibt man Rossinis *Barbier von Sevilla* und am 29. das Ballett *Die Tochter des Pharaos*, eine Vorstellung zugunsten des Stabes des Petrograder Militärbezirks. Am 31. aber hängen Plakate in den Glaskästen vor dem Haus, auf denen zu lesen ist: »Die Vorstellungen in den Staatstheatern werden bis zu einer gesonderten Ankündigung abgesagt.«[126] Da ist der Aufstand unter den Mitarbeitern bereits in vollem Gange. Am 5. November treffen sich die Künstler aller Staatsbühnen im Marientheater und wenden sich auf einer Versammlung überwiegend gegen das neue Regime – aber eben nicht alle. Männer wie der Regisseur Wsewolod Meyerhold oder der Dirigent Nikolai Malko rufen zur Zusammenarbeit mit den Roten auf. Die Kunst sei nun frei, man müsse sich nicht mehr an die konventionelle Art des Theatermachens halten, wie sie unter dem Kaiser üblich gewesen sei, erklärt Meyerhold. Die neuen Machthaber hätten eine andere Vorstellung von Musik und Kultur, und die verschaffe den Künstlern schöpferischen Freiraum.

Am 9. November wird der Spielbetrieb mit *Samson und Dalila* von Camille Saint-Saëns wieder aufgenommen. Aber immer öfter werden Vorstellungen »vorübergehend« abgesagt, unter anderen die für den 16. Dezember geplante Veranstaltung zugunsten des Künstlerfonds des Staatsballetts. Es sind die äußeren Zeichen eines Machtkampfes zwischen Theaterleuten und den Bolschewiki, die immer mehr die Oberhand gewinnen. Das künstlerische Milieu in diesem Haus, die Gefühle, die es erzeuge, und der Geschmack, der vertreten wird, das alles gehöre zu der »alten Welt«, die es abzuschaffen gelte, erklären sie. Abends würden ausschließlich Intellektuelle mit bourgeoisen Gewohnheiten im Theater sitzen sowie die Betuchten Petrograds und die Spekulanten. Ganz unrecht haben die Bolschewiki damit nicht.

Immer häufiger tauchen nun Männer in den Uniformen der Rotarmisten im Theater auf, Leo Trotzki etwa, der Chef des Petrograder Arbeiter- und Soldatenrates. Sie unterbrechen die Vorstellungen und halten Reden ans Publikum. Mit dem bürgerlichen Amüsement müsse Schluss sein, fordern sie. Das Volk sei an der Front, und in der Hauptstadt werde gesungen und getanzt. Die den Massen verschlossenen Türen der Theater müssten für das Proletariat geöffnet und die Künstler in die Fabriken, Kasernen und an die Front geschickt werden.

Auch sonst gibt es einschneidende Veränderungen. Die Hälfte der Karten steht nun den Gewerkschaften zur Verfügung, wobei die Funktionäre, die im Namen der Revolution Gleichheit und Brüderlichkeit predigen, plötzlich auf Privilegien bestehen: Sie lassen sich für alle Vorstellungen Plätze reservieren, selbst wenn sie die Aufführungen gar nicht besuchen. Das Präsidium des Petrograder Sowjets besteht auf Loge C, die Miliz blockiert Sessel in Reihe 13. »Manchmal frage ich mich erstaunt, wie es passieren konnte, dass in meiner Theaterkantine, in der die Rimski-Korsakows, die Serows, Gorkis, Rachmaninows, die Repins saßen – wie da diese Kukliny und Rachijas hineingeraten konnten, an die zu denken mir jetzt so widerwärtig geworden ist«, schreibt der Bass Fjodor Schaljapin später.[127] Kukliny und Rachija sind bekannte Parteiarbeiter der Bolschewiki.

Im Dezember 1917 spitzt sich der Konflikt zwischen Künstlern und Bolschewiki weiter zu, als Fjodor Batjuschkow, Bevollmächtigter für die Petrograder Staatstheater und von seiner politischen Orientierung her Kadett, dem neuen Volksbildungskommissar in einer Zeitung fehlenden

Liberalismus im Verhältnis zur Kunst vorwirft. Die Sowjetmacht sei die Macht einer gewalttätigen Diktatur, die sich allein auf Bajonette stütze, Lunatscharski würde den Spaltpilz in die Theater tragen und die reinen Wasser des künstlerischen Arbeitsflusses trüben. Der Konflikt, von dem bis dahin nur Eingeweihte wissen, wird öffentlich, als die Leitung des Marientheaters in die Theaterkasse greift und Künstlern wie Angestellten Gage und Gehalt zahlt – eigenmächtig und ohne Zustimmung der neuen Behörden. In der *Iswestija* reagiert Lunatscharski umgehend: »Darin sehe ich einen Bruch jeglicher normalen Beziehungen zwischen Staat und Theatern. Ich warne Sie: Bevor Sie diese Summe nicht vollständig in die Kasse des Theaters zurückzahlen und damit dem Staat übergeben, werden wir keine Gelder für die Unterstützung der Theater zur Verfügung stellen.«[128] Auf die für die eigenmächtigen Aktionen Verantwortlichen warte das Revolutionstribunal.

Diese unverblümte Drohung empört die Künstler zutiefst und veranlasst sie zu einer Entgegnung: »Die Künstler des autonomen Staatstheaters, die sich ihrer Gedankenfreiheit bewusst sind und auf eine freie, lebendige Kunst berufen, können ohne jegliche Drohungen oder Vorwürfe von Seiten dieser oder jener Regierung eine vergleichsweise lächerliche Summe des Volksvermögens für sich verwenden, um dem Volk im Gegenzug unverfälschte Früchte des Geistes zurückzugeben und dadurch eine positive Stimmung seines Geistes hervorzurufen«, kann man wenig später in derselben Zeitung lesen.[129] Das ist zwar etwas gestelzt, aber doch deutlich. Um die Wogen zu glätten, laden die Künstler Lunatscharski für den 3. Januar zu einer Debatte ins Theater ein. Unterschrieben ist die Einladung von namhaften Solisten wie dem Tenor Iwan Jerschow, dem Bariton Pawel Andrejew und dem Opernregisseur Pjotr Melnikow.

Am 3. Januar steht Lunatscharski – Halbglatze, Nickelbrille, schwarzer Schnauzer – nun also auf der Bühne des Marientheaters. Im überfüllten Theatersaal, selbst in den engen Gängen vor dem Saal drängen sich Mitarbeiter. Der Kommissar spricht von der wunderbaren Weite und Tiefe jener Ideen, die die Revolution hervorgebracht habe. Die Revolution brauche die Kunst, aber die Kunst brauche auch die Revolution, sagt er. Und dann wendet er sich an die skeptisch schweigenden Theaterkünstler: Wenn Sie auch dem »neuen revolutionären Inhalt der Kunst bislang verständnislos gegenüberstehen mögen oder Ihnen sogar

Ende 1918 ist auch das Marientheater in der Hand der Bolschewiki. Viele ihrer Propagandaveranstaltungen wie die Neujahrsfeier des Petrograder Sowjets 1918/19 mit Grigori Sinowjew (Mitte) finden nun im Saal der alten Petersburger Oper statt.

Der Bass Fjodor Schaljapin hat sich der neuen Macht als künstlerischer Leiter des Marientheaters zur Verfügung gestellt. Während der große russische Maler Ilja Repin, der Schaljapin noch kurz vor Kriegsbeginn in seinem Atelier nördlich von Sankt Petersburg porträtierte, auf Distanz zu den Bolschewiki geht, glaubt Schaljapin, unter ihrer Aufsicht seine Kunstauffassung durchsetzen zu können. Die Liaison mit den neuen Machthabern dauert nicht lange.

deucht, dies sei eine barbarische Flut primitiver Leidenschaften und enger Gedanken – es ist gerade umgekehrt. Höchst bezeichnend für die bürgerliche Kunst der jüngsten Zeit ist das völlige Fehlen eines Inhalts. Mithin erwarte ich von dem Einfluss der Revolution auf die Kunst sehr viel: ihre Errettung aus der schlimmsten Dekadenz, aus dem puren Formalismus.« Die neue Kunst müsse die revolutionäre Form des Denkens, Fühlens und Handelns im ganzen Land verbreiten, sie müsse »zum Mund der Revolution« werden, ruft Lunatscharski in den Saal und fordert von seinen Zuhörern in geradezu religiöser Manier, sie alle müssten künftig »den Inhalt der revolutionären Verkündigung zum Glühen« bringen, ja »ihn in allen Farben erglänzen lassen«.[130]

Kunst soll von nun an der kommunistischen Agitation dienen, das stellt Lenins Abgesandter unmissverständlich klar. Die Künstler müssten sich an ein neues Publikum gewöhnen. Das ist starker Tobak. Das Auditorium ist erregt, es hat eine andere Auffassung von Kunst, und so macht Lunatscharski schließlich Zugeständnisse. Die Künstler dürfen einen Theaterrat wählen, und der solle »gemeinsam mit Vertretern gesellschaftlicher Organisationen« über das Budget beraten. Der Chefposten des Hauses aber, darauf besteht er, wird abgeschafft. Den Bolschewiki geht es um die Macht. Die Partei will das Heft des Handelns nicht mehr aus der Hand geben und ihre Vorstellungen durchsetzen – mit welchen Mitteln auch immer. Es ist nicht viel mehr als eine Scheinautonomie, was Lunatscharski verspricht.

Der Auftritt wird unterschiedlich quittiert. Ein großer Teil der Mitarbeiter reagiert ablehnend und bleibt gegen die Bolschewiki gestimmt, traut ihnen nicht. Doch der neue Theaterrat, das »Kunst- und Repertoirekomitee«, dem Fjodor Schaljapin vorsteht, stimmt für die Absetzung von Theaterchef Siloti, also in Lunatscharskis Sinn. Daraufhin wird es lebhaft hinter den Theaterkulissen. Am 7. Januar erklären der Chor und das Orchester ihre Solidarität mit Siloti und treten in den Streik. Sie verlangen eine Neuwahl des Künstlerischen Rates. Ein Teil der Solisten schließt sich den Forderungen an. Oskar Böhme ist als Orchestermitglied in die Auseinandersetzungen involviert. Er sympathisiert mit Siloti, nicht zuletzt weil er ihn auch privat kennt.

Lunatscharski weiß, dass er hart durchgreifen muss. Vier Tage später entlässt er den kompletten Chor mit seinen 104 Mitgliedern sowie die am Protest beteiligten Solisten und kündigt an, auch die 120 Musiker des Orchesters auszutauschen. Sollte das Haus die Vorstellungen nicht sofort wiederaufnehmen, werde er weitere Maßnahmen ergreifen. Am 12. Januar lässt er Siloti verhaften und ins »Kresty« bringen. Der frühere Theaterchef bleibt dort zwar nur einige Tage, wird danach aber unter Hausarrest gestellt.

Am 13. Januar findet wieder eine Vorstellung im Marientheater statt, aber den ganzen Januar über bleibt es unruhig im Haus. Immer wieder müssen Vorstellungen abgesagt werden. Auf noch mehr Widerstand stößt Lunatscharski im Petrograder Alexandratheater. Auch den Theaterkommissar Batjuschkow lässt er absetzen, weil der angeblich eine »Doppelherrschaft« errichtet habe. Das Theaterkontor, die Verwaltung der Kaiserlichen Theater, hat er bereits zum 1. Januar 1918 aufgelöst. Batjuschkow wird durch einen »Kommissar für die Staatstheater« ersetzt. Dieser Mann ist wegen seiner rabiaten Methoden und seines übergroßen Selbstbewusstseins selbst Lunatscharski nicht ganz geheuer, doch für den Moment sei er der richtige Funktionär, weil er »mit seiner harten Hand ziemlich schmerzhaft diesen oder jenen Punkt aufquetscht«, meint der Bildungskommissar.[131]

Und so wendet sich das Blatt langsam zugunsten der Bolschewiki. Die Kunst wird peu à peu sowjetisiert. Auch im Marientheater erkennt man schließlich die Sowjetmacht an. Die Stellen im Chor werden neu ausgeschrieben, nur die Orchestermitglieder lassen sich nicht so schnell ersetzen. Oskar Böhme bleibt trotzdem nur eine Gnadenfrist.

Abrechnen, auf unsere Art

Petrograd, das alte Petersburg, ist in diesen Tagen nicht wiederzuerkennen. »Ach, meine unergründliche Stadt. Warum hast du dich an den Abgrund begeben?«, stöhnt Alexander Blok, der Autor des Silbernen Zeitalters, der russischen Belle Époque.[132] Er hat die Oktoberrevolution begeistert als »Weltenfeuer« begrüßt und mit den Bolschewiki zusammengearbeitet. Aber die Euphorie weicht bald tiefer Enttäuschung und Depressionen. Dann erfasst ihn eine schwere Krankheit, die 1921 zum Tod führen wird.

Seit dem 3. Januar 1919 sind es minus 25, manchmal sogar minus 27 Grad, und überall liegt weißer, weicher Schnee, schimmernd wie

Silberkristalle. Die Sonne erscheint spät am Himmel, mitunter muss sie erst Kraft sammeln, um den dichten Petrograder Nebel zu durchbrechen. Aber in den Morgenstunden, wenn alles unberührt ist, wirkt die Stadt wie früher. Rauch steigt aus den Schornsteinen und zieht über die Kuppeln der Kirchen und Paläste hinweg, die Kufen der Schlitten knirschen im Schnee. Fast erwartet man, die Kutsche mit dem Zaren um die Ecke biegen zu sehen. In Wirklichkeit funktioniert nichts mehr in dieser einst so wohlhabenden Stadt. Der ständige Hunger, die nervliche Anspannung, der Stress haben die Menschen aggressiv gemacht. In Petrograd hat sich eine gewaltige Ladung negativer Energie zusammengeballt, die jetzt nach und nach freigesetzt wird. Dass einfache und deklassierte Menschen die Losungen der Bolschewiki für einen Freibrief halten, macht die Lage noch schlimmer. »Raubt das Geraubte«, ist eine dieser Parolen. Und so rollt eine Welle von Pogromen an, der kaum Einhalt geboten wird, denn der Polizeichef ist abgelöst, eine neue Polizei arbeitet noch nicht. Zuerst werden die Wein- und Biervorräte in den Kellern des Winterpalastes geplündert, dann die in anderen Lagern. Die Brauerei Durdin am Obwodny-Kanal wird von Soldaten gestürmt, auch die Weinkeller auf der Wassili-Insel kommen dran. Neben der Apotheke der Poehls auf der 7. Linie müssen Wachen aufgestellt werden, denn auf den Alkohol in den Apotheken der Stadt haben es die Plünderer ebenfalls abgesehen. Aus den durch die Deutschen besetzten Gebieten gelangen zudem große Mengen Kokain nach Petrograd.

Deserteure und Arbeitslose machen die Stadt unsicher, Straßenraub wird zu einer alltäglichen Erscheinung. Gemordet wird bereits für banalste Kleinigkeiten. Geschäfte und Wohnungen werden ausgeraubt, sogar staatliche Einrichtungen, denn die Stadt hungert. Moissei Urizki, dem Stabschef des Revolutionären Verteidigungskomitees, wird auf der Droschkenfahrt zum Dienst der Pelzmantel abgenommen. Ausländer trifft es besonders häufig – im Januar den niederländischen Konsul und den Botschafter Italiens, dem mit vorgehaltener Waffe bei 25 Grad Kälte ebenfalls der Mantel gestohlen wird. Anarchisten besetzen aus »ideologischen Gründen« Häuser und Grundstücke und räumen sie leer. Oft kommt es dabei zu heftigen Schießereien mit herbeieilenden Soldaten, mitunter ziehen sie sich über Stunden hin und fordern Dutzende von Toten. Als sei das nicht genug, brechen Anfang 1918 Epidemien in der Stadt aus, in der jetzt nur noch halb so viele Ärzte arbeiten wie zu Kriegsbeginn. Zuerst erkranken die Menschen an Flecktyphus, dann kommt die Cholera hinzu. Ursache ist das verschmutzte Wasser der Newa. Über 4000 Menschen sterben. Und im Herbst wird die Stadt von einer schweren Grippe-Epidemie erfasst. Die Menschen sind äußerst anfällig, weil sie keine Widerstandskraft mehr besitzen. Sie leiden Hunger, es herrscht akuter Mangel an Lebensmitteln.

Die alten »Kerenski«, die Kerenski-Rubel, die die neue Macht jetzt massenhaft nachdrucken lässt, nur mit der Jahreszahl 1918 versehen, haben bereits drei Viertel ihres ursprünglichen Wertes eingebüßt. Die Bolschewiki sehen die Krise wohl, wollen aber unbedingt vorführen, wie man den kleinkapitalistischen privaten Handel zerstört. Zuerst setzen sie bei den Inhabern der Läden in Petrograd die Steuerschraube an, dann leiten sie die Munizipalisierung und Nationalisierung der Geschäfte in die Wege. Im Mai verschärft sich die Versorgungslage noch, pro Tag und Kopf gibt es nur noch 50 bis 100 Gramm Brot auf Marken. Bis in den Oktober hinein werden reihenweise private Restaurants, Kantinen, Cafés, Imbiss- und Teestuben geschlossen. Schließlich verbieten die Bolschewiki auch den Straßenhandel. »In den Kampf mit dem Kapitalismus eintretend, hält es die Arbeiter- und Bauern-Regierung im Interesse der werktätigen Massen für nötig, den Appetit der Bourgeoisie zu begrenzen. Die arbeitende Bevölkerung muss sich mit den daraus ergebenden zeitweiligen Einengungen und Unbequemlichkeiten abfinden«, erklärt mit kommunistischer Umständlichkeit und ebensolchem Sarkasmus der stellvertretende Finanzkommissar des Petrograder Gouvernements.[133]

An Petrograds Bahnhöfen entstehen nun riesige Flohmärkte. Dort kann man die Hamsterer treffen, wenn sie von ihren Fahrten in die Dörfer des Gouvernements zurückkehren. Nur hier gibt es praktisch noch alles zu kaufen, allerdings zu fantastischen Preisen: Marken für ein Mittagessen in irgendeiner staatlichen Kantine oder Talons für Galoschen und Kaviar ebenso wie frische Smetana. Selbst die Angestellten der bolschewistischen Behörden sind gezwungen, sich über die Anweisungen ihrer Arbeitgeber hinwegzusetzen, wenn sie nicht verhungern wollen. Und so decken auch sie sich auf den Märkten mit Lebensmitteln ein. Hering, Kartoffeln, Butter, Fleisch, Buchweizen, das gibt es nur dort.

Kurz nach Ostern, Mitte Mai, wird die »Arbeiterration« eingeführt. Von nun an richtet sich die Größe der Rationen nach der sozialen

Herkunft der Petrograder. »Gegenwärtig haben die Kommissare für sich selbst immer noch viel, aber offenbar nichts mehr für andere«, notiert Sinaida Hippius. »Heute wurde anstelle von Brot ein halbes Pfund Hafer ausgegeben. Den Schiebern am Bahnhof haben die Rotarmisten alles abgenommen und für sich behalten. An der Sadowaja ein Anschlag: ›Hundefleisch, zwei Rubel 50 Kopeken das Pfund.‹ Davor eine lange Schlange. Eine Maus kostet 20 Rubel. Wir sind noch am Leben, aber gerade so.«[134]

Als der Chef der deutschen Militärmission, Vizeadmiral Baron von Keyserling, Mitte Dezember 1917 nach Petrograd kommt, stellt er fest: »Die Maßnahmen gegen den Hunger richten sich nur auf bolschewistische Soldaten, wie jeder weiß, der fähig ist zu sehen.«[135] Dass wegen Benzinmangels jeglicher private Autoverkehr untersagt ist, lässt die meisten Petrograder verständlicherweise kalt. Sie haben kein Auto und genug andere Gründe zum Streik gegen die neuen Machthaber. Schon im Oktober 1917 sind 600 Mitarbeiter des Außenministeriums am Moika-Kanal in den Ausstand getreten. Sie schließen sich einfach in ihren Arbeitszimmern ein – für die Bolschewiki ein Fall von »konterrevolutionärer Sabotage«. Ihrem Beispiel folgen Mitarbeiter des Eisenbahnministeriums, dann die Angestellten der Staatsbank am Katharinenkanal, die Lenins Leuten nicht die geforderten Geldsummen herausrücken wollten.

Überhaupt stößt die Revolution bei der Petrograder Intelligenz zunehmend auf Ablehnung. Die Bolschewiki haben sich von Anfang an von ihrer barbarischen Seite gezeigt – mit Pogromen, Gewalt und Zensur. Ihr Funktionärsjargon ist unverständlich und abstoßend. Aus der kulturellen Abneigung der Intelligenz wird bald auch eine politische – und eine mit einem antijüdischen Soupçon. Da die Juden froh sind, nicht mehr ausgegrenzt zu werden und unter der neuen Macht sogar aufsteigen zu können, schließen sich viele den Bolschewiki an, und so sind unter deren Gefolgsleuten ungewöhnlich viele mit jüdischen Wurzeln.

Bei allen Meinungsverschiedenheiten sind sich die Bolschewiki schon früh in einem Punkt einig: Sie werden politisch nur dann überleben, wenn sie jeglichen Widerstand mit außergewöhnlicher Härte niederschlagen. Bereits Ende 1917 treffen sie sich im ehemaligen Haus des Großfürsten Nikolai Nikolajewitsch an der Troizki-Brücke, um eine

Untersuchungsbehörde und ein Revolutionstribunal zu gründen. Lenin und Trotzki haben bereits vor Monaten auf die Unausweichlichkeit von Terror hingewiesen. Grigori Sinowjew, das neue Oberhaupt des Petrograder Arbeiter- und Soldatenrats, begründet diesen nun damit, dass die Pariser Kommune letztlich nur gescheitert sei, »weil sie ziemlich liberal mit ihren Gegnern umgegangen ist«.[136]

Aus Sicht der Bolschewiki gibt es schon jetzt genügend beunruhigende Zwischenfälle. Am 1. Januar wird unweit des Ciniselli-Zirkus, auf der Simeonbrücke über die Fontanka, Lenins Auto beschossen. Der Schweizer Kommunist Fritz Platten, der Lenins Rückkehr aus der Schweiz organisiert hatte, rettet den Regierungschef der Bolschewiki nur knapp, indem er sich auf ihn wirft. Im Juni wird in Petrograd Moise Goldstein, Deckname Wolodarski, der Kommissar für Presse und Propaganda, ermordet, kurz darauf jener Moissei Urizki, dem im Winter der Pelz geraubt wurde. Er wird am Schlossplatz von einem Studenten aus dem Innenkommissariat erstochen. Urizki war am Ende Chef der Außerordentlichen Kommission für Petrograd, der Tscheka, die zur Keimzelle der bolschewistischen Geheimpolizei werden soll. Vier Stunden nach Urizkis Tod trifft sich die Stadtparteiführung im Hotel Astoria an der Isaakskathedrale und gibt das Startzeichen für Massenrepressionen. Sinowjew schlägt vor, »allen Arbeitern zu erlauben, auf ihre Art mit der Intelligenz direkt auf der Straße abzurechnen«.[137]

Mit Sinowjew, der eigentlich Jewsei Aronowitsch Radomyslski heißt und ebenfalls aus einer jüdischen Familie stammt, steht seit Anfang 1918 ein Mann mit sehr widersprüchlichem Wesen an der Spitze von Petrograd. Er ist gerade einmal 34 Jahre alt, aber schon der mächtigste Mann in der Stadt, denn er leitet nicht nur den 400-köpfigen Rat der »Petrograder Arbeitskommune«, wie das Gebiet im kommunistischen Jargon nun heißt, sondern auch das Exekutivkomitee des Gouvernements. Bald wird er sogar Chef der Kommunistischen Internationale, jener länderübergreifenden Organisation, die die Weltrevolution ankurbeln soll. Er gilt nach Lenin und Trotzki als dritter Mann in der Partei, die sich nun nicht mehr Sozialdemokratische Arbeiterpartei, sondern »Russische Kommunistische Partei (Bolschewiki)« nennt.

Aber Sinowjew gilt als arrogant, und er liebt ein Leben in Luxus. Unter den Genossen hält man ihn für brutal und zugleich für feige. Er würde, heißt es, Anhänger und Freunde ohne zu zögern verraten. Auch wirkt er nicht gerade sympathisch, er ist dick, hat ein aufgeschwemmtes Gesicht und steckt meist in einem schäbigen, abgetragenen und viel zu engen Anzug. Nie bewegt er sich ohne Leibwächter durch Petrograd; wenn er im offenen Auto durch die Stadt fährt, stehen links und rechts zwei Rotarmisten auf den Trittbrettern. Die Intellektuellen hassen den Parteiführer wegen seiner Mordlust, seiner Phrasendrescherei, seiner Prahlerei. Dieser Mann bestimmt dennoch acht Jahre lang das Schicksal der Stadt. Unter seiner Regie werden die ersten »Troikas« gebildet, die aus drei Funktionären bestehenden Sondergerichte zur Dingfestmachung »konterrevolutionärer Elemente«.

Es kommt schließlich zu Massenverhaftungen. Bewaffnete Rotarmisten und Matrosen dringen in die Häuser ein – wobei die betrunkenen Matrosen stets die Gefährlicheren sind – und nehmen nach Gutdünken Menschen fest, die sie für verdächtig halten. Im September erlässt die Regierung offiziell das Dekret über den »Roten Terror«, und Sinowjew gibt eine martialische Losung aus: »Ihr, die Bourgeoisie, bringt einzelne Personen um, aber wir werden ganze Klassen ermorden.«[138] Allein in diesem Monat werden auf Beschluss der Tscheka in Petrograd 500 Menschen erschossen. Schon in den Monaten zuvor haben die Bolschewiki wahllos Menschen umgebracht, meist Politiker des alten Regimes und Kirchenleute. Unter anderen wird der deutschrussische General Paul von Rennenkampff am 1. April 1918 erschossen, nachdem man ihm zuvor die Augen ausgestochen hat.

Pastor Eduard Maaß, Oskar Böhme, die Kirchners, die Familie von Poehl – sie alle müssen allmählich erkennen, dass der gewaltsame Staatsstreich vom Oktober keine Episode war und nicht nur ihr Hab und Gut bedroht ist, sondern ihr Leben.

Kündigung

Das Leben wurde immer teurer. Pappi hatte nicht mehr so viel Geld, daß wir die spärlichen Lebensmittel bezahlen konnten. Da hieß es, Sachen zu verkaufen. Zuerst kamen die kostbarsten Spielsachen an die Reihe. Wolfi hatte ein herrliches Auto, das wir in einem großen Spielwarengeschäft für 100 Rubel verkauften. Auch andere Sachen kamen an die Reihe, von denen wir manche Dinge mit schwerem

Herzen hergaben, doch hatten wir es ja noch gut und brauchten unsere Sachen nicht, wie später die Kinder von Bischof Freifeldt, auf der Straße feilzubieten.

Allerdings habe ich sonntags vor den deutschen Kirchen gestanden und deutsche Zeitungen verkauft. Seit der Revolution und seitdem der äußere Frieden hergestellt war, hörte man ja wieder deutsche Worte auf der Straße, aber uns selbst war die Furcht so eingefleischt, daß wir uns lieber anderer Sprachen bedienten als der Muttersprache. Die deutsche Zeitung hielt ich aber stolz in den Händen und bot sie jedem deutsch aussehenden Menschen an. Ich verdiente mir dadurch ein kleines Taschengeld, und manch freundlicher Blick aus Landsmanns Augen streifte mich – und wer es hatte, ließ einen größeren Schein in die Büchse gleiten.

Wie höhnisch waren oft die Blicke mancher Bolschewiken, wenn baltische Edelleute unter ihrer Aufsicht die Straßen reinigen mußten. Nicht nur Männer bekamen Schaufel und Hacke in die Hand, auch Mutti, die so schwach vom Hunger war, daß sie eine Ohnmacht nach der anderen bekam, mußte den schweren Schnee wegschaufeln und sich manch derbes Wort und rohe Witze von den aufsichthabenden Bolschewiken gefallen lassen.

Pappi lag noch immer im Diakonissenhaus. Ein heißer Grützbeutel lag auf den schmerzenden Stellen seines Magens, die Grütze haben wir später aufgegessen. Seine einzige Nahrung bestand aus Milch, und von dieser sparte uns Pappi zwischendurch heimlich ein kleines Medizinfläschchen voll ab. (…)

In einem untergestellten Koffer von Onkel Kurd von Haken fanden wir neben dem Sack Brotkrusten, die er für uns gesammelt und als Geschenk mitgebracht hatte. Außerdem brachte er uns eine Büchse Eichelkakao. Aus diesem Kakao und dem bißchen Zucker, den wir zwischendurch auf unsere Karten bekamen, machte Mutti die Schokolade, die gewiß sehr nahrhaft war und unsere Kräfte ein wenig erhielt.[139]

Trotz aller Not findet die kleine Editha Maaß: »Wir hatten es ja noch gut.« Glücklicherweise geht der Winter langsam zu Ende.

Am 10. März 1918 verlässt Lenin Petrograd. Er reist von der Station Swetotschnaja am Rande der Stadt mit dem Zug Nr. 186 4001 nach

Moskau, mit an Bord sind weitere führende Mitglieder von Partei und Regierung. Der Zug fährt ohne Licht und unter Bewachung besonders loyaler lettischer Schützen. Alles folgt den eingeübten Regeln der Konspiration. Petrograd wird nach 206 Jahren als Hauptstadt aufgegeben, ein einschneidender Schritt, den die kaiserliche Regierung während des Krieges ebenfalls erwogen hatte. Sinowjew wendet sich gegen den Beschluss seiner Genossen – vergeblich. Die Bolschewiki sind Pragmatiker, sie lassen sich von zwei Überlegungen leiten: Zum einen hat sich in den Monaten seit der Revolution gezeigt, dass die Bevölkerung Petrograds unzuverlässig ist. Nicht nur die Intelligenz lehnt die neuen Machthaber ab, auch die Arbeiter, die die Stadt in den letzten Wochen mit Streiks überzogen haben, lassen nicht jenes Klassenbewusstsein erkennen, das aus Sicht der Kommunisten für die Revolution nötig ist. Zudem treibt sich in der Stadt viel unberechenbares Volk herum – Anarchisten, Deserteure, ehemalige zaristische Offiziere, Flüchtlinge, Banditen. Die Gefahr konterrevolutionärer Aktionen ist groß. Auch die geographische Lage spricht nicht für die Stadt. Die Grenze zu Finnland ist nur 35 Kilometer entfernt, von der Ostsee her ist Petrograd ebenfalls angreifbar, und die deutschen Truppen stehen noch immer ganz in der Nähe, bei Narva und Pskow. Der Rückzug 700 Kilometer weit ins Land hinein ist für die Bolschewiki zweifellos eine existenzielle Entscheidung.

Der Wunsch nach Sicherheit spielt auch beim Abschluss des Friedensvertrags von Brest-Litowsk eine Rolle, der am 2. März 1918 unterzeichnet wird. Die Bolschewiki haben sich mit den Mittelmächten, darunter Deutschland, unter Protest auf eine Friedenslösung geeinigt. Der Preis ist gewaltig: Russland verzichtet auf die Hoheitsrechte in Polen, Litauen und Kurland und verliert 26 Prozent seines europäischen Territoriums. Die neue Führung gibt ein gutes Viertel des anbaufähigen Landes und des russischen Eisenbahnnetzes ab, drei Viertel der Eisenindustrie und der Kohlegruben. Und obendrein bleibt der Feind im Land. Die Deutschen behalten Estland, Livland und Weißrussland. Zwar entbrennt innerhalb der Partei ein erbitterter Streit über diesen »Raubfrieden«, schließlich nehmen die Bolschewiki ihn aber doch in Kauf, denn sie brauchen dringend eine Atempause. Sowjetrussland scheidet als Kriegsteilnehmer aus.

Pastor Maaß hat sich alles reiflich durch den Kopf gehen lassen. Er hat die Lage von allen Seiten betrachtet, er muss eine Entscheidung für sich und seine Familie treffen. Die Bolschewiki sind in den letzten Wochen immer unerbittlicher gegen die Kirchen vorgegangen, zuallererst gegen die eigene, die orthodoxe. Im Januar haben sie die Kirche im Winterpalast und zahlreiche weitere Hauskirchen geschlossen und sich dann die großen kirchlichen Einrichtungen vorgenommen, allen voran die Alexander-Newski-Lawra am Ende des Newski-Prospekts. Dort wird zunächst eine bewaffnete Einheit vorstellig, um die Gebäude und das Eigentum des Klosters zu beschlagnahmen. Die Geistlichen leisten Widerstand und rufen für den nächsten Tag ihre Gemeinde zusammen, um gegen die »Hatz auf die Kirche« zu protestieren. Daraufhin schickt man eine größere Einheit Bewaffneter, die von den Gläubigen entwaffnet wird. Das können die Bolschewiki nicht akzeptieren, und so rücken sie mit Maschinengewehren an. Erzpriester Pjotr Skipetrow wird erschossen. Tausende gläubige Petrograder ziehen nun in einer langen Prozession zum Kloster. Am Ende werden die Kirchenschätze dennoch konfisziert und viele Kirchenmänner verhaftet. Im Herbst erschießen die Bolschewiki den Abt der Kasaner Kirche, ebenso den Abt der Admiralitätskirche und weitere Geistliche wegen »konterrevolutionärer Tätigkeit«.

Die Kirchen der Deutschen geraten ebenfalls weiter unter Druck. Anfang April muss die Gemeinde der Annenkirche Schuldirektor Ernst Igel und allen übrigen Lehrern kündigen. Es ist kein Geld mehr für die Gehälter da, die Schulden sind untragbar geworden. Die Schulen müssen geschlossen werden. Ein Kommissar erscheint und verkündet, die zur Annenkirche gehörenden Häuser Nr. 7, 8 und 9 seien konfisziert. Er setzt die Hausverwalter ab und beschlagnahmt die Kassen. Generalsuperintendent Malmgren eilt daraufhin zum Kaiserlichen Deutschen Generalkonsul Dr. Max Biermann, der schon vor dem Krieg Konsul in Sankt Petersburg war und seit dem Frieden von Brest-Litowsk erneut auf diesem Posten ist. Von ihm erhält Malmgren einen Schutzschein der deutschen Regierung. Aber was ist der in diesen Zeiten wert?

Pastor Haller kündigt, ebenso der Kassierer, der 34 Jahre lang für die Gemeinde Dienst getan hat, und schließlich tut auch Maaß diesen Schritt. Er ist der jüngste der verbliebenen Pastoren und wird sich so oder so im Amt nicht halten können. Aber was bleibt für ihn dann noch in der Stadt zu tun? Er muss versuchen, Petrograd zu verlassen und sich nach Deutschland durchzuschlagen, in ein Land, in dem seine Familie und er nie gelebt haben. Finnland und Estland sind keine Optionen mehr. Seine vordringliche Aufgabe ist jetzt, die Familie in Sicherheit zu bringen, seine Frau und die fünf Kinder. Er ist nun seit fünf Jahren in der Stadt, schien angekommen, Petrograd hatte auch ihn zum erblichen Ehrenbürger erhoben. Das alles zählt jetzt nicht mehr. Maaß hat sich entschieden. Unter dem Datum des 11. Juni 1918 wird ins Protokollbuch der Gemeinde eingetragen: »Der Kirchenrat genehmigte das Abschiedsgesuch des Pastors Diaconus E. Maaß zum 1. August d. J.«[140]

Öl ins Feuer

Im Frühjahr 1918 kehrt ein Mann aus der sibirischen Verbannung nach Petrograd zurück, den die Brüder Kirchner bis an ihr Lebensende nicht vergessen werden: Sergei Pawlow.

Die Kirchner-Brüder sind nach der Revolution aus dem Internierungslager entlassen worden und stehen nun wie Pastor Maaß vor der Entscheidung: bleiben oder gehen? Sie wird ihnen abgenommen, noch bevor sie eine Lösung gefunden haben, und der Mann, der das bewirkt, heißt Sergei Pawlow. Pawlow ist seit Jahren aktives Parteimitglied und hat früher bei den Kirchners gearbeitet. Nach seiner Rückkehr wirkt er in der Fabrik als Wortführer, später wird er sogar »Kommissar« des Werkes. Er ist ein gewandter Agitator, und so kippt die Stimmung unter den Kirchner'schen Arbeitern bald zugunsten der Bolschewiki. Das Unternehmen wird geradezu zwangsläufig zu einem der Schauplätze, an denen sich die von Lenin erdachte »Befreiung der Arbeiterklasse« vollzieht. Denn in der Fabrik in der Bolschaja Puschkarskaja arbeiten viele schlecht bezahlte Ungelernte, und damit ist sie das ideale Terrain für Männer wie Pawlow. Sie sollen im Auftrag Lenins sozialistisches Bewusstsein in die Betriebe tragen, sollen den Kampf der Proletarier für die Aufhebung jener Gesellschaftsordnung anführen, »die die Besitzlosen zwingt, sich an die Reichen zu verkaufen«.[141] In den mehr als 1000 Arbeitern bei Kirchner sehen die neuen Machthaber potenzielle Verbündete, und umgekehrt ist es ebenso.

Unruhig war es bei den Kirchners fast immer. Schon während der Revolution von 1905 und in den Jahren danach gab es Streiks in der Fabrik. Im Mai 1906 hielten Arbeiter der Setzerei und des Maschinensaals einen Ausstand beinahe zwei Monate lang durch. Damals schlossen sich andere Druckereien wie die große von Ilja Jefron an. Die Druckergewerkschaft unterstützte die Streikenden und gab am Ende fast zwei Drittel ihrer Streikkasse von 1907 für sie aus. Gefordert wurden der Achtstundentag, ein arbeitsfreier Sonntag und höhere Löhne. In einer Erklärung wurden die Kirchners als »Despoten« bezeichnet.[142] Diese reagierten mit Zuckerbrot und Peitsche. Man ließ die Rädelsführer verhaften, machte aber auch Zugeständnisse.

Die Revolutionen von 1917 werden von den Arbeitern in der Bolschaja Puschkarskaja begrüßt, Lenins Sozialdemokratische Partei kann stolz sein auf die besonders aktive Zelle in diesem Werk. Schon unmittelbar nach der Februarrevolution wird bei Kirchner ein Fabrikkomitee gegründet. Seine Führer sind bei allen linken Demonstrationen in der Stadt in der ersten Reihe anzutreffen, und Kirchners Fabrikbevollmächtigter Gulbe hat alle Hände voll zu tun, die Produktion halbwegs am Laufen zu halten. Eine betriebliche Rotgardisten-Abteilung, die auf Weisung der sozialdemokratischen Parteizentrale nach der Februarrevolution gebildet wird und die besten Arbeiter aus allen Abteilungen gewinnen kann, macht die Situation für das Unternehmen noch schwieriger, als sie ohnehin schon ist. Die engagierten Kirchner'schen Rotgardisten werden beim Oktoberumsturz an vorderster Front eingesetzt, müssen den Schlossplatz und die Börsenbrücke bewachen, und Gulbe wird auch noch gezwungen, diese Soldaten aus der Fabrikkasse zu bezahlen.

Als die Kirchners aus dem Internierungslager zurückkehren, schaffen sie es nicht, erneut die Leitung ihrer Firma zu übernehmen, sie ist ihnen längst aus der Hand geglitten. Mit aller Kraft versuchen sie, die immer wieder aufflammenden Konflikte einzudämmen, aber die von der neuen Macht eingesetzten Mitglieder des Werkkomitees spielen sich als die eigentlichen Betriebsführer auf und machen alle ihre Bemühungen zunichte.

Als im Januar 1918 von den Kirchners gefordert wird, neue Kalender für das Jahr 1918 zu drucken, da von Februar an die Gregorianische Zeitrechnung gelten soll, und diese das zunächst ablehnen, wird sofort wieder gestreikt, da die Arbeiter nur noch auf die Weisungen der

Bolschewiki hören. Und dann bricht in der Nacht vom 18. zum 19. Februar auch noch ein Feuer in der Fabrik aus. Es beschädigt die Elektrostation und das Lager mit den fertigen Erzeugnissen. Eine Untersuchungskommission kommt angeblich zu dem Ergebnis, dass der Schornstein für die Dampfmaschine verstopft war, und sofort ist von gezielter Sabotage der Besitzer die Rede, die auf diese Weise die Fabrik stilllegen wollen. Mehrere Monate ruht die Produktion. Dann entscheidet im Mai eine Kommission des Petrograder Wirtschaftsrates, dass das Werk nationalisiert werden soll. »Die Fabrik Kirchner ist mit ihrer neuesten Technik einzigartig in Russland (…). Bis zum Krieg arbeiteten hier mehr als 1500 Menschen, vor der Schließung waren es 1000. Wenn die Produktion mit voller Kraft in ein, zwei Schichten läuft, dann könnten 2000 bis 2500 Arbeiter eingestellt werden. Die Sektion der Druckereibetriebe empfiehlt, die Fabrik in das Eigentum der Russischen Sozialistischen Republik zu überführen.«[143]

Die Kirchners begreifen, dass sie über die Fabrik nicht mehr verfügen können, aber sie hoffen wenigstens auf eine Entschädigung durch die neue Regierung. Denn noch halten die Söhne Karl, Otto und Fritz, die Tochter Jewgenija Borchardt und deren Mann sowie ein Onkel der Kirchners drei Fünftel der Aktien der Gesellschaft »Otto Kirchner«. Sie erklären sich sogar bereit, ihre Kenntnisse wenn schon nicht als Chefs, so doch als Fachleute in den Dienst des Betriebes zu stellen. Über ihren Bevollmächtigten Gulbe entwickelt sich ein reger Briefwechsel mit den neuen Hausherren. Doch am 13. August fasst die Versammlung der Arbeiter einen eindeutigen Beschluss:

> Die Fabrik ist auf keinen Fall den früheren Besitzern zu übergeben, und zwar aus folgenden Überlegungen: Es ist offensichtlich geworden, dass der bevollmächtigte Inhaber Gulbe die Fabrik nicht in Gang halten will und mit allen Mitteln versucht, die nötigen Reparaturen hinauszuzögern, auch wurde von der alten Administration nichts zur Instandsetzung der Elektrostation unternommen. Während die früheren Besitzer davon sprachen, die Produktion könne vielleicht in sieben Monaten wiederaufgenommen werden, schaffte die gewählte Leitung dies in drei Wochen.
>
> Die alten Besitzer haben den Wunsch geäußert, weiter im Werk zu arbeiten. Aber darauf sollten wir nichts geben, das sind leere Worte,

> wir haben keinerlei Garantie, dass die Unternehmer in zwei Monaten nicht wieder irgendeine Sabotage anzetteln. Die Fabrik kann auch deswegen nicht zurückgegeben werden, weil die Taktik der Arbeiterklasse besagt, das, was sie sich durch ihren Kampf genommen hat, nie wieder aufzugeben, welche Anstrengungen das auch kosten mag. Die Arbeiterklasse wird den Kapitalismus vernichten und zur Schaffung des Sozialismus übergehen.[144]

Das ist die Sprache der herrschenden Bolschewiki, denn natürlich haben nicht die Arbeiter über die Zukunft des Kirchner-Werkes entschieden, sondern das Präsidium des Obersten Volkswirtschaftsrats in Moskau. Das Werk in der Petrograder Puschkarskaja scheint der neuen Regierung wichtig zu sein. Am 27. August verfügt sie endgültig die Nationalisierung der Fabrik:

> 1. Die Fabrik »Otto Kirchner« ist den ehemaligen Besitzern wegzunehmen und in die Verfügungsgewalt der Republik zu übergeben.
> 2. Die Leitung der Fabrik wird L. K. Dowtort als Vertreter der Gewerkschaft übertragen und S. A. Pawlow und N. I. Schtscherbow vom Volkswirtschaftsrat des Nordgebietes.
> 3. Die Fabrik wird Staatsfabrik »Swetotsch« [Das Licht] genannt.
> 4. Die Verwaltung wird beauftragt, gemäß dem Wunsch der früheren Besitzer eine Bestätigung über die Nationalisierung dieser Fabrik auszustellen.[145]

Die neuen Machthaber üben allen nur denkbaren Druck aus, um Fabrikbesitzern ihre Werke zu nehmen. Den Kirchners werden die Konten bei der Staatsbank gesperrt, und die Versicherungsgesellschaft »Rossija« wird angewiesen, dem Unternehmen nach dem Brand nicht die vereinbarte Versicherungssumme von 500 000 Rubel auszuzahlen. Kaum ist das Werk in der Hand des Staates, fließt diese Summe, und prompt ist das Unternehmen auch wieder liquide.

Im Sommer 1918 sind die Kirchner-Brüder endgültig ausgeschaltet. Das Unternehmen, zu dem ihr Vater vor mehr als einem halben Jahrhundert den Grundstein gelegt und das er stetig ausgebaut hat, geht mit wenigen Federstrichen in Staatsbesitz über. Die Produktion bekommt der neue Inhaber, das Volk, ohne »bürgerliche Spezialisten« aber nicht zum Laufen. Sechs Fachleute aus der alten Kirchner-Mannschaft erklären sich zur Kooperation bereit, aber nur einer von ihnen bleibt tatsächlich. Es ist der Meister der Kalenderabteilung, ein Este. Die Bolschewiki zahlen ihm monatlich 1400 Rubel Gehalt. 1919 soll das Werk wieder in gewohnter Weise Kalender herausbringen, allerdings im Geist des neuen Regimes. Den Kirchner-Brüdern bleibt nur noch, schnellstmöglich das Land zu verlassen und sich nach Deutschland durchzuschlagen, in jenes Land, aus dem ihr Vater einst nach Petersburg aufbrach.

Machtkampf auf der 7. Linie

In den Häusern der Apothekerfamilie von Poehl hat sich ein »Komitee der Hausarmut« konstituiert. Ihm gehören ein Hausmeister, ein Wächter, ein Klempner und zwei Angestellte nationalisierter Betriebe an. Die meisten Mitglieder sind parteilos, nur einige wenige gehören bereits der Kommunistischen Partei an. Sie verwalten 15 Wohnungen, in denen 57 Menschen leben, darunter 18 Kinder.

Überall sind inzwischen solche Komitees gebildet worden, es sind die kleinsten Zellen im Organismus der neuen Macht. Arbeiter, Schlosser, Hausfrauen, Chauffeure und Hofarbeiter gehören ihnen an, Menschen, denen es gefällt, endlich auch einmal etwas zu sagen zu haben, und die ihre kleine Macht mitunter auf ebenso schamlose Weise nutzen wie Sinowjew und seine Genossen ihre große ganz oben. Der Schriftsteller Michail Bulgakow macht das wenige Jahre später zum Thema seiner Erzählung *Hundeherz*, einer beißenden Satire auf den von den Bolschewiki propagierten neuen sowjetischen Menschen.

Die Poehls haben in ihren Häusern nichts mehr zu sagen, dürfen aber wenigstens in ihren Wohnungen bleiben und von ihren Nachbarn weiter Miete kassieren. Die Firma ist erst einmal verpachtet. Andere deutsche Unternehmen in Petrograd wie das der Kirchners sind dagegen gleich 1918 enteignet worden: die Uhrenfabrik Schwarzstein am Wossenski-Prospekt, die Gießerei »Vulkan« in der Bolschaja Spasskaja, die Pianofabrik Schröder in der Bolschaja Wulfowa, die Segel-, Tuch- und Flaggenfabrik von Johann Heinrich Köbke am Smolenka-Ufer, die Telefonfabrik von Konrad Lorenz, das Kabelwerk von Siemens & Halske und die Farbenfabrik Danziger in der Tarakanowskaja.

Bei der Apothekerfamilie von Poehl kommt es nun zu einem komplizierten und ungemein nervenaufreibenden Tauziehen. Die Brüder Poehl sind nur noch zu fünft. Rudolph, der bereits 1910 wegen Krankheit aus der Gesellschaft ausgeschieden und dann mit seiner Familie nach Schweden gezogen ist, ist im Mai 1918 gestorben. Arist hat Petrograd mit seiner Frau Olga und den beiden Kindern verlassen und wird sich im neu gebildeten Königreich Jugoslawien niederlassen.

Die anderen müssen sich eine andere Arbeit suchen, damit die Kommunisten sie nicht als Schmarotzer einstufen. Richard, der zuletzt die Apotheken- und Laborbestände verwaltet hat, ist im Kommissariat für Stadtwirtschaft untergekommen, in dessen Komitee für Landwirtschaft. Er ist sogar in die Gewerkschaft eingetreten, eine gewisse Anpassung an die neue Macht scheint geboten, wenn man zur Bourgeoisie gehört. Alfred, der gelernte Physiologe, arbeitet im ehemaligen Marienkrankenhaus am Liteiny-Prospekt, wo 1917 die Verletzten der Straßenkämpfe behandelt wurden. Die Kommunisten nennen es nun »Krankenhaus des Gedenkens an die Revolutionsopfer«. Und Alexander hat einen Posten in der Publikationsabteilung der Zeitung *Wirtschaftsleben* gefunden, die am Newski-Prospekt Nr. 46 sitzt. Aber der Newski-Prospekt, der Prachtboulevard des früheren Petersburg, heißt jetzt nicht mehr Newski-Prospekt, sondern Prospekt des 25. Oktober – in Erinnerung an den Tag der Oktoberrevolution.

Natürlich stehen die Poehls, obwohl sie russische Staatsbürger sind, unter Beobachtung der Behörden, denn den Bolschewiki gelten Bürger mit ausländischen Wurzeln generell als verdächtig. Sicherheitshalber registriert der Rat der Arbeiter- und Bauerndeputierten der Wassili-Insel alle Ausländer und vermeintlichen Ausländer in seinem Rayon. 561 hat er Anfang 1919 bereits erfasst, darunter viele Deutsche. Namen wie Fischer, Jürgens, Dill, Grasse, Fugger, Vogt, Mollenkoper, Kern und Reinke tauchen in den Listen auf. Hinter jedem Namen stehen der jetzige Beruf und die Einkommensquelle. Bei Adele von Poehl, der Mutter der Poehl-Brüder, haben die Beamten eingetragen: »Lebt von der Unterstützung der Söhne und vom Verkauf alter Sachen.«[146] Was nicht in der Akte steht: Adele von Poehl schustert jetzt auch, sie nimmt reparaturbedürftige Schuhe von Nachbarn aus der Straße an, um sich etwas dazuzuverdienen. Es ist eine Ironie des Schicksals: Sie, die Witwe eines international angesehenen adligen Wissenschaftlers und eines der bekanntesten Apotheker der Stadt, ist zu den Wurzeln ihrer Familie zurückgekehrt, die vor über 100 Jahren als Schuhmacher aus Perleberg nach Petersburg kamen.

Die Familie versucht, auf alle Eventualitäten vorbereitet zu sein. Niemand kann wissen, was den Kommunisten noch in den Kopf kommt, und so sprechen sie beim Kaiserlichen Deutschen Generalkonsul vor, um sich wie Generalsuperintendent Malmgren für seine Kirche auch für ihren Besitz Garantieurkunden ausstellen zu lassen. Im Konsulat herrscht Chaos. Deutschland muss sich erst wieder offiziell in Russland etablieren. Handschriftlich und auf Rechenpapier bestätigt der Generalkonsul den Poehls das Recht auf »Re-Emigration«. Ihre Aufnahme in die deutsche Staatsbürgerschaft sei noch nicht erfolgt, doch stehe der Besitz der Poehls unter dem Schutz des deutschen Staates. Das Dokument wird mit dem Siegel der Notariatsabteilung des Kaiserlichen Deutschen Generalkonsulats versehen.

Viktor Schwarz, der Pächter des Poehl'schen Betriebes, hatte sich bereits im Frühjahr hilfesuchend an deutsche Behörden gewandt, denn es ist offensichtlich, dass die Petrograder Führung die Firma requirieren will. In den letzten Wochen sind mehrmals Funktionäre in den Räumen des Unternehmens erschienen und haben entsprechende Drohungen ausgesprochen. Die Apotheke, in der am Ende 73 Mitarbeiter angestellt waren, gehört bereits dem Staat. Da das Generalkonsulat zu dieser Zeit noch nicht wieder eröffnet ist, wendet Schwarz sich zunächst an die »Deutsche Delegation für Kriegs- und Zivilgefangene und Re-Emigranten«, die seit dem Brester Frieden deutsche Interessen in der Stadt vertritt. Sie bestätigt ihm, dass sich das »Werk für galenische Präparate«, wie es sich jetzt nennt, »in Pacht des deutschen Staatsbürgers Viktor Viktorowitsch Schwarz befindet. Wie er selbst als deutscher Bürger steht auch sein Eigentum unter dem Schutz des Deutschen Reiches und kann daher nicht konfisziert oder requiriert werden.«[147] Das sind Floskeln, die wenig helfen. Den Bevollmächtigten des Gesundheitsministeriums, der wenig später zur Inspektion der Labors erscheint, beeindrucken sie jedenfalls nicht. Er erklärt Schwarz, dass er die Firma herzugeben hat. Der will sich damit nicht abfinden, empfindet das als Willkür. »Ich protestiere gegen jede Aneignung meines Eigentums«, schreibt er an das zuständige Kommissariat für Gesundheitswesen.

Noch halten sich die Kommunisten an die Praxis, den Deutschen ihr Eigentum nur dann zu entziehen, wenn dies auf der Grundlage von Gesetzen erfolgt, die für alle Bürger des Landes und eines dritten Landes gelten, oder die Eigentümer sofort in bar entschädigt werden. »Es gibt bisher keinen Beschluss über die Nationalisierung der Werke zur Herstellung galenischer Präparate«, argumentiert Schwarz in seinem Brief an die Gesundheitsfunktionäre. »Die Nationalisierung allein meiner Fabrik wird also nicht nur eine Verletzung meiner Interessen sein, sondern auch eine Verletzung des Friedensvertrages zwischen Russland und Deutschland.« Der Hinweis auf das Völkerrecht verfängt bei den Bolschewiki ebenfalls nicht. Mit Unterstützung des im Poehl'schen Unternehmen eingesetzten Fabrikkomitees schreiten sie zur Tat. Als Vorwand dient ihnen die Tatsache, dass Schwarz die Produktion vorübergehend einstellen will, weil er nicht mehr ausreichend Rohstoffe erhält und der freie Markt für Arzneimittel weggebrochen ist.

Anfang Oktober übernimmt das Fabrikkomitee die Macht in der Firma Poehl. Es fordert Schwarz auf, ihm alle Bilanzen, alle Schlüssel und alle Gelder zu übergeben. Zur selben Zeit bestellt das Gesundheitskommissariat Alfred von Poehl ein, den früheren Direktor der Firma. Poehl bereitet sich sorgsam auf diesen Termin vor. Er hat von Freunden gehört, was bei derartigen Gelegenheiten alles geschehen kann. Nicht wenige sind von solchen Treffen nicht wiedergekommen. Bevor er sich zum Kommissariat begibt, händigt er die Schlüssel seines wichtigsten Safes, in dem Geld und Papiere verwahrt werden, an Pächter Viktor Schwarz aus. Die Behörde befindet sich auf der anderen Seite der Newa, und es zeigt sich, dass seine Sorgen berechtigt waren. In den Räumen des Kommissariats warten bereits zwei Männer vom Geheimdienst und verhaften ihn. Poehl habe Schwarz dazu angestiftet, gegen die wirtschaftlichen Interessen der neuen Führung zu handeln, behaupten sie. Er sei also ein Saboteur, einer, der den neuen Sowjetstaat nicht akzeptieren wolle. Alfred von Poehl wird in die Keller der Tscheka gebracht und dort als Geisel festgehalten. Es ist eine wirksame Methode, mit der die Bolschewiki Proteste und Einwände gegen ihre Entscheidungen zum Verstummen bringen. Im Marientheater hat das funktioniert und in Kirchners Fabrik auch.

Allen in der Poehl-Familie ist nun klar, wie ernst die Lage ist. Schwarz bleibt gar nichts anderes übrig, als die Bedingungen des

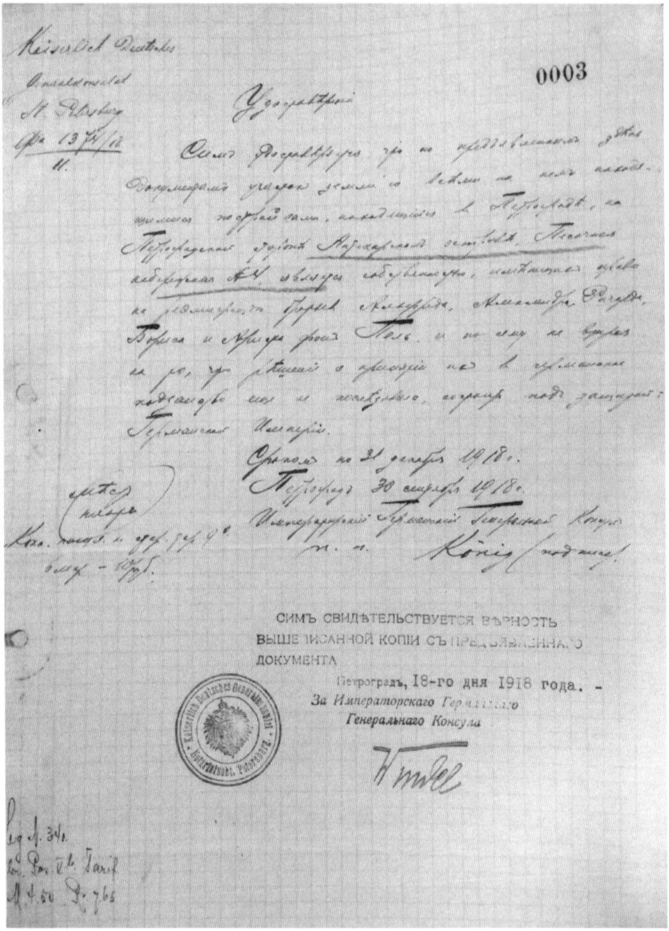

0003

СИМЪ СВИДѢТЕЛЬСТВУЕТСЯ ВѢРНОСТЬ
ВЫШЕПИСАННОЙ КОПИИ СЪ ПРЕДЪЯВЛЕННАГО
ДОКУМЕНТА

Петроградъ, 18-го дня 1918 года. –
За Императорскаго Германскаго
Генеральнаго Консула

1918 hat in Petrograd wieder ein Kaiserliches Generalkonsulat seine Pforten geöffnet. Es beschäftigt sich mit der Versorgung deutscher Kriegsgefangener, stellt Pässe für Deutsche aus, die Sowjetrussland schnellstmöglich verlassen wollen, und Urkunden, die deutsches Eigentum in Petrograd unter deutschen Schutz stellen – was sich meist als vergebliches Bemühen erweist. Auch die Apothekerfamilie Poehl versucht auf diese Weise, ihren Besitz vor dem Zugriff der Bolschewiki zu retten.

Fabrikkomitees zu akzeptieren. Er geht zur Volksbank und zahlt dort die sicherheitshalber der Kasse entnommenen Gelder ein – immerhin 290 000 Rubel – und gibt auch die Schlüssel zum Firmensafe heraus.

Aber dann geht er zum Volkskommissariat für Inneres am Schlossplatz, der nach dem ermordeten Tscheka-Chef jetzt Urizki-Platz heißt, und protestiert dort gegen die rüden Praktiken der Enteignung. Es empört ihn, dass ein vom Rat der Arbeiter- und Soldatendeputierten der Wassili-Insel eingesetzter Bevollmächtigter und das Fabrikkomitee, »ohne spezielle wissenschaftliche Vorbereitung für die Führung eines so komplizierten und hochwissenschaftlichen Betriebes zu besitzen«, die Leitung in der Firma übernommen haben. Das Fabrikkomitee weigere sich, Zahlungen an die bisherige Administration zu leisten und die Ausgaben für den Unterhalt der Häuser der Poehl-Erben zu ersetzen. Darüber hinaus ignoriere es die Rechte des Pächters. Schwarz spricht von Terrorisierung, von Hausübernahme, von Vertreibung und versucht, die Petrograder Führung mit ihren eigenen Waffen zu schlagen: »Es passiert hier etwas völlig Unzuverlässiges, das nicht den Vorstellungen der Sowjetmacht vom Staatsaufbau entspricht. Wenn von einer Nationalisierung des Eigentums die Rede ist, dann muss darüber der Unions-Wirtschaftsrat informieren, aber nicht irgendein Arbeiter- und Soldatenrat und eine Handvoll ungebildeter Arbeiter.«[148] Die letzte Bemerkung ist den Bolschewiki zu viel. Mit solchen Tiraden macht man sie sich nicht zu Freunden, denn sie alle haben in der Regel keine höhere Schulbildung genossen. Immerhin: Alfred von Poehl kommt wieder frei, nachdem Schwarz die Forderungen des Fabrikkomitees erfüllt hat.

Der kalte Krieg setzt sich noch über mehrere Wochen fort. Ende Oktober schickt das Fabrikkomitee an Schwarz und die Poehl-Brüder Aufforderungen, am 31. Oktober um 10 Uhr mit allen Scheckbüchern vor dem Komitee zu erscheinen. Die verlangen daraufhin, das Komitee solle erst einmal die Schlüssel zum Geldschrank herausgeben, schon die Form der Schreiben an sie sei beleidigend. Aber der neue Staat sitzt am längeren Hebel. Die Eingabe von Schwarz ans Innenministerium wird abgewiesen. »Alle Klagen, die gegen das Fabrikkomitee wegen eines ungesetzlichen Vorgehens vorgebracht wurden, sind unbegründet«, heißt es im Bericht des eingesetzten Untersuchungsbeauftragten.[149] Hilflos müssen die Poehls und Pächter Schwarz mit ansehen, wie ihnen Institut und Labor Stück für Stück aus der Hand genommen werden.

Auch der traditionsträchtige Name »Poehl & Söhne«, der über Jahrzehnte Garant für Qualität gewesen ist, verschwindet aus der Öffentlichkeit. Das Unternehmen, das fortan weder den Poehls noch Schwarz gehört, sondern dem kommunistischen Staat, heißt jetzt »2. Staatliches Chemie-Pharmazeutisches Werk (ehemals Poehl)«. Aber die neuen Inhaber merken bald, dass sie sich verrechnet haben.

Letzte Nacht in Petrograd?

Wer weder Besitz noch Verwandte in Petrograd hat, versucht jetzt, die Stadt zu verlassen. Für viele Deutsche und Balten ist sie zur Falle geworden. Immer wieder werden Gerüchte kolportiert, dass irgendein Hilfskomitee irgendeinen Zug für Emigranten zusammenstelle. Aber meist ist es eben nur ein Gerücht. Editha Maaß, inzwischen 14 Jahre alt, hört sie mit ebensolcher Hoffnung wie viele ihrer Freunde. Wie die meisten Baltendeutschen glaubt sie, dass sie mit ihrer Familie nur vorübergehend flüchten werde – wenn überhaupt. Kaum jemand hält es für möglich, dass Petrograd für immer an die Bolschewiki fallen könnte.

> Eines Tages hieß es, daß die Balten, die fortwollten, sich melden sollten, denn ein Zug würde ihnen in absehbarer Zeit bereitgestellt. Mutti machte sich sofort auf den Weg und wanderte täglich mit zitternden Knien weit über eine Stunde zum Baltischen Komitee, um uns aufschreiben zu lassen. Ach, das war ein Freuen und Jubeln, als wir unsere Namen auf der Liste wußten. Wir Kinder fingen schon unsere Sachen zu ordnen an und sorgfältig in Schränken zu verpacken, die wollten wir später einmal abholen, wenn alle Not ein Ende hatte. Auch trafen wir allerhand »testamentarische« Bestimmungen. Meinem treuen Freund, Arno von Vee, erlaubte ich, gleich nach unserer Abreise meine Tagebücher zu lesen. Manche von unseren vielen Puppenkindern sollten neue Mütter bekommen. Aber die Zeit verstrich, Wochen und Monate vergingen, und wir waren noch immer in Petrograd. (…)
> Pappi lag weiter im Diakonissenhaus, und jede Woche einmal versammelten wir uns im sogenannten Schulzimmer um den langen Tisch und löffelten unsere Suppe. Pappis Schwester sah uns dabei mitleidig zu und ließ ihr Auge prüfend über unsere schmalen, ein-

gefallenen Gesichter gleiten. Eines Tages sagte die Oberin zur Mutti: »Ihre Älteste werden wir etwas bei uns behalten und das Kind auffüttern.« Meine Wangen waren wohl am tiefsten eingefallen, denn meine Schulkameradinnen, die mich häufig sahen, ich will nicht sagen: täglich, denn wir fehlten mehr, als daß wir in der Schule waren, fiel mein Aussehen sogar auf. (…)
Nun durfte ich im Diakonissenhaus bleiben. Ich lag in einem hellen großen Zimmer, und die leichte Hungertemperatur ließ mich in einen angenehmen Traumzustand verfallen. Auch Wolf lag im Diakonissenhaus. In einem großen Krankensaal zwischen vielen anderen lag er an Typhus darnieder und litt an grenzenlosem Heimweh. Wenn die Schwester ihm das Thermometer einsteckte, zog er es heimlich schnell heraus, damit es kein Fieber anzeigen sollte. So kam nach Wochen das Osterfest herbei, ich war wieder zu Hause, aber es gab weder Ostereier noch Kuchen, nur trübe, blasse Gesichter. Am Nachmittag wanderten Irene und ich zu einer bekannten schwedischen Familie. Gerda Pilblatt, die zarte, graziöse Schwedin, die älteste Tochter des Hauses, gab uns beiden jeden Sonntagnachmittag Tanzstunden. Mit etwas zitternden Knien wirbelten wir auf den Fußspitzen herum und lernten die schwierigen russischen Tänze. Trotz des sehr weiten Wegs gingen wir gerne in das wohlhabende vornehme schwedische Haus. (…)
So verstrichen Tage und Wochen im selben Gleichmaß, ohne dass eine Änderung eintrat. Mutti wanderte immer noch den weiten Weg zum Baltischen Komitee, um stets auf dem Posten zu sein. Die Herren, die uns schon genau kannten, hatten versprochen, uns im Falle einer Möglichkeit zur Flucht sofort zu benachrichtigen.
Eines Abends läutete stürmisch die Hausglocke, und Herr von Vee meldete aufgeregt, daß am nächsten Morgen um sieben Uhr früh ein Flüchtlingszug für Reichsdeutsche vom Baltischen Bahnhof aus abginge. Das Komitee hatte durchgedrückt, daß zwei Waggons für Balten angehängt werden durften. Pappi wurde sofort benachrichtigt, und dann wurden in Hast und Eile die notwendigsten Dinge zusammengepackt.
Die letzte Nacht in Petrograd. Der Gedanke war so unfaßbar nach diesem langen hoffnungslosen Warten, daß er einem fast unglaublich erschien.[150]

Warum sieht Oskar Böhme keine Notwendigkeit, Vorkehrungen für eine Flucht zu treffen? Die Folgen der Revolution sind doch auch im Theater zu spüren. Dass die Bolschewiki im Winter viele Spielstätten in Petrograd schließen, weil es kein Heizmaterial mehr gibt, ist nachvollziehbar, aber ihre Vorstellungen zum künftigen Programm und ihre Politik der Gleichmacherei sind ganz und gar nicht nach Böhmes Geschmack.

Von der neuen Theaterverwaltung hat er ein graues Arbeitsbuch erhalten, »Trudowoi spisok« nennt es sich, und es ist aus furchtbar schlechtem Papier, mehr ein Schulheft. Auf der Umschlagseite prangt das Hammer-und-Sichel-Wappen der neuen RSFSR, der Russischen Sozialistischen Föderativen Sowjetrepublik. In das Heft wird sein Gehalt eingetragen. Alle Orchestermitglieder bekommen nun den gleichen Lohn: 640 Rubel. 640 statt der früheren 1320 Rubel, und das in Zeiten, da das Geld ohnehin nichts mehr wert ist – für Böhme ist das ein Schlag. Und nicht einmal diese 640 Rubel bekommt er anfangs ausgezahlt. Im Januar 1918 erhält er von der Kassiererin nur die Hälfte, 300 Rubel. Im Februar sind es 196,26 Rubel, im März 224,33, im April 496,25 Rubel. Es dauert Monate, bis die Regierung den Mitgliedern der »Staatlichen Akademischen Theater«, wie sie nun heißen, die versprochenen mageren Gehälter auszahlt.

Auch wenn er es nicht wahrhaben will: Viele Künstler kehren dem Theater inzwischen den Rücken, jedenfalls jene, die ohne Weiteres im Ausland eine Stelle finden. Aber Böhme hat nicht die Möglichkeiten wie der Star Schaljapin, sich aus dem Land der Bolschewiki abzusetzen, er besitzt schließlich nur den russischen Pass. So beruhigt er sich damit, dass die Revolution auch gute Seiten habe. Über die Revolutionen hinweg ist die Musik populär geblieben in Russland, nur sitzt nun eben ein anderes Publikum in den Konzerten und Opernaufführungen.

Nach dem Verständnis des neuen Regimes soll Musik vor allem aufklären. Der Wappensaal des Winterpalastes, der jetzt »Palast der Künste« heißt, ist zum größten Konzertsaal Petrograds geworden. Der Auftritt von großen Orchestern ist weiterhin gefragt, vor allem wenn die Kommunisten ihre Feiertage begehen. Sie lieben das Pompöse, die Shows im Sommergarten, die Schiffsparaden auf der Newa und die

Aufmärsche auf dem Marsfeld, wo jetzt regelmäßig der Revolutionsopfer gedacht wird. Volkskonzerte und Volksfeste sind en vogue. Für einen Mann wie Oskar Böhme, der mehr in der Welt der Musik lebt als in der Wirklichkeit, sind sie inspirierend. Er beschließt zu bleiben. Und um sicherzugehen, dass die neue Macht ihm Vertrauen schenkt, kommt er ihr einen Schritt entgegen und macht das, was jetzt viele in Petrograd tun: Er meldet sich freiwillig als Musiker zur Roten Armee. Hatte nicht schon sein Vater mit großem Erfolg als Trompeter in der Armee gespielt? Das Militär war stets ein verlässlicher Arbeitgeber für Musiker. In der Armee wird man zudem noch halbwegs ordentlich versorgt und muss nicht frieren. Den zweijährigen Dienst hat er sofort anzutreten, in einem Petrograder Grenzregiment.

Rückschlag

Für die Pfarrersfamilie Maaß gibt es kein Zurück mehr. Sie verabschiedet sich eines Morgens von den beiden Hausmädchen, die in ihre Heimatorte zurückkehren werden, und fährt zum Bahnhof. Editha schreibt:

> Er wimmelte von aufgeregten Flüchtlingen, Soldaten, Bolschewiki – und unzähligen Reichsdeutschen, die in ihre Heimat zurückdurften. Unsere Waggons standen ganz hinten, und dahin eilten wir, um rechtzeitig Platz zu finden, wir machten es uns auf Koffern bequem. Die siebente Stunde, die Abfahrtszeit, rückte heran. Wir saßen in fieberhafter Erwartung und küssten immer wieder Pappi, dem seine Krankheit nicht erlaubte mitzukommen. »Lebt wohl, ihr Lieben«‹, sagte er ernst, »bald komme ich nach und bringe alle unsere Sachen mit!« Dann gab er uns noch unzählige Ratschläge und Ermahnungen, küsste immer wieder Mutti, die blaß und schwach vor Aufregung war.
> Aber die Abfahrtszeit verstrich, der Morgen war lange vorbei, hier und da wurden Stimmen des Hungers laut. Immer langsamer verrannen die Stunden, immer höher stieg der Tag. In unseren gespannten Mienen stand deutlich die bange Frage: »Kommen wir überhaupt noch fort?« Endlich, endlich, es war schon wieder ganz dunkel, die Uhr zeigte die elfte Abendstunde an, gab es einen Ruck in den Wänden, ein Knirschen in den Rädern, und der Zug setzte sich langsam

in Bewegung. Pappi ging winkend nebenher, und sein Gesicht schien ganz bleich zu sein im Scheine der Lichter. Wir saßen eng aneinandergeschmiegt. Noch fuhr der Zug langsam, doch dann – wieder ein Knirschen in den Rädern, ein Zittern in den Wänden, der Zug hielt. Wir warteten. Die freudige Stimmung hatte sich in Spannung verwandelt. Aufgeregte Rufe wurden draußen laut. Fragen schwirrten hin und her. Einige baltische Herren verhandelten laut mit den Kommissaren, liefen von einem zum anderen und kamen schließlich empört und verzweifelt zurück. »Wir Balten dürfen nicht mit, der kleine Judenkommissar will nicht, daß wir mitfahren, das ist der Grund.« Man hörte eiserne Haken und Ketten klirren, unser Waggon wurde abgekoppelt. Die Lokomotive pfiff, der Zug fuhr ab, und wir standen auf freiem Felde in dunkler Nacht vor Petrograd. Um uns wurde es still. Wir hatten die breite Tür des Viehwaggons gut zugeschoben, denn hier und da ertönten Schüsse. Auch wurde kein Licht gemacht, nur Seufzen und leises Klagen waren vernehmbar, dazwischen einige Trostworte und bittere Witze. Die meisten Insassen unseres Waggons hatten ihre Wohnungen aufgegeben, hatten alles verkauft, um die Reise zu bezahlen und sich für die Fahrt mit Lebensmitteln zu versorgen.

Draußen rieselte ein trüber Regen. So graute endlich der Morgen. Ganz früh machten wir uns alle auf den Weg, um wieder nach Hause zu kommen. Der Himmel war mit dicken Wolken behangen, der Regen drang mit seiner unangenehmen Kälte bis auf die Haut. Endlich, so um sieben Uhr morgens, langten wir in unserer Straße an. Da stand Leni, unser Stubenmädchen, in einer langen Reihe von Menschen, die etwas Milch zu erhalten hofften. Sie traute ihren Augen nicht, als sie uns sah. Auch unsere Johanna schlug die Hände zusammen, aber sie hatte nicht viel Zeit zum Fragen, wir waren so durchnäßt, erfroren und ermüdet von dem langen Weg, daß wir so schnell wie möglich ins Bett wollten. Nach einem kurzen Gebet, in dem wir nicht vergaßen, dem lieben Gott für unsere große warme Wohnung zu danken, schliefen wir fest ein.

Wir lebten nun auf gepackten Sachen, die Möglichkeit einer neuen, unerwarteten Flucht war nicht ausgeschlossen. Doch Woche für Woche verstrich, unsere Geduld wurde auf eine harte Probe gestellt.[151]

Es ist ein Auf und Ab der Gefühle, dem die Deutschen in Petrograd jetzt ausgesetzt sind. Für die einen scheint die Zukunft aussichtslos, sie machen sich keine Hoffnungen mehr, in dieser Stadt noch einmal Fuß zu fassen. Zu ihnen gehört Eduard Maaß, der als Kirchenmann quasi ein Aussätziger geworden ist. Andere wiederum glauben, dass sich auch für die Deutschen neue Wege öffnen werden, schließlich beteuern die Bolschewiki immer wieder, den verschiedenen Nationalitäten im Land ein Selbstbestimmungsrecht einräumen zu wollen.

In Petrograd hat sich bereits im Januar 1918 ein »St. Petersburger Verband russischer Bürger deutscher Nationalität« konstituiert, dessen Kern aus Mitgliedern des früheren »Deutschen Bildungs- und Hilfsvereins« besteht. Und in den großen deutschen Siedlungsgebieten an der Wolga gibt es seit dem Frühjahr ein »Kommissariat für deutsche Angelegenheiten«, das die Autonomie der Wolgadeutschen vorbereiten soll. Geleitet wird es von dem Deutschen Ernst Reuter, der bis vor Kurzem noch Kriegsgefangener war und der nach dem Zweiten Weltkrieg Regierender Bürgermeister von West-Berlin werden wird. Jetzt hat er sich in den Dienst der Bolschewiki gestellt. Als Vertrauter Josef Stalins, der von Lenin zum Kommissar für Nationalitätenfragen ernannt worden ist, soll er die Wolgadeutschen vom Segen der kommunistischen Herrschaft überzeugen. Tatsächlich wird nur Monate später eine »Arbeitskommune der Wolgadeutschen« gegründet. Sie umfasst über 200 Dörfer mit 20 000 Quadratkilometern besonders fruchtbaren Ackerlandes in den Gouvernements Saratow und Samara und erhält den Auftrag, die Zentren Moskau und Petrograd mit Nahrungsmitteln zu versorgen.

Peter Amann macht das Mut. Er hält die Zeit für gekommen, aus Saratow in sein Heimatdorf Graschdanka bei Petrograd zurückzukehren und sich dort in den Dienst der neuen Macht zu stellen. Peter ist gerade einmal 27 Jahre alt, ein einfacher Bauer, aber offen für das, was jetzt in seiner Heimat geschieht. In seinen Ohren klingt es gut, was die Bolschewiki versprechen: eigenes Land für die Bauern. In allen Gouvernements haben diese sich inzwischen eigenmächtig Land angeeignet, denn die Bolschewiki sind noch mit den Städten beschäftigt, und es muss sich erst noch zeigen, ob und wie sie ihre Macht auf die Dörfer ausdehnen können. Kaum ist er nach Graschdanka zurückgekehrt, wird Amann im

Nachbardorf Rutschji, das zum selben Dorfrat gehört wie Graschdanka, zum Vorsitzenden des Komitees für Dorfarmut gewählt. Die Komitees für Dorfarmut sind ein wichtiges Glied in der neuen Machtstruktur. Sie sollen ein Gegengewicht zu den Großbauern bilden.

Dass die Dörfler Peter Amann so viel Vertrauen entgegenbringen, hat er vor allem dem guten Ruf zu verdanken, den seine Familie genießt. Der frischgebackene Vorsitzende fasst sich auch gleich noch ein Herz und hält um die Hand von Emilia Jakowlewna Erhardt an. Die Erhardts sind die älteste Familie in Graschdanka, sie sind wohlhabend, und ihre Tochter ist eines der schönsten Mädchen im Dorf. Amann dagegen ist nicht gerade von kräftiger Gestalt, er hat ein schmales, fast spitzes Gesicht, aber eine sanfte Natur. Schon nach wenigen Monaten wird Hochzeit gefeiert. Die jungen Leute scheinen besseren Zeiten entgegenzugehen. Die Lebensmittelnot in Petrograd ist groß, das Land steht vor einer Hungerkrise, und die Arbeit der deutschen Siedler ist gefragt wie nie. Vom Chaos und vom politischen Terror in der nahen Stadt spüren die Amanns nichts – noch nicht.

Deutschland

Familie Maaß denkt nur noch an die Flucht, und tatsächlich ist es eines Tages so weit.

> Mit hoffenden und doch zweifelnden Herzen packten wir wieder die notwendigsten Dinge zusammen, ordneten und verschlossen alles im Hause. Ich suchte noch schnell alle meine Bleistifte im Hause zusammen und füllte meinen Federkasten bis zum Rand. Wenn wir unsere Sachen wieder erhalten sollten, könnte ich zeichnen und schreiben nach Herzenslust. Ich schloss den Kasten in meinen Spielschrank ein. Wieder verließen wir am frühen Morgen das Haus. Dieses Mal kamen auch unsere alten Großeltern mit, und Pappis Sorge um unser glückliches Fortkommen war noch größer. Auch dieses Mal durfte er die Flucht nicht mit uns wagen, denn er war noch zu krank.
> So traten wir mit Körben und Koffern beladen auf die Straße und eilten zur Elektrischen, die eben hielt. Doch die Straßenbahn war überfüllt. Wir baten und flehten und liefen nebenher. Schließlich

Peter Amann, zurückgekehrt aus dem Wolgagebiet, versucht sein Glück auf der Seite der Kommunisten. Er wird im Nachbardorf von Graschdanka zum Vorsitzenden des Komitees für Dorfarmut gewählt. Mit diesen Komitees versuchen die Bolschewiki während des »Kriegskommunismus«, ihre Macht auch auf dem Lande durchzusetzen und die Bauern zu zwingen, ihre Produkte dem Staat abzuliefern – die Dorfarmut soll das von den Bauern versteckte Getreide aufspüren. Amann gründet zu dieser Zeit eine Familie. Mit seiner Frau Emilia bekommt er drei Kinder: Wladimir, Albert und Margarita (v. links)

bremste sie noch einmal auf ein paar Sekunden. Halb im Fahren kletterten wir hinein und drängten uns durch die Menschenmasse. Immer schneller fuhr der Wagen, nur Arno von Fee, der uns begleitete, lief mit einem großen Korb noch nebenher, er trug unsere ganze Reisezehrung. Schließlich erbarmte sich der Schaffner noch einmal. So langten wir abgehetzt auf dem Bahnhof an.

Unsere Sachen wurden uns abgenommen, um durchgesehen und gewogen zu werden, denn das Gewicht, das pro Kopf mitkommen durfte, war festgelegt. Auch war es streng verboten, Wertsachen und Drucksachen mitzunehmen. Wir selber mußten in einen großen Saal hinein, der überfüllt von Menschen war, Posten standen am Eingang. Es war gegen sieben Uhr morgens, um elf Uhr vormittags sollte der Zug abfahren. Nur langsam verstrichen die Stunden. Unsere Herzen pochten in banger Furcht, da kam auch schon Pappi, blaß und erregt. »Der Kommissar macht uns Schwierigkeiten«, erzählte er, »Opapa war früher reichsdeutsch, die Papiere genügen den Kommissaren nicht, wir sollen nicht mit!« Wir sahen uns entsetzt an. Pappi wollte noch einmal alles versuchen, um den Kommissar umzustimmen. Gottseidank, es war ein blutjunger Mensch, der Freund eines früheren Schülers von Pappi – wir durften mit!

Endlich saßen wir im Zug. Wieder wurde ein Viehwaggon mittels Brettern zu einem zweietagigen Raum umgestaltet. Wir Kinder kletterten nach oben und machten uns unser Nachtlager zurecht, während die Erwachsenen sich auf Koffern und Körben einrichteten. Es war wieder spät am Nachmittag, als die Räder ins Rollen kamen und Petrograd immer weiter wegrückte. Leise beteten wir, der Zug möge nicht wieder stehenbleiben wie beim letzten Mal. Aber unsere Angst war unnötig. Weiter und weiter ging es ins Land hinaus, die Landschaft wurde friedlicher, die Schrecken der Großstadt blieben zurück. So kamen wir in die neutrale Zone, die Russland vom Baltikum trennte. Ein deutscher Wachposten stand an der Bahnlinie. An der Grenze in Pleskau hieß es aussteigen. Wir mußten neue Papiere zum Weiterfahren beschaffen und auf den Anschluß warten. Wir wurden alle in einer großen Holzbaracke untergebracht. Es waren etwa 2000 Balten, die es sich dort auf ihren Sachen bequem gemacht hatten. Wir bekamen eine herrliche Kanissuppe mit einem großen Sack Brot dazu und aßen uns gründlich satt. Wie anders sah doch das Straßenbild aus als das, an welches wir bisher gewohnt waren. Frauen standen in kleinen Buden, in denen sie Wurst, Obst und dergleichen ungewohnte Dinge feilboten. Essende Menschen auf den Straßen – wir kamen uns vor wie im Schlaraffenland.

Die Nacht war kalt, die Temperatur fiel auf minus fünf Grad, noch lag ein dämmriger Schein auf Wiesen und Feldern, als wir uns steif vom Lager erhoben. Draußen auf einer großen Wiese, die eng belagert von russischen Flüchtlingen war, die die ganze Nacht trotz der Kälte dort verbringen mußten, war eine Quelle, und im eiskalten Wasser wuschen wir uns den Schlaf aus den Augen. Nun mußten wir uns noch den Lebensmittelschein besorgen, für den wir eine große Kanne heißen Kaffees bekamen.

Die Stunden bis zur Weiterfahrt waren diesmal nicht so lang. Wieder war es ein überfüllter Viehwaggon, in dem wir Platz fanden. Doch wohin fuhren wir eigentlich? Riga war überfüllt, den Verwandten dort konnten wir unmöglich zur Last fallen. Pappi hatte uns geraten, in einem kleinen Städtchen unweit Rigas unser Unterkommen zu suchen. Uns gegenüber saß ein blasser junger Mensch mit baltischem Gesicht, an den wandte sich Mutti mit der Frage, wo man sich am besten niederlassen könne. Der junge Mann, Viktor Erlemann hieß er, schlug uns vor, mit nach Werro zu kommen. Mutti war hocherfreut, denn sie kannte Frau Erlemann von früher, und so wurden jetzt Bekanntschaften und Verwandtschaften festgestellt.

Wir Kinder freuten uns, und Mutti sah sich schon suchend nach unseren Mänteln um. Doch der Mantelpacken war nirgendwo zu finden. Ein Riesenschreck durchfuhr mich: Ich hatte alle Mäntel in der Baracke vergessen. Mutti fing laut zu jammern an: »Die neuen Mäntel sind fort, die wir euch in Petersburg von unserem letzten Geld gekauft hatten!« Ich hüllte meine frierenden Geschwister in Decken und Tücher. Schließlich hielt der Zug. »Aussteigen, aussteigen!«, hieß es draußen – wir hatten die kleine Station Werro im Südosten Estlands erreicht.[152]

Werro bleibt für die Maaß-Familie der rettende Ort im Sommer 1918. Auch Eduard Maaß stößt schließlich wieder dazu, er hat Petrograd zusammen mit Reichsdeutschen und mit einem falschen Pass verlassen können. Doch im Herbst wird es in Estland ebenfalls unruhig. Die deutschen Truppen ziehen ab, die Rote Armee macht sich daran, das Baltikum zu erobern, auch Estland, das erst einige Monate zuvor seine Unabhängigkeit erklärt hat. Ein deutscher Kommandeur stattet die Familie Maaß mit einem Reisepapier aus, und die macht sich nun in einem überfüllten Militärzug auf den Weg nach Südwesten. Ein entfernter Verwandter, der Gymnasialdirektor in Tilsit ist, hat Eduard Maaß vorgeschlagen, sich dort um eine frei gewordene Pfarrstelle zu bewerben. Wenige Tage später trifft die Familie in der Stadt am Memelufer ein, in der Napoleon und Russlands Kaiser Alexander I. im Jahr 1807 den Frieden von Tilsit schlossen. Sie sind in Deutschland – die Flucht aus Petrograd ist zu Ende.

Die Schönheit des Todes

Für die Familie Maaß war es höchste Zeit, Petrograd zu verlassen. Im Sommer 1919 durchbricht die Armee des Weißgardisten Nikolai Judenitsch von Nordwesten her die Verteidigungslinien der Roten Armee und rückt bis auf 30 Kilometer an die ehemalige Hauptstadt heran. Als sei der große Krieg zwischen der Entente und den Mittelmächten nicht genug gewesen, tobt in Russland nun ein Bürgerkrieg – ein Krieg zwischen den Roten und den Weißen. Petrograd ist einer der Brennpunkte. Der Krieg dauert drei Jahre und ist eine humanitäre Katastrophe. Zehn Millionen Menschen verlieren ihr Leben, weniger durch die Kämpfe an sich als durch Epidemien. Die Spanische Grippe, Typhus und Cholera raffen sie dahin und vor allem der Hunger. Noch einmal zwei Millionen verlassen wie die Kirchner-Brüder und die Familie von Eduard Maaß das Land. Die Armee der Weißen besetzt die Vorstädte Pawlowsk und Zarskoje Selo. Sinowjew bereitet daraufhin das Versenken der Baltischen Flotte vor. In der Stadt werden Barrikaden errichtet, selbst der Zirkus Ciniselli wird befestigt. Der Einzug von Judenitsch und der Fall Petrograds scheinen nur noch eine Frage der Zeit zu sein.

Nikolai N. Judenitsch war während des Ersten Weltkriegs einer der erfolgreichsten russischen Generäle. Er hatte an der Kaukasusfront gegen die Türken gekämpft und nach dem Umsturz der Bolschewiki illegal in Petrograd gelebt, versteckt im obersten Stockwerk der Russischen

Die Annenkirche, deren Schule mitsamt ihrem fortschrittlichen Sportunterricht stadtbekannt war – hier Mädchen im Jahr 1911 bei Gymnastikübungen –, verliert nach der Revolution nicht nur einen Großteil der Gemeinde, sondern auch ihre Schulräume. Pastoren und Mitarbeiter kündigen oder werden entlassen. Die Familie von Pastor Maaß, der ebenfalls den Dienst quittiert hat, schafft auf Umwegen die Flucht über die russische Grenze bis nach Tilsit, wo dieses Foto der Geschwister entsteht (ganz links Editha).

Versicherungsgesellschaft, bis er schließlich mit falschen Papieren nach Finnland fliehen konnte. Unterstützt von den Engländern, stellte er dort eine Armee auf und rückte mit mehreren Panzerzügen auf Petrograd vor. Petrograd, das schon vom Weltkrieg und von den beiden Revolutionen hart getroffen war, wird nun zum Zankapfel im Bürgerkrieg. Denn während Judenitsch sich der Stadt nähert, schneiden weiße Truppen sie im Süden von den Gebieten ab, die Petrograd mit Lebensmitteln versorgen. Im Dezember zieht Judenitsch sich mit seinen Truppen zwar nach Estland zurück, aber inzwischen haben die Alliierten eine Seeblockade eingerichtet, sodass die Lage angespannt bleibt.

Die nervösen Bolschewiki richten im belagerten Petrograd reihenweise »verdächtige Elemente« hin. »Sie haben den 29-jährigen Sohn unserer Mitarbeiterin erschossen. Er war Flottenoffizier in Kronstadt«, notiert der Historiker Georgi Knjasew in seinem Tagebuch.[153] Bereits im Januar werden in der Peter-und-Paul-Festung vier Großfürsten hingerichtet: Nikolai Michailowitsch, Cousin des letzten Zaren, Georgi Michailowitsch und Dmitri Konstantinowitsch, die Enkel von Zar Nikolai I., sowie Pawel Alexandrowitsch, ein Sohn von Zar Alexander II. Angeblich ist es die Rache für den Mord an den deutschen Kommunisten Karl Liebknecht und Rosa Luxemburg, von deren Existenz die vier vermutlich nicht das Geringste wussten. Schon im Sommer zuvor war Nikolai II., der letzte russische Kaiser, mitsamt seiner Familie in Jekaterinburg gemeuchelt worden. Die Bolschewiki kämpfen ums Überleben. Die Lage ist so dramatisch, dass Lenin den »Kriegskommunismus« ausruft: Das Privateigentum an den Produktionsmitteln wird aufgehoben, die Wirtschaft zentralisiert.

Petrograd, das einst so blühende Petersburg, fällt in Agonie. Wenn der Trompeter Oskar Böhme dieser Tage durch die Stadt streift, was er immer seltener tut, bietet sich ihm noch immer das alte Bild: die lang gezogenen Prospekte im Zentrum, die granitenen Ufer der dunkel schäumenden Newa, die Kaistraßen, die eingeschossigen Villen und die wunderschönen Palais, Rastrellis Stroganowpalast und Quarenghis Eremitagetheater, die Mietshäuser, Kaufhäuser, Banken. Aber die Stadt ist entvölkert. 1916 haben hier 2 415 000 Menschen gelebt, nun sind es nur noch 722 000 – Petrograd hat fast zwei Drittel seiner Einwohner verloren. Die Straßen wirken seelenlos, sie haben neue Namen, die sperrig und leblos klingen. Die schöne Konnogwardeiskaja heißt nun

»Boulevard der Gewerkschaften«, der Große Prospekt ist nach Karl Liebknecht benannt, und die Nikolaibrücke, über die Oskar Böhme seit seiner Rückkehr aus der Armee wieder ins Theater fährt, nennt sich nach einem Marineoffizier aus der Revolution von 1905 Leutnant-Schmidt-Brücke.

Im Winter 1920 wirkt Petrograd auf Böhme wie erfroren, der kalte Schnee hat die verlassenen Häuser im Griff, es gibt kaum erleuchtete Fenster, eine gespenstische Stille herrscht. Der russisch-belgische Emigrantensohn Viktor Serge, der in dieser Zeit nach Russland kommt, erlebt eine Metropole der Kälte, des Hungers und des Hasses.[154] Und die amerikanische Anarchistin Emma Goldman meint, man könne glauben, ein Hurrikan sei über Petrograd hinweggezogen. »Die Häuser ähnelten zerstörten Sarkophagen auf einem verlassenen Friedhof.«[155]

Der Smolny, die frühere Bildungsanstalt für adlige Mädchen, in der seit Oktober 1917 die Führung der Roten sitzt, ist von Gräben und Stacheldraht umgeben, vor dem Eingang stehen Geschütze. Strom gibt es bestenfalls abends und dann höchsten für zwei bis drei Stunden. Das Pfund Kerosin kostet astronomische 800 Rubel, eine Kerze 500, eine Schachtel Streichhölzer 80. Die Straßenbeleuchtung ist kaum noch in Betrieb. 1920 werden die restlichen 15 000 Lampen abgeschaltet, die Gasanstalten arbeiten nicht mehr. Dafür reichen im Winter die Schneewälle bis zu den Laternen heran. Die Stadt setzt Strafgefangene zum Schneeräumen ein. Holz zum Heizen zu beschaffen, das nimmt jetzt den meisten Platz im Denken der Petrograder ein. Mehrere Tausend Holzhäuser werden abgerissen und verheizt, in den großen Privatwohnungen mit ihren hohen Decken werden das Parkett, die Möbel und ganze Bibliotheken verfeuert. »Hätte ich hölzerne Arme und Beine gehabt, ich hätte selbst mit ihnen geheizt und zum Frühjahr keine Gliedmaßen mehr gehabt«, beteuert der Petrograder Schriftsteller Wiktor Schklowski.[156] Im zweiten Halbjahr 1918 gibt es 84 große Brände in der Stadt.

Die sogenannten Ehemaligen, die einstigen Adligen, die Offiziere, vor allem aber die Intellektuellen kommen am schlechtesten mit diesen Lebensbedingungen zurecht. Sie haben keine großen Ersparnisse, das Geld ist nicht viel wert, und Spekulieren haben sie nie gelernt. Ihre einzige Überlebensquelle ist die armselige Ration der dritten, bestenfalls der zweiten Kategorie. So wie die Arbeiter jetzt in die Dörfer zurückkehren, aus denen sie einst nach Petersburg gekommen sind, versuchen auch die Intellektuellen, die Stadt zu verlassen. Von denen, die zurückbleiben, sterben viele: der Historiker Michail Djakonow, der Philologe Alexei Schachmatow, der deutsch-russische Sprachwissenschaftler und Turkologe Friedrich Wilhelm Radloff, der Chefkonservator der Eremitage, Eduard von Lenz, der Puschkin-Experte Pjotr Morosow … Auf einer Versammlung der Professoren mahnt der Rektor der Petrograder Universität mit schwarzem Humor: »Meine Herren, ich bitte Sie demütigst darum, nicht so schnell zu sterben. Wenn Sie von einer Welt in die andere gehen, mögen Sie Ruhe für sich selbst finden, uns aber schaffen Sie eine Menge Probleme. Sie wissen, wie schwer es ist, Särge für Sie zu beschaffen, und wie teuer es ist, Gräber für Ihre ewige Ruhestätte auszuheben. Denken Sie also bitte auch an Ihre Kollegen!«[157] Schklowski notiert: »Aus den Krankenhäusern trugen sie die Leichen in gestapelten Särgen hinaus: unten drei längst, darüber noch zwei quer oder einfach nur in Säcken.«[158] Und die Lyrikerin Sinaida Hippius schreibt in ihr Tagebuch: »Man muss wissen: In der Stadt herrscht jetzt absoluter Hunger.«[159]

Seit Mitte April 1918 gibt es in Petrograd praktisch kein Brot mehr, Anfang 1919 sind auch keine Kartoffeln mehr aufzutreiben. »Man aß Hafersuppe«, schreibt Schklowski, »der Hafer wurde in einem Tiegel gedämpft, dann wurde er durch ein Sieb gepresst, und am Ende hatte man eine Art Suppe aus Hafermehl. Aus Kartoffelschalen buk man abscheuliche Lebkuchen. Brot gab es ein Achtel-, manchmal auch ein Viertelpfund am Tag. Dazu wurden manchmal Heringe ausgegeben. Auch solche, von denen man laut offizieller Anweisung Kopf und Schwanz abschneiden musste, weil sie schon faulten.«[160]

Seit die Restaurants geschlossen sind, obliegt die Versorgung der Bevölkerung 600 kommunalen Verpflegungsstellen, die in irgendwelchen Behörden oder Institutionen untergebracht sind. Sie bieten Heringssuppe und Kascha an. Wer keinen Löffel mitbringt, muss für 100 Rubel einen leihen. Irgendwann treffen Hilfssendungen der American Relief Administration ein, die Hoover'schen ARA-Pakete. Manche Petrograder leben von einem ARA-Paket zum nächsten – von dem Speck, dem Kakao, dem amerikanischen Zucker. Und im Frühjahr 1918 setzt das ein, was die Kommunisten die »Verdichtung der Wohnungen« nennen: Proletarier werden in Petrograds große bürgerliche Wohnungen umgesiedelt, zuerst in jene, die nach der Revolution verlassen wurden, dann aber auch in Wohnungen, deren Inhaber in Petrograd geblieben sind. Selbst frühere herrschaftliche Küchen und Badezimmer werden in Wohnraum umgewandelt – die »Kommunalka«, die Gemeinschaftswohnung, erlebt eine Renaissance. Nicht selten müssen sich zwölf oder mehr Parteien eine Küche und eine Toilette teilen.

Der russische Lyriker Wladislaw Chodassewitsch kommt im Herbst 1918 nach Petrograd, um sich mit dem Schriftsteller Maxim Gorki bekannt zu machen. Gorki wird von der neuen Macht hofiert. »Die Stadt war tot und bedrückend«, bemerkt Chodassewitsch, »durch die Straßen mit den vernagelten Geschäften krochen träge einige wenige Straßenbahnen. Es gab keinen elektrischen Strom. Gorkij hatte Kerosin. In seinem Eßzimmer am Kronwerk-Prospekt brannte eine große Lampe. Unter ihr versammelten sich jeden Abend Leute. Schaljapin kam und schimpfte lauthals auf die Bolschewiki. Hinzu kam die Frau eines Angehörigen der Zarenfamilie – er selbst lag krank in einem Zimmer von Gorkijs Wohnung. Im Eßzimmer sprach man vom Hunger, vom Bürgerkrieg. Gorkij trommelte mit den Fingern auf dem Tisch, schaute über seinen Gesprächspartner hinweg und sagte: ›Ja, die Dinge stehen schlecht‹, und es war unklar, mit wem er Mitleid hatte. Dann setzte man sich, um Lotto zu spielen.«[161]

Schklowski, der als Kommissar der Provisorischen Regierung in Galizien gekämpft, dann im Iran gelebt hatte und schließlich in seine Heimatstadt zurückgekehrt war, berichtete: »Alle lebten fürchterlich. Sie schliefen im Mantel, deckten sich mit Teppichen zu, besonders schnell starben die Leute in Häusern mit Zentralheizung. Alles war nackt und offen, Mädchen mit dicken Zöpfen gaben sich um halb sechs abends in fremden Wohnungen hin, nur weil die Straßenbahn ab sechs nicht mehr fuhr. Mein Freund, ein Mensch, von dem sie an der Universität sagten, er besitze alle Anzeichen von Genialität, lebte mitten in seinem alten Zimmer zwischen vier Stühlen, die er mit Teppichen überspannt hatte. Dort schrieb er eine Arbeit über die Verwandtschaft der malaysischen mit der japanischen Sprache.«[162]

Um Petrograd in diesen Monaten und Jahren mit anderen Augen zu sehen, musste man wohl ein sinnlicher Mann mit Gespür und Verstand sein wie Chodassewitsch. Der beschrieb, wie gut das Unglück Petersburg doch zu Gesicht stehe: »Moskau hätte ohne das Getriebe von Handel und Verwaltung wahrscheinlich einen jämmerlichen Eindruck gemacht. Petersburg hingegen bekam etwas Erhabenes. Zusammen mit den Reklameschildern glitt gleichsam alle überflüssige Buntheit von der Stadt ab. Selbst die gewöhnlichsten Häuser nahmen jetzt jene strenge Eleganz an, die zuvor nur Paläste gehabt hatten. Petersburg leerte sich, es fuhren keine Straßenbahnen mehr, nur ab und zu klapperten Hufe oder es hupte ein Automobil – und es stellte sich heraus, dass die Bewegungslosigkeit besser zur Stadt paßte als reger Verkehr. Sie hatte all das abgelegt, was ihr nicht zu Gesicht stand. Es gibt Menschen, die im Sarg schöner aussehen. So sagt man von Puschkin. Zweifellos gilt das für Petersburg.«[163]

Chodassewitsch ist kein Träumer, sondern durch und durch Realist, er weiß, dass diese Schönheit »nur vorübergehend, momenthaft« ist. »Auf sie folgt der abscheuliche Prozeß des Verfalls. Schon vor unseren Augen begann der Verfall Petersburgs sich bemerkbar zu machen. Aber auch dieser noch kaum spürbare Verfall hatte noch etwas Schönes, und das Gras, das hier und da durch die Ritzen des Trottoirs wuchs, verunstaltete die wundersame Stadt nicht, sondern verschönte sie nur. So wie Efeu klassische Ruinen verschönt.«

In der klassischen Kulisse des ehemaligen Sankt Petersburg herrscht in Wahrheit keine Ruhe, sondern erbarmungsloser Klassenkampf. Wer sich der neuen Macht nicht fügt, hat es schwer, die Bolschewiki kennen kein Pardon. Sie erschießen 96 Mitglieder einer von der Tscheka erfundenen »Kampforganisation Taganzew«, sie richten den Metropoliten Weniamin und weitere Geistliche hin, die sich dem Raub der Kirchenschätze widersetzen. Mit der Taganzew-Gruppe wird 1921 auch der Vorsitzende der Petrograder Dichtervereinigung, der populäre, erst 35-jährige Symbolist Nikolai Gumiljow, erschossen. Die Hatz auf missliebige Intellektuelle setzt sich im Jahr darauf fort, als die Lenin-Regierung Hunderte Geistesschaffende ausweist. Sie heuert die deutschen Dampfer *Oberbürgermeister Haken* und *Preußen* an und schickt Philosophen wie Nikolai Berdjajew, Sergei Bulgakow, Simon Frank und Iwan Iljin mit ihnen Richtung Stettin – auf eine Charterreise ins Ungewisse. Lediglich zwei Paar Unterhosen, zwei Paar Socken, ein Jackett, eine Hose, Mantel, Hut und zwei Paar Schuhe darf jeder der Verbannten ins westliche Exil mitnehmen.

Zwei Wochen, bevor Gumiljow umgebracht wird, stirbt in Petrograd Alexander Blok, der Nachfahre eines aus dem mecklenburgischen

Im Kampf gegen die Kirche entwickeln die Bolschewiki einen Furor, der durch nichts zu bremsen ist. Im Saal der ehemaligen Adelsversammlung, in dem einst Gustav Mahler und Richard Strauss dirigierten, eröffnen sie 1922 ein Revolutionstribunal gegen den Metropoliten von Petrograd und Gdow, Weniamin. Der Bischof habe sich der Entnahme von Kirchenschätzen widersetzt, die wegen der Hungersnot im Lande unabwendbar gewesen sei, lautet der Vorwurf. In Wirklichkeit stört die kommunistische Führung, dass Weniamin die orthodoxe Kirche erneuern und den Gottesdienst modernisieren will. Nach fast vierwöchigem Prozess werden der Metropolit und weitere Geistliche erschossen.

Bei den Kirchenplünderungen hilft die Rote Armee nach Kräften mit, wie hier beim Umbau einer Kirche zu einem Klub durch Soldaten der Reserve-Kavalleriedivision der 7. Armee.

Dömitz eingewanderten Arztes und wohl beliebteste Dichter der russischen Moderne, an Unterernährung. Nina Berberowa, die Frau des Lyrikers Chodassewitsch, nimmt an seiner Beerdigung teil.

> Eine schwarzgekleidete, barhäuptige Menschenmasse ging zuerst an der Prjaschka entlang, bog dann zur Newa ab und zog über die Wassiljewski-Insel zum Smolensker Friedhof. Einige hundert Menschen schoben sich durch die sommerlich heißen, sonnendurchfluteten Straßen. Der Sarg schwankte auf den Schultern, und der leere Leichenwagen holperte auf dem Kopfsteinpflaster. Vom Meer her wehte ein warmer Wind, und wir gingen und gingen, und ich glaube, daß es in der ganzen Menge nicht einen Menschen gab, der nicht daran gedacht hätte – wenn auch nur für einen Moment –, daß nicht nur Blok, sondern die ganze Stadt mit ihm gestorben war.[164]

Zurückgeblieben

Wie viele Deutsche leben im Herbst 1920, als der Bürgerkrieg zu Ende geht, noch in Petrograd? Nach einer sowjetischen Volkszählung ein paar Jahre später sind es 16 916, nur noch etwa ein Drittel der deutschen Bevölkerung, die es vor dem Ersten Weltkrieg in Petersburg gab. Im gesamten Gouvernement sollen noch 25 213 Deutsche leben, von denen allerdings nur knapp 13 000 Deutsch als Muttersprache angeben.

Krieg, Revolution und Bürgerkrieg haben tiefe Spuren in der deutschen Gemeinschaft hinterlassen. Tausende haben die ihnen so vertraute Stadt als Flüchtlinge verlassen und ihr Heil im Land ihrer Väter gesucht, in Deutschland – wo nach der Novemberrevolution und dem Ende der Monarchie die gewohnte Ordnung ebenfalls zusammenbricht. Wer bleibt und die Jahre des Hungers und der Not überlebt, muss sich von seinen Lebensplänen aus besseren Tagen verabschieden. Alles ist ungewiss. Wird die Drangsalierung der deutschrussischen Bevölkerung weitergehen, werden die wirtschaftliche Verarmung, der Druck zur kulturellen Anpassung und sozialen Proletarisierung anhalten?

Immerhin, die deutschen Kirchengemeinden gibt es noch, und sie sind das einzige Netz, das die Deutschen von Petrograd jetzt auffängt. 4000 Mitglieder zählt die Petrigemeinde, etwa 3000 die der Annen-

Illustration von Juri Annenkow zu Alexander Bloks Poem »Die Zwölf«, eine Antwort auf die Revolutionen des Jahres 1917. Blok, einer der wichtigsten Dichter der russischen Moderne, dessen Vater Nachfahre eines Arztes aus dem mecklenburgischen Dömitz war, schreibt das Gedicht unmittelbar nach dem Oktoberumsturz. Er zeigt sich begeistert von der elementaren Kraft beider Revolutionen, vom »Weltenfeuer« der Volksseele. Drei Jahre später sieht er ganz anders auf die Bolschewiki. Seine Frau muss ihm versprechen, nach seinem Tod sämtliche Exemplare des Poems zu verbrennen. Am 10. August 1921 wird Blok zu Grabe getragen. Tausende schließen sich dem Trauerzug an. Er wird ein Opfer des hungernden und frierenden Petrograd, Asthma und Skorbut haben seine Gesundheit zerrüttet. Eine ärztliche Behandlung Bloks im Ausland lehnt die Lenin-Regierung lange ab. Erst sechs Tage vor seinem Tod erhält er die Genehmigung – zu spät.

kirche, an der einst Pastor Maaß predigte, und noch einmal 2000 die Katharinengemeinde. Dazu kommen die Mitglieder der Sankt-Marien- und der Michaelskirche auf der Wassili-Insel sowie die der Reformierten Kirche am Moika-Ufer.

Die Petrischule hatte bereits im Herbst 1918 den Unterricht wieder aufgenommen, aber schon im November war in der *Petrogradskaja Prawda* die Nationalisierung des Schulgebäudes verkündet worden. Die Lehranstalt, aus der Männer wie Nicola Benois, der Hofarchitekt von Zar Nikolai I., der weltbekannte Zoologe Eduard Brandt oder der Kinderarzt Carl Gottlieb Rauchfuß hervorgegangen sind, nennt sich nun »Sowjetische Arbeitsschule Nr. 14«. Immerhin darf sie weiter einen Teil des Unterrichts in Deutsch abhalten. Sie wird sogar zur »Musterschule« und erhält mehrfach Besuch von Volksbildungskommissar Anatoli Lunatscharski.

Auch an der Annenschule und der Schule der Reformierten Gemeinde darf wieder Unterricht erteilt werden. Bald kommt ein Deutsches Pädagogisches Technikum hinzu, eine Art Berufsschule. Ein Verband russischer Bürger deutscher Nationalität wird gegründet, im ehemaligen Kaiserlichen Yacht-Club in der Bolschaja Morskaja schart eine Deutsche Musikgesellschaft die Reste der bürgerlichen deutschen Elite um sich, deutsche Ärzte und deutsche Architekten schließen sich in Berufsverbänden zusammen. Nach ein paar Jahren gibt es sogar einen Deutschen Kommunistischen Klub, in dem sich Politemigranten aus Deutschland, Österreich und Ungarn treffen, die vor politischer Verfolgung nach Sowjetrussland geflohen sind. Doch diese Phase der Wiederbelebung deutscher Traditionen ist nicht von Dauer und nach nicht einmal einem Jahrzehnt schon wieder vorbei.

In Deutschland erkennt man allmählich, dass die Macht der Bolschewiki nicht ohne Weiteres zusammenbrechen wird, und streckt erste Fühler aus zur Aufnahme offizieller Beziehungen mit dem Land Lenins. Zunächst gibt es in Moskau lediglich eine Dienststelle für den Austausch von Kriegs- und Zivilgefangenen. Bevor 1922 wieder ein deutscher Botschafter nach Russland kommt, wird im Mai 1921 ein erstes Abkommen mit der Russischen Sozialistischen Föderativen Sowjetrepublik geschlossen, in dem sich die russische Regierung bereit erklärt, Personen, welche die deutsche Staatsangehörigkeit verloren haben, die Übersiedlung nach Deutschland zu gestatten. Diese Bestimmung ermöglicht den Petrograder Deutschen, die während des Zarenregimes russische Staatsangehörige geworden waren, dem Sowjetstaat den Rücken zu kehren.

Vergiftete Atmosphäre

Der Musiker Oskar Böhme, vom Armeedienst zurückgekehrt, macht von der Möglichkeit, nach Deutschland auszureisen, keinen Gebrauch. Dabei wird es um ihn herum immer einsamer. Die Repräsentanten des alten Regimes, die Böhme 1901 eingestellt hatten, sind längst abgesetzt, nachdem sie zuvor gedemütigt und an den Pranger gestellt worden waren. Wladimir Teljakowski, einst Oberst der Kaiserlichen Leibgarde und 16 Jahre lang Direktor aller Kaiserlichen Theater, arbeitet nun als Kassierer auf dem Petrograder Nikolaibahnhof. Immerhin bringt er es bei der Eisenbahn noch zum Finanzinspektor.

Die besten Künstler des Theaters haben Petrograd längst verlassen oder gehen jetzt. Dirigent Emil Cooper, der seit dem Staatsstreich der Bolschewiki im Opern- und Balletttheater dirigiert und nebenbei noch das Orchester der Petrograder Philharmonie übernommen hat, verlässt die Stadt Richtung Paris. Sein Kollege Albert Coates, das Wunderkind, ist schon 1919 nach London gegangen und dirigiert dort inzwischen das London Symphony Orchestra. Fjodor Schaljapin, der weltberühmte Bass, der nach der Revolution die künstlerische Leitung des Hauses übernommen und als Erster von den Bolschewiki den Titel »Volkskünstler der Russischen Sozialistischen Föderativen Sowjetrepublik« erhalten hat, begibt sich mit seiner zweiten Frau Maria Walentinowna auf eine Gastspielreise ins westliche Ausland, von der er – sehr zur Empörung der neuen russischen Führung – nicht zurückkehrt. Und Riccardo Drigo, Böhmes wichtigster Dirigent, begibt sich – 75-jährig und enttäuscht von der Oktoberrevolution – zurück in seine italienische Heimatstadt Padua.

Noch aber wird gespielt, noch liest man die Namen von Drigo und Böhme auf den Theaterplakaten. Am 18. Februar 1920 steht eines der von Drigo komponierten Ballette auf dem Programm, die *Harlekinade* – auf den internationalen Bühnen ist das Stück unter dem Titel *Die Millionen des Harlekin* bekannt –, und Böhme wird als Solist fürs Cornet à pistons aufgeführt. Was die Zuschauer nicht sehen: Im Theater herrscht Chaos. Die Direktion kann oft die Rollen nicht besetzen. Bei der Aufführung des *Barbier von Sevilla* sind viele der Namen auf dem Programmzettel durchgestrichen. Ob Graf Almaviva oder Bartolos Dienerin Berta – für fast alle Rollen müssen Vertretungen gefunden werden. In der Woche darauf wird die Vorstellung aus Anlass des Todes von Karl Liebknecht und Rosa Luxemburg ganz abgesagt.

Politik rangiert jetzt vor der Kunst. Im März gibt es ein Programm zu Ehren der Dritten Kommunistischen Internationale, die zu dieser Zeit als internationaler Verband kommunistischer Parteien auf einem Kongress in Moskau gegründet wird. Und am 31. Dezember muss das Haus nun alljährlich die Festveranstaltung des Petrograder Sowjets zur »Begrüßung des neuen Roten Jahres« ausrichten. Zunehmend greifen die Kommunisten auch ins Repertoire ein. Aus Tschaikowskis Oper *Eugen Onegin* streichen sie Tatjanas Treffen mit den leibeigenen Bauern, weil die Szene ihrer Meinung nach viel zu idyllisch angelegt ist und die Bauernfrage verniedlicht. Und am Alexandratheater verbieten sie die Aufführung von Schillers *Maria Stuart* mit der Begründung, das sei ein religiöses und monarchistisches Stück.

Der »adlig-höfischen« Oper steht das neue Regime besonders skeptisch gegenüber. Es beauftragt Künstler mit der Schaffung kommunistischer Werke fürs Musiktheater, aber deren Kunst reicht oft nur fürs Libretto. Im Rahmen dieser Maßnahme gelangt eine Oper auf die Bühne des ehemaligen Marientheaters, die sich *Im Kampf um die Kommune* nennt, aber sich der Musik aus Puccinis *Tosca* bedient. Auch die Töne, die zur Oper *Die Dekabristen* erklingen, einem Stück, das die Erhebung gegen das Zarenregime feiert, kennt man schon – es ist die Musik aus Giacomo Meyerbeers Oper *Die Hugenotten*. Immerhin wird im Oktober 1919 wieder Richard Wagners *Walküre* angesetzt, aber die Vorstellungen fallen wegen Erkrankung auf unbestimmte Zeit aus.

Natürlich leidet die künstlerische Qualität unter diesen Verhältnissen. Der Petrograder Kritiker Juri Broderson nennt das Ballett des früheren Marientheaters 1922 einen sterbenden Organismus. »Das Petersburger Corps de ballet, das früher keinerlei Konkurrenz besaß, ist wegen mangelnder Disziplin bis zur Unkenntlichkeit verkommen, für ein akademisches Theater sind seine Tänze inakzeptabel geworden. Statt die klassische Schönheit fortzuführen, mit denen die Ballette

Petipas und Iwanows angefüllt waren, wurden sinnlos Kräfte und Mittel für die Inszenierung von stümperhaften Balletten vergeudet, für Ballette, die niemand brauchte.«[165]

Nach klassischer Schönheit zu streben, darum geht es längst nicht mehr. Die Künstler des Opern- und Balletttheaters haben nun andere Aufgaben. Sie sollen einen Beitrag zum gesellschaftlichen Leben leisten. Eigens dazu wird die »Genossenschaft der Künstler und Solisten« gegründet. Schon 1919 schickt die neue Theaterleitung die Truppen von Oper, Ballett und Drama in Fabriken, Werke und Kasernen der Roten Armee, wo sie mit ihrer Kunst die Arbeiter und Soldaten beglücken sollen. Auch Böhme muss zur Kulturarbeit an die Basis.

Das Orchester des Staatlichen Akademischen Opern- und Balletttheaters, dem er noch immer angehört, hat jetzt 127 Mitglieder, und es sind weiterhin Deutsche darunter: Emanuel Krüger spielt die erste Geige, Wilhelm Kudenholt Bratsche, Max Berg Flöte, Wilhelm Bremer Klarinette, Adolf Junker Horn, Emil Wiedemann Posaune, und Otto Blauer schlägt die Große Trommel. Aber die Atmosphäre in dem über Jahrzehnte gefeierten Klangkörper ist vergiftet. Karrieren sind unberechenbar geworden, die neuen Vorgesetzten sowieso und erst recht jene Männer, die jetzt über die Kultur bestimmen.

Dass Böhme gereizt und aufs Äußerste angespannt ist, lässt sich schon an der Schrift erkennen, mit der er im Juli 1921 ein Schreiben an die Administration des Theaters verfasst. Er erbittet darin die Kopie eines Dokuments, das in seiner Personalakte liegt, die jetzt Kaderakte heißt, und zwar seiner Taufurkunde, ausgestellt am 15. August 1887 von der Dresdner Kirche. Er brauche sie, so erklärt er, um beim deutschen Konsulat seine Ausreise beantragen zu können. Aber das ist nur eine Vorsichtsmaßnahme, richtig ernst meint er es mit der Ausreise nicht.

Böhmes Schrift ist jetzt krakelig, die Buchstaben sind abgeschliffen, die Worte manchmal kaum zu entziffern. Es scheint, als wolle der Intellektuelle Böhme sich unsichtbar machen, um dem prüfenden Blick der neuen Machthaber zu entgehen. Er verfasst Briefe mit wichtigen Anliegen, aber in einer Schrift, als sollten sie gar nicht gelesen werden können. Im Petrograder Adressbuch, das 1922 erstmals seit dem Umsturz wieder erscheint, taucht Böhme nicht mehr auf. Er entzieht sich der Kontrolle, so gut er kann. Aber die Kommunisten lassen sich immer wieder etwas Neues einfallen, um die Bevölkerung in den Rayons zu kontrollieren. Sie registrieren in ihrer Kontrollwut schließlich auch alle Musikinstrumente auf der Wassili-Insel und sammeln – vorerst – die in den herrenlosen Wohnungen ein. Allein 194 Flügel und Klaviere beschlagnahmen sie bei einer solchen Kampagne.

Das Haus Nr. 10 auf der 13. Linie, in dem Böhme wohnt, ist nicht sonderlich groß, 36 Menschen leben darin. Einst war es ein vornehmes Gebäude, jetzt ist es vernachlässigt, zwar nicht so sehr wie andere in der Gegend, aber den Flair des 19. Jahrhunderts hat es verloren. Die Hausversammlung notiert: »Zustand Wasserleitung: funktioniert noch, Zustand Dach: Reparatur nötig.«[166] In den Protokollen der Versammlungen, die regelmäßig abgehalten werden, ist Böhmes Name nicht vermerkt. Das Proletariat, die wichtigste Klasse im Gefüge der kommunistischen Weltanschauung, gibt auch dort den Ton an, und schon deswegen geht Böhme nicht hin. Er passt nicht in dieses soziale Schema. Arbeiter genießen jetzt jede Menge Vorrechte. Sie dürfen kostenlos die Petrograder Straßenbahn benutzen, zahlen nur geringe Beträge für Heizung und Strom. Die Familien von Soldaten und Matrosen sind von derartigen Zahlungen sogar ganz befreit. Es ist diese widersinnige Subventionspolitik, die das sowjetische Wirtschaftssystem später erodieren lässt.

Das Komitee in dem einst so bürgerlichen Haus Nr. 10 wird von dem Taucher Nikolai Iwanowitsch Sobow geleitet, die Verwalterin ist Hausfrau, ein weiteres Mitglied Büroangestellte. Als Sekretärin agiert Sinaida Anatoljewna Jakowlewa, Böhmes Stieftochter. Die ehemalige Erzieherin ist arbeitslos, was inzwischen nicht mehr verpönt ist, sondern eher als Auszeichnung gilt, als eine Art Vorstufe zum Proletarierdasein. Dass die Tochter seiner verstorbenen Frau federführend im Hauskomitee sitzt, ist für Böhme ein Segen. Es schützt ihn vor Belästigungen und Nachstellungen – aber nur hier, in der kleinen Welt auf der 13. Linie.

In der großen Welt wird auch er nicht verschont. Böhme wird ein Opfer des Jahres 1921. Es ist das Jahr des Umbruchs im Verlauf der russischen Revolution und eine Zeit, in der die Hatz auf die Intellektuellen des früheren Sankt Petersburg noch einmal zunimmt. Der Dichter Gumiljow wird umgebracht und Maxim Gorki, den das Regime bis dahin als einen der Seinen feierte, genötigt, Sowjetrussland zu verlassen.

Das hat etwas mit der Feindschaft zwischen Gorki und dem Petrograder Ratsvorsitzenden Sinowjew zu tun. Lenin, der ihn bis dahin immer geschützt hatte, hilft ihm jetzt nicht mehr, denn Gorki hat mit anderen Intellektuellen ein Hilfskomitee für Hungernde gegründet und Franzosen, Amerikaner und Engländer, ja sogar die Deutschen aufgefordert, dem darbenden Russland zu helfen. Lenin sieht in diesem Komitee den Keim einer Verschwörung. Gorki, der seit Längerem unter einer Tuberkulose leidet, wird nahegelegt, ein ausländisches Sanatorium aufzusuchen. Sechs Jahre wird der Schriftsteller in Deutschland und Italien verbringen. Andere wie der Lyriker Wladislaw Chodassewitsch folgen ihm, kehren aber nicht mehr nach Russland zurück. Dichtern wird dort buchstäblich der Boden unter den Füßen weggezogen. Bücher haben keinen Wert mehr. Aus herrenlosen oder enteigneten Bibliotheken gelangen wie nach jeder Revolution zentnerweise Bücher als Ramschware auf die Basare, mit dem Rest werden die Kanonenöfen gefüttert. Das Buch wird zum Brennstoff, zum Über-Lebensmittel. Noch schwerer wiegt die »Entwertung der Infrastruktur der Petersburger Intelligenz«, wie der Historiker Karl Schlögel es nennt: »Geringschätzung und Demütigung bisheriger ›Größen des kulturellen Lebens‹ durch die neuen Machthaber und ihre Kleine-Leute-Gefolgschaft, proklamierter Egalitarismus, unterfüttert von Rache und Neidgelüsten, Anmaßungen der Funktionäre gegenüber den ›Dichtern und Denkern‹.«[167]

In den Theatern wird ebenfalls gründlich aufgeräumt und das klassenbewusste Element gestärkt. Die Gelder werden bis auf ein Minimum gekürzt, vor allem beim Moskauer Bolschoi- und beim Petrograder Marientheater. Man brauche keine Opernhäuser, sie seien für das Proletariat eine schwere Last, erklärt Petrograds Parteichef Sinowjew. Diese Bürde könne man nicht länger tragen. Die Theater müssten sich jetzt selbst finanzieren. Sollten sie das nicht schaffen, würden die Häuser geschlossen. Anfang Januar 1922 wendet Lenin sich an den verantwortlichen Sekretär des Zentralkomitees der Partei Wjatscheslaw Molotow und fordert, einen Regierungsbeschluss zur Förderung der Theater wieder aufzuheben und für Oper und Ballett »lediglich einige Dutzend Künstler in Moskau und Pieter zu lassen, sodass sich deren Auftritte rechnen«.[168] Mindestens die Hälfte der eingesparten Mittel sollten zur Beseitigung des Analphabetismus aufgewendet werden. Im Herbst beschließt das Politbüro der Partei, »das Bolschoi- und das ehemalige

Marientheater zu schließen, um die Regierungssubventionen für die staatlichen und akademischen Theater um 395 Millionen jährlich zu verringern«.[169] Beginnend mit dem laufenden Quartal sollten Mittel zur Konservierung des Theatereigentums und der Theatergebäude bereitgestellt werden.

Auch der Trompeter Oskar Böhme wird nun aufgefordert, im Petrograder Opern- und Balletttheater seinen Abschied zu nehmen. Ausgeträumt ist damit jener Traum, der ihn vor 23 Jahren nach Sankt Petersburg geführt hatte: im Orchester des berühmten Marientheaters zu spielen, des bedeutendsten russischen Opernhauses. Eigentlich gibt es jetzt nur noch eine Option für ihn: nach Deutschland zurückzukehren.

Die Rehabilitation

Für Menschen wie Böhme endet 1921 ein Traum, für andere scheint es besser zu werden, etwa für die Apothekerfamilie von Poehl, die nur ein paar Straßen weiter östlich auf der Wassili-Insel wohnt.

Im Frühjahr 1921 schickt die Chemiesektion des Petrograder Volkswirtschaftsrates einen Inspektor in die Häuser 16 bis 18 auf der 7. Linie. Er soll das Staatliche Pharmazeutisch-Chemische Werk Nr. 2, ehemals Poehl, einer Bestandsaufnahme unterziehen. Als Pächter Viktor Schwarz von den Bolschewiki abgesetzt und der Betrieb verstaatlicht wurde, hatten die Poehls immerhin erreicht, dass das Unternehmen, das ihnen einmal gehört hatte, weiterhin von einem Vertrauten geleitet wurde, und zwar von dem aus Estland stammenden Pharmazeuten Heinrich Karlowitsch Rogenhagen, lange Zeit technischer Leiter und Oberchemiker der Firma.

Der Betrieb produziere zur Zeit chemische Salze, verschiedene Tabletten und Ampullen, sei aber weit von jener Leistung entfernt, die er bis zum Krieg erbracht habe, stellt der Inspektor fest. Vor dem Krieg habe die Firma eine ganze Reihe chemisch-pharmazeutischer Präparate hergestellt, die es in Russland bis dahin nicht gab. Man sei in der Lage, so heißt es im Rapport, »100 000 Kilo komplizierter pharmazeutischer Präparate, 1150 Kilo chemische Salze und 75 000 Flakons Organpräparate«[170] auf den Markt zu bringen. Um dieses Ziel zu erreichen, seien aber mindestens 140 Mitarbeiter nötig und zuallererst 350 Kubik-

Nach Bürgerkrieg und Hungersnot keimt Hoffnung auf. Viele Russen glauben sogar, nun beginne etwas wirklich Neues. Die Kommunistische Partei verkündet als Ziel die Erziehung eines neuen Menschen. Auch Viktor Bulla (auf dem Lastwagen, mit Kamera) wird vom Enthusiasmus der 1920er Jahre angesteckt. Er steigt zum offiziellen Fotografen der Leningrader Parteiführung auf, fotografiert Lenin, Sinowjew wie auch Stalin und hält die Veränderungen in Petrograd fest, das jetzt in Leningrad umbenannt wird. Trotzdem oder gerade deswegen wird Bulla später Opfer des neuen Regimes.

saschen Brennholz, rund 3400 Kubikmeter. Der Bericht stellt ein bemerkenswertes Eingeständnis dar: Die kommunistische Führung hat erkannt, dass sie weder über die Fachkräfte noch über das nötige Know-how verfügt, um das ehemalige Poehl-Unternehmen zu altem Glanz zurückzuführen.

1921 ist ein unruhiges Jahr in Petrograd – paradoxerweise weil im Herbst zuvor der Bürgerkrieg zu Ende gegangen ist. Die Moskauer Führung hat mit den baltischen Nachbarn Frieden und mit Polen einen Waffenstillstand geschlossen, General Pjotr Wrangel, der Oberbefehlshaber der Weißen auf der Krim, hat sich in die Türkei abgesetzt. Nun, da die Bolschewiki mit ihrer Roten Armee nicht mehr ums blanke Überleben kämpfen müssen, offenbaren sich erbarmungslos die innenpolitischen Probleme. Industrie, Landwirtschaft und Transport sind kollabiert. Die gewaltsame Konfiszierung von Getreide während der Phase des Kriegskommunismus hat die Bauern aufgebracht. An der Wolga, in der Ukraine, im Nordkaukasus und in Westsibirien sind Aufstände ausgebrochen. »Nieder mit den Kommunisten und den Juden«, heißt die Losung auf den Dörfern.

Den Arbeitern geht es kaum besser als den Bauern. Kriegskommissar Leo Trotzki hat Zehntausende in Arbeitsarmeen zusammengefasst. Sie erhalten Hungerrationen, selbst die Stahlgießer von Petrograd bekommen nur 800 Gramm Schwarzbrot täglich. Seit 1920 sind 60 Prozent aller Fabriken und Werke in der Stadt wegen Brennstoffmangel geschlossen. Inzwischen gibt es nur noch 177 Unternehmen, und die Arbeiterschaft ist von fast 419 000 im Jahr 1917 auf 80 000 geschrumpft. Die Maschinen sind zerlegt, zweckentfremdet oder verkauft. Überall regiert die Partei hinein, die Gewerkschaften haben nichts zu sagen.

Es ist kein Wunder, dass in Petrograd zu Beginn des Jahres 1921 Streiks ausbrechen, zuerst in der Staatsdruckerei, dann im Admiralitätswerk und in der deutsch-österreichischen Zigarettenfabrik Laferme auf der Wassili-Insel. Im Februar 1921 ist die Lage so kritisch, dass die Parteiführung den Kriegszustand über die Stadt verhängt und Hunderte Arbeiter verhaftet. Und dann erheben sich in Kronstadt, direkt vor Petrograd, auch noch die bewaffneten Matrosen, die sich 1917 am Sturm auf den Winterpalast beteiligt hatten. In Kronstadt ist Russlands

Flotte stationiert, dort leben 50 000 Menschen, die Hälfte sind Militärs. Sie solidarisieren sich nun mit den streikenden Petersburger Arbeitern und fordern »Räte ohne die Kommunisten«. Im März stürmt die Rote Armee Kronstadt, 1500 Soldaten kommen dabei um, 8000 Aufständische retten sich übers blutgetränkte Eis nach Finnland, 2000 Rebellen richten die Bolschewiki hin.

Der Kronstädter Aufstand wird für beide Seiten zum Trauma – für die enttäuschten Matrosen wie für die kommunistische Führung. Sie erklärt den Kriegskommunismus für beendet und den Übergang zur Neuen Ökonomischen Politik, zur NÖP. Das bedeutet ein bisschen Marktwirtschaft: Privateigentum wird zugelassen, Unternehmer dürfen wieder Gewinne machen und die Bauern das, was sie über das Abgabesoll hinaus produzieren, auf dem freien Markt anbieten. Es ist die Zeit des »Nepman«, des Kleinkapitalisten, der die Gunst der Stunde nutzt. Allein im Sommer 1921 werden in Petrograd 7000 Patente an Privathändler erteilt. Ein Jahr später gibt es bereits 1029 private Handelsfirmen, die einen Umsatz von 55 Millionen Rubel erzielen, mehr als das Doppelte der staatlichen Betriebe in Petrograd. Brot, Fleisch, Fisch, Zucker – das alles kauft man jetzt am besten bei den Privaten. Auch Ausländer bekommen eine Chance, denn der Staat erteilt ihnen wieder Konzessionen. So darf etwa das Unternehmen »Berger und Wirt« die Fabrik für Druckereifarben, die es einst besaß, pachten. Polnische, finnische und dänische Firmen produzieren Papier, Lampen, Schuhzubehör und Kurzwaren.

Lenins Ratschlag befolgend, suchen die Petrograder Behörden im erlaubten Rahmen die Dienste der Kapitalisten zu nutzen. Im Zuge dieser Maßnahmen taucht der Inspektor bei der Poehl'schen Firma auf. Die Staatsfirma soll wieder an einen Privatunternehmer verpachtet werden. Interessenten gibt es genug, Bewerbungen, akkurat mit der Schreibmaschine auf Kopfbogen getippt oder handschriftlich auf einem Zettel eingereicht, liegen vor. Den Zuschlag erhält im September 1921 eine Frau Jegoschina. Der Vertrag ist im Verborgenen ausgehandelt worden, die Frau muss Gönner in den Behörden haben. Wo der Staat alles lenken will, wuchert Korruption, und so wird in den Tiefen der sich entwickelnden kommunistischen Bürokratie schon heftig intrigiert. Doch bei dem Deal wurde die Petrograder Gouvernementsverwaltung für Chemie-Industrie übergangen, worauf die Poehls in einem

Protestbrief aufmerksam machen: Der gegenwärtige Arzneibedarf erfordere eine besondere Vorsicht bei der Auswahl der Pächter, schreiben sie. Man befürchte, dass die Verpachtung an Frau Jegoschina zu einem weiteren Absinken der Produktion führt.

Die Gouvernementsverwaltung für Chemie-Industrie ist tatsächlich nicht einbezogen worden, fühlt sich düpiert und schließt sich dem Protest der Poehls an. Der Betrieb auf der 7. Linie und darüber hinaus noch eine Filiale – das Chemisch-Pharmazeutische Werk Nr. 1 »Pharmakon« – werden im Oktober 1921 schließlich doch an die Kandidaten der Poehl-Brüder verpachtet, an die schon lange mit der Firma verbundenen Herren Pawel Jakowlewitsch Weinblum, Moissei Alexandrowitsch Pruschan, Heinrich Karlowitsch Rogenhagen und »den deutschen Staatsbürger Alexander Alexandrowitsch Poehl«.[171] Alexander ist neben Richard der letzte der in Petrograd verbliebenen Brüder. Später kommt noch Woldemar Stoll als Pächter hinzu.

Die Petrograder Behörde begründet ausführlich, warum sie den Poehls und deren Vertrauten den Zuschlag erteilt, und es scheint, als seien die Poehls in den Augen der Kommunisten plötzlich vom Saulus zum Paulus geworden. In der Anlage zum Pachtvertrag liest man von der »hervorragenden Produktion« in diesem Werk und davon, dass das Institut in der Vorkriegszeit hohes wissenschaftliches Ansehen in Europa genossen habe und in seiner Art einzigartig gewesen sei. Ferner dass die Produktion im Vergleich zur Vorkriegszeit auf 10 bis 15 Prozent gesunken sei, weil die Firma nicht mehr ausreichend Rohstoffe aus dem Ausland bekomme und nicht genügend Heilkräuter in Russland gesammelt würden. Die Apparaturen seien verschlissen, einige Abteilungen bereits geschlossen und nur noch Reste des technischen Personals im Unternehmen geblieben. Es ist das Eingeständnis, dass die kommunistische Revolution der Poehl'schen Firma nicht zuträglich gewesen ist.

Dann folgt in sperrigem Russisch ein Lehrstück in politischer Ökonomie: »Der Beginn der neuen ökonomischen Politik erfordert die Notwendigkeit der Übergabe der genannten Betriebe in Pachtnutzung, und zwar durch Personen, die dem Staat aufgrund ihrer Erfahrungen, ihres Wissens, ihrer Fertigkeiten und ihrer persönlichen Qualitäten beste Bedingungen für die Steigerung der Produktivität und des Gewinns garantieren und damit auch die Absicherung der staatlichen Wirtschaft und der Bevölkerung mit ihren Produkten.«[172] Damit sind die Poehls plötzlich wieder angesehene Leute: »Die Vergangenheit der Pächter, ihre unzweifelhafte Erfahrung, die Autorität und das Wissen sowohl in technischer wie auch in kommerzieller Hinsicht heben sie vor anderen Bewerbern hervor und garantieren beste Voraussetzungen für die Hebung der Produktion auf Vorkriegsniveau.« Schließlich wird in der internen Rechtfertigung für diesen Vertragsabschluss darauf verwiesen, dass diese Pächter wegen ihres hohen Bekanntheitsgrades noch am ehesten die Handelsbeziehungen zu Deutschland wiederaufnehmen und die nötigen Rohstoffe und Apparaturen dort kaufen sowie eventuell auch Kredite aufnehmen könnten.

Die Neue Ökonomische Politik ist für den Staat sehr bequem: Er bürdet die Verantwortung Privatleuten auf, die mehr von der Sache verstehen als er, erteilt ihnen aber harte Auflagen, sodass er im Grunde die nunmehr kapitalistischen Firmen weiterhin kontrolliert. Der Pachtvertrag vom 28. Oktober 1921, der für sechs Jahre abgeschlossen wird, enthält klare Forderungen: Die Produktivität muss jährlich um 35 Prozent gesteigert werden, und bis zu zehn Prozent der Produktion sind als Pacht an den Staat abzuführen. Im ersten Jahr habe die Firma »70 000 Kilo pflanzliche Präparate, 25 000 Flakons Organpräparate, 100 000 Senfpflaster, 150 000 Ampullen 3 Millionen Tabletten und 4500 Pflaster«[173] herzustellen. Wie die Gouvernementsverwaltung zu diesen Zahlen gekommen ist, bleibt ein Geheimnis. Der Staatsbetrieb hätte diesen Plan nicht annähernd erfüllen können.

Am 29. November beginnt die Übergabe der beiden Betriebe. Jedes Detail, jeder Gegenstand, der sich in der Firma befindet, wird aufgelistet. Was den Poehls vor drei Jahren noch gehörte, müssen sie nun vom Staat zurückkaufen, denn nach russischem Gesetz ist das alles inzwischen Staatseigentum. Immerhin gewährt die russische Staatsbank ihnen dafür einen Kredit. Am 22. Dezember ist alles inventarisiert und übernommen, gerade noch rechtzeitig vor dem deutschen Weihnachtsfest. Unverzüglich schreibt das zuständige Pacht- und Konzessionsbüro an das russische Außenministerium, es möge eine Reise des Pächters Woldemar Stoll nach Deutschland zwecks Beschaffung von Rohstoffen für die Apotheke unterstützen. Damit beginnt ein neuer Abschnitt im Leben der Apothekenfirma »Professor Poehl & Söhne«. Er wird voller Sorgen, Ärger und Entmutigungen sein, aber auch voll neuer Hoffnung.

Schon bald finden die Poehls und ihre Mitstreiter bestätigt, was sie von Anfang an geahnt hatten: Die Produktionsziele im Pachtvertrag sind unrealistisch. Der Markt, auf dem sie ihre Erzeugnisse früher abgesetzt hatten, existiert nicht mehr. Viele Präparate bleiben in den Lagern liegen, die Nachfrage stockt. Das kann auch gar nicht anders sein, denn nach dem Willen der Kommunistischen Partei sind in den Jahren zuvor die Medikamente meist kostenlos abgegeben worden. Angesichts der Teuerungsrate in der Stadt wieder Geld für Medikamente zu verlangen, das ist fast ein Ding der Unmöglichkeit. Die großen Krankenhäuser und Polikliniken, die der Regierung unterstehen, die Betriebe mit ihrem weit verzweigten Versorgungssystem haben kein Geld, um Medikamente auf dem freien Markt zu kaufen. Sie beziehen ihre Arzneimittel aus staatlichen Lagern und wenden sich nur in Ausnahmefällen an die Poehls. Wegen der hohen Pachtgebühren muss die Firma »Professor Poehl & Söhne« ziemlich hohe Preise kalkulieren, und so bleiben für ihre Arzneien als Abnehmer im Grunde nur die verpachteten, also nichtstaatlichen Apotheken in der Stadt und die Geschäfte für Hygiene- und Sanitärbedarf.

Noch anstrengender ist der ständige Kampf um Rohstoffe und Material für die Produktion. Immer wieder müssen Bittbriefe an die Behörden geschrieben werden, damit diese 40 oder 50 Eimer gereinigten Alkohol aus Staatsbeständen freigeben, die für die Jodproduktion, aber auch für die Herstellung von Spermin und Ovarin benötigt werden. Mehr oder weniger regelmäßig fährt Alexander von Poehl nach Deutschland, um dort Tonnen von Heilkräutern einzukaufen. Jedesmal geht ein langwieriger Briefwechsel voraus, denn der Staat fordert Beweise, dass Poehl nach Russland zurückkehren wird. Und natürlich bleiben die Lieferungen, die Pakete mit Wurzeln oder Menthol, immer wieder im russischen Zoll hängen.

Lenins Neue Ökonomische Politik hat etwas Widersprüchliches, denn die Kommunisten wollen den Privatunternehmern die Tür zwar ein wenig öffnen, um aus der katastrophalen Mangelverwaltung herauszukommen, in die sie das Land geführt haben, aber zugleich umklammern sie mit beiden Händen den Hals dieser »Spekulanten« und versuchen sie zu erdrosseln. So erhält die Firma Poehl eine Forderung der Russischen Industrie- und Handelsbank, für die gepachteten Betriebe eine Versicherungssumme in Höhe von 73 674 Rubel zu hinterlegen.

Eine »kolossale Summe«, die »für uns völlig überraschend« kommt, erklärt das Unternehmen und weist darauf hin, dass die Zahlung eines solchen Betrags die Produktion erheblich verteuern würde. Ohnehin laste schon die außerordentlich hohe Pachtgebühr von monatlich 800 Goldrubel auf ihnen, und die hänge von einer willkürlich festgelegten Produktivitätszahl ab. Das alles sei »untragbar«.[174] Aber vom Pachtvertrag zurücktreten können die Poehls nicht, denn dann würde eine hohe Strafzahlung fällig, und über so viel Geld verfügen sie nicht. Nach nicht einmal zwei Jahren eskaliert der Streit – sehr zur Freude jener Behörden, die die Firma Poehl gern anderweitig vergeben hätten. Die Petrograder Staatshandelsfirma Petrotorg erklärt der Pachtverwaltung, der Vertrag mit der Firma »Professor Poehl & Söhne« müsse gekündigt werden, da die Pächter das Werk nur zur Erzielung persönlichen Profits führen würden. Die Betriebe seien völlig heruntergewirtschaftet, die Keller überflutet, die Dächer tropften. Man solle die Pächter vor ein Volksgericht stellen. Ein vernünftiges Wirtschaften ist unter solchen Umständen nahezu ausgeschlossen, das ist den Poehls inzwischen klar geworden. Den sich widersprechenden Beschlüssen und Anordnungen können sie entnehmen, dass die Meinungen über die NÖP innerhalb der Kommunistischen Partei weit auseinandergehen und viele Genossen Lenins Zugeständnis an die Kapitalisten nicht nachvollziehen können.

Ende Dezember 1923 schreiben die Poehls an das Petrograder Pacht- und Konzessionsbüro und beklagen sich wieder einmal über die ständige Einmischung der Behörden, die zum Rückgang der Produktion geführt habe. Die Rohstoffe, die in der Firma lagern, würden jetzt dem Handelsunternehmen Petrotorg gehören, was die Normerfüllung beträchtlich erschwere, und die Beschränkungen des Gesundheitsministeriums für die private chemisch-pharmazeutische Produktion würden obendrein jedes vernünftige Wirtschaften unmöglich machen. »Wir Pächter sind Menschen der Arbeit und der Wissenschaft, keine Kapitalisten und Spekulanten und nicht imstande, die Vertragsstrafen und Verluste gemäß Artikel 18 zu bezahlen. Wir haben den Betrieb nicht aus Gewinnsucht übernommen.«[175] Die Briefschreiber weisen auf die Poehl'schen Briefbögen mit ihren Dutzenden von Goldmedaillen internationaler Industrieausstellungen hin – Auszeichnungen, die russische Fabrikate kaum vorzuweisen hätten. »Natürlich gehört das ehemalige Poehl-Werk dem Industriebüro«, heißt es weiter, »aber das Werk selbst wird ohne die technischen und chemischen Produktionsgeheimnisse zur Leiche. Das technische Geheimnis der Herstellung von Organpräparaten ist nur den engsten Mitarbeitern des verstorbenen Professors Poehl bekannt. Bei einer Ausschaltung der Pächter wird die Versorgungsbehörde des Gouvernements nicht in der Lage sein, die Produktion fortzusetzen.«[176]

Diese Drohung wirkt. Der Firma werden in einer Zusatzvereinbarung Freiräume eingeräumt. Aber jede kleine Produktionserweiterung muss weiterhin bei den staatlichen Behörden beantragt werden. Es ist ein nervenaufreibendes Puzzlespiel. Monate braucht es, bis das Volkskommissariat für Gesundheitswesen der Poehl-Gesellschaft im Februar 1923 die erbetene Erlaubnis für die Produktion von 72 Produkten erteilt, unter anderem für Aroma-Essig, Apfelsinenelixier und Quecksilberpflaster, Opiumextrakt, Chloreisentinktur und Kampferöl, Karlsbader Salz, Bleisalbe und Senfpflaster gegen Migräne. Später kommen noch die alteingeführten Poehl-Präparate wie Spermin, Mammin und Hämoglobin-Poehl hinzu. Andere Präparate werden von der Behörde als »unzweckmäßig« abgelehnt.

Die Tür zum Handel mit dem Ausland öffnet sich immerhin einen Spaltbreit: Das russische Volkskommissariat für Außenhandel erteilt unter Nummer 027647 die Genehmigung, Organopräparate wie Spermin nach Estland auszuführen. 1925 darf die Firma 10 000 Flakons Sperminessenz exportieren, 5000 Flakons Ovarin, ein Hormonmittel, das im Klimakterium eingesetzt wird, und 2000 Flakons Prostatin, 5000 Packungen Hämorrhoidenzäpfchen Proktol. Ganz langsam kommen die Geschäfte der Firma Poehl wieder in Gang.

Kascha à la russe

1922 atmet Petrograd wieder durch, die hellen Juni-Abende und die nebligen Plätze im Morgengrauen, der Eherne Reiter, die Newa – plötzlich taucht das alles wieder auf, Licht und Farben kehren zurück. In den Straßen werden Restaurants und Cafés eröffnet. Anfang 1922 machen 15 solcher Privatetablissements auf, ein Jahr später sind es schon 45. An der Morskaja Nabereschnaja wird die Bühne »Leben des Theaters«, in der Italienischen Straße das Kabarett »Hinkender Joe«, in der Sadowaja das »Prag« eröffnet. Auf dem Prospekt des 25. Oktober – die Alteingesessenen nennen ihn weiter Newski-Prospekt – gibt es nun die »Georgische Ecke«, das »Metropol« und das »Moskwa«. Es ist NÖP-Zeit in Petrograd.

Wer die Restaurants betritt, fühlt sich ins erste Jahrzehnt des Jahrhunderts versetzt, es ist wie eine Zeitreise ins alte Russland, denn drinnen empfängt den Besucher das wiederhergestellte vorrevolutionäre Interieur. Es suggeriert, was der Gast allzu gerne glauben will: Alles ist beim Alten geblieben, nichts hat sich geändert. Die Speisekarten der auferstandenen Restaurants »Cubat« und »Donon« sind auf Französisch verfasst, »Soupe à la tortue« und »Kascha à la russe« werden angeboten. In den Schaufenstern der Bäckereien locken Schilder mit dem Slogan »Semmeln wie 1914«.[177] Und endlich können sich die Petrograder neu einkleiden, denn in den Konfektionsgeschäften wird wieder Modisches angeboten. Niemand muss mehr im Sommermantel übers Eis der Newa gleiten, weil der Wintermantel selbst mit aufgenähten Flicken nicht mehr zusammenzuhalten ist.

Auch das älteste Kino der Stadt am früheren Newski-Prospekt Nr. 60 hat seine Pforten wieder geöffnet, eigenartigerweise heißt es noch immer »Piccadilly«. Hier und im Filmtheater »Lichtes Band« an der Moika spielt abends der knapp 20-jährige Pianist Dmitri Schostakowitsch. Sein Vater ist gestorben, er muss jetzt die Familie durchbringen. Selbst ausländische Streifen lassen die Sowjets ins Land. Im September 1923 zeigt das »Piccadilly« den deutschen Stummfilm *Danton* mit Werner Krauß, Charlotte Ander und Emil Jannings in der Titelrolle – einen Revolutionsfilm. Oskar Böhme sieht ihn sich an. Die Handlung spielt in der Zeit nach dem Sturz Ludwigs XVI., als die politischen Führer der Französischen Revolution regieren und eine Hinrichtungswelle über das Land rollt. Dann bricht zwischen den Freunden Robespierre und Danton Feindschaft aus – alles ist fast so wie bei den russischen Kommunisten, in deren Politbüro es ebenfalls gärt. Wer soll Lenin folgen? Der unbeherrschte Josef Stalin? Lenin, der schwer erkrankt ist, hat die Partei vor ihm gewarnt.

Es ist ein Leben in den Straßen, als sei die Stadt aus einem Dornröschenschlaf erwacht. Die Reklamesäulen sind wieder da, und die vielen flanierenden Menschen wirken gelöst. Sie hungern nicht mehr, seit die

Kommunisten im Herbst 1921 den freien Handel mit Brot erlaubt haben. Selbst das Staatsblatt *Iswestija* äußert sich wohlwollend zu diesem Wandel: »Petrograd ist wiedererwacht, es ist jünger und schöner geworden. Die Geschäfte sind mit ungewöhnlicher Schnelligkeit zurückgekehrt. Sie glänzen, blitzen, winken mit ihren Schaufenstern, und durch ihre gastfreundlichen Türen strömen massenhaft Menschen. (…) Was für Geschäfte, was für Wein, was für Torten, was für Haselhühner!«[178]

Doch kaum ist das vorrevolutionäre Petersburg erwacht, da trifft es der nächste Schlag, der alles wieder zunichte macht: Am 21. Januar 1924 stirbt Lenin, noch nicht einmal 54 Jahre alt. Das hatte sich seit Längerem angedeutet, war aber nicht vorgesehen im Skript der Bolschewiki. Sofort setzt sich der ehrgeizige Grigori Sinowjew, der Chef des roten Petrograd, an die Spitze der Bewegung. »Ich schlage vor, Genossen, auf der heutigen Sitzung des Petrosowjets die Umbenennung Petrograds in Leningrad zu beschließen«, sagt er und lässt ein Telegramm an Staatsoberhaupt Michail Kalinin nach Moskau schicken: »Das Plenum des Petrograder Sowjets der Arbeiter- und Bauerndeputierten hat am 23. Januar auf der Trauerversammlung zum Tode des Genossen Lenin gemeinsam mit dem Petrograder Gouvernements-Exekutiv-Komitee und Vertretern aller Petrograder Arbeiterorganisationen beschlossen, die Stadt Petrograd in Leningrad umzubenennen, und bittet das Präsidium des Allrussischen Zentralen Exekutivkomitees, den genannten Beschluss umgehend zu bestätigen.«[179] Der Namenstausch, das wird sich bald herausstellen, ist ein Kurswechsel. Kaum ist das Flair längst vergangener Zeiten zurückkehrt und mit ihm die Hoffnung auf Ruhe und Beständigkeit, muss die Stadt erleben, dass alles schon wieder vorbei ist, noch bevor es richtig angefangen hat.

Nun wird der alte Name der Stadt, den Nikolai II. bereits verstümmelt hatte, endgültig getilgt. Der Name, den die Einheimischen stets mit Peter I. gleichsetzten, jenem Zaren, der die Stadt als Symbol der Öffnung begründen ließ, wird durch den Namen des Revolutionärs Lenin ersetzt, der Petrograd sechs Jahre lang mit Terror und Tod überzog. Der Beschluss der Partei, den die Arbeiter in den Petrograder Fabriken angeblich einstimmig begrüßen, ruft bei der Intelligenzija Entsetzen hervor. Sie begreift, dass die Vergangenheit nun endgültig Vergangenheit ist. Die Arbeiter des Petrograder »Rotgardistenwerkes« schicken in jenen Tagen noch ein weiteres Telegramm an Kalinin, in dem es heißt: »Wir bitten darum, uns die Asche von Wladimir Iljitsch Lenin zurückzusenden. In Moskau war er nur auf Dienstreise. Lassen Sie uns ihn hier beerdigen, dort, wo er gearbeitet hat und wo die Flamme der Revolution entzündet wurde, die den Arbeiter und den Bauern zu einem einheitlichen Ganzen zusammenschweißte.«[180] Der Wunsch wird ignoriert, aber das Wort von der »Dienstreise« ist nicht ganz falsch. Die Bolschewiki hatten Lenins Aufenthalt in Moskau 1918 als »vorübergehend« bezeichnet.

Neuankömmlinge

1921 trifft Pastor Paul Reichert in Petrograd ein. Er gehört zu jenen Deutschen, die sich dort nach Revolution und Bürgerkrieg ein besseres Leben erhoffen. Die Bevölkerungszahl steigt wieder, von überallher strömen Menschen in die Stadt. War Petrograd während des Bürgerkriegs ausgeblutet, so kommen nun jedes Jahr fast 100 000 Einwohner hinzu. Als Lenin stirbt, hat Petrograd-Leningrad erneut die Millionengrenze überschritten.

Die Reicherts kamen einst auf Einladung Katharinas der Großen als fleißige, arbeitswillige Bauern aus dem Schwarzwald ins Wolgagebiet. Paul Reichert wurde 1875 im Gouvernement Saratow geboren und studierte wie Eduard Maaß in Dorpat Theologie. Dort lehrte er anschließend zwei Jahre am Theologischen Seminar und lernte während dieser Zeit in einem Café neben der Universität seine künftige Frau kennen, eine gebürtige Dorpaterin. Die beiden gehen an die Wolga, wo Reichert eine Pastorenstelle in Balzer angenommen hat, einer großen und reichen Kolonie, die 1764 von deutschen Siedlern gegründet worden war. Die Bolschewiki, die Ende 1917 im Wolgagebiet die Macht übernehmen, zerschlagen die deutschen Selbstverwaltungsorgane, überfallen einzelne Kolonien, verhaften die Gemeinderäte und requirieren das Geld der Siedler. Der private Landbesitz wird unmittelbar nach Lenins Dekret über den Boden entschädigungslos enteignet, die Kontrolle über Grund und Boden den Bolschewiki übertragen. Wer sich der Enteignung widersetzt, fällt ihrem Terror zum Opfer.

Im Februar 1918 versuchen die Siedler, eine »Föderation der Deutschen an der Wolga« zu errichten. Sie fahren zur Sowjetregierung nach

Moskau, und die setzt tatsächlich deutsche Verwaltungsorgane in Saratow ein. Es entsteht eine »Deutsche Arbeiterkommune«, später die »Autonome Sozialistische Sowjetrepublik der Wolgadeutschen«, aber es ist eine Scheinunabhängigkeit unter Führung von Kommunisten. In den Jahren des Bürgerkriegs müssen die Deutschen Rekruten, Pferde und Futter für die Rote Armee stellen, und weil sie gut wirtschaften können, wird ihnen ein besonders hohes Abgabesoll auferlegt. Nach der Ernte 1919 haben sie 14,5 Millionen Pud Getreide abzuliefern, über 230 000 Tonnen, weit mehr als benachbarte Gebiete, in denen Russen leben. Als der Hunger zwei Jahre später übermächtig wird, brechen Aufstände im Gebiet der Deutschen aus. Nur mit Mühe schlagen Rotgardisten sie nieder, Hunderte Deutsche werden vor Militärtribunale gestellt und erschossen.

Unter diesen Umständen entschließt sich Paul Reichert, Vater von sieben Kindern, das Wolgagebiet zu verlassen und mit seiner Familie nach Estland zu übersiedeln, woher seine Frau stammt. Aber dann bleibt die Familie in Petrograd hängen. Denn die evangelischen Gemeinden in und um Petrograd suchen händeringend neue Pastoren, nachdem viele der alten emigriert sind. Die Hauptkirche Sankt Petri hat es gleich mehrfach getroffen: Pastor Karl Friedrich Walter ist 1918 ausgereist, sein Nachfolger Christoph Wilhelm Behrmann zwei Jahre später. Aus Deutschland oder aus den Ostseeprovinzen können Geistliche nicht mehr berufen werden. Die baltischen Staaten sind inzwischen unabhängig, die Theologische Fakultät in Dorpat ist für die Russlanddeutschen verloren. Ein Mann wie Reichert wird in Petrograd also mit offenen Armen empfangen.

Arthur Malmgren, seit 20 Jahren Pastor an der Sankt-Annen-Kirche und einst Kollege von Eduard Maaß, ist inzwischen Vorsitzender des Oberkirchenrats und stellvertretender Vorsitzender der Bischofskonferenz der Evangelisch-Lutherischen Kirche in Russland. Er hält die Reste der Petersburger Kirchengemeinden zusammen und trotzt dem Furor der atheistischen Behörden, die in Petrograd Kirchen plündern, Geistliche verhaften und viele von ihnen ohne Gerichtsurteil umbringen. Bislang hatte vor allem die Russisch-Orthodoxe Kirche darunter zu leiden. Aber auch die evangelischen Kirchen stehen unter Aufsicht der kommunistischen Behörden, die das Gemeindeleben streng kontrollieren. Regelmäßig sind Listen über das Kircheneigentum vorzulegen,

Nur noch wenige Pfarrer können sich um die Reste der deutschen evangelischen Gemeinden kümmern. Zu ihnen zählt Paul Reichert, der mit seiner Familie aus dem Hungergebiet an der Wolga geflüchtet und nun in Petrograd untergekommen ist. Er wird Kirchenvorsteher im Kolonistendorf Nowosaratowka und Dozent am Petrograder Predigerseminar, an dem nach der Revolution neue deutsche Pastoren ausgebildet werden sollen. Das Predigerseminar hat Unterschlupf in den Räumen der Annenkirche gefunden. Noch ist die Kirche intakt. Doch 1935 wird das Gotteshaus geschlossen und zu einem Kino umgebaut. Von 1940 an werden in dem von allem Sakralen entkleideten Gebäude Filme vorgeführt.

Personalunterlagen der Pastoren, die Protokolle sämtlicher Sitzungen der Kirchenräte. Über jede Trauung, jede Taufe, jede Beisetzung muss berichtet werden, Kirchenkollekten sind verboten. Weiterhin wird Kircheninventar eingezogen. Aus der Petrikirche, die jetzt den Mittelpunkt der deutschen Gemeinden in Petrograd-Leningrad bildet, verschwinden Gemälde mit den Porträts von Admiral Cornelius Cruys, dem ersten Befehlshaber der Baltischen Flotte, von Pastor Heinrich Gottlieb Nazius, der mehr als 200 Jahre zuvor aus Halle nach Petersburg gekommen war, und elf Stühle aus dem beginnenden 18. Jahrhundert. Sie gelten als historisch wertvolles Kunstgut und gehören auf Anordnung der neuen Machthaber nun der Allgemeinheit. Zuerst werden sie noch auf Ausstellungen gezeigt, dann verschwinden sie in den Magazinen des Russischen Museums. Später wird die Bibliothek mit Hunderten wertvoller Bücher und ebenso unersetzlichem Archivmaterial beschlagnahmt. Auch räumlich wird die Gemeinde immer mehr bedrängt – 1924 eignen sich die benachbarten Hauskomitees den Keller der Petrikirche an, um dort Brennholz zu lagern.

Das deutsche Generalkonsulat hilft den verarmten Gemeinden, wo es kann. Der Konsul führt unter der Hand sogar ein Standesamtregister, denn die Leningrader evangelische Kirche wird in Berlin als letzter Hort zur Wahrung des Deutschtums in Russland betrachtet. Seit 1922 gibt es theologische Predigerkurse in der Stadt, mit Hilfe aus Deutschland wird eine Bibliothek aufgebaut, und bald etabliert sich in den Räumen der Annenkirche ein Predigerseminar, an dem Pastoren für Russland ausgebildet werden. Es nimmt seine Arbeit 1925 mit 24 Seminaristen auf. Bischof Malmgren hat die Leitung inne, Paul Reichert arbeitet dort als Dozent.

Reichert wird überdies Vorsteher der Kirche der Heiligen Jekaterina im deutschen Kolonistendorf Nowosaratowka. Er ist eine Achtung gebietende Erscheinung, wenn er in seinem schwarzen Talar mit den weißen Beffchen in die Kirche schreitet, mit halblangem schwarzem Bart, die vollen Haare zurückgekämmt. Die randlose Brille mit den runden Gläsern verleiht seinem Blick fast etwas Mikroskopisches. Wenn er zu den Siedlern predigt – sie müssten die neue Zeit annehmen, sie sollten Glauben und Trost bei Gott und ihrer Familie suchen –, wirkt er überzeugend, ausgleichend, beruhigend. Nicht nur in Nowosaratowka hält Reichert Gottesdienste ab, sondern auch in den Nachbardörfern Owzino und Nowo-Alexandrowskoje. Bald schickt er seinen Sohn Bruno zu Malmgren aufs Predigerseminar. Aber beide, Paul und Bruno, geraten in Petrograd schließlich zwischen alle Stühle, ja werden zu tragischen Figuren einer politisch immer verworreneren Zeit.

Ersatzberuf Lehrer

Was macht einer wie Oskar Böhme, der ohne Musik nicht leben, sich aber auch nicht entschließen kann, Russland in Richtung Deutschland zu verlassen? Es hilft ihm, dass es im Theater vielen so geht wie ihm – moralisch jedenfalls. Dutzende Sänger und Musiker verlassen in diesen Tagen und Monaten das traditionsreiche Haus in der Glinka-Straße, unter anderen der lyrische Tenor Nikolai Abramowitsch Rostowski.

Rostowski, drei Jahre jünger als Böhme, wurde in der südrussischen Stadt Taganrog geboren, wo der Don ins Asowsche Meer mündet. Eigentlich ist er Zahnarzt. Er hat in Berlin, Rostow und Kiew studiert, sich aber gleichzeitig in Gesang ausbilden lassen. 1902 sagt er dem Medizinstudium Lebewohl und tritt ins Marientheater ein – fast zur selben Zeit wie Böhme. Er singt in Gounods Oper *Faust* die Titelpartie, den Sobinin in Glinkas *Ein Leben für den Zaren*, den Hermann in *Pique Dame* – 1912, als Rachmaninow dirigiert –, den Radames in *Aida* und auch den Siegfried im *Ring des Nibelungen*. Aber dann setzen sich Knötchen auf seine Stimmbänder, die Operation, bei der sie entfernt werden sollen, misslingt. 1921 ist seine Karriere unwiderruflich zu Ende.

Im Gegensatz zu Böhme hat Rostowski einen Ausweichhafen, in den er nun einlaufen kann. Bereits 1918 hat er eine Musikschule gegründet zu Ehren des zehn Jahre zuvor verstorbenen Komponisten Nikolai Rimski-Korsakow. Sie befindet sich auf dem Lermontow-Prospekt Nr. 30, gleich um die Ecke vom Theater. Rostowski wohnt dort auch, schräg gegenüber. Den Musikschulen misst die neue Macht großes Gewicht bei. Sie sollen weniger auf eine professionelle Ausbildung vorbereiten, sondern Gesang und Musik zur Allgemeinbildung machen. Zudem sollen die musikalischen Kenntnisse Erwachsener erweitert, die ästhetische Bildung soll gefördert werden. Gleich 1918 richtet das Volksbildungskommissariat in den Putilow-Werken eine erste Volksmusikschule ein.

Rostowski überredet Böhme, in der Orchesterabteilung seiner Schule die Klasse für Trompete zu übernehmen. Und er holt weitere Künstler vom Theater herüber: für die Klasse Sologesang den Bassbariton Pawel Andrejew, der seinerzeit den Offenen Brief gegen Lunatscharski unterschrieben hat, den Bariton Joakim Tartakow mit seiner samtigen, kraftvollen Stimme, die schon Tschaikowski gelobt hatte, und die Koloratursopranistin Jewgenija Bronskaja, die früher mit Caruso an der Mailänder Scala sang. Für die Klavierklasse verpflichtet er den Konzertmeister und Dirigenten Wladimir Dranischnikow, für die Klasse Chorgesang den Pianisten, Dirigenten und Chormeister Daniil Pochitonow. Aus dem Orchester des Marientheaters holt er neben Böhme noch zwei weitere bekannte Männer: den Geiger und Konzertmeister Viktor Walter sowie den Violoncellisten Jewgeni Wolf-Israel. Es ist ein erlesenes Lehrerkollegium, das er zusammenstellt, 40 Lehrkräfte insgesamt, drei Viertel davon Frauen. Es leistet offensichtlich gute Arbeit, denn tatsächlich werden später viele der Schulabsolventen berühmt. Auch einige von Böhmes Schülern machen Karriere, etwa der Trompeter Mili Sweschnikow, der 40 Jahre lang als Solist im Orchester des Kirow-Theaters spielt, wie sich das Marientheater später nennt. Mit Sweschnikow wird ein Hauch von Böhmes Kunst zurückkehren in jenes Haus, das dieser Hals über Kopf verlassen musste.

Natürlich hat der Staat auch Rostowskis Schule im Blick. Im März 1919 wird sie verstaatlicht und heißt zunächst »6. Städtische Volksschule für musikalische Bildung«, von Dezember 1921 an »Staatliche Musikschule N. A. Rimski-Korsakow«. Etwa 400 Schüler nimmt sie jährlich auf, meist sind es Kinder von Angestellten und Arbeitern. Die weitaus größte Gruppe stellen die Russen, und von denen sind die meisten Juden. Rostowski darf erst einmal Direktor bleiben.

Die politische Kontrolle ist das eine, die musikalische Ausbildung das andere, und diese Ausbildung hat Niveau. Angeboten werden drei Stufen: vier Jahre an der eigentlichen Musikschule, dann das weiterführende »Musikalische Technikum«, eine Art Fachschule, deren Absolventen nach drei zusätzlichen Jahren als Musiklehrer arbeiten oder nach weiteren zwei Jahren Klavierspiel oder Operngesang unterrichten dürfen. Wer alle acht Jahre absolviert, hat Anrecht auf eine selbständige Konzert- oder Bühnentätigkeit. Für die oberen Kurse gibt es ein sehr umfassendes Angebot: bei den Pianisten Transposition sowie

»Professionell orientierte Anatomie und Physiologie«, bei den Sängern Spezialstunden in Sprechausbildung, Harmonie und Stimmkunde. Aber die neue Zeit fordert auch hier ihren Tribut: Ob Chorsänger, Geiger oder Posaunist – alle Schüler der Musikschule müssen eine bestimmte Stundenanzahl in Politökonomie, Historischem Materialismus, Verfassungskunde und Soziologie der Musik belegen.

Die Auflagen ließen sich ertragen, wenn nicht die willkürlichen Kontrollen der roten Behörden wären. Ständig taucht irgendein Funktionär in der Musikschule auf, um etwas zu »überprüfen«. Regelmäßig wird »umstrukturiert«, fast jeden Monat Kritik geübt, etwa am mangelnden Engagement der Pädagogen bei der Erstellung der kommunistischen Wandzeitung: »Die letzte Ausgabe der Zeitung wurde nur unter großer Anstrengung aus zufälligem Material gewährleistet«, heißt es tadelnd in einem Protokoll vom 9. Mai 1926.[181]

Natürlich geht es um die Loyalität der künstlerischen Elite zur neuen Macht. Am liebsten wäre den Funktionären eine einzige staatliche Musikschule in der Stadt, dann ließe sich die alte bürgerliche Elite besser kontrollieren, aber daran ist nicht zu denken. Die Führung der Rimski-Korsakow-Schule ist ihnen jedenfalls nicht sonderlich sympathisch. Sie habe keine Verbindung zur Arbeiterklasse, heißt es. Eine eigens eingesetzte Kommission kommt zu dem Schluss, dass die Schule in einem untragbaren Zustand sei und keine genauen Vorstellungen von den zukünftigen Lehrplänen habe, was im Grunde bedeutet, dass die Ausbildung in Rostowskis Schule zu wenig klassenbewusst ausgerichtet ist. Für die Gesundung der Schule sei es wichtig, die Administration auszuwechseln, erklärt die Kommission, und so wird Gründer Rostowski entlassen.

Oskar Böhme hat sich nolens volens an die Politisierung des Lebens gewöhnt, schließlich ist er von morgens bis abends dem politischen Insistieren der Kommunisten ausgesetzt – auf der Straße, in der Musikschule, im Kino, selbst in seinem Haus. Die Zeitung der Stadt, die *Leningradskaja Prawda*, die der Kommunistischen Partei gehört, liest er nur sporadisch und dann meist nur den lokalen Teil. Er ist nicht in die Partei der Bolschewiki eingetreten, natürlich nicht, dafür aber in die Gewerkschaft. Sie nennt sich »Sojus rabotnikow iskusstw« – Union der Arbeiter der Kunst –, abgekürzt Sorabis. Sein Mitgliedsbuch trägt die Nummer 9838. Böhme arbeitet nicht nur in der Rimski-Korsakow-

Schule, sondern auch noch in einem Musiktechnikum auf der Wassili-Insel, aber trotzdem geht es ihm nicht wirklich gut. Sein monatliches Gehalt an der Schule beträgt nun 40 Rubel, davon muss er zwei Prozent an die Gewerkschaft abgeben, ein Prozent an die Kasse für gegenseitige Hilfe. Der Rest reicht gerade, um über die Runden zu kommen.

Wenn es ums Geld geht, wird allen jetzt ganz wirr im Kopf. Böhme hat vor dem Krieg 1300 Rubel verdient, damals war das ein anständiges Gehalt. Nach dem Umsturz der Bolschewiki waren es 600 Rubel, jetzt sind es 40. Aber die Kaufkraft des Rubels hat sich ständig geändert. Das im Bürgerkrieg wertlos gewordene Geld ist nach 1922 mehrfach umgetauscht worden – zuerst gab es für 10 000 alte Rubel einen neuen, dann wurde aus 100 dieser neuen Rubel wieder ein einziger. Neun Nullen sind also in den letzten Jahren gestrichen worden. Jetzt ist der sowjetische Gold-Tscherwonez Maßstab aller Dinge. Nach dem Goldanteil entspricht er zehn vorrevolutionären Rubeln. Hat ein Kilo Fleisch 1921 eine fünfstellige Rubelsumme gekostet, so bekommt man es jetzt für 42 Kopeken.

Böhme kann die Wohnung auf der 13. Linie nicht halten, selbst seine Stieftochter kann ihm nun nicht mehr helfen. Nach den neuen Maßstäben ist die Wohnung für ihn zu groß, ihm steht lediglich ein Zimmer zu, denn er ist nur Musiker und schafft keine materiellen Werte. Der Umzug fällt ihm schwer. Seit dem Tod seiner Frau geht es mit jedem Umzug weiter bergab. Aber er bleibt auf der Wassili-Insel. Seine neue Adresse – es ist seine letzte in Leningrad – ist das Haus Nr. 26 auf der 3. Linie. Die 2. und 3. Linie bilden eine der ältesten Straßen der Stadt. Sie führt vom Ufer der Großen bis zu dem der Kleinen Newa und war zu Beginn des 18. Jahrhunderts Teil der französischen Vorstadt. Nicht weit entfernt, in Nr. 20, wohnt der Architekt Leonti Benois, Sohn des früheren Hofarchitekten Nicola Benois. Auf dem Hof des Hauses hat Benois auch seine Werkstätten. Seine Tochter Nadeschda hat vor Kurzem den deutschen Diplomaten Jona von Ustinov geheiratet. Sie wird die Mutter des Schauspielers Peter Ustinov. In den anderen Häusern wohnen Literaten und ein Professor des Konservatoriums. Die Nachbarhäuser rechts hat die Kaufmannsfamilie Jelissejew erbaut. Im Krieg war dort ein Lazarett untergebracht, unter dem neuen Regime zog eine Berufsschule für Fernmeldewesen ein. Den Abschluss zum Mittleren, zum Sredni-Prospekt, hin bildet die 1876 geweihte evangelische Michaelskirche.

Das Haus Nr. 26, im 18. Jahrhundert aus Holz erbaut, wurde 1901 zu einem Mietshaus mit vier Etagen umgebaut. Der Besitzer, ein Kaufmann, entschied sich für den Jugendstil, ließ das Haus aus roten Ziegeln und Naturstein hochmauern und zum Dach hin gotisch gestalten. Die schmiedeeisernen Gitter der Balkone hoben sich effektvoll auf der Fassade ab. Die Wohnungen waren prunkvoll und entsprechend teuer. Hier wohnten ein Geheimrat von der Nikolai-Eisenbahn, der Besitzer einer Baumwollspinnerei und der Direktor einer Webmanufaktur. Jetzt, nach der Revolution, ist vom alten Glanz nicht viel übrig. Aus den luxuriösen Appartements sind 19 Kommunalwohnungen mit 96 Bewohnern geworden. Oskar Böhme zieht in die Wohnung Nr. 1. Sie liegt im Erdgeschoss, auf der rechten Seite, eine halbe Treppe hinauf. Den Tipp, dass hier ein Zimmer frei geworden sei, hat er von Alissa Hübbenet bekommen, jener Alice von Hübbenet, die im April 1914 bei dem Konzert Oskar Böhmes in der Annenschule gesungen und von den deutschen Petersburger Zeitungen so viel Lob geerntet hat.

Alice hat ihren Namen inzwischen ein wenig russifiziert und das adlige »von« getilgt, der Name des uralten livländischen Hübbenet-Geschlechts ist Bürde genug. Sie ist jetzt 35 Jahre alt. Ihr Mann, der 19 Jahre ältere Philologe Anatoli von Hübbenet, ist Sohn eines Hofrats, Absolvent der Annenschule, Professor für Methodik der deutschen Sprache und jetzt Lehrer an der Deutschen Reformierten Kirche am Moika-Kanal. Alice war nach dem Abitur an der Annenschule zunächst an eine Musikschule gegangen und hatte nach der Revolution am Petrograder Konservatorium Gesang studiert, in der Klasse der Opernsängerin Natalija Akzeri, einer bekannten lyrischen Koloratursopranistin. Akzeri war bald darauf ins Pariser Exil gegangen, Alissa aber mit ihrem Mann in Petrograd geblieben, wo sie als Musiklehrerin Arbeit fand, erst an der 14. Arbeitsschule am Liebknecht-Prospekt,[182] dann in einem Künstlerischen Klub auf der 12. Linie. Dort ist sie noch immer als Instrukteur für Gesang angestellt. Aber sie ist auch eine gute Pianistin geworden.

Oskar Böhme hatte sich schon in den vergangenen Jahren immer wieder mit den Hübbenets getroffen – im Kino, in Konzerten an der Annen- oder der Petrischule. Er hatte auch weiterhin Kontakt zu Musikern der Philharmonie gepflegt. Seit Petrograd nach dem Bürgerkrieg aus seiner Totenstarre erwacht ist, wird in der Stadt wieder viel musiziert. Im März 1923 wird die Deutsche Musikgesellschaft gegründet, an der Böhme beteiligt ist. Sie versammelt die Reste der bürgerlichen deutschen Elite. Ihre Konzerte finden in der Annenschule statt, also dort, wo Oskar Böhme bereits vor dem Krieg aufgetreten ist. Auch ausländische Künstler reisen nun wieder an. 1924 kommt etwa der Deutsche Otto Klemperer, Generalmusikdirektor in Wiesbaden und später Chef der Krolloper in Berlin. »Einer der größten Dirigenten der Gegenwart«, so feiert ihn die *Leningradskaja Prawda* nach seinem Konzert im Großen Saal der Philharmonie.[183] In der darauffolgenden Saison gibt der ukrainische Pianist Vladimir Horowitz 25 Konzerte in Leningrad und verdient so ein wenig Geld für seine nach der Revolution verarmte Familie. Leningrad wird für ihn zum Triumph, aber der große Durchbruch kommt erst in Berlin, wohin er Ende 1925 geht.

Nach den dunklen Jahren von Krieg, Revolution und Bürgerkrieg, nach den Jahren des quälenden Hungers und der lähmenden Stille, genießen Böhme und die Hübbenets in vollen Zügen, was die Stadt kulturell zu bieten hat. Böhme leitet ein kleines Blasorchester, auch im neuen Deutschen Bildungsverein ist er aktiv. Und er komponiert wieder. Aber er ist längst nicht mehr so produktiv wie vor der Revolution. Die »Nachtmusik« op. 44 für zwei Trompeten und drei Posaunen entsteht, eine »Fantasie über russische Volksklänge« und die vierteilige »Rokoko-Suite« für Bläserquartett op. 46. Alle drei Werke schickt Böhme an den Leipziger Verlag Rühle & Wendling, den einstigen Petersburger Zimmermann-Musikverlag haben die Bolschewiki 1919 nationalisiert. Seine Stücke sind Interpretationen älterer Gesellschaftstänze wie Gavotte und Menuett, historische Reminiszenzen, die eines zeigen: Böhme hat Schwierigkeiten, mit dem Wandel der Welt mitzuhalten. Das ist nicht ohne Tragik: Dieser technisch so versierte Mann, dessen Werke sich sowjetische Komponisten bald zum Vorbild nehmen für ihre spät- oder neoromantischen Trompetenkonzerte und der letztlich entscheidend dazu beiträgt, dass die Sowjetunion zu einer trompeterischen Großmacht wird, bleibt mit seinem Kompositionsstil hinter der Avantgarde zurück, während anderswo in Russland geradezu revolutionäre Aufbruchstimmung herrscht, zumindest bis Ende der 1920er Jahre. Namen wie Prokofjew und Schostakowitsch stehen dafür. Sergei Prokofjews Kompositionen mit ihrer eigenwilligen Rhythmik, den grotesken Themen und der sprunghaften Harmonik mischen die russische Musikwelt geradezu auf. Stalin wird diese Entwicklung in den 1930er Jahren aller-

Auch die Musik kehrt in den 1920er Jahren nach Leningrad zurück. Im Saal der Philharmonie, der ehemaligen Adelsversammlung, tritt 1928 der Deutsche Otto Klemperer auf, einer der international ganz großen Dirigenten dieser Jahre (2. Reihe Mitte). Das Glasunow-Orchester hat ihn eingeladen. Der Komponist und Dirigent Alexander Glasunow ist schon seit Petersburger Zeiten Rektor des Konservatoriums und einer der wenigen Künstler des früheren Russischen Reiches, die sich mit der Führung der Kommunistischen Partei verständigt haben. Nur Wochen nach dem Klemperer-Gastspiel bricht jedoch auch er mit der Sowjetunion – von einem Wettbewerb in Wien kehrt Glasunow nicht nach Leningrad zurück.

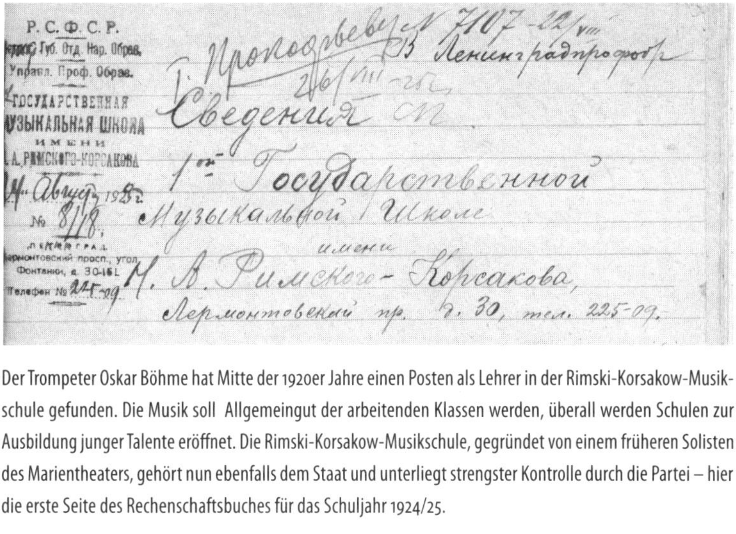

Р. С. Ф. С. Р.
Губ. Отд. Нар. Обрав.
Управл. Проф. Образ.
ГОСУДАРСТВЕННАЯ
МУЗЫКАЛЬНАЯ ШКОЛА
ИМЕНИ
Н. А. РИМСКОГО-КОРСАКОВА
14 Августа 1925 г.
№ 818
ЛЕНИНГРАД
Лермонтовский просп., угол Фонтанки, д. 30-16
Телефон № 225-09

№ 7107 – 22/VIII
В Ленинградпрофобр
26/VIII-25
Сведения о 1-ой Государственной Музыкальной Школе имени Н. А. Римского-Корсакова,
Лермонтовский пр. д. 30, тел. 225-09.

Der Trompeter Oskar Böhme hat Mitte der 1920er Jahre einen Posten als Lehrer in der Rimski-Korsakow-Musikschule gefunden. Die Musik soll Allgemeingut der arbeitenden Klassen werden, überall werden Schulen zur Ausbildung junger Talente eröffnet. Die Rimski-Korsakow-Musikschule, gegründet von einem früheren Solisten des Marientheaters, gehört nun ebenfalls dem Staat und unterliegt strengster Kontrolle durch die Partei – hier die erste Seite des Rechenschaftsbuches für das Schuljahr 1924/25.

dings erst einmal wieder unterbinden und die Komponisten ins Nationale und Romantische zurückzwingen.

Aber die Moderne ist unaufhaltsam, und Böhme kann nicht mehr folgen. Er lebt nun in einem kleinen Zimmer mit Fenster zum Hof, auf dem zu seinem Verdruss tagsüber eine Werkstatt lärmt. Allzu viel Licht lässt es nicht herein. Gleich nebenan haben die Hübbenets seit einigen Jahren ihr Zimmer. Man teilt sich Küche und Telefon, Leningrad 616-96 ist die gemeinsame Nummer. Rasanter kann ein Abstieg kaum sein – vom gefeierten Solisten der Petersburger Oper und erblichen Ehrenbürger der Stadt zum unterbezahlten Musiklehrer in einem Zimmer mit Fenster zum Hinterhof.

In jener Zeit geht es allerdings vielen so wie ihm. Auch die Hübbenets haben Ähnliches erlebt. Wenn andere ein ganz ähnliches Schicksal erleiden, muss man sein Leid dann persönlich nehmen? Beim trüben Licht seiner Stehlampe trägt Oskar Böhme sich mit solchen Gedanken. Er ist jetzt Mitte 50, er könnte einen Neuanfang in Deutschland wagen. Aber dass er in seinem Alter noch Karriere als Trompeter an irgendeinem deutschen Theater macht, das dürfte unwahrscheinlich sein. Deutschland hat sich nach Versailles, nach den Aufständen in Mitteldeutschland, der Ruhrbesetzung, nach Wirtschaftskrise und Währungsreform zwar gefangen, die Wirtschaft erlebt einen Aufschwung, aber die Briefe, die Böhme ab und an von seinen Brüdern erhält, vor allem von Eugen, dem Konzertmeister in Rostock, klingen nicht ermutigend.

Moskaus Entscheidung

Anfang 1924 treffen zwei gleichlautende Briefe aus dem Bayerischen Viertel in Berlin, Würzburger Straße 10, in Leningrad ein. Sie kommen von Dr. med. A. Poehl und sind an seine Brüder Richard und Alexander gerichtet, die noch immer in Russland ausharren. Richard hat inzwischen die deutsche Staatsbürgerschaft erhalten, will aber vorerst in Russland bleiben und die Firma im Blick behalten.

Alfred Poehl, lange Zeit geschäftsführender Direktor der Firma Poehl, wohnt nun also in der deutschen Hauptstadt, gleich hinter dem Kaufhaus des Westens. Seine Briefe verfasst er nach wie vor in Russisch, auf einer Schreibmaschine mit altrussischer Tastatur. Der Tenor auf den zweieinhalb eng beschriebenen Blättern ist alarmierend. Die Organotherapie, der so erfolgreiche Hauptzweig ihres Unternehmens, habe in den letzten Jahren große Fortschritte auch in Westeuropa und in Amerika gemacht, schreibt Alfred. Viele Fabriken seien entstanden, abgesichert mit gutem Kapital, anerkannten wissenschaftlichen Kräften und ausgestattet mit der modernsten Labortechnik. Selbst in Berlin würden schon mehrere Fabriken Spermin produzieren, das Hauptprodukt ihres Unternehmens. Die Poehl'sche Firma aber gerate immer mehr ins Hintertreffen. »Wenn noch ein paar Jahre vergehen, wird es unmöglich sein, das Verlorene zurückzuerobern. Von diesen Gedanken getrieben habe ich beschlossen, irgendwo in Westeuropa die Gründung einer Fabrik unter dem Dach unserer früheren Firma in Angriff zu nehmen. Ich hoffe, dass dieser Gedanke bei Dir und den übrigen Brüdern auf ein lebhaftes Echo trifft.«[184] Die neue westliche Fabrik würde ihre Erzeugnisse auch nach Russland exportieren, fügt Alfred an, und die wissenschaftliche Unterstützung durch eine ausländische Poehl-Firma dem Unternehmen in Leningrad großen Nutzen bringen. Er wolle, so erklärt er weiter, westliche Pharmaproduzenten überreden, ihre Produkte nicht den Sowjets zu verkaufen, also das Interessengebiet der Poehl-Firma in Russland nicht zu berühren. Das sei naturgemäß bei ersten Gesprächen auf Widerstand gestoßen, aber er werde nicht lockerlassen.

Und dann unterbreitet Alfred seinen Brüdern einen Vorschlag: Er werde eine solche Firma gründen, für die Poehl'schen Erzeugnisse werben und gemeinsam mit anderen Wissenschaftlern an Neuentwicklungen arbeiten. Vom Gewinn wolle er jedem der im Geschäft verbliebenen Brüder jährlich fünf Prozent zahlen, also insgesamt 20 Prozent. Ebenfalls fünf Prozent solle jeder vom Verkauf des Poehl'schen Spermins und anderer Produkte der Leningrader Firma in Ländern wie Finnland, Litauen, Estland, Lettland und Polen erhalten und noch einmal 2,5 Prozent vom Verkauf dieser oder eventuell auch neuer Medikamente in anderen Staaten. Die Neugründung werde der »Wiedergeburt unserer russischen Sache« dienen, erklärt er zum Schluss, lässt aber nicht unerwähnt, dass ihm »einige Kapitalisten« in Westeuropa vorgeschlagen haben, die Brüder nicht in irgendwelche Vereinbarungen mit einzubinden, sondern im Westen ganz allein mit der Marke »Poehl« zu arbeiten. Darauf habe er sich nicht eingelassen – das schreibt er jedenfalls.

Tatsächlich kommt es im März in Berlin zur Gründung der Firma »Prof. Dr. von Poehl & Söhne GmbH« mit einem Stammkapital von 5000 Reichsmark. Die Brüder bekräftigen, dass ihre Kommanditgesellschaft in Russland weiter existiert, übertragen Alfred Poehl aber sämtliche Rechte, die die Firma außerhalb Russlands hält, und vertrauen ihm die Patente und Warenzeichen an. Er soll dafür sorgen, dass der Firma in Leningrad unentgeltlich Verbesserungen und Erfindungen an den Präparaten zukommen, damit der wissenschaftliche Wert der in Russland hergestellten Produkte gewahrt wird. Und er soll die Außenstände des Unternehmens bei Firmen eintreiben, mit denen man früher in Geschäftsbeziehungen gestanden hat. Das sind Lehn & Fink in New York, 120 William Street; Shimakjiu & Co. in Tokio, Honche Shichome 14/15; die A. & M. Zimmermann Ltd. in London, 3 Lloyds Avenue; Direktor Karl Duns in Kopenhagen, Bornholmer Straße 8; und die Russian Bank in London, 59/60 Gracechurch Street. Auch Aktien müssen noch veräußert werden. So wird es beschlossen, und die Brüder hoffen, dass die Geschichte von »Prof. Dr. von Poehl & Söhne« in Russland noch nicht an ihr Ende gelangt ist. Doch schon im folgenden Jahr gründen Alfred Poehl und seine Frau eine neue GmbH, diesmal unter Ausschluss der Brüder. Ins Handelsregister wird sie als »Fortbetrieb des Geschäftes Prof. Dr. Poehl & Söhne, St. Petersburg, Abteilung Deutschland« eingetragen. Das klingt nicht gut. Die Brüder ahnen, dass Alfred nicht ganz so altruistisch ist, wie er sich gibt.

In Leningrad setzen die Pächter des Poehl'schen Betriebes und im Hintergrund Richard Poehl nach der Unterzeichnung des Vertrags mit Bruder Alfred im Jahr 1924 ihre Arbeit fort. Aber dann erleben sie ein Lehrstück dessen, was die Kommunisten »Expropriation der Expropriateure« nennen und was sich die Poehl-Brüder selbst in ihren schlimmsten Träumen nicht vorgestellt hätten: Stalin setzt im Politbüro der Partei durch, dass die Neue Ökonomische Politik, die auch in Leningrad die Versorgung verbessert und den Bürgern der Stadt Freiheiten zurückgebracht hat, nicht fortgesetzt wird. Die kapitalistischen Lockerungen werden Schritt für Schritt aufgehoben und durch strikte Planwirtschaft ersetzt. Und auf dem Land beginnt der Kampf gegen die kapitalistischen Elemente, der mit der Zwangskollektivierung endet.

Im April 1927 schreiben die Brüder an den Gouvernementssowjet, denn im Oktober läuft ihr Pachtvertrag aus, und natürlich wollen sie ihn verlängern. Sie sind auf vieles eingestellt, die Kapriolen der kommunistischen Wirtschaftsfunktionäre in der Stadt haben sie Vorsicht gelehrt, und so formulieren sie zurückhaltend. Die auslaufende sechsjährige Pachtzeit habe »unser ernsthaftes Herangehen und die Erfüllung aller Verpflichtungen«[185] gezeigt, beginnt das Schreiben, von dem ihr weiteres Schicksal abhängen könnte. Sie fügen allerlei Anlagen bei, die den Beamten die gestiegene Reputation der Firma vor Augen führen. Sie erwähnen ihre qualifizierten russischen Mitarbeiter: Laborchef sei zum Beispiel der Pharmazieprofessor des Leningrader Medizininstitutes Alexei Lichatschow, sein Mitarbeiter der Pharmakologe Dr. Michail Nikolajew von der Militärmedizinischen Akademie – beide würden in der Berliner *Zeitschrift für die gesamte experimentelle Medizin* Forschungsergebnisse publizieren. Sie zeigen auf, wie sie trotz aller Schwierigkeiten mit dem Rohstoffnachschub in den zurückliegenden Jahren den Umsatz des Werkes steigern konnten: von 543 598 Rubel im Jahr 1924 auf 599 796 Rubel im Jahr darauf und dann auf 660 932 Rubel. Sie schlüsseln auch exakt ihre Ausgaben auf – von den zuletzt 660 932 Rubel hätten sie gut 74 000 Rubel an Gehältern gezahlt, 36 000 Rubel für die Pacht, über 55 000 Rubel an Steuern und 15 000 Rubel an die Sozialversicherung. Sie sind so davon überzeugt, dass diese Zahlen in Moskau Eindruck machen werden, dass sie es wagen, Bedingungen für eine mindestens vierjährige Fortdauer der Pacht zu stellen: Erstens dürfe die Pachtgebühr wegen der gestiegenen Ausgaben allgemein und für Steuern, Sozialabgaben und Gehälter im Besonderen künftig 30 000 Rubel nicht übersteigen. Und zweitens solle die Behörde darauf verzichten, ständig Sonderkontrolleure zu schicken, schließlich entwickle sich das Unternehmen auch so ordentlich.

Der Brief wird abgeschickt, und dann herrscht erst einmal Schweigen. Was Poehl und seine Mitarbeiter nicht wissen: Der Leningrader Wirtschaftsrat will den Pachtvertrag für die Firma durchaus verlängern, nur gibt es weitere Interessenten, die das Poehl'sche Unternehmen auf der 7. Linie unbedingt an sich reißen wollen. Da ist zum Beispiel der Berufsverband der Arbeiter der Chemie-Industrie, und auch die Gouvernementsverwaltung für Gesundheit bringt sich intern gegen die Firma und jene »Gruppe von Privatpersonen« in Stellung, die das Unternehmen betreiben. In einem Schreiben an den Volkswirtschaftsrat beklagt sie das »Fehlen klarer Standards für die dort produzierten

Präparate und die mangelnde Möglichkeit zur Kontrolle dieses Werks«.[186] Eine derart wichtige Produktion müsse unbedingt in der Hand des Staates liegen. Man habe im Werk »Pharmakon« eine Parallelproduktion entwickelt, argumentiert die Gesundheitsbehörde weiter, dort werde sogar Insulin hergestellt, das bislang aus dem Ausland bezogen werde musste. Überdies seien die Poehl'schen Produkte viel zu teuer. Man möge den Pachtvertrag auslaufen lassen und sämtliche Geräte des Unternehmens der Firma »Pharmakon« übergeben. »Eine selbständige Existenz des ehemaligen Poehl-Werkes in den Händen Privater« findet die Behörde »nicht zweckmäßig, ja sogar schädlich«.[187]

Trotz dieser Querschüsse will der Wirtschaftsrat den Zuschlag den Poehl-Nachfolgern erteilen. Im August fordert er sie auf, vor der Verlängerung des Pachtvertrages neue Zulassungen für ihre Präparate einzuholen. Die jedoch erteilt das Volkskommissariat für Gesundheitswesen, also jene Behörde, die den Poehls nicht besonders wohlgesinnt ist, was diese allerdings nicht wissen. Und sie wissen auch nicht, dass um ihre Firma nicht mehr nur in Leningrad gestritten wird, sondern Poehls Gegner sich inzwischen an die Moskauer Führung gewandt haben. Dort fällt schließlich die Entscheidung. Im Juli 1927 schreibt der Vorsitzende des Obersten Rates für Volkswirtschaft der Russischen Sowjetrepublik höchstpersönlich an die Leningrader Zentrale für Handwerk und Kleinindustrie und folgt bei seiner Entscheidung fast wörtlich der Argumentation der Leningrader Gesundheitsbehörde. Man habe in Moskau von der Absicht gehört, das Poehl-Werk erneut an Privatpersonen zu verpachten. »Die außerordentlichen Schwierigkeiten bei der Einhaltung der Standards (…) erschwert bei vielen der Präparate die Kontrolle (…). Der Oberste Volkswirtschaftsrat hält es deswegen für richtig, die gesamte Produktion von Organopräparaten in den Händen von Staatsorganisationen zu konzentrieren. Er hält die weitere Verpachtung des Werkes an Privatpersonen für extrem unzweckmäßig und nicht wünschenswert und bittet, das Werk dem Leningrader Medsnabtorg zu übergeben.«[188] Medsnabtorg – das ist jene Staatsorganisation, die sich mit dem Handel von Medikamenten befasst.

Die Bitte um Übergabe ist natürlich keine Bitte, sondern ein Befehl, und der bedeutet das Ende für eine Petersburger Institution, deren Geschichte 1848 mit dem Kauf der »Andrejewskaja apteka« durch Wilhelm Christoph Ehrenfried Poehl, den Großvater von Richard Poehl, begann. Wilhelm Christoph Ehrenfried war der Begründer des ersten analytisch-chemischen Labors auf der 7. Linie, und Richard wie Alexander müssen nun die Reste dieses inzwischen international bekannten Instituts auflösen. Ein weiteres Stück Petersburger Geschichte fällt der Politik zum Opfer. Richard Poehl und die Pächter erfahren davon vorerst nichts, aber sie spüren, dass die Schlinge sich zuzieht, denn im Juni werden die Poehls aufgefordert, alle Baulichkeiten der Häuser Nr. 16 und 18, in denen sich die Labors des ehemaligen Unternehmens »Prof. Dr. von Poehl & Söhne« befinden, der Gouvernementsführung zu übergeben. Sie sollen Eigentum des Staates werden.

Dass es am Ende doch so kommen würde, hatten die Poehls geahnt. Aber war es nicht schon ein Wunder, dass sie nach der Revolution noch zehn Jahre lang ihren Immobilienbesitz behalten, Mieten kassieren und in den Häusern wohnen durften? Am 10. Oktober trifft der Brief ein, der Klarheit bezüglich des Unternehmens schafft. Er enthält die Absage, den Pachtvertrag zu verlängern, und die Aufforderung, das Poehl'sche Werk am 28. Oktober dem Staat zu übergeben – in nicht einmal drei Wochen also. »Diese Forderung kommt für uns völlig überraschend und ist im Kern auch unerfüllbar, weil wir in dieser Zeit die begonnene Produktion nicht zu Ende führen und die vorbereiteten Rohstoffe auch nicht vernichten können«, antworten die Poehls. Aber die Brüder machen sich keine Illusionen mehr. Die Firma ist am Ende. Es geht nur noch um eine Galgenfrist: »Da Sie uns erst zwei Wochen vor Ablauf der Frist verständigt haben, bitten wir um Verlängerung bis zum 28. November.«[189]

Diese Verlängerung wird gewährt. Die nächsten Wochen vergehen in großer Hektik. Das über Jahrzehnte gewachsene Unternehmen muss inventarisiert werden, Schriftstücke sind zu sichern, wissenschaftliche Unterlagen. Und was soll mit der Bibliothek geschehen, die ihr Vater Alexander mit so viel Liebe und Akribie aufgebaut hat? Das meiste ist wohl nicht zu retten.

Die sowjetische Seite bereitet sich derweil auf die Einverleibung der begehrten Firma vor. Sie lässt das Poehl'sche Eigentum schätzen und kommt auf 34 450,95 Vorkriegs- oder 61 627,34 aktuelle Rubel. Friedrich Harry Rogenhagen, der langjährige technische Leiter des Unternehmens »Prof. Dr. von Poehl & Söhne«, wird, als die Rechtsstreitigkeiten beginnen, eidesstattlich eine andere Rechnung aufmachen. Er beziffert die Schäden und Verluste, die durch die Nationalisierung entstehen, viel höher. Die Apotheke mit ihren 73 Angestellten, das Organotherapeutische Institut mit seinen Filialen in Nischni Nowgorod und dem früheren Nowo-Nikolajewsk, jetzt Nowosibirk, und insgesamt 225 Mitarbeitern, die Maschinen und Geräte, die fertigen Waren, Halbfabrikate und Chemikalien, die beiden Autos, die 6000 Bände der Bibliothek und schließlich die Bareinlagen in der Russischen Bank für Außenhandel, in der Wolga-Kama- und der Sibirischen Handelsbank – das alles sei mit zehn bis elf Millionen Rubel zu bewerten, lege man die Zahlen des Revolutionsjahres 1917 zugrunde. Denn 1917 habe die Firma einen Reingewinn von 2 120 000 Rubel erwirtschaftet, »was einem Wert von 10–11 Millionen Rubel bei einer Kapitalisierung des Reingewinns mit 20 % entspricht«,[190] argumentiert Rogenhagen. Der Wert des Grundbesitzes der Poehl-Familie sei darin nicht enthalten, denn die Grundstücke werden nicht mit übergeben, aber auch nicht verkauft. 55 Seiten umfasst das Übergabeprotokoll vom 19. Dezember 1927. Alles ist dort aufgeführt, was das Unternehmen »Prof. Dr. von Poehl & Söhne« ausmacht: jeder Sack, jede Lampe, jede Spritze, die Waagen, Schränke, Apothekenvitrinen, die Fässer und jeder Hocker, die Truhen, Glaskolben, Öfen und Tablettenpressen, die Dampfmaschinen, die Pumpen. Hinter jedem Artikel steht ein Preis. Das Leningrader Medizinische Institut erklärt sich großzügig bereit, die Bücher der Firma »kostenlos« zu übernehmen, »etwa 10 000« sind es nach dem Protokoll über die Auflösung des Pachtvertrages. Alle Bände, die Alexander Poehl und seine Vorfahren im Laufe der Zeit angeschafft haben, sind aufgezählt: das Werk zur russischen »Arzneimittelbewertung« von 1790, die *Preussische Pharmacopöe 1813*, das *Deutsche Apothekerbuch 1842* oder der *Commentar zur Preussischen Pharmacopöe 1848* … 1717 Bücher gelten laut Übergabeakt als historisch wertvolle Bücher.[191] Am 28. Dezember übergibt die Pacht- und Konzessionsverwaltung des Leningrader Stadtsowjets den Betrieb an den Staat. Aber im Grunde hat er bereits am 30. November aufgehört zu existieren. Für Alexander und Richard Poehl geht eine Ära zu Ende. Alexander reist bald darauf aus Russland ab, Richard bleibt. Er verlässt mit seiner Familie das Stammhaus auf der 7. Linie, das mit dem Unternehmen in Staatsbesitz übergegangen ist und in dem er gut 50 Jahre seines Lebens verbracht hat, und zieht in ein Haus auf dem Poehl'schen Grundstück an der Pesotschnaja Nabereschnaja Nr. 4 am Ufer der Kleinen Newa. Was erhofft sich Richard Poehl noch von Leningrad?

Heimliche Konfirmation

Im Dezember 1926 geht beim Leningrader Gouvernements-Exekutivkomitee eine anonyme Anzeige gegen Helmut Hansen ein, den Hauptpfarrer der Petrikirche. Er habe, so der Vorwurf, Kindern heimlich Religionsunterricht erteilt. »Hansen veranstaltet jeden Mittwoch um sieben Uhr abends bei sich in der Wohnung Feiern, ungefähr 30 Jungen und Mädchen singen dort geistliche Lieder«,[192] so heißt es. »Und seine Frau gibt ebenfalls Gesangstunden, und sonntags um eins gibt es in der Kirche einen Kinderfeiertag, dort singen sie, und die Kinder erhalten unter dem Deckmantel eines angeblichen Gottesdienstes Religionsunterricht, und auch jeden Montag und Donnerstag um fünf werden Kinder in der Kirche unterrichtet.«

Religionsunterricht ist verboten, die Missachtung des Verbots gilt als schwere Straftat. Die Behörde leitet die Notiz an die OGPU weiter, die Vereinigte Staatliche Politische Verwaltung, wie jetzt die unverfängliche Bezeichnung für die sowjetische Geheimpolizei lautet. Das ist ein Warnschuss. Denunziationen, von denen niemand weiß, ob sie auch nur ein Quäntchen Wahrheit enthalten, werden zum beliebten Mittel, gegen unbequeme Mitmenschen vorzugehen.

Tatsächlich ist Pastor Hansen ein sehr aktiver Mann. Seit er 1924 Hauptpastor der Petrikirche wurde, hat er 20 Arbeitskreise für Kinder gebildet, in denen er ihnen weiterhin Religionsunterricht erteilt. Gemeindemitglieder und Teilnehmer an den Bibelkursen bieten darüber hinaus für evangelische Kinder Unterricht in ihren Wohnungen an. Freitags finden in Hansens Wohnung pädagogische Gespräche mit den Lehrern statt und manchmal auch sogenannte Teeabende mit Gesang und Spiel, und jeden Dienstagabend zusätzlich Bibelstunden in der Kirche. Für bedürftige Mitglieder der Petrigemeinde wird Geld gesammelt, das über Konzertkarten und eine Lotterie zusammenkommt.

Es war also damit zu rechnen, dass die Petrikirche ins Visier der Behörden geraten würde, diese letzte Insel des Zusammenhalts für viele der in Leningrad verbliebenen Deutschen. Im Mai 1928 druckt die *Leningradskaja Prawda* einen Artikel, der sich mit dem Pfarrer der Petrikirche beschäftigt. Man schlägt den Sack und meint den Esel. Denn es geht gar nicht um den Pfarrer, sondern um Religion und Kirche insgesamt. »Im Zentrum der Stadt, die die Revolution hervorgebracht hat, gleich neben den marxistischen Seminaren, in einer bröckelnden Kirche auf dem Prospekt des 25. Oktober, gibt es nach wie vor finstere Mysterien und exaltierte Ausrufe von Predigern wie vor 400 Jahren auch (…) Helmut Hansen, ein kämpferischer Geistlicher und arglistiger Philosoph, zitiert Luther, Calvin, Nietzsche, Konfuzius und sogar, o Gott, Marx. Die kriegerischen Appelle, das offene Predigen von Antisemitismus und Konterrevolution – mit all diesem Zeug impft der gute Doktor die Kinder (…). Pastor Hansen ist bislang noch nicht in den Untergrund gegangen. Er lebt in seiner Wohnung und beschäftigt sich mit allem Möglichen, was die Sowjetmacht kränkt. Wir gestatten uns, die Aufmerksamkeit der Staatsanwaltschaft darauf zu lenken, uns vor dem konterrevolutionären Gezische zu bewahren, das dem galligen Mund des Pastors H. Hansen entweicht.«[193] Der Artikel ist in jenem geringschätzigen und zugleich vernichtenden Ton geschrieben, in dem schon Lenin seine Streitschriften gegen angebliche Parteifeinde verfasste. Es dauert aber noch mehr als ein Jahr, bis Hansen verhaftet wird.

Die Denunziationen nehmen zu, und dazu tragen auch die jetzt nach Russland strömenden Politemigranten der deutschen Kommunistischen Partei bei. Es ist eine Lehrerin der Petrischule, eine deutsche Genossin, die der städtischen Behörde für Volksbildung meldet, eine Gruppe 16-Jähriger habe heimlich die Konfirmation empfangen. Die Jugendlichen seien dabei, behauptet sie, vom Deutschen Bildungsverein unterstützt worden, der seinen Sitz ebenfalls in der Petrischule hat. Das reicht, um zumindest den Direktor der Schule, den Baltendeutschen Erich Kleinenberg, zu entlassen. Er ist den Kommunisten schon lange ein Dorn im Auge, denn er hatte bis 1917 die Zarentöchter Maria und Tatjana in Deutsch unterrichtet. Auch sein baltendeutscher Stellvertreter, Alexander Wulffius, Lehrer für Geschichte sowie Geographie und promovierter Historiker, muss gehen. Ebenso der talentierte Reinhold Bertholdy, seit 1904 Lehrer für russische und deutsche Literatur. Bertholdy hat außerdem Sprachen unterrichtet und in der Petrischule die Orgel gespielt. Sie alle werden mit dem »arglistigen« Pastor Hansen und dessen vermeintlichen Angriffen auf die Sowjetmacht in Verbindung gebracht.

Der Schuldirektor, den der Staat jetzt einsetzt, ist Russe und Mitglied der Kommunistischen Partei. Seine Stellvertreterin wird die Staatsbürgerkundelehrerin Alexandra Bronstein, die erste Frau Leo Trotzkis, und auch ein früheres Mitglied der Tscheka gehört nun der Schulleitung an, ein Mann, der mit dem Revolver im Halfter über die Schulflure geht. Kleinenberg hatte bereits 1918 in einem Brief an einen Bekannten von seinen bösen Ahnungen geschrieben: »Die Politik des passiven Widerstands war möglich, solange die Maßnahmen der sozialistischen Regierung zögernd und inkonsequent waren und andererseits der Wohlstand der Gemeinden ihren Schulen eine materiell unabhängige Existenz sicherte (...). Jetzt scheint die Katastrophe nahe.«[194]

Zehn Jahre später ist die Petrikirche immerhin noch ein Gotteshaus. Die Deutsche Reformierte Kirche dagegen, im Dreieck Bolschaja Morskaja, Moika-Kanal und Postamtsgasse gelegen, wird 1929 geschlossen. Zunächst ist dort ein Wohnheim eingerichtet, bis man den romanisch-gotischen Kirchenbau zum Kulturhaus des Fernmeldewesens umbaut. Bald ist die Reformierte Kirche auch äußerlich nicht mehr als Gotteshaus zu erkennen. Wo sie einst aufragte, steht nun eine Art Getreidespeicher mit abgesägtem Turm. Die Kommunisten sind Meister darin, die ihnen nicht genehme Geschichte auszulöschen.

Erich Kleinenberg und Alexander Wulffius, die ehemaligen Leiter der Petrischule, dürfen sich immerhin eine andere Arbeit suchen. Sie finden sie am Deutschen Pädagogischen Technikum am Moika-Ufer 74, schräg gegenüber der vernichteten Reformierten Kirche. Wulffius tritt dort in die Leitung ein, Kleinenberg wird Dozent am Lehrstuhl für westeuropäische Literatur. An der Hochschule erteilt auch der Trompeter Oskar Böhme nebenbei Unterricht und verdient sich so noch ein wenig zu seinem kärglichen Gehalt dazu.

Feinde über Feinde

Wie eine Flut anfangs unmerklich steigt für den, der am Ufer steht, und er die Gefahr erst erkennt, wenn es bereits zu spät ist, so ist es in den 1920er Jahren in Petrograd mit der Verfolgung Andersdenker, die von Monat zu Monat mehr Menschen bedroht. Es begann 1921 mit der nach einem Wissenschaftler der Russischen Akademie benannten Petrograder Kampforganisation »W. N. Taganzew«. 833 Mitglieder dieser angeblichen Organisation wurden verhaftet, 96 von ihnen erschossen. Dann folgte der Prozess gegen die katholische Priesterschaft Petrograds, der man ebenfalls die Bildung einer antisowjetischen, konterrevolutionären Organisation unterstellte. Mehrere Geistliche wurden erschossen, andere in die neu gegründeten Konzentrationslager gebracht. Aber das waren noch vereinzelte Kampagnen.

Im Sommer 1927 rollt dann die erste große Repressionswelle über das Land, ausgelöst durch den Abbruch der diplomatischen Beziehungen zu Großbritannien. Stalin befürchtet eine erneute Intervention der Engländer und schürt eine wahre Vorkriegspsychose. Im Politbüro der Partei regt er an, die sowjetischen Arbeiter und alle Werktätigen sollen in einem »spontanen« Appell den Geheimdienst zu besonderer Wachsamkeit aufrufen und die OGPU beauftragen, Haussuchungen und Verhaftungen bei Weißgardisten durchzuführen. Und er fordert die Erschießung von Gefangenen, die nach der Ermordung eines kommunistischen Funktionärs als Geiseln in Haft genommen wurden. Auch außergerichtliche Tribunale will er einrichten lassen, vor denen schädliche Elemente abgeurteilt werden sollen.

In jenem Sommer hat der Führer der Kommunistischen Partei also erstmals die Maschine der Massenrepressionen in Gang gesetzt – und legt das Verlangen danach dem Volk in den Mund. Fürst Pawel Dolgorukow, einstmals einer der Führer der Kadettenpartei, und weitere Adlige aus dem ehemaligen Russischen Reich werden hingerichtet. 1928 folgt die erste große Parteisäuberung, bei der die »linke Opposition« ausgeschlossen und in entfernte Regionen des Landes verbannt wird. Leo Trotzki, den früher gefeierten Führer der Roten Armee, bringt man nach Alma-Ata und verweist ihn später des Landes. Auch Grigori Sinowjew, den einst mächtigsten Mann Petrograds und Führer der Komintern, trifft es. Wegen seiner Opposition zu Stalin verliert er ein Amt nach dem anderen und wird das erste Mal aus der Partei ausgeschlossen. Jetzt, zu Beginn der 1930er Jahre, muss er sein Dasein im Redaktionskollegium der Zeitschrift *Bolschewik* fristen. Dann wird er nach Kasachstan verbannt, wo er Hitlers Buch *Mein Kampf* übersetzt – aber auch das ist nur eine Zwischenstation auf seinem Weg in den Untergang.

Aber jetzt geht es nicht mehr nur um Stalins vermeintliche innere Feinde. Jetzt geraten zunehmend auch Ausländer, die in der Sowjetunion leben, ins Visier der politischen Polizei, ganz gleich, ob sie inzwischen sowjetische Staatsbürger geworden sind oder nicht.

Erste Verhaftung

Der letzte Tag im August 1930 ist warm und sonnig, 23 Grad. In der Woche zuvor war das Thermometer sogar auf 30 Grad geklettert – ein ungewöhnlich guter Sommer für Leningrad. Lau ist auch die Nacht zum 1. September. Nach 24 Uhr wird heftig und unwirsch an die Tür von Wohnung Nr. 1 in Haus 26 auf der 3. Linie geklopft. Alle Bewohner sind mit einem Schlag wach: Wen trifft es diesmal?

Sie kommen immer nachts. Das hat dazu geführt, dass der Sowjetmensch in diesen Jahren nach einem eigenartigen Rhythmus schläft. Auf die erste kurze Schlafphase folgt zwischen ein und drei Uhr nachts ein leichtes Schlummern, bei dem die Sinne hellwach auf die Geräusche draußen gerichtet sind: Fährt da ein Auto vor, kommt jemand die Treppe herauf, wird beim Nachbarn geklingelt? Erst wenn diese Phase vorüber ist, fällt er für ein paar Stunden in einen tieferen Schlaf.

Der Besuch gilt Oskar Böhme. Er liegt wach im Bett und hat wie alle im Haus gehofft: Möge es doch einen anderen treffen! Andererseits weiß er ja, dass viele seiner Bekannten längst unter Beobachtung der OGPU stehen, der musische Bertholdy etwa, der ebenso gut Orgel wie Geige spielt und der wie er als Musiklehrer gearbeitet hat. Böhme mag ihn sehr. Dass Bertholdy nach dem Studium einige Zeit in Dresden gelebt hat, der Heimat seines Vaters, aus der ja auch Böhme stammt, verbindet sie überdies. Andere wie Alexander Wulffius, den er ebenfalls vom Deutschen Bildungsverein kennt und mit dem er bei Konzerten in der Petrikirche aufgetreten ist, sind inzwischen sogar verhaftet worden. Wulffius hat es im April im Zuge der »Aktion Akademie« getroffen, als die Geheimpolizei über 100 Mitglieder der in Leningrad ansässigen Akademie der Wissenschaften mit zumeist recht fadenscheinigen Begründungen verhaftete. Letztlich mussten sie dafür büßen, dass bei der Wahl neuer Akademiemitglieder im Jahr zuvor drei kommunistische Kandidaten durchgefallen waren. Die Bolschewiki hatten daraufhin zunächst eine Umstrukturierung der gesamten Akademie beschlossen, aber dann hatte sich die Sache nach Ansicht der OGPU zu einer »monarchistisch-konterrevolutionären Organisation« ausgewachsen, und es war zu der Verhaftungswelle gekommen.

Mit der Akademie-Affäre hat Böhme nichts zu tun, da können sie ihm nichts in die Schuhe schieben. Aber die OGPU denkt anders, das weiß Böhme sehr wohl. Stalins Geheimpolizei lebt in einer Welt des Misstrauens und der strikten Planerfüllung. Wenn die Realität sich ihren Plänen nicht fügt, wird sie mit viel Fantasie zurechtgebogen. Dieser Fantasie ist man hilflos ausgeliefert. Böhme hat keine Ahnung, was man ihm vorwerfen könnte. Man teilt es ihm auch nicht mit. Ihm wird lediglich ein Papier mit der Order Nr. 11164 vor die Nase gehalten. Es trägt das Datum 31. August 1930 und besagt, dass der Bevollmächtigte Iwanow aus der 4. Abteilung der Leningrader OGPU die Haussuchung und Festnahme des Bürgers Böhme, O. W., 3. Linie der Wassili-Insel, Haus 26, Wohnung Nr. 1, angeordnet hat. Die Geheimdienstler durchsuchen Böhmes Zimmer, packen einige seiner Bücher ein, sämtliche Dokumente und das Geld, dann versiegeln sie die Tür und verlassen nach gut einer Stunde mit Böhme das Haus. Die aus dem Dämmerschlaf gerissenen Mitbewohner gehen wieder zu Bett, nachdem ihnen der Schreck gehörig in die Glieder gefahren ist.

Böhme wird in die »Schpalerka« gebracht, ins Untersuchungsgefängnis der OGPU in der Schpalernaja 25, nicht weit von der Liteiny-Brücke über die Newa. Die Schpalerka ist das älteste Untersuchungsgefängnis in Russland überhaupt. Als es 1875 eröffnet wurde, galt es als überaus fortschrittliche Einrichtung mit seinen 317 Einzel- und 68 Gemeinschaftszellen, mit Lazarett und Bibliothek und 16 Besucherzimmern. Lenin hatte hier in den 1890er Jahren in Zelle 193 eingesessen. Früher war das Gefängnis mit dem benachbarten Amtsgericht verbunden, aber das ist bei der Befreiung der Gefangenen während der Revolution von 1917 abgebrannt. Inzwischen ist die Anstalt ziemlich heruntergekommen und seit Beginn der politischen Repressionen überfüllt.

Immerhin bekommt Böhme eine Einzelzelle. Die Tage vergehen quälend langsam. Was ihm vorgeworfen wird, erfährt er nicht, und allmählich beschleicht ihn das Gefühl, dass man ihn vergessen hat. Es ist die übliche Methode der OGPU, die Verhafteten weich zu kochen, sie mürbe zu machen und in Verzweiflung zu treiben. Erst am 12. September holt man ihn zum Verhör, das der Bevollmächtigte Subkow führt.

Was Böhme hört, ist dürftig. Er sei, sagt Subkow, im Zusammenhang mit der »Akte 3058« verhaftet worden, gemäß Artikel 58-4 und 58-11 des Strafgesetzbuches der RSFSR. Diese Einleitung macht wenig Hoffnung auf ein gutes Ende. Der »58er« ist der Artikel, mit dem »konterrevolutionäre Tätigkeit« geahndet wird. Alexander Solschenizyn wird später sagen, es habe »unter der Sonne wahrlich kein Vergehen, keine Absicht, keine Tat und keine Taktlosigkeit« gegeben, »die nicht vom gestrengen Arm des § 58 erreicht und gestraft werden konnte«.[195]

Der Paragraph ist die Mehrzweckwaffe der Stalin'schen Repressionsmaschine. Mit diesem Artikel werden in gut 30 Jahren knapp vier Millionen Menschen verurteilt. Paragraph 4 des Artikels bedeutet: »Hilfeleistung für die internationale Bourgeoisie, die die Ebenbürtigkeit des kommunistischen Systems nicht anerkennt, das Streben, dieses zu stürzen oder – unter dem Einfluss von gesellschaftlichen Gruppen stehend, die durch diese Bourgeoisie organisiert wurden – eine feindliche Tätigkeit gegen die UdSSR durchzuführen.«[196] Als Höchststrafe steht darauf Tod durch Erschießen. Wer glimpflicher davonkommt, wird zum Feind der Werktätigen erklärt, und das bedeutet: Einziehung des Eigentums, Verlust der Staatsbürgerschaft und Ausweisung aus der UdSSR; bei geringen Vergehen werden Freiheitsstrafen von mindestens drei Jahren verhängt bei Einziehung des gesamten Eigentums oder eines Teils davon. Nach Paragraph 11 dagegen wird jede beliebige organisatorische Tätigkeit bestraft, die auf die Vorbereitung oder Durchführung von konterrevolutionären Verbrechen gerichtet ist. Subkow beginnt mit den üblichen Fragen zur Person. Die Eintragungen im Protokoll sind nicht sehr exakt, so genau nimmt man es hier nicht.

> Angehörige? Eine Stieftochter, Jakowlewa, Sinaida Anatoljewna, 52 Jahre.
> Arbeitsstellen? Akademisches Theater von 1902 bis 1922 und Musikschule der 213. Arbeitsschule auf der Wassili-Insel.
> Militärdienst? Freiwillig gedient als Musiker im Grenzregiment von 1918 bis 1919.
> Beschäftigung? Leiter eines Blasorchesters, Musiker, Komponist.
> Besitz? Lediglich Gehalt und ein Konto in Deutschland.

Böhme antwortet kurz und knapp, und nach und nach erfährt er, was sich hinter Akte 3058 verbirgt. Sie betrifft nicht unmittelbar ihn, sondern einen gewissen Leopold Krich. Der stammt aus einer baltendeutschen Familie, ist in Petersburg geboren, Absolvent der Petrischule, hat Medizin studiert und dann als Assistenzarzt in einem Petersburger Hospital gearbeitet. Nach der Revolution war Krich an die Poliklinik des Leningrader Werkes »Rotes Dreieck« gegangen, Russlands älteste Fabrik für Gummistiefel, gegründet vom Deutschen Ferdinand Krauskopf. Krich verkehrte wie Böhme im Bildungs- und Kulturverein der Petrikirche und wurde in derselben Nacht verhaftet wie Böhme. Der Vorwurf: Verbreitung deutsch-chauvinistischer Ideen.

Stalins Geheimdienst kümmert sich nicht von ungefähr auch um die Deutschen. In der sowjetischen Führung ist man Anfang der 1930er Jahre tief enttäuscht von Deutschland, das sich immer mehr den Westmächten annähert. Das spiegelt sich jeden Tag in der Sowjetpresse wider, die nun mit Vorliebe prominente deutsche Politiker durch den Schmutz zieht. Andererseits werden führende deutsche Kommunisten mit demonstrativen Ehren in Russland empfangen, und an die Arbeiter in Deutschland wird bei jeder Gelegenheit appelliert, in den Fabriken kommunistische Zellen zu bilden, die Sozialdemokraten zu bekämpfen und die Reichswehr zu unterminieren. Auf sowjetischen Bühnen werden antideutsche Filme und Theaterstücke gezeigt, und dann werden auch noch zwei sowjetische Dampfer auf die Namen *Thälmann* und *Max Hölz* getauft und demonstrativ in deutsche Häfen schickt.

Die angeheizte Atmosphäre in den bilateralen Beziehungen ist einer der Hintergründe dafür, dass Stalins Geheimdienst nun nach deutschen Gegnern sucht. Er glaubt, um Krich eine konterrevolutionäre Organisation entdeckt zu haben. Die OGPU hat auch gleich noch andere deutsche Intellektuelle verhaftet, die sie mit der angeblichen Krich-Gruppe in Zusammenhang bringt. Zu dieser Gruppe gehört Böhme. Der muss sich nun zum Sachverhalt äußern und seine Aussage in Anwesenheit des Untersuchungsführers auch gleich schriftlich niederlegen. »Ich habe als Musiker mehrmals an Veranstaltungen des neuen deutschen Kulturvereins teilgenommen«, schreibt Böhme. »Außerdem habe ich an Musikveranstaltungen in der Petrikirche teilgenommen, die von Pastor Hansen organisiert wurden.«[197] Mehr passiert an diesem Tag nicht. Es geht alles quälend langsam in den Gefängnissen der OGPU.

Die Anklagen stehen fest, aber meist fehlen Beweise, mit denen man sie untermauern könnte. Aufgabe der Untersuchungsführer ist es, die Aussagen der Häftlinge den ihnen zur Last gelegten Vergehen anzupassen. Tage-, ja wochenlang geschieht nichts. Dafür trifft am 22. September bei der OGPU ein Brief von Böhmes Nachbarin Alissa Hübbenet ein. Sie schreibt:

> Ich bitte das Zimmer des Bürgers Böhme, Oskar, der in der Nacht vom 31. August zum 1. September verhaftet worden ist, zu entsiegeln, weil: 1. dort ein Fortotschka offen geblieben ist, durch das Kälte ins Nachbarzimmer kommt. Außerdem ist in jenem Zimmer der einzige Ofen, der den kalten Flur beheizt. Die Wohnung befindet sich in der 1. Etage, sie ist feucht und kalt, und alle Sachen der anderen Bewohner leiden darunter. 2. Die gesamte Wäsche und die warmen Sachen des Verhafteten sind im versiegelten Zimmer geblieben, so dass man ihm nichts davon bringen kann. 3. In der Wohnung und in dem Zimmer sind eine Menge Ratten, sie greifen die Möbel und die Gardinen an. Wenn möglich, bitte ich die Nummer 616-96 anzurufen, wenn Sie zur Entsiegelung kommen. Verantwortliche Mitbewohnerin der Wohnung 1, Haus 26, 3. Linie W. O., A. Hübbenet[198]

Es erfordert einigen Mut, einen solchen Brief an die OGPU zu schreiben. Zu schnell gerät man in den Verdacht, den vermeintlichen Volksfeind zu unterstützen, vielleicht sogar seine Mitstreiterin zu sein oder zumindest mit ihm zu sympathisieren. Alissa Hübbenet ist nicht die Frau, die sich dadurch abschrecken lässt. Sie nimmt aufrichtig Anteil am Schicksal ihres Nachbarn und Freundes Oskar Böhme. Die Anwürfe der politischen Polizei hält sie für absurd. Und tatsächlich hat die beherzte Frau Erfolg mit ihrem Brief. Böhmes Sachen werden ihr übergeben, und so kann sie die nötigsten Dinge für ihn im Gefängnis in der Schpalernaja abgeben.

Über einen Monat dauert es bis zum nächsten Verhör. Diesmal wird es vom OGPU-Praktikanten Ustinow aus der 6. Sektion der 1. Abteilung geführt. Draußen ist schon tiefer Herbst, der vorletzte Tag des Monats Oktober. Wieder geht es darum, ob Böhme nicht doch in Krichs Auftrag deutsche Propaganda in Leningrad betrieben hat. Jetzt wird allmählich auch deutlich, worum es dem Geheimdienst geht. Er ist auf Treffen alter Freunde aus der Burschenschaft »Jung-Newanija« gestoßen, die es früher an der Petersburger Universität gab. Es sind vor allem deutsche Ärzte und Wissenschaftler, die da aus alter Anhänglichkeit zusammenkommen, unter ihnen der Arzt am Karl-Marx-Krankenhaus Wilhelm von Mickwitz und der Neffe des letzten Leibchirurgen von Nikolai II., Wilhelm Schaack, Chirurgieprofessor am Medizinischen Institut. Alle sind inzwischen unter dem Vorwurf verhaftet worden, Spionage für Deutschland betrieben und den deutschen Einfluss in der sowjetischen Wissenschaft, Medizin und Ökonomie vergrößert zu haben. Böhme bestreitet vehement, Kontakt zu diesen Deutschen zu haben. Zum Schluss muss er seine Aussagen schriftlich zusammenfassen. In seiner gleichmäßigen, leicht nach links fallenden Schrift schreibt er. »Ich bekenne mich als nicht schuldig gemäß Artikel 58-4 und 58-11 des Strafgesetzbuches, ich war nie ein Chauvinist, und ich habe keine deutsch-chauvinistischen Ideen verbreitet.«

Böhme ist nicht gefoltert worden, das kann man diesen Zeilen entnehmen. Wer die Unterstellungen der Geheimpolizei nach zwei Monaten immer noch zurückzuweisen vermag, hat seinen freien Willen nicht eingebüßt. 1930 hält sich die OGPU mit dem Foltern noch zurück. Weiter schreibt Böhme: »An den Abenden des Bildungsvereins habe ich nur als Musiker teilgenommen. Von der Korporation ›Jung-Newanija‹ wusste ich nichts und gehörte ihr auch nicht an. Ich bin ein Anhänger der Sowjetmacht und habe freiwillig in der Roten Armee gedient (…). Persönlich kenne ich den Vorsitzenden des Bildungsvereins Wulffius, Alexander (…). Die anderen Leute kannte ich nicht persönlich. Mehr Bekannte habe ich nicht, ich habe mich auch bei keinem aufgehalten. Manchmal sind Schüler aus der Musikschule bei mir.« Dann erklärt er, nicht für eine fremde Macht spioniert und wenig Kontakte zu Ländern außerhalb der Sowjetunion unterhalten zu haben: »Mit dem Ausland habe ich Briefwechsel: mit meinem Bruder Böhme, Jewgeni Wilhelmowitsch, er wohnt in Rostock, Kistenmacherstraße 28, ist Konzertmeister. Ich bin Mitglied der Genossenschaft deutscher Komponisten in Berlin und unterhalte mit ihr Briefwechsel über meine Werke – das heißt, ich schicke meine Werke dorthin und erhalte vom Verlag Geld. Die Adresse der Genossenschaft: Berlin W – Wilhelmstraße 58. O. Böhme«

Als er mit der Niederschrift fertig ist, wird Oskar Böhme in seine Zelle zurückgeführt. Wieder sitzt er Tage und Wochen in der Zelle, während draußen das Leben weitergeht. Das Politbüro der Kommunistischen Partei beschließt in dieser Zeit, die Wodkaproduktion zu erhöhen, der russische Maler Ilja Repin stirbt in seinem Haus am Finnischen Meerbusen, in Moskau wird das steinerne Mausoleum für den vor fast sieben Jahren gestorbenen Lenin fertiggestellt, und vor dem Obersten Gericht beginnt der Prozess gegen die sogenannte Industriepartei – eine Gruppe von hoch qualifizierten Ingenieuren, die für Havarien und

Streiks in Bergbau und Industrie verantwortlich gemacht werden. Noch vor Jahresende werden die meisten dieser Angeklagten zum Tode verurteilt, die Urteile dann aber in zehnjährige Lagerhaft umgewandelt. Der Schriftsteller Maxim Gorki, der inzwischen aus dem Exil zurückgekehrt und nun zu Stalins Vorzeigedichter geworden ist, schreibt im November im KP-Zentralorgan *Prawda*: »Wenn sich der Feind nicht ergibt, wird er vernichtet.«[199]

Offenbar ist das auch das Motto des OGPU-Bevollmächtigten, der die Angelegenheit Böhme untersucht. Ohne dessen Aussagen auch nur zur Kenntnis zu nehmen, befindet er ihn für schuldig und schreibt: »Das Material belastet ihn ausreichend, dass er als offensichtlicher Nationalist chauvinistisch-deutsche Ideen als Gegengewicht zum sowjetischen Einfluß unter den Deutschen verbreitet hat (…). Im Interesse der Untersuchung ist es unabdingbar, ihn von der Gesellschaft zu isolieren.«[200]

Aber dann passiert das Überraschende: Zu Beginn des neuen Jahres, am 15. Januar 1931, wird Oskar Böhme erneut zum Verhör geholt. Er schreibt unter das Protokoll: »Ich bestätige in vollem Umfang alle meine früheren Angaben. Ich kenne keinerlei Konterrevolutionäre und antisowjetische Organisationen. O. Böhme«.[201] Und plötzlich sieht die OGPU keinen Grund mehr, den fast schon Überführten festzuhalten. Am 18. Januar 1931 muss Böhme eine Verpflichtung unterschreiben, »nach der Freilassung Leningrad nicht zu verlassen und auf die erste Aufforderung hin«[202] wieder bei der OGPU zu erscheinen. Er darf in seine Wohnung zurückkehren. Seine Beobachtung in Freiheit beeinträchtige nicht den Fortgang der Untersuchung, heißt es zur Begründung dieses Schritts.

Aufbruch und Gewalt

Leningrad erlebt jetzt eine Zeit, in der verblüffend widersprüchliche Dinge passieren. Trotz der politischen Verstimmungen landet 1931 das deutsche Luftschiff LZ-127 *Graf Zeppelin* in der Stadt. Der *Graf Zeppelin* hat bereits eine Reihe spektakulärer Fahrten vorzuweisen: die Orientfahrt und die erste Weltumrundung 1929, die Landung in Moskau im September 1930, und nun steht eine Polarfahrt bevor, an der – ungeachtet aller Dissonanzen zwischen Deutschland und der Sowjetunion – Wissenschaftler aus beiden Ländern teilnehmen werden. Der *Graf Zeppelin*, aus Berlin kommend, macht in Leningrad Station und nimmt die russischen Forscher an Bord. Dann steuert er Franz-Joseph-Land, die Polarinseln Sewernaja Semlja und Nowaja Semlja sowie die Taimyrhalbinsel an. Nach einer Tour von knapp 10 000 Kilometern landet das Schiff am 30. Januar wieder in Leningrad. Das deutsch-sowjetische Gemeinschaftsunternehmen erregt viel Aufsehen, da scheint es besonders absurd, dass der sowjetische Geheimdienst fast zur gleichen Zeit Deutsche wie Oskar Böhme in Haft hält und ihnen »chauvinistisch-deutsche Ideen« zur Last legt.

Die Stadt Leningrad blüht auf. Vergessen sind die dunklen Jahre, der Hunger und der allgegenwärtige Tod. Wer durch die Straßen geht, merkt nichts von dem, was sich hinter den Mauern der Gefängnisse abspielt. Leningrad gilt jetzt als »erste Stadt der proletarischen Diktatur«.[203] Parteiführung und Regierung rufen 1931 in einem Appell dazu auf, sie »in ein Musterzentrum der städtischen Wirtschaft zu verwandeln, in eine echte sozialistische Stadt«.[204] Überall wird gebaut, neue Fabriken entstehen, aus allen Landesteilen und aus dem Ausland strömen Arbeiter herbei. Bereits im März 1930 wurde die »Pjatidnewka« eingeführt, die ununterbrochene Arbeitswoche: An vier Tagen wird gearbeitet, der fünfte Tag ist frei. Das Wochenende dient nicht mehr der Erholung, sondern dem Aufbau des Kommunismus. Das Metallwerk produziert die ersten hydraulischen Turbinen mit 50 000 Kilowatt, in der Nordwerft wird der erste sowjetische Fischtrawler vom Stapel gelassen und kurz darauf das erste größere Schiff. Es trägt den Namen des ungarischen Kommunisten Béla Kun. Im Kominternwerk beginnt die Montage der ersten sowjetischen Fernsehgeräte und auf dem Gelände des früheren Alexandrowski-Markts der Bau von Europas größtem Konfektionswerk. Leningrad zählt jetzt 2,7 Millionen Einwohner, nach der Bevölkerungszahl steht es damit auf Platz 7 in der Welt. Dort, wo der Prospekt des 25. Oktober den Liteiny-Prospekt kreuzt, regelt eine Ampel den Verkehr, und zwischen Leningrad und Moskau pendelt der »Rote Pfeil«, ein Zug, der für die Strecke nur noch knapp zehn Stunden braucht. Fast jeden Tag vermelden die Zeitungen Spitzenleistungen. Die Kommunisten lieben Superlative. Leningrad ist wie im Fieber. Es gilt, der Welt zu zeigen, dass das Sowjetregime nicht nur überlebt hat, sondern es sogar schaffen kann, den Kapitalismus zu überholen.

Nach der Absetzung Grigori Sinowjews übernimmt Sergei Kirow die Parteiführung in der Stadt und im Leningrader Gouvernement, auf dem Foto steht er rechts neben Josef Stalin. Der Parteichef ist 1926 eigens nach Leningrad gekommen, um die örtliche Führung über das weitere Vorgehen gegen die innerparteiliche Opposition zu instruieren. Leo Trotzki, der erste Chef des Petrograder Rates, sein Nachfolger Sinowjew und auch führende Leningrader Militärs haben Stalins Vertrauen verloren.

Unter der neuen Führung im Smolny wird Leningrad zur »ersten Stadt der proletarischen Diktatur« umgebaut. Immerhin bleibt die historische Altstadt weitgehend erhalten. Die Luftaufnahme zeigt Newa, Liteiny-Brücke und Gebäude an der Fontanka.

Am 1. Mai 1931 ist Leningrad die erste Stadt im Land, in der es nach offiziellen Angaben nun keinen Analphabetismus mehr gibt. Hinter dem Witebsker Bahnhof wird im Haus Nr. 15 an der Uliza Rusowskaja der erste Gasanschluss verlegt, es öffnet die erste Station zur Blutübertragung und in der Maratstraße die erste medizinische Ausnüchterungsanstalt.

Der Erste zu sein in einer neuen Welt, das gefällt vielen Russen. Begeistert verschreiben sie sich dem Aufbau des neuen Staates, sehen, wie Stalin das Land geradezu explosionsartig industrialisiert, und glauben an die große Zukunft, die ihnen versprochen wird, an eine gerechte und freie Gesellschaft und daran, dass das Alte dafür erbarmungslos vernichtet werden muss. Nur gehen intellektueller Aufbruch und Modernisierung Hand in Hand mit Gewalt, Terror und Denunziation. Und so wird jetzt am Liteiny-Prospekt, wo während der Revolution das Amtsgericht abgebrannt war, cine neue OGPU-Zentrale gebaut, ein monumentaler Komplex mit Kantine, Sportsaal und Bibliothek, angemessen für eine Behörde, die inzwischen zur mächtigsten in der Stadt geworden ist. Hier beginnt Jahrzehnte später Wladimir Putins Karriere als Geheimdienstler.

Was man der bourgeoisen Geschichte zurechnet, muss weichen. Als Erstes nehmen sich die Sprengkommandos die Christ-Erlöser-Kirche an der Admiralitätswerft vor. Die Kasaner Kirche im Stadtzentrum wird zwar nicht abgerissen, aber umgewidmet. In dem ehemaligen Kirchenbau wird 1931 ein Museum der Religionsgeschichte und des Atheismus eröffnet. Der mächtigste Mann in der Stadt ist jetzt Sergei Kirow, seit 1904 Mitglied in Lenins Partei. Vor der Revolution hielt er sich vorwiegend im Nordkaukasus auf. Es heißt, er habe zeitweise den Menschewiki zugeneigt und für eine Zeitung der Kadettenpartei geschrieben. Nichtsdestotrotz steigt er nach der Revolution ins Zentralkomitee der Kommunistischen Partei auf und wird deren Statthalter in Aserbaidschan. Als Sinowjew 1926 in Ungnade fällt, schickt die Partei Kirow als neuen Stadt- und Gebietschef nach Leningrad.

Kirow kommt nicht aus der Stadt und muss sich erst einmal mit ihr vertraut machen. Er besucht die wichtigsten Betriebe und hält im ersten Jahr seiner Amtszeit 180 öffentliche Reden. So engstirnig wie Sinowjew ist Kirow nicht. Er ist so etwas wie der weiße Rabe in der Parteiführung – ein Feingeist, der im Kaukasus Theater gespielt hat und eine große, für ein Mitglied der Arbeiterpartei eher ungewöhnliche Privatbibliothek besitzt. Im Politbüro gilt er als Randfigur, und im Gegensatz zu Sinowjew fährt er auch nur selten in die Hauptstadt Moskau. Manche glauben, dass Kirow die immer stärkeren Repressionen Stalins für nicht gerechtfertigt hält, aber dafür gibt es im Grunde keine Anhaltspunkte. Kirow gehört von 1933 an zur sogenannten Troika des Leningrader Gebiets. Zusammen mit dem OGPU-Chef, Filip Medwed, und dem Vorsitzenden des Exekutivkomitees des Leningrader Stadtrats, Iwan Kodazki, bildet er jenes Tribunal, das außergerichtlich über das Schicksal von »Konterrevolutionären« entscheidet und dabei sogar die Höchststrafe verhängen kann: Tod durch Erschießen.

Dorfarmut

Lange scheint es, als würden die Dörfer rund um Leningrad vom revolutionären Furor in der Stadt verschont. Peter Amann, dem Kolonisten, geht es seit der Rückkehr nach Graschdanka nicht schlecht. Seine Frau hat ihm drei Kinder geschenkt: 1923 Margarita, im Jahr darauf Albert und 1927 Wladimir. Dem dritten Kind haben Peter und Emilia einen russischen Namen gegeben, sie halten das inzwischen für besser. Das Dorf assimiliert sich zunehmend, deutsche gehen mit russischen Kindern in dieselbe Schule, Russisch ist zur Umgangssprache geworden.

Im August 1927 begeht Graschdanka seinen 100. Geburtstag. Alles ist festlich geschmückt, den Ortseingang und die Ausfahrt Richtung Norden überspannen Bögen mit der Aufschrift »1827–1927«. Trotz der zunehmenden Russifizierung hat das Dorf über all diese Zeit sein deutsches Kolorit bewahrt, und so ist es für Professor Wiktor Schirmunski, Lehrstuhlleiter für deutsche Philologie an der Leningrader Universität, ein willkommenes ethnographisches Anschauungsobjekt. Regelmäßig schickt er Studenten nach Graschdanka, damit sie Mundart und Folklore der Deutschen kennenlernen. Andere Studenten wohnen sogar in dem Dorf, denn dort wurde bereits in der Zarenzeit auf Anregung von Finanzminister Sergei Witte ein Polytechnisches Institut erbaut. Die große neoklassizistische Anlage genügte damals höchsten Ansprüchen, die Fakultäten waren bestens ausgestattet, es gab ein Professorenhaus, ein Ambulatorium und eine eigene Apotheke, dazu ein Krankenhaus und eine Gasanstalt, und das Kesselhaus war von Anfang an so modern und zuverlässig, dass die Provisorische Regierung 1917 dort sogar die Überreste des Wunderheilers Rasputin verbrennen ließ. Seit der Revolution werden in Graschdanka Ingenieure ausgebildet.

Der Ort ist nicht mehr so recht Dorf, aber auch noch nicht Stadt. Leningrad ist von Süden her inzwischen bis an die ersten Häuser von Graschdanka herangerückt, und die Hauptstraße ist zur wichtigsten Verkehrsstraße Richtung Wyborg geworden. Ortsansässige Familien wie die Titows, die Solnzews und die Bolschakows betreiben Teestuben für die Durchreisenden, und der Schmied Jug hat alle Hände voll zu tun mit dem Beschlagen der Pferde.

Auch als Datschensiedlung wird das Dorf von den Leningradern geschätzt, die sich am Wochenende gern in den Häusern der Deutschen einquartieren. Die leben längst nicht mehr nur unter sich, da sich inzwischen auch Vertreter anderer Nationen im Dorf niedergelassen haben, Esten zum Beispiel, deren Erdbeeren begehrt sind, ferner Finnen und sogar Chinesen. Die Chinesen bauen Zwiebeln und Mohrrüben an, während die Deutschen Kartoffeln, Milch und Gemüse in die Großstadt liefern.

Das Haus der Amanns kennt jeder im Dorf, weil es direkt neben dem zentralen Brunnen steht, dessen Wasser so klar ist, dass alle nur dieses zum Teekochen verwenden, obwohl es längst eine zentrale Wasserleitung gibt. Peter Amann hat davon profitiert, dass seine Familie im Gegensatz zu den reichen Erhardts gegenüber oder den Vogelsangs am Dorfeingang immer zur Dorfarmut gehörte, denn so durfte er nach seiner Rückkehr aus Saratow im Nachbardorf Rutschi Vorsitzender des Komitees der Dorfarmut werden und dann Sekretär des Dorfrates.

Die erste Bodenreform hat das Dorf recht gut verkraftet, aber dann beginnt Anfang 1930 – eigentlich schon im Jahr zuvor, nur hat das Politbüro der Partei erst jetzt den offiziellen Beschluss dazu gefasst – mit der Liquidierung der sogenannten Kulakenwirtschaften ein regelrechter Bürgerkrieg auf dem Land. Die Vernichtung der Großbauern wird in den nächsten drei Jahren zur wichtigsten Aufgabe von OGPU, Miliz und Armee. In Moskau arbeitet unter Vorsitz von Wjatscheslaw Molotow eine »Kommission zur Entkulakisierung«. Sie geht davon aus, dass man 60 000 der größeren bäuerlichen Wirtschaften auflösen und mindestens 150 000 Kulakenfamilien in die Verbannung schicken muss.

Aber es kommt viel schlimmer: Mehrere Millionen Menschen werden dem Untergang preisgegeben und unzählige erschossen. Schon 1930 trifft es 361 027 Bauernfamilien. Politisch gesehen ist es logisch, was die Bolschewiki machen, auch wenn sie 1917 mit einem ganz anderen Versprechen angetreten sind. Denn wer die Industrieproduktion auf Jahre hinaus planen will, muss auch das Dorf seiner Kontrolle unterwerfen. Erst die Zwangskollektivierung befreit die Partei von der Gefahr, dass sich die kapitalistisch produzierenden Bauern noch einmal gegen Moskau erheben.

Im deutschen Teil des Dorfes Graschdanka – es gibt auch einen russischen – werden nicht allzu viele Familien von der Entkulakisierung erfasst, doch die Erhardts trifft es hart: Jegor Erhardt und sein Bruder Alexander haben Lohnarbeiter auf ihren Höfen beschäftigt, das allein reicht für die Verbannung. Im Großen und Ganzen vollzieht sich die sozialistische Kollektivierung hier aber wesentlich reibungsloser als in anderen Teilen des Landes. Die reicheren Bauern – man ist bereits reich und damit ein Kulak, wenn man zwei Kühe im Stall stehen hat – leisten bei der Enteignung keinen Widerstand, sondern fügen sich in das Unabwendbare. Für das Jahr 1929 registriert die OGPU im Leningrader Gebiet lediglich 44 »antisowjetische Vorfälle« in den Dörfern, darunter zwei Morde.

In Graschdanka wird ein »Promselchosartel« gegründet, ein Vorläufer der späteren Maschinen- und Traktoren-Stationen MTS. Die Genossenschaft kümmert sich um die Beschaffung von Landmaschinen und anderem Gerät für die gesamte Gemeinschaft. Man gibt ihr wenig später den Namen »Wyborgski transportnik« – Wyborger Transportarbeiter – und ernennt Peter Amann zum Vorsitzenden. Aber das bleibt er nicht lange, denn er ist nicht in der Kommunistischen Partei, und Parteilosen vertraut man leitende Positionen bald nicht mehr an. 1933 wird Amann durch ein KP-Mitglied abgelöst und befasst sich im Artel fortan nur noch mit dem Ackerbau. Aber das befriedigt ihn nicht, und so gibt er die Landwirtschaft auf und wechselt ins Polytechnische Institut. Dort überträgt man ihm die Verantwortung für den Fuhrpark der Maschinenbaufakultät. Er kann also im idyllischen Graschdanka bleiben, und es scheint noch immer, als würde alles gut.

Oskar Böhme hat nach seiner Entlassung aus dem Gefängnis eine neue Arbeit ganz nach seinem Geschmack gefunden: Er spielt wieder in einem Orchester, und zwar in Leningrads Großem Schauspielhaus, dem Staatlichen Dramatischen Theater an der Fontanka. Das ist ein großes Glück, zum einen weil er gerade aus dem Gefängnis entlassen worden ist und ein Gefängnisaufenthalt immer einen schwarzen Fleck in der Kaderakte hinterlässt, auch wenn der Vorwurf der konterrevolutionären Tätigkeit sich nicht bestätigt hat; zum anderen weil die Intendanz des Dramatischen Theaters sich gerade jetzt zu einem eigenen Orchester entschlossen und Musikdirektor Juri Schaporin der Leitung des Hauses einen entsprechenden Stellenplan zur Prüfung vorgelegt hat. Es soll eine eher bescheidene Truppe werden, das Schauspielhaus ist kein Operntheater wie das ehemalige Marientheater. Schaporin sieht eine erste und eine zweite Geige vor, Altgeige, Cello und Bassgeige, Flöte und zwei Klarinetten, Fagott, zwei Waldhörner sowie Trompete und Posaune, dazu Schlagzeug, Klavier und Harmonium. Schon in der nächsten Saison soll dieses kleine Orchester die Aufführungen begleiten und Oskar Böhme dabei die Trompete spielen.

Das Dramatische Theater war lange Zeit eine Nebenbühne des Kaiserlichen Alexandratheaters, dann wurde es unter dem Namen »Kleines Theater« zur besten Privatbühne der Stadt. Das Gebäude am Fontanka-Ufer Nr. 65 hatte der Mäzen Graf Anton Apraxin 1876 im Stil des Bourbonenkönigs Ludwig XVI. errichten und mit einer Fassade versehen lassen, in der sich Barock und Rokoko mischen. Nach der Revolution entschieden Maxim Gorki und Petrograds Theaterkommissarin Maria Andrejewa, hier das erste Theater der neuen roten Macht zu begründen, eine Heimstatt für Tragödien, romantische Dramen und anspruchsvolle Komödien. Alles, was damals in der Petrograder Künstlerwelt Rang und Namen hatte, versammelte sich an dieser Bühne. Gorki wurde ihr wichtigster Ideologe, Alexander Blok Chef des Künstlerischen Rates. Ein Revolutionstheater wollten sie schaffen, das mit revolutionärem Pathos die neue sowjetische Welt widerspiegelte, die großen sozialen Leidenschaften, ein Theater der großen Tränen und des großen Gelächters, wie Blok es formulierte. Premiere feierte man im Februar 1919 mit Schillers *Don Carlos*, damals noch im Saal des

Das Dramatische Theater an der Fontanka, das bald in Gorki-Theater umbenannt wird, im Schmuck der neuen Zeit, mit dem die sowjetischen Städte an den beiden Feiertagen im Mai herausgeputzt werden, die anfangs der Internationale gewidmet sind, später der internationalen Solidarität der Werktätigen. Das Theater soll die Gegenwart widerspiegeln, seine Stücke widmen sich dem sozialistischen Aufbau und dem Klassenkampf auf dem Dorf. Es wird ideologisch strengstens kontrolliert. In diesem Haus als Direktor oder Regisseur zu arbeiten gleicht einem Himmelfahrtskommando.

Der Trompeter Oskar Böhme (letzte Reihe 3. v. r.) spielt einige Jahre im Orchester des Dramatischen Theaters.

Konservatoriums. 1920 zog die Truppe dann ans Fontanka-Ufer. Anfangs werden internationale Klassiker geboten, Shakespeare, Schiller, Victor Hugo. Aber je mehr sich die sowjetische Schauspielkunst entwickelt, desto mehr wendet man sich Gegenwartsautoren zu und deren abstrakten, verallgemeinernden und monumentalen Stücken.

Als Böhme ans Theater kommt, ist Konstantin Twerskoi Chefregisseur, ein Schüler des berühmten Wsewolod Meyerhold, des Verfechters einer radikal antirealistischen Bühnenkunst. Twerskoi inszeniert Stücke von Maxim Gorki, dessen Namen das Theater von 1932 an trägt, *Jegor Bulytschow und andere* oder *Dostigajew und andere*, Stücke über die heraufziehende Revolution in den letzten Jahren des Russischen Reiches. »In Fortsetzung seiner grundlegenden Linie auf die sowjetische Dramaturgie bestimmt das Theater folgende Themen«, heißt es 1930 in einem Strategiepapier: »1. Sozialistischer Aufbau (Premiere ›Utopie‹ und ›Die Feuerlinie‹) 2. Klassenkampf auf dem Dorf (Premiere ›Das Brot‹) 3. Entwicklung der Intelligenz (›Der Selbstmörder‹) 4. Aufbau eines neuen Alltags (Premiere ›Pippi Surinamskije‹).«[205] Auch Walentin Katajews *Avangarde*, Juri Oleschas *Die drei Dickwänste* und Michail Sagorskis *Im Westen nichts Neues* haben in diesen Monaten Premiere.

In fast allen Stücken ist Musik vorgesehen, Oskar Böhme hat also reichlich zu tun. Das Orchester wächst schnell, bald zählt es 40 Köpfe, Böhme sitzt wie gewohnt mit Trompete oder Cornet rechts hinten in der letzten Reihe. Man spielt in Anzug, Hemd und Krawatte, der Frack hat ausgedient, er gilt jetzt als bürgerliches Kleidungsstück. Böhme ist älter geworden, er blickt meist sehr ernst, als sei er mit seinen Gedanken ganz woanders, auch Fotos zeigen ihn so. Er fragt sich inzwischen, ob er mit diesem Theater nicht vom Regen in die Traufe gekommen ist. Gorkis Schauspielhaus ist durch die Revolution entstanden, und ebendas macht es jetzt politisch anfällig, anfälliger als andere Bühnen der Stadt. Es ist ein rein ideologisches Theater und steht unter ständiger Beobachtung der Parteiführung. Der Spielplan wird streng überwacht und die Personalliste ebenso. Die großen russischen Klassiker Tschechow und Dostojewski sind als bürgerliche Autoren verpönt und werden nicht mehr aufgeführt. Selbst Friedrich Wolfs Antikriegsstück *Die Matrosen von Cattaro*, das Twerskois Nachfolger Alexei Diki inszeniert, fällt durch. Denn der Matrosenaufstand vor Montenegro endet mit einer Niederlage, und das darf nicht sein. Das Stück *Der Selbstmörder* von Nikolai

Erdman, dessen Aufführung für 1931 vorgesehen ist, kommt gar nicht erst auf die Bühne. Es handelt von einem Arbeitslosen, der mit seiner Familie in einer Kommunalwohnung lebt und sich so nutzlos fühlt, dass er sich das Leben nehmen will. Er schafft es aber nicht, sich umzubringen. Obwohl der schier unantastbare Maxim Gorki, der ehemalige Bildungskommissar Anatoli Lunatscharski und der große Theaterregisseur Konstantin Stanislawski Erdmans Werk loben, wird es von einer Parteikommission verboten, weil man es ganz oben für reaktionär hält. Stalin selbst hat sein Veto eingelegt und geurteilt, »hohl und schädlich«[206] sei Erdmans Stück. Diese drei Worte versetzen dem Werk den Todesstoß.

Aber auch jene, die sich rückhaltlos hinter die neue Macht stellen und flache, apologetische Stücke abliefern, werden dafür nicht immer belohnt. Der Dramatiker Nikolai Kirschon, der mit seinen Werken den sozialistischen Aufbau bejubelt und Stalin als neuen Führer und unerschütterlichen Bolschewiken preist, darf sich zwar über die Aufführung seines Stückes *Das Brot* freuen, das sich dem Sozialismus auf dem Dorf widmet, aber dann wird er wie andere besonders orthodoxe Kommunisten des Trotzkismus in der Literatur bezichtigt und verhaftet. Ebenso ergeht es dem Chefregisseur Diki und seinem Vorgänger Twerskoi. Kirschon und Twerskoi werden erschossen, und das Revolutionstheater am Fontanka-Ufer wird sieben Jahre lang ohne Leitung sein.

Prozess am Berliner Landgericht

Richard Poehl steht in diesen Wochen und Monaten oft am Fenster seiner Wohnung in der Pesotschnaja Nabereschnaja und schaut den Straßenbahnen nach, die von der Peter-und-Paul-Festung den lang gezogenen Prospekt heraufkommen, der seit 1918 »Straße der Morgenröte« heißt, bevor sie die Kleine Newa kreuzen, zur Steininsel hinüberfahren, die sich nun »Insel der Werktätigen« nennt, dann wieder die Große Newa passieren und ihren Weg weiter hinauf in die nördlichen Vorstädte nehmen. Poehl geht es längst nicht so gut wie Oskar Böhme, und das ist noch freundlich formuliert. Eigentlich geht es ihm, verglichen mit früher, richtig dreckig. Er hat nichts zu tun und viel Zeit, über die Zukunft nachzudenken, die sich in dichtem Nebel verbirgt. Gesundheitlich steht es mit ihm nicht zum Besten, das Herz macht nicht mehr richtig mit, und er verfügt über keinerlei festes Einkommen. Würde Eugenie, seine Frau, nicht als Büroangestellte in einem Leningrader Staatsbetrieb arbeiten und monatlich 150 Rubel nach Hause bringen, wüsste er nicht, wovon sie leben sollen. Und sie haben die Tochter Marie, die noch zur Schule geht. Ehemalige Mitarbeiter bringen regelmäßig frische Tierorgane vorbei, denn er stellt zu Hause weiterhin Medikamente her. Aber das geschieht im Geheimen, weil er solche Tätigkeiten eigentlich gar nicht ausüben darf.

Die politische Führung, die die Errichtung der Diktatur des Proletariats anstrebt, denkt sich andauernd neue Regeln aus, ständig wird die Kontrolle verfeinert. Im Januar 1930 hat das Exekutivkomitee des Rates der Volkskommissare der RSFSR einen geheimen Beschlussentwurf vorgelegt. Darin werden die Stadtsowjets instruiert, bis zum 1. Oktober 1930 Personen der nichtarbeitenden Kategorie, die in nationalisierten Häusern wohnen, vor die Tür zu setzen, ihre Mietverträge also nicht mehr zu verlängern. Das soll vor allem Grundbesitzer treffen, Angehörige religiöser Sekten, Handwerksmeister, Hausbesitzer und »Personen, die bis zur Oktoberrevolution Betriebe besaßen, falls diese Personen nach der Revolution keine gesellschaftlich nützliche Arbeit leisteten«.[207] Für deren Familienmitglieder soll das gleichfalls gelten. Der Entwurf der Volkskommissare vom Januar 1930 wird dann zwar nicht umgesetzt, aber weitere Maßnahmen gegen die früheren Bourgeois sind nur eine Frage der Zeit. Poehls Haus an der Pesotschnaja Nabereschnaja ist eigenartigerweise noch nicht requiriert worden. Aber da man täglich damit rechnen muss, fühlt Poehl sich ohnmächtig wie noch nie in seinem Leben. Es ist, als kreuze er auf einem Schiff, dessen Ruder ausgefallen ist und das nun hilflos durch den Sturm treibt. Es lässt sich nicht abschätzen, wann der sich wieder legt. Vielleicht wird er ihn, Richard Poehl, an Land werfen, vielleicht wird er auch ertrinken.

Nicht nur die Politik der Sowjets beunruhigt Richard Poehl, auch das Verhalten seines Bruders Alfred. Denn der ist dabei, Kapital aus der Firma abzuzweigen. Soweit Richard weiß, hat Alfred bereits 1924 das Recht, Spermin und andere Organpräparate zu produzieren, an einen englischen Interessenten abgetreten und dafür 25 000 Dollar kassiert, umgerechnet etwa 500 000 Reichsmark. Auch die von Vorkriegsschuldnern der Firma eingehenden Beträge soll Alfred nicht etwa in Deutschland, sondern über seinen holländischen Schwager in Amsterdam angelegt haben. Und er hat Kapital aus dem Poehl'schen Unternehmen in ein Werk in Wernigerode gesteckt, in dessen Geschäftsführung er 1931 eingetreten ist: die Johannes Bürger Ysatfabrik GmbH. Die Firma stellt Präparate aus Frischpflanzen her. Schon im Jahr darauf soll er als Geschäftsführer aber wieder abgelöst worden sein. Von all diesen Einkünften aus der alten Firma haben Alfreds Brüder nichts gesehen. Richard Poehl hat Alfred zur Rede gestellt, aber der hat alles abgestritten und den Kontakt zu den Brüdern abgebrochen. Also hat Richard sich in Berlin einen Anwalt genommen und 1931 am Landgericht III einen Prozess gegen seinen Bruder angestrengt. Alexander Poehl unterstützt ihn, moralisch jedenfalls, denn im Oktober 1931 lässt er von seinem Anwalt einen Brief an den inzwischen in die Niebuhrstraße in Berlin-Charlottenburg umgezogenen Bruder Alfred aufsetzen. Darin wird Alfred mitgeteilt, dass Alexander Poehl als Gesellschafter der Firma »Prof. Dr. von Poehl & Söhne GmbH«, Petersburg, auf Einhaltung der Verträge von 1908 und 1925 besteht. Er trage sich mit dem Gedanken, sich der Klage von Bruder Richard anzuschließen.

Daraufhin beginnt ein sich über Jahre hinziehender Rechtsstreit mit Alfred. Es kommt zu mehreren Prozessen, die das Klima innerhalb der Familie vergiften. Richard und Alexander, der in Berlin-Wilmersdorf wohnt, dringen darauf, dass Alfred den 1925 zwischen den Brüdern abgeschlossenen Vertrag erfüllt, Abrechnungen über seine Geschäfte vorlegt und die vereinbarten Gewinnbeteiligungen an die Brüder auszahlt. 1933 stellen sie Alfred Poehl, der inzwischen von Charlottenburg nach Zehlendorf umgezogen ist, ein Ultimatum: Bis zum 13. November des Jahres soll er die geforderten Leistungen erbringen. Die Liste ihrer Vorwürfe ist lang, vertragswidrige Konkurrenz mit den Artikeln der Petersburger Firma im Ausland ist noch der geringste. Da Alfred Poehl in der zur Verwertung der Poehl'schen Erfindungen gegründeten Gesellschaft nicht die Majorität besitzt, klagen die anderen auf Unterlassung und Schadensersatz. Gutachten und Stellungnahmen wechseln hin und her, selbst der nun in Reval lebende frühere Hauptbuchhalter Thomson wird eingeschaltet.

Alfred Poehl wehrt sich und wirft den Brüdern vor, ihn bei der Pacht der Firma in den 1920er Jahren ausgebootet zu haben. Pächter Woldemar Stoll, der inzwischen ebenfalls nach Berlin ausgereist ist, legt daraufhin Schriftstücke vor, aus denen die besonderen Umstände unter der Neuen Ökonomischen Politik hervorgehen, die das sowjetische Regime nach dem Bürgerkrieg verfolgte. »Die Pacht war ein rein persönliches Risiko der einzelnen Pächter, wobei diese mit ihrer Person der Sowjetregierung gegenüber hafteten. Daher war eine Beteiligung von Personen, die in Deutschland lebten, an der Pacht gesetzlich unzulässig. Alle Personen, welche Russland verlassen hatten, hatten damit auch jeden Anspruch auf ihren früheren Besitz aufgegeben und konnten den Pächtern gegenüber keinerlei Ansprüche mehr geltend machen.«[208]

Es ist ein Rechtsstreit, von dem man von vornherein weiß, dass er zu nichts führen wird. Ein deutsches Gericht kann nur nach deutschem Recht urteilen und weder nach russischen Gesetzen aus der Zarenzeit noch nach sowjetischen aus den Jahren nach der Revolution. Was Richard und Alexander von den Richtern in Berlin verlangen, ist nicht mehr und nicht weniger, als einen rechtlich bindenden Kommentar zu jener historischen Entwicklung zu verfassen, die Russland in den letzten anderthalb Jahrzehnten durchlaufen hat. Damit sind die Richter überfordert. Im Oktober 1934 spricht die 6. Kammer für Handelssachen des Berliner Landgerichts Recht »im Namen des deutschen Volkes«: Richard Poehls Klage wird abgewiesen, soweit sie auf Rechnungslegung und Leistung des Offenbarungseides gerichtet ist.

Das Gericht befindet, dass die Gesellschafter Alfred Poehl beauftragt hatten, die Auslandswerte der Firma zu verwalten und einzuziehen, dass es keinen Streit darüber gegeben habe, dass Alfred diesen Auftrag auch ausgeführt habe. Weiter erkennt es an, dass ihm alle der Firma im Ausland gehörenden Rechte übertragen und die Firma, die Patente und die Warenzeichen für eine neu zu gründende Gesellschaft überlassen worden sind. Diese Gesellschaft sei von Alfred Poehl tatsächlich gegründet worden, später aber zusammengebrochen. Alfred Poehl behaupte, so stellt das Gericht weiter fest, dass er zur Rechnungslegung nicht imstande sei, denn er habe sich seit seiner Rückkehr nach Deutschland kaum auf aussagefähige Rechnungsbücher stützen können. Er habe insgesamt 91 061,34 Reichsmark Außenstände in London und Kopenhagen eingetrieben, denen eigene Ausgaben von 74 304,48 Reichsmark gegenüberstünden. Der verbleibende Rest von 17 000 Reichsmark entfalle auf seinen Anteil. Alfred Poehl habe ferner darauf hingewiesen, dass Richard Poehl sich von 1921 an in Petrograd an einem Konsortium beteiligt und diesem auch die ihm anvertrauten Halbfabrikate verkauft habe. Aus deren Erlös von mindestens 55 000 Reichsmark stünden ihm noch 11 000 Reichsmark zu. Tatsächlich habe ihm Richard Poehl aber nur 600 Dollar zukommen lassen, also etwa 2400 Reichsmark.

So geht es in der Urteilsbegründung weiter. Selbst die Versorgung der alten Mutter wird als Ausgabeposten angeführt. Richard Poehl teilt dem Gericht mit, für Erhaltung und ärztliche Versorgung der gemeinsamen Mutter habe er 23 119,30 Reichsmark aufgewendet, während sein Bruder Alfred Poehl dazu nichts beigetragen habe. Das Gericht kommt schließlich zu dem Schluss, dass Alfred Poehl nicht eigenmächtig gehandelt habe, sondern von den Brüdern de facto als Generaldirektor im Ausland eingesetzt worden sei. Alle hätten die alte Poehl-Gesellschaft trotz Nationalisierung »im Interesse eines künftigen Wiederaufbaues des russischen Unternehmens nach Beendigung der Bolschewiken-Herrschaft«[209] als weiterbestehend betrachtet. Alfred Poehl, so die Auffassung des Gerichts, habe es in dieser Funktion nicht an Sorgfalt mangeln lassen. Daher gehe der Vorwurf seines Bruders Richard ins Leere. »Heil Hitler«, grüßt der Anwalt, der dieses Urteil übermittelt.

Damit ist der Streit keineswegs beigelegt. Richard legt umgehend Beschwerde ein. Und nun wird es, wie so oft, wenn Parteien ihre Auseinandersetzungen nicht beenden können, immer persönlicher. Die Gegenseite erklärt plötzlich, Alfred Poehl stehe seit Juni 1933 unter öffentlicher Fürsorge und beziehe nach dem deutschen Armenrecht eine monatliche Unterstützung von 75 Reichsmark. Die Brüder halten das für völlig abwegig, denn Alfred habe weiter erhebliche Außenstände der Firma eingezogen. Das Gericht habe es offenbar verabsäumt, die wahren wirtschaftlichen Verhältnisse von Alfred Poehl zu prüfen. Er sei für seine außerordentliche Geschäftstüchtigkeit, sprich Schlitzohrigkeit, bekannt, was mit Belegen aus früheren Jahren nachgewiesen wird. Aber der 9. Zivilsenat des Berliner Kammergerichts, bei dem Richard Poehls Beschwerde gelandet ist, weist diese im Januar 1935 zurück. Die weitere Rechtsverfolgung hinsichtlich des Zahlungsanspruchs biete keine Aussicht auf Erfolg, schon weil keine Genehmigung der Stelle für Devisenbewirtschaftung vorliege – was wohl heißen soll, eventuell von Richard Poehl erklagte Beträge könnten als ausländische Zahlungsmittel gar nicht zu ihm nach Leningrad überwiesen werden.

Alexander von Poehl, der Firmengründer und Vater von Richard und Alfred Poehl, wäre entsetzt gewesen, hätte er den Rechtsstreit zwischen seinen Kindern noch erlebt. Aber der Familienpatriarch konnte sich zu Beginn des Jahrhunderts, als sein Unternehmen in voller Blüte stand, wohl nie und nimmer vorstellen, dass seine Kinder in eine wirtschaftliche Notlage geraten würden, die sie in derartige Auseinandersetzungen treibt.

In der Stellungnahme des Berliner Kammergerichts taucht der bemerkenswerte Satz auf, die Brüder hätten die Hoffnung auf einen Umschwung in Russland keineswegs aufgegeben – einen Umschwung, von dem sie die Wiedererlangung der Liegenschaften ihrer russischen Firma erwarteten. Aber das stimmt zu dieser Zeit längst nicht mehr. Richard Poehl schreibt in einer abschließenden Stellungnahme an das Kammergericht: Der Kläger »ist ja bekanntlich deutscher Reichsangehöriger und hat nebst seiner Familie die Sowjetunion bisher nur aus dem Grunde noch nicht verlassen, weil er die zur Übersiedlung nach Deutschland erforderlichen Mittel nicht flüssig machen konnte«. Und dann setzt er noch hinzu: »Sobald Aussicht vorhanden sein wird, dass er in Deutschland über Geldmittel verfügen kann, die es ihm erlauben, sich und seine Familie eine Zeitlang über Wasser zu halten, dürfte die Übersiedlung in der kürzesten Zeit bewerkstelligt sein.«[210]

Zwietracht und Misstrauen

Am 1. Februar 1933 erscheint die *Leningradskaja Prawda* in eigenartiger Aufmachung. Das gemeinsame Organ von Leningrader Parteiführung, Exekutivkomitee und Gewerkschaft bringt die Vorgänge in Berlin auf der Titelseite, das schon. In der rechten oberen Ecke platziert es verschiedene knappe Nachrichten des Wolffschen Telegraphischen Bureaus und der sowjetischen Agentur TASS. »Offene faschistische Diktatur in Deutschland«, »Hitler an der Macht« und »Um sich greifender Terror gegen die Kommunistische Partei«[211] liest man da. Einen Kommentar dazu gibt es aber nicht, es werden lediglich Pressestimmen aus westlichen Zeitungen zitiert.

Die restlichen drei Viertel der Titelseite sind der Innenpolitik gewidmet, dem sozialistischen Wettbewerb. »Für echte Wirtschaftsrechnung!« ist der Leitartikel überschrieben, und die fetteste Schlagzeile lautet: »Ersatzteile für die Traktoren«. Ferner gibt es kritische Berichte zum »nichtbolschewistischen Herangehen« und zum »Widerstand der Bürokraten« in den Leningrader Werken »Roter Putilow-Arbeiter«, »Roter Metallarbeiter« und »Karl Marx«. Auf den folgenden zwei Seiten ist eine Rede des Volkskommissars für Landwirtschaft abgedruckt. Auf der vierten und letzten Seite findet man ein paar Auslandsnachrichten und schließlich die üblichen Aufrufe zu den Partei- und Aktivistenversammlungen: »Die Ergebnisse des Plenums des ZK und die Aufgabe der Ingenieure und Techniker« (Urizki-Palast, Woinow-Straße), »Über die Geschichte der Fabriken und Werke« (Gesellschaft der alten Bolschewiki, Gorki-Prospekt) oder »Die Klassen und der Klassenkampf in der gegenwärtigen Etappe« (Haus des Parteiaktivs, Prospekt des proletarischen Sieges). Es ist kaum zu glauben: In Deutschland gelangen die Nationalsozialisten an die Macht – ein Ereignis, das für die Sowjetunion weitreichende Folgen hat –, aber in den Zeitungen dreht sich weiterhin alles nur um den sozialistischen Wettbewerb.

Stalin und der Rest der KP-Führung reagieren auf die Neuigkeiten aus Berlin sehr verhalten. Mit dem 30. Januar 1933 ändert sich zunächst nichts im Verhältnis Russlands zu Deutschland. Und was in den nächsten fünf Jahren mit den Leningrader Deutschen passiert, hat mit der Politik des nationalsozialistischen Regimes wenig zu tun, es wäre ohne Hitler genauso geschehen.

Das Verhältnis zwischen Bolschewiki und Nationalsozialisten ist von Anfang an ebenso ambivalent wie das der beiden Staaten zueinander. Nach dem Ersten Weltkrieg fühlten sich beide als Parias der internationalen Gemeinschaft. Moskau war seit Revolution und Bürgerkrieg ebenso isoliert wie Berlin nach dem Abschluss des Versailler Vertrages. Das führte die beiden Länder fast zwangsläufig zusammen. Schon vor der Unterzeichnung des Rapallo-Vertrages am Ostersonntag 1922 nehmen sie die militärische Zusammenarbeit auf. Eine Flugzeugfabrik bei Moskau, ein gemeinsames Panzerübungsgebiet, das Giftgas-Testgelände in Tomka und die geheime Fliegerschule der Reichswehr bei Lipezk – das sind die Orte, an denen sie gemeinsam Grundsteine für ihre erneute Aufrüstung legen.

Josef Stalin und Adolf Hitler empfinden von Anfang an persönlich Bewunderung füreinander. In ihrem rücksichtslosen Vorgehen sind sich beide sehr ähnlich. Auch Hitlers Propagandaminister Joseph Goebbels macht aus seiner Hochachtung vor den Bolschewiki keinen Hehl. »Rußland wird den neuen Christusglauben mit all der jungen Inbrunst und all dem kindlichen Glauben, all dem religiösen Schmerz und Fanatismus finden«,[212] schreibt er 1924 in sein Tagebuch. Lenin habe Russland die Freiheit gegeben. Dass die Sowjetunion und Deutschland auch nach Hitlers Machtergreifung ihre jeweiligen Interessensphären wahren können, beweisen sie in den nächsten sieben Jahren. Als Hitler den Krieg gegen Polen und dann gegen Frankreich und Großbritannien beginnt, weiß Stalin daraus erst recht Nutzen zu ziehen.

Für die politische Führung eines Landes, das sich permanent im Ausnahmezustand wähnt, weil es sich der Unterstützung seiner Bürger nicht sicher ist, sind Ausländer, selbst wenn sie die sowjetische Staatsbürgerschaft besitzen, besonders verdächtig, weil sie verwandtschaftliche und berufliche Verbindungen in andere Länder haben. Die OGPU beobachtet Finnen, Letten, Esten oder Polen, von denen Tausende in Leningrad leben, genauso misstrauisch wie die Deutschen. Und so ist es gar nichts Besonderes, was Anfang 1933 in der Leningrader Petrikirche geschieht, dem Zentrum der deutschen Gemeinde.

Am 20. Januar wird Paul Reichert, der deutsche Pastor, der nach dem Umsturz 1921 aus dem Wolgagebiet nach Petrograd gekommen ist und seither als Pfarrer in der Kolonistengemeinde Nowosaratowka dient, Vorsteher der Petrigemeinde. Dass der Kirchenrat der Wahl zustimmt, ist vielen nicht geheuer. Bischof Malmgren ist davon überzeugt, dass der Geistliche aus Nowosaratowka Verbindungen zur OGPU unterhält und der Geheimdienst die Mitglieder des Rates unter Druck gesetzt hat mit der Drohung, die Kirche zu schließen. Dass Reichert schon 1932 die Auflösung des Predigerseminars und die Zusammenlegung aller vier noch funktionierenden evangelischen Kirchengemeinden propagiert hat, bestätigt Malmgren in seinem Verdacht.

Reicherts Amtsübernahme wird für die Leningrader Deutschen zu einer ernsten Zerreißprobe, denn nun steht ein Pragmatiker der Gemeinde vor. Die Pressionen gegen Petrikirche und Petrischule nehmen seit Jahren zu. Kurz vor Weihnachten 1929 ist Helmut Hansen verhaftet worden, der überaus beliebte Prediger der Gemeinde, der bei den Leningrader Behörden seit Jahren unter Verdacht stand, die von der Partei verfügten Einschränkungen im religiösen Leben zu unterlaufen. Mit ihm sind 85 weitere Verdächtige festgenommen worden, Männer wie der langjährige Pastor Kurt Muss, Teilnehmer der Bibelkurse, Verwandte der Geistlichen und einfache Gemeindemitglieder. Die OGPU-Leute beschlagnahmen bei den Hausdurchsuchungen Schreibmaschinen, religiöse Schriften, Mitgliederlisten der Arbeitskreise, Briefe und selbst Gegenstände, die in den Handwerkszirkeln der Kirche gefertigt worden sind, als Beweisstücke konterrevolutionärer Tätigkeit. Doch in Hansens Predigttexten findet sich nichts, was sie als Aufruf zum Kampf gegen die Sowjetmacht deuten könnten. Dennoch wird Hansen im September 1930 verurteilt. »Die aufgezählten Fakten belegen in ausreichendem Maße, dass die Tätigkeit Hansens, seiner Frau und aller anderen Beschuldigten auf die Entwicklung und Festigung eines Pangermanismus gerichtet war, auf die Untergrabung der Maßnahmen der Sowjetmacht nicht nur in religiösen Fragen und in der kulturellen Erziehung der Deutschen, sondern auch auf den Widerstand gegen den sozialistischen Aufbau im Interesse der ausländischen Bourgeoisie«,[213] heißt es in der Anklageschrift. Die Urteile, die gegen die Mitglieder der Petrigemeinde verhängt werden, sind hart. Hansen wird zu zehn Jahren Lagerhaft auf den Solowezki-Inseln im Weißen Meer verurteilt, die Mitangeklagten zu drei beziehungsweise fünf Jahren Lager oder Verbannung. Das Leningrader Konsistorium verliert damit drei seiner vier Mitglieder, sodass die Kirche plötzlich ohne Führung dasteht.

Heinrich Berendts, der Schwiegersohn von Bischof Arthur Malmgren, der nun Hansens Stelle übernimmt, hat kein Glück. Er stolpert im August 1932 über eine politische Provokation reinsten Wassers. Ihm wird vom Leningrader Sowjet vorgeworfen, Brennholz gekauft zu haben, von dem angeblich bekannt war, dass es sich um Hehlerware handelt. Auch Behrendt wird in die Verbannung geschickt. Daraufhin übernimmt Paul Reichert das Amt, und dieser Amtsantritt spaltet nun die deutsche Kirchengemeinde. Genau das dürften die sowjetischen Behörden bezweckt haben. Über Jahre haben sie die deutsche Gemeinde zermürbt, haben ihr wie anderen Gemeinden auch immer wieder neue Beschränkungen auferlegt, die Gebäudesteuern erhöht, die Stromkosten, die Sozialabgaben für die Angestellten. Und sie haben alles versucht, die führenden Männer und Frauen der Kirche zu entmachten, Zwietracht zu säen, Misstrauen, Unsicherheit.

Reichert weiß von den Vorbehalten der Gemeinde, aber er will sich behaupten. Seinen 25-jährigen Sohn Bruno, der erst 1932 das Examen im Predigerseminar abgelegt hat, setzt er als Pastor in seiner bisherigen

Gemeinde in Nowosaratowka ein, später in der Petrikirche. Dazu muss er Bruno, der im Seminar von Bischof Malmgren kein gutes Abschlusszeugnis erhalten hat, im April 1933 selbst ordinieren. Die beiden beziehen eine Wohnung gleich um die Ecke, in der Uliza Sofija Perowskaja, Haus Nr. 16.

Es gibt keinen Beweis dafür, dass Reichert von der sowjetischen Geheimpolizei gesteuert wird. Das deutsche Generalkonsulat geht den Vorwürfen von Bischof Malmgren nach und stellt erst einmal die finanzielle Unterstützung der Petrigemeinde ein. Das Ergebnis der Prüfung, das Vizekonsul Karl Georg Pfleiderer schließlich verkündet, fällt aber ganz anders aus, als Malmgren erwartet hat: Die Konfrontation zwischen dem Bischof und dem Pastor sei durch eine tiefe persönliche Apathie begründet. Schon äußerlich würden beide völlig unterschiedlichen Welten angehören, fasst Pfleiderer zusammen.

Auch wenn es niemand so recht glauben mag: Selbst in Zeiten staatlichen Terrors, wenn jede Entscheidung a priori als politisch gefärbt gilt, spielen Sympathien und persönlicher Ehrgeiz eine Rolle. In diesem Fall ging es wohl wirklich um eine private Konkurrenz, denn Malmgren hatte vorgehabt, den Verlobten seiner jüngsten Tochter als Hauptpastor der Petrikirche einzusetzen – ein Plan, der mit Reicherts Amtsantritt durchkreuzt wurde. Paul Reichert schafft tatsächlich, was er sich vorgenommen hat: Er kann die Mehrheit der Geistlichen und der Absolventen des Leningrader Predigerseminars hinter sich bringen. Aber er kann sich dieses Erfolgs nicht lange erfreuen.

Die neuen Deutschen

Trotz der vielen Ungewissheiten, trotz Repressionen und Terror kommen auch in den 1930er Jahren Deutsche in die Stadt. Die einen hoffen, hier Karriere zu machen, die anderen, wenigstens vorübergehend einen Unterschlupf zu finden. Die politischen Verfolgungen kümmern sie nicht, die betreffen andere, meinen sie, Trotzkisten, Sozialrevolutionäre, Gegner des sozialistischen Aufbaus, Volksfeinde also. Darüber hinaus schicken deutsche Familien aus allen Teilen des Landes ihre Kinder zur Ausbildung in die Stadt an der Newa: Der 23-jährige Albert Almendinger aus dem georgischen Dorf Luxemburg nimmt ein Studium an der Leningrader Staatsuniversität auf, Wilhelm Martens, ebenfalls 23, kommt aus einem ukrainischen Dorf bei Dnepropetrowsk an das Pädagogische Herzen-Institut, aus demselben Dorf kommt auch Reinhold Müller, der an der Theaterschule studiert. Der 24-jährige Paul Weber aus dem Dorf Krasnoarmeisk unweit von Stalingrad schreibt sich am Lesgaft-Sportinstitut ein, der 19-jährige Hans Bellert ist sogar aus Essen angereist, um sich am Ersten Medizinischen Institut zum Mediziner ausbilden zu lassen, und Heinrich Barg aus dem Orenburger Gebiet lernt am Pädagogischen Technikum der Nationalitäten des Westens.

Und dann sind da noch die von Sowjetrussland eingeladenen deutschen Spezialisten, die den in vielen Bereichen bestehenden dramatischen Mangel an Fachkräften wenigstens ein wenig lindern sollen, sowie die politischen Emigranten, meist Mitglieder der KPD, die seit dem Machtantritt Hitlers aus Deutschland in die Sowjetunion geflüchtet sind. Es sind einige Tausend, die in Leningrad Rettung vor den politischen Stürmen in Deutschland suchen. Paul Dietrich ist darunter, Mitglied der Hamburger Bürgerschaft und seit 1928 auch des Reichstages, Mitglied des Zentralkomitees der Kommunistischen Partei und Sekretär des von den Nazis verhafteten KP-Chefs Ernst Thälmann. Er wird Leiter der Auslandsabteilung der *Roten Zeitung* in Leningrad. Die anderen Emigranten, die in den Leningrader Fabriken unterkommen, sind weniger bekannt. Da sind etwa die Brüder Richters aus Hamburg, Heinrich und Wilhelm, der eine arbeitet im Leningrader Lebensmittelkombinat, der andere im Handelshafen, und die vielen, die im Elektroapparate-Werk eine Anstellung gefunden haben, darunter Otto Beil aus Schmidtberg und Oskar Liebmann aus Rudolstadt als Schleifer, Johann Günter aus Sachsen und der Fräser Otto Handwerk aus Jena. Handwerk ist wie viele andere in die sowjetische Kommunistische Partei eingetreten, ebenso Susanna Dobranizkaja aus Berlin, die in Leningrad Deutsch unterrichtet. Hermann Anton aus Kiel ist Bereichsleiter beim Bau des neuen Wasserkraftwerkes an der Wolchow geworden, Bruno Degert aus Zwickau Dreher in der Druckerei des Verteidigungskommissariats, und Fritz Keller aus Leipzig, bislang Arbeiter im Aufzugswerk, wird bald im Lehrbataillon der 6. Panzerbrigade dienen.

Fritz Palenschat aus Berlin kommt als Ingenieur im Stalin-Werk unter, Gustav Heinze als Bootsmann auf dem Handelsschiff *Jan Rudsutak*, Max Schulze aus Rheine wird sogar Mitglied der Aufklärungsabteilung des Leningrader Militärbezirks, Wilhelm Siebert aus Kassel Instrukteur im Seemannsklub und Olga Kaaz aus Königsberg Direktorin der Zweiten Schule für Erwachsenenbildung im Oktober-Rayon. Man trifft Architekten wie Peter Bucking aus Bremen oder Ingenieure wie Richard Wagner aus Berlin. Nahezu überall arbeiten jetzt zugereiste Deutsche, auf der Baltischen Werft und in der Schreibmaschinenfabrik, im Metallkombinat »Roter Putilowez« oder in der Schuhfabrik »Skorochod«. Es gebe »25 000 Deutsche, die in Leningrad ansässig sind«,[214] schreibt die *Rote Zeitung* 1933. Denn auch die alteingesessenen Deutschen sind ja zum Teil noch da. Sie arbeiten als Saunadirektor, im Singer-Geschäft auf dem ehemaligen Newski-Prospekt, als Reinigungskraft oder Bibliothekar, als Buchhalter, Kutscher oder Kassiererin, nur meist nicht mehr wie früher in leitender Stellung. Umgerechnet auf die Zeit vor dem Ersten Weltkrieg bringt es die Gruppe der jetzt in Leningrad lebenden Deutschen etwa auf die Hälfte der früheren deutschen Gemeinschaft von Sankt Petersburg.

Die *Rote Zeitung*, ein Blatt für die Deutschen, war 1931 vom Leningrader Gebietsrat der Arbeiter-, Bauern- und Rotarmisten-Deputierten gegründet worden. Sie richtet sich an Kommunisten und Spezialisten und weniger an Männer wie Oskar Böhme, Richard Poehl oder Paul Reichert. Es handelt sich um ein Kampforgan, das dem proletarischen Internationalismus verpflichtet ist und eine Brücke zwischen deutschen Fachleuten und den werktätigen Klassen der Sowjetunion schlagen soll. Und so füllen schwülstige Ergebenheitsadressen an die Partei und Verpflichtungen im sozialistischen Wettbewerb die Seiten der *Roten Zeitung*. »Die deutschen Mitarbeiter von ›Metallo-Import‹ ergriffen die Initiative der Roten Armee, als Antwort auf die Kriegsvorbereitungen des Imperialismus ein Kampfflugzeug ›Rot Front‹ zu schenken. Die ausländischen Arbeiter verpflichteten sich zu diesem Zweck, 10 % ihres Gehalts abzuführen«,[215] liest man da. Den Kampf gegen Rechts und Links nehmen die Leser der *Roten Zeitung* ebenso ernst wie die proletarische Pflicht, zum Aufbau des sozialistischen Landes beizutragen und die Sowjetunion der Welt als leuchtendes Beispiel zu präsentieren.

Die ausländischen Arbeiter kommen überall in der Stadt unter. Viele KP-Mitglieder wohnen im Smolny-Hotel, im Hôtel l'Europe, im Hôtel d'Angleterre oder im Oktober-Hotel. Abends treffen sie sich gern im Haus für deutsche Aufklärung in der Straße des Dekabristen Jakubo-

Leningrad entwickelt sich Anfang der 1930er Jahre zu einer Industriemetropole. Wie schon zur Zarenzeit werden dringend ausländische Spezialisten benötigt. Aus Deutschland reisen Tausende von Fachkräfte an wie diese deutschen Arbeiter, die in den Ischorsker Werken am Rande Leningrads eine ausländische Drehmaschine montieren. Die Fabrik an der Ischora hat sich in den zurückliegenden Jahrzehnten auf den Bau von Torpedobooten und die Herstellung von Panzerstahl spezialisiert. Die deutschen Spezialisten verdienen gut. Sie ahnen nicht, dass sie ihre Heimat in der Regel nicht mehr wiedersehen werden.

witsch. Dort bietet die Partei Literaturabende, Dramenzirkel oder Chorsingen an. Auch deutsche KP-Funktionäre treten dort auf, darunter Wilhelm Pieck, später der erste Präsident der DDR. Diese Gruppe der Deutschen wendet sich besonders eifrig gegen alles, was nach Ansicht der sowjetischen Führung nicht im Geiste des sowjetischen Aufbaus ist. Sie verfolgt gewissenhaft die Prozesse gegen angebliche Verräter des Sozialismus und begrüßt die Arbeit der antireligiösen Eisenbahnzüge, die von Leningrad ins Umland fahren, um dort die Bewohner der Dörfer zum Atheismus zu bekehren. Gerne werden die Deutschen in Kampagnen gegen das Osterfest und das christliche Weihnachten einbezogen, denn gerade die deutschen Pfaffen aller Richtungen, so heißt es, gebärden sich als die hartnäckigsten Feinde des Sozialismus.

Leben und Tod

Am 1. Dezember 1934, einem Sonnabend, nachmittags gegen vier Uhr, erschießt der 30-jährige frühere Parteiarbeiter Leonid Nikolajew im Smolny den Leningrader Chef der Kommunistischen Partei, Sergei Kirow. Ob aus Eifersucht oder weil er im Jahr zuvor aus der Partei ausgeschlossen worden ist und seine Arbeit verloren hat, tut nichts zur Sache. Denn schon Stunden nach dem Mord kursieren Gerüchte über eine Verschwörung von Volksfeinden. Noch am selben Tag beschließt das Zentrale Exekutivkomitee des Landes, das höchste Staatsorgan der UdSSR, eine Verschärfung der Straf- und Prozessordnung. Es fordert die Untersuchungsorgane auf, die Schuldigen terroristischer Akte schleunigst zu überführen, und die Gerichte, sich mit deren Aburteilung zu beeilen. Der Beschluss öffnet der grenzenlosen Willkür von Geheimpolizei und Gerichtsorganen die Tür.

Am Abend des Mordtages kommt Stalin nach Leningrad, in Begleitung der Führungsriege des NKWD, des Volkskommissariats für Inneres, das im Sommer mit der OGPU zusammengelegt worden ist. Am nächsten Morgen ist die Stadt schwarz beflaggt. Im Urizki-Palast findet eine Trauerkundgebung für Kirow statt, während im Smolny-Hotel Verdächtige und Zeugen befragt werden. In der Stadt hält man den Atem an. Man ahnt, dass am 1. Dezember etwas geschehen ist, das weit über die Grenzen Leningrads hinaus Folgen haben wird. Und dann geht es tatsächlich Schlag auf Schlag: Am 2. Dezember stirbt auf mysteriöse Weise der Chef der Leibwächter Sergei Kirows, ein NKWD-Mitarbeiter. Zwei Tage später wird der Leiter der Leningrader Geheimpolizei abgesetzt, am 16. Dezember werden der frühere Leningrader Parteichef Georgi Sinowjew und der frühere Vizeregierungschef Lew Kamenew als die moralisch Verantwortlichen für den Kirow-Mord ausgemacht und verhaftet, und am 29. Dezember wird der Attentäter Leonid Nikolajew zusammen mit 13 anderen Angehörigen eines vom NKWD erfundenen »Leningrader Zentrums« erschossen.

Das alles steht auf eigenartige Weise im Kontrast zum Alltag in Leningrad. Denn die Stadt hat wieder zu sich gefunden, auch wenn sie jetzt ganz anders ist als zehn Jahre zuvor. Sie hat sich gehäutet, sie sieht nun kommunistisch aus, ihre Straßen tragen neue Namen, der Kern ihrer Bevölkerung ist ausgetauscht. Leningrad ist nicht mehr die Stadt des Hofes, der Kultur und der Wissenschaft, sie hat sich zum bedeutendsten Rüstungszentrum des Landes entwickelt. Die Gerüchte über die Abschaffung der Lebensmittelmarken für Brot und Mehl heben die Stimmung, die Läden füllen sich mit Waren. Man trägt in diesem Jahr weiße Hosen, während der Maiparade waren die Sportler mit weißen Trainingsanzügen bekleidet, und die Frauen sind entzückt von dem neuen Parfüm »Rotes Moskau«, das eigentlich eine Erfindung aus der späten Zarenzeit ist: ein schwerer, süßer Duft mit einem Hauch von Zitrusfrucht und Nelkengras, von Birkenholz und Moschus. Erst kürzlich hat die Stadt die Ankunft der *Tscheljuskin*-Expedition mit einem großen Fest gefeiert. Die Gruppe war beim Versuch, übers Nordpolarmeer zum Pazifik zu gelangen, vom Packeis eingeschlossen worden und ihr Schiff gesunken. Die Überlebenden, darunter der deutschstämmige Polarforscher Otto Schmidt und der deutschstämmige Funker Ernst Krenkel, haben zwei Monate im Eis ausgeharrt, bis Rettung nahte. Zu ihren Ehren wurde vor der ehemaligen Kasaner Kirche ein Miniatureismeer aufgebaut, und im Großen Palast von Peterhof gab es ein Riesenfest im Stil der Vorkriegszeit mit Büfetts, Tanz und künstlerischen Improvisationen sowie einem großen Modell der *Tscheljuskin* aus Sahneeis.

Das Jahr 1935 steht jedoch ganz im Zeichen des Kirow-Mordes. Im Sommer 1934 hatte Stalin in einem Interview mit dem englischen Schriftsteller H. G. Wells bereits auf das Besondere der sozialistischen Revolution hingewiesen: »Die Revolution, die Ablösung einer Gesellschaftsordnung durch eine andere, war stets ein Kampf, ein qualvoller und grausamer Kampf, ein Kampf auf Leben und Tod.«[216] Insofern stellen die Urteile gegen die »illegale konterrevolutionäre Terrorgruppe«,[217] die sich aus der Mitte der ehemaligen antisowjetischen Sinowjew-Gruppe gebildet und den Mord an Kirow angestiftet haben soll, keine besondere Überraschung dar. Sinowjew, der erste rote Führer Petrograds, bekommt zehn Jahre Haft, Kamenew fünf Jahre. Die Gerichtsentscheidungen werden auf Leningrader Arbeiterversammlungen »wärmstens begrüßt«, wie die *Rote Zeitung* berichtet. Für Sinowjew und Kamenew ist es noch nicht das Ende ihres Leidensweges.

Ob im In- oder im Ausland – überall sieht die Führung um Stalin nur noch Feinde. Kirows Ermordung bietet den Vorwand für einen Terror, der an Intensität und Dauer alles bis dahin Dagewesene übertrifft. Er erwächst aus der irrationalen Furcht vor Spionen und einer ebenso irrationalen Fremdenfeindlichkeit. Sowjetbürger, die auch nur entfernt im Verdacht stehen, Beziehungen zum Ausland oder zu Ausländern zu unterhalten, sind ihres Lebens nicht mehr sicher. Das Jahr 1935 markiert den Beginn der großen Leningrader Säuberung.

Letzte Premiere

Der neue Stadtführer für Leningrad erscheint 1935 mit einem Gedenkartikel für Sergei Kirow und einem Zitat seines 38-jährigen Nachfolgers Andrei Schdanow: »Setzen wir Sergei Mironowitsch ein Denkmal auf dem siegreichen Vormarsch zum Kommunismus! Das Blut der besten Menschen der weltweiten proletarischen Internationale stählt neue und immer wieder neue Massen von Arbeitern im Kampf auf Leben und Tod.«[218] Es ist ein religiös angehauchtes Vokabular, dessen sich die atheistischen Kommunisten bedienen, mit Anklängen an die mystische Bluttheorie von Versöhnung und Erlösung durch den Opfertod. Mit Schdanow, so heißt es in dem Büchlein, habe ein ganz enger Kampfgefährte Stalins den Posten eines Führers der Leningrader Bolschewiki übernommen. Tatsächlich ist der ehemalige Fähnrich Schdanow, ein ziemlich ungebildeter Mann, in den letzten Jahren zu einem der ergebensten Komplizen Stalins geworden. Der aus der Ukraine stammende neue Machthaber von Leningrad wirkt nicht gerade sympathisch und sieht aus wie eine Mischung aus Hermann Göring und Benito Mussolini. Für die Leningrader verheißt seine Ernennung nichts Gutes.

Schdanow sieht in Leningrad vor allem die proletarische Stadt, die rigoros mit ihrer höfisch-bourgeoisen Vergangenheit gebrochen hat. Im amerikanischen Chicago sei im ganzen Jahr 1934 und auch in den ersten Monaten des Jahres 1935 kein einziges neues Gebäude entstanden und in Paris noch viel länger nicht, während die Partei in dieser Zeit über 100 Millionen Rubel in den Leningrader Wohnungsbau gesteckt habe, verkündet er stolz. Und während 1914 gerade einmal 605 Straßenbahnwaggons in der Stadt im Einsatz waren, seien es nun 2400.

Die Kommunisten lieben diese abstrakten Zahlen und Statistiken, sie sollen bestätigen, dass ihre Politik erfolgreich ist. 32 000 Geschäfte gebe es nun, lässt Schdanow verkünden, und 45 700 Menschen würden jährlich die städtischen Banjas, die Dampfbäder, besuchen. Überall im Zentrum habe man Duschpavillons aufgestellt, damit sich die Städter im Sommer schnell einmal erfrischen können. Auch die Theater in Leningrad werden im neuen Stadtführer gefeiert. Leningrad sei neben Moskau ein Zentrum des sowjetischen Musiktheaters. Im vorrevolutionären Petersburg seien die meisten Theater nichts weiter als Varietés, Theaterschänken und Belustigungsstätten gewesen, »die ausschließlich kommerziellen Zielen und den niedersten Bedürfnissen des bourgeoisen Publikums gedient und keinen künstlerischen Wert besessen«[219] hätten. Deswegen seien sie nach der Revolution liquidiert worden oder mangels Publikum eingegangen. Heute gebe es einen völlig neuen Typ von Theatern in der Stadt, die der Befriedigung der Bedürfnisse von Millionen Werktätigen dienen. Auf so hohem künstlerischen Niveau hätten die kapitalistischen Länder nichts Vergleichbares zu bieten. Damit ist nicht nur das Kirow-Theater gemeint, das inzwischen wiederbelebte ehemalige Marientheater, in dem Oskar Böhme einst Cornet gespielt hatte, sondern auch das Gorki-Theater an der Fontanka, zu dessen Orchester Böhme seit einigen Jahren gehört.

Am Gorki-Theater gibt es Anfang 1935 zwei Premieren mit Orchester. Am 15. Februar wird dem Publikum die neue Fassung von Wladimir Kirschons *Stadt der Winde* präsentiert. Erwartungsgemäß ist es ein Werk, in dem die Revolution gefeiert wird, denn es befasst sich mit dem Schicksal der Kommune von Baku im Jahr 1918, dem damals einzigen sowjetischen Vorposten im Transkaukasus. Mangels Unterstützung hält sich der Posten nur kurz. 26 der geflüchteten Bakuer Regierungskommissare werden später von sozialrevolutionären Gegnern gefangen genommen und erschossen. In der Sowjetunion gelten sie seither als Märtyrer. Und am 27. Februar wird als zweite Premiere in diesem Jahr Shakespeares *Richard III.* gezeigt, eine Inszenierung von Konstantin Twerskoi. Es ist seine letzte. Auch Oskar Böhme wird nicht mehr dabeisein, wenn Ende Mai als nächste Premiere Nikolai Pogodins Komödie *Die Aristokraten* auf die Bühne kommt, ein Stück über die Zwangserziehung von Verbrechern, Dieben, Kulaken, Parteifeinden und Prostituierten beim Bau des Weißmeerkanals.

Zweite Verhaftung

In der Nacht vom 13. zum 14. April 1935 pocht es abermals an der Tür der Wohnung 1 auf der 3. Linie der Wassili-Insel. Das Wochenende hat gerade begonnen. Die Geheimpolizei liebt es, zu den unpassendsten Zeiten und damit unerwartet zu erscheinen, das gehört zu ihrer Zermürbungstaktik. Aber was heißt in diesen Wochen »unerwartet«? Seit dem Mord an Kirow überrascht es niemanden mehr, wenn Mitarbeiter des NKWD vorfahren. Auch Oskar Böhme weiß, dass es ihn jederzeit treffen kann. Denn die Leningrader politische Polizei muss die Niederlage wettmachen, die das Kirow-Attentat für sie bedeutet, und sie macht das auf die übliche Weise – durch immer exzessivere Repressionen. Menschen mit nichtrussischen Namen gelten per se als verdächtig, ihnen lassen sich ohne Weiteres irgendwelche Verschwörungen anhängen.

Die Geheimen legen Böhme die Durchsuchungsorder Nr. 8791 vor. Formal geht es korrekt zu, und säuberlich wird auch eine Quittung über all die Dinge, die sie in der Wohnung beschlagnahmen, ausgestellt:

1. Kleidersack
2. Brieftasche
3. Schal
4. Trompete
5. Bor-Vaseline
6. Krawatte
7. verschiedene Schlüssel
8. Fleisch- und Fettmarken
9. Pass
10. Ausweis
11. Gewerkschaftskarte
12. Versicherungsschein der Staatsversicherung Gosstrach
13. Arbeitsbuch

Stalins Furcht vor einem Angriff aus dem Ausland und vor dem erstarkenden »Dritten Reich« steigert sich Mitte der 1930er Jahre zur Hysterie. Er lässt Luftschutzübungen durchführen, Pioniere müssen zu Übungszwecken Märsche mit Gasmasken absolvieren. Auch die Hexenjagd auf vermeintliche Konterrevolutionäre und Volksfeinde erreicht neue Höhepunkte. Durch wahllose Verdächtigungen wird die Atmosphäre im Land vergiftet. Das Bild hat Viktor Bulla gemacht. Als es entsteht, ist auch sein Bruder Alexander bereits dem Terror zum Opfer gefallen. Er wird Anfang der 1930er Jahre verhaftet und stirbt 1934 als Zwangsarbeiter beim Bau des Weißmeer-Ostsee-Kanals. Viktor wird im Juli 1938 denunziert und als »Volksfeind« festgenommen. Im Oktober desselben Jahres wird er erschossen.

Kaum haben die Geheimdienstler Böhme ins »Große Haus« geschafft, den neuen Sitz des NKWD am Liteiny-Prospekt, muss er den obligatorischen Fragebogen ausfüllen. Als Arbeitsstätte gibt Böhme das Pädagogische Herzen-Institut an, wo er in letzter Zeit Musik unterrichtet hat. Das klingt unverfänglich, weil es eine sowjetische Einrichtung ist. Dann hebt er hervor, dass er seit 1918 Mitglied der Künstlergewerkschaft ist. In die Spalte »Gesundheit« schreibt er: herzkrank, und in der Rubrik »Angehörige« erwähnt er vier seiner Brüder: Eugen, 67, den Kapellmeister und Dirigenten in Rostock, den Musiker Georg, 60, Alfred, 54, ebenfalls Musiker, und Benno, 50, den Holzbildhauer, der hier als »Holzmeister« aufgeführt ist – Böhme fehlt die richtige russische Vokabel.

Dann wird Böhme in eine Zelle gebracht. Wieder herrscht Schweigen, so wie vor fünf Jahren. Aber schon am Nachmittag des darauffolgenden Montags wird er, wie er glaubt, zum Verhör geführt. Es ist aber kein Verhör, sondern nur die übliche Befragung zur Person. Er muss Auskunft geben, wie er nach Russland gekommen ist und wo er gearbeitet hat. Dann will der Untersuchungsführer wissen, mit wem er Umgang pflegte. Das ist schon heikler. Jede Angabe, die er jetzt macht, kann verhängnisvoll für den Genannten sein, aber sagen muss er etwas, denn sie wissen ohnehin, mit wem er verkehrt. So nennt Böhme also Anatoli Hübbenet, seinen Nachbarn, den Professor für Methodik der deutschen Sprache, nicht aber dessen Frau Alissa, mit der er seit mehr als 20 Jahren eng verbunden ist. Dazu Karl Steinmüller, einen Musiker der Philharmonie, und den Musiker Gladkow. Dann ist Schluss mit dem Verhör, und er muss die nächsten Wochen ohne jeden Kontakt zu anderen verbringen. Keine weitere Befragung, kein Verhör. Wieder scheint es, als habe man ihn vergessen. Doch im Hintergrund wird eifrig daran gearbeitet, ihn einer illegalen, sowjetfeindlichen Tätigkeit zu überführen.

Am 10. Mai, einem Freitag – Böhme dachte schon, auch diese Woche würde ohne eine Reaktion der NKWD-Leute vorübergehen –, wird er erneut zum Verhör geholt. Bereits die ersten Fragen zeigen, dass der Geheimdienst nicht untätig war. »Die Untersuchung hat gezeigt«, so eröffnet der Beamte das Verhör, »dass Sie Mitglied einer konterrevolutionären faschistischen Gruppe der deutschen Lehrer des Technikums sind und eine aktive konterrevolutionäre Arbeit ausgeübt haben. Worin bestand diese konterrevolutionäre Tätigkeit?«[220] Böhme lauscht dem Klang der Worte nach, er nimmt sich Zeit. Es sind die üblichen Vorwürfe: konterrevolutionäre Gruppe, faschistische Propaganda, antisowjetische Tätigkeit. Das kann alles sein, Konterrevolution und Faschismus sind Allerweltsbegriffe geworden, leere, aber um so gefährlichere Hüllen, in die das NKWD alles hineinstopft, was zur Diskreditierung der Verhafteten beitragen kann. Diese Vorwürfe auf sich angewandt zu sehen nimmt Böhme aber doch den Atem. Sein Gegenüber bezieht sich offenbar auf seine Arbeit am Deutschen Pädagogischen Technikum an der Moika, das sich jetzt Technikum der Nationalitäten des Westens nennt. Der Vorwurf ist absurd. »Ich habe keine konterrevolutionäre Arbeit ausgeübt«, antwortet Oskar Böhme mit fester Stimme.

Böhme weiß nicht, dass die Mitarbeiter der Untersuchungsbehörde bis in die tiefsten Keller hinabgestiegen sind und die alten Akten aus dem Jahr 1930 hervorgeholt haben, in denen es um die frühere Burschenschaft »Jung-Newanija« ging. Bei den Befragungen nach der ersten Verhaftung konnte der Geheimdienst noch eingestehen, dass Böhme dieser angeblichen Verschwörergruppe nicht zuzuordnen war. Jetzt, nach dem Kirow-Mord, ist das anders. Man hat die alten Akten wieder ausgegraben und für jeden damals nur halbwegs Verdächtigen eine eigene Akte angelegt. Das treibt die Fallzahlen nach oben, die man nach Moskau meldet. Der Bevollmächtigte der Verwaltung für Staatssicherheit des Leningrader NKWD Tichonowezki schreibt also folgende Notiz:

> Böhme, Oskar, Lehrer des Technikums der Nationalitäten des Westens, ist nicht verbunden mit den grundsätzlichen Figuranten der Akte 1388, er hat jedoch systematisch antisowjetische Propaganda unter den Schülern des Technikums ausgeübt. Das Untersuchungsmaterial zu Böhme wird deswegen in eine eigenständige Untersuchung überführt.

Die Akte bekommt die Nummer 2778. Gleichzeitig wird Böhme einer größeren konterrevolutionären Gruppe am Pädagogischen Technikum zugerechnet, die nach den Vermutungen des Geheimdienstes vom Geographielehrer David Dik geleitet wurde. Oskar Böhmes Lage ist also viel gefährlicher als im Jahr 1930, und das Verhör ist weitaus unangenehmer.

»Sie haben eine nationalistische Erziehung der Studenten betrieben?« – »Nein, das stimmt nicht.«

»Eine Reihe von Studenten hat Ihnen faschistische Ansichten vorgeworfen!« –»Ich hatte nie solche Ansichten.«

Natürlich hat der Untersuchungsführer längst die passenden Aussagen zu diesen Vorwürfen in seiner Mappe. Sie stammen von zwei Studenten, die vom NKWD schon früher in die Mangel genommen worden sind, von den Studenten Lundgrin und Philippi. Und so klingen die nächsten Fragen nicht mehr wie Fragen, sondern wie Feststellungen: »All Ihre pädagogische Arbeit war auf die Erziehung der deutschen Jugend im nationalistischen Geiste gerichtet und auf die Herausbildung der Liebe zum faschistischen Deutschland.«

Es ist absurd, denkt Böhme, ich war seit Jahren nicht in Deutschland, und mit Hitler-Leuten bin ich nie in Berührung gekommen. Aber er versucht zu erklären, was er als seine Pflicht als Lehrer angesehen hat: »In meiner pädagogischen Tätigkeit ging ich von der Notwendigkeit aus, die Studenten auch mit deutschen Volksliedern und Volksmusik bekannt zu machen.«[221]

Zurück in der Zelle, versucht Böhme, seine Gedanken zu ordnen und Klarheit über seine Lage zu gewinnen. Auch wenn er die Intrigen nicht deutlich auszumachen vermag, so kann er sich doch vieles zusammenreimen. Er kennt die Stimmung draußen in der Stadt, die Hexenjagd auf alle und jeden, und er hat wohl bemerkt, dass der Untersuchungsführer seine Einwände nicht hören will. Die Untersuchung scheint auf einen ganz bestimmten Punkt hinauszulaufen, auf einen, den er noch nicht kennt, und er fürchtet, dass er nicht so viel Glück wie beim ersten Mal haben wird.

Sein Gefühl hat ihn nicht getrogen, das bestätigt sich vier Tage später, als er erneut zum Verhör abgeholt wird. Es dauert eine Stunde und 45 Minuten und dient nur einem Zweck: der Gegenüberstellung mit den Studenten Lundgrin und Philippi, die ihn so schwer belastet haben. Nacheinander werden die beiden hereingeführt. Wie Roboter spulen sie Aussagen herunter, die kaum in ihren eigenen Köpfen entstanden sein können. Lundgrin: »Ich bestätige, dass Böhme einer der Lehrer war, die uns im nationalistischen Geist erzogen haben. Böhme hat mehrfach seine Unzufriedenheit mit der sowjetischen Rechtsordnung ausgedrückt und den sozialistischen Aufbau lächerlich gemacht. Ich erinnere mich daran, wie der Musikzirkel, das Orchester des Technikums, einen verbotenen Marsch einstudierte. Dank Böhme haben sich unter uns Studenten nationalistisch-faschistische Stimmungen verfestigt.«[222] So spricht kein junger Mann von Anfang 20 freiwillig, aber so redet einer, der am Anfang seiner beruflichen Laufbahn steht und genau weiß, dass Partei und Geheimdienst sie verhindern können. Unter die Aussagen der beiden sogenannten Zeugen schreibt Böhme, als ihm das Protokoll vorgelegt wird: »otrizaju« – ich bestreite das.

Und wieder die Einsamkeit der Zelle. Es vergehen weitere viereinhalb Wochen. Draußen verdüstert sich die politische Lage immer mehr. Intern verbreitet das Zentralkomitee der Kommunistischen Partei am 19. Mai einen Brief, in dem es dazu aufruft, »Feinde der Partei und der Arbeiterklasse« in den Reihen der Kommunisten auszumachen – ein Appell, der auch die Genossen untereinander zur Denunziation anspornt. In einigen Städten und Gebieten gibt es in den Zweigstellen des NKWD seit einiger Zeit »Troikas«, Sondergerichte, die aus jeweils drei Personen bestehen und keine Justizorgane sind, sondern Instrumente der Exekutive, die der schnelleren Aburteilung von Volksfeinden dienen. Solche Troikas werden nun im ganzen Land in allen Zweigstellen des NKWD gebildet. Ihnen gehören in der Regel der Leiter der jeweiligen NKWD-Verwaltung, der Staatsanwalt der Republik oder des Gebietes und der entsprechende KP-Sekretär an. Die Troikas ähneln den französischen Tribunalen während der großen Revolution 150 Jahre zuvor, nur wird ihre Ernte schrecklicher ausfallen als zur Zeit Robespierres. Am 28. Mai verkündet die Regierung, Zwangsarbeit werde künftig nicht mehr auf die Gesamtarbeitszeit angerechnet. Der Staat achtet eben selbst noch auf das kleinste Detail. Und am 9. Juni wird die Todesstrafe für Grenzüberschreitungen eingeführt, damit ja niemand versucht, sich der Strafe durch Flucht zu entziehen.

Einen Tag zuvor, am 8. Juni, wird dem 34-jährigen stellvertretenden Leiter des Leningrader NKWD Nikolai Nikolajew die abschließende Anklage in Sachen Oskar Böhme vorgelegt. »Im Februar/März 1935 wurde eine konterrevolutionäre Organisation aufgedeckt und vernichtet, die von D. D. Dik geführt wurde und die es zu einer ihrer Aufgaben machte, die deutsche Jugend in Leningrad zu vereinigen und unter ihr Propaganda gegen die Sowjetmacht durchzuführen.«[223] Und weiter: »Die Untersuchung bestätigte, dass es ein Netz von Zellen in verschiedenen Einrichtungen für die deutsche Bevölkerung in Leningrad gab, darunter im Pädagogischen Technikum der Nationalitäten des Westens. Eine dieser Zellen wurde von J. Lundgrin geleitet.«

Lundgrin ist also nicht nur Zeuge, sondern auch Angeklagter. Aber dann kommt der Untersuchungsführer in der ebenso hölzernen, wortarmen wie redundanten Sprache, die NKWD-Mitarbeitern eigen ist und die ihre Häftlinge zu seelenlosen Objekten macht, auf Böhme zu sprechen: »Es stellte sich heraus, dass der ehemalige Lehrer des Technikums, Böhme O. W. systematische Propaganda unter den Studenten betrieben hat. In seinen Unterrichtsstunden hat er seine feindliche Haltung zum sowjetischen Staatssystem zum Ausdruck gebracht, den sozialistischen Aufbau scharf kritisiert und so die Studentenschaft gegen die Sowjetmacht aufgebracht. Die Untersuchung zeigte, dass Böhme O. W. während seines Dienstes am Technikum als Konterrevolutionär eine konterrevolutionäre Tätigkeit durchgeführt hat. Böhme hat seine Schuld nicht eingestanden. Aber die Aussagen ehemaliger Schüler haben seine konterrevolutionäre Tätigkeit vollständig bestätigt.«

Schwammiger und abstrakter kann eine Begründung kaum ausfallen. Aber Geheimdienstarbeit ist keine filigrane Uhrmacherkunst, bei ihr muss es schnell gehen. Dass das NKWD dennoch gewisse Skrupel hegt, offenbart die Bemerkung, Böhme habe seine Schuld nicht eingestanden. Solche Sätze werden bald aus den Protokollen verschwinden. Ob Schuld oder Unschuld vorliegt, wird nicht mehr langwierig ermittelt, sondern einfach entschieden. Die Untersuchung in Sachen Böhme wird am 17. Juni für abgeschlossen erklärt, das Protokoll an die »Osoboje Soweschtschanije«, das Sondergericht des Innenministeriums, geschickt. Das fällt am 20. Juni 1935 das Urteil: »Böhme Oskar Wilgelmowitsch ist wegen Teilnahme an einer konterrevolutionären Organisation für die Zeit von 3 Jahren nach Orenburg zu schicken. Die Frist beginnt am 13. 4. 1935.«[224]

Es ist kein Trost für Oskar Böhme, dass es anderen in diesen Tagen genauso ergeht wie ihm, aber es hilft ihm, dieses Urteil als Schicksal anzunehmen. Er hat nichts Unrechtes getan, es kann jeden treffen, und es ist in diesen Wochen und Monaten kaum möglich, solchen Schlägen auszuweichen. Der Geographielehrer David Dik wird am selben Tag verurteilt wie Böhme, nur trifft es ihn noch härter. Er muss fünf Jahre ins Arbeitslager nach Mordwinien, in die Mordowische Autonome Sowjetrepublik, in deren Wäldern bereits 30 000 Häftlinge arbeiten. Konstantin Twerskoi, der Regisseur des Gorki-Theaters, wurde bereits im März nach Saratow verbannt, und der Geschichtslehrer Reinhold

Bartholdy lebt seit dem Vorjahr mit seiner Frau in Wologda in der Verbannung. Auch Heinrich Barg, Student des dritten Kurses am Pädagogischen Technikum, ein Schüler Böhmes, ist in die Fänge des NKWD geraten. Er wurde im Wohnheim an der Moika verhaftet und nach Mordwinien geschickt. Hunderte weitere Deutsche wie er werden in diesen Wochen aus Leningrad verbannt, Menschen, die Böhme gar nicht kennt: Kirill Henko aus der 9. Sowjetskaja uliza, ein Lehrer für deutsche Sprache und Geographie, der Jurist Herbert Suckau, der in der Bolschaja Puschkarskaja wohnte, nicht weit von der Kirchner'schen Fabrik, Heinrich Fischer vom Ogorodnikow-Prospekt, der als Konstrukteur im Kirow-Werk arbeitete, oder Otto Schakenburg, ehemals Pastor und dann Lehrer am Landwirtschaftsinstitut.

In Graschdanka, dem Dorf, in dem Peter Amann lebt, haben ebenfalls Säuberungen stattgefunden. Dort haben sie Christian Semcke verhaftet, seit 1930 Pastor in der Kirche des Heiligen Nikolaus.

Nun also hat es auch Oskar Wilgelmowitsch Böhme getroffen, seit 37 Jahren Bürger von Petersburg-Petrograd-Leningrad. Im Februar ist er 65 geworden, ein Alter, in dem man sich allmählich aus dem Arbeitsleben zurückzieht ins Private, Rentner wird oder Pensionär. Er aber soll in diesem fortgeschrittenen Alter die Stadt für drei Jahre verlassen. Oskar Böhme wird zugleich Opfer einer besonders heftigen antideutschen Kampagne. Die Furcht vor dem erstarkenden »Dritten Reich«, vor dem deutschen Drang nach Osten, habe »sich in der Sowjetunion zu einem Alpdruck gesteigert«,[225] berichtet Deutschlands Botschafter in Moskau, Rudolf Nadolny, schon 1934 nach Berlin. Politisch versuchen die Sowjets in diesen Jahren, einen Modus vivendi mit dem nationalsozialistischen Deutschland zu finden, selbst den gleichgeschalteten Zeitungen ist das zu entnehmen. Moskau schlägt Berlin einen gegenseitigen Beistandspakt mit allen osteuropäischen Staaten vor. Aber Hitler drischt im Reichstag und auf den Parteitagen der NSDAP immer heftiger auf den Bolschewismus ein.

Oskar Böhme hat nicht viel Zeit, Anfang Juli muss er sich in Orenburg melden. Nach seiner Entlassung aus dem NKWD-Gefängnis fährt er nach Hause, packt seine Sachen, verschließt sein Zimmer auf der 3. Linie, übergibt den Schlüssel den Hübbenets und steigt in den Zug nach Orenburg.

Orenburg ist nicht ganz so provinziell, wie Böhme es sich vorgestellt hat. Das erkennt er schon beim ersten Streifzug durch die Stadt. Die Männer laufen in den gleichen weißen Kitteln, den gleichen weißen Hosen und ärmellosen Hemden herum wie die in Leningrad, die Frauen zeigen sich in weiten, luftigen Kleidern, es ist ja Sommer. Die Uliza Sowjetskaja ist zwischen Gorki- und Fadejew-Straße asphaltiert worden, und dort, wo einst die Petropawlowsker Kirche stand, lädt eine Parkanlage mit einer Fontäne ein, deren Wasser aus Froschmäulern sprudelt. Wenn man auf dem Boulevard die Brücke über den Ural-Fluss hinter sich gelassen hat, kommt man zur Alexandersäule mit dem Blumenkalender. Oben haben die Gärtner aus Blumen die Jahreszahl 1935 gebildet, unten das Wort Juli, und jeden Morgen wird in der Mitte aus frischem Grün die Zahl des betreffenden Tages geformt. Kultur und Erholung bietet auch der Leninpark, der Sowjetbürger soll sich wohlfühlen in seiner Stadt und Kraft schöpfen für das Aufbauwerk. Und an der Straße des 9. Januar lockt das jüngst eingeweihte Dynamo-Stadion. Es ist das ganze Jahr über geöffnet für die »gesundeste Art von Erholung für Erwachsene und Kinder«,[226] werben Plakate. Der Zirkus »Schapito« – die russische Umschrift für »Chapiteau« – ist ebenfalls noch neu, und bald wird auch ein Puppentheater seine erste Vorstellung geben.

Am Rande der Stadt sind neue Fabriken errichtet worden, eine Daunenfabrik »1. Mai« und ein Werk für Viehfutter, das zweitgrößte in der Sowjetunion, dazu das Kraftwerk »Roter Leuchtturm«. Expropriierte Bauern strömen in großer Zahl in die Stadt, wo sie zum Homo sovieticus geformt werden sollen. Sie werden zu Schräubchen der sozialistischen Produktionsmaschinerie und stampfen gemeinsam mit Arbeitern, Häftlingen und Verbannten Industrieanlagen aus dem Boden, für deren Bau der Westen die doppelte oder dreifache Zeit benötigen würde. In Orsk, einer Industriestadt östlich von Orenburg, in deren Umgebung es Kupfer und Eisenerz, Nickel und Asbest und obendrein noch Steinkohle gibt, feiert die Sowjetmacht die Fertigstellung einer 870 Kilometer langen Pipeline, durch die Öl vom Kaspischen Meer bis hinauf ins Orenburger Gebiet gepumpt werden soll. Mit dem Öl werden die neuen Eisenbahnen ins Zentrum und nach Mittelasien betrieben.

Böhme findet ein Zimmer in der Wsesojusnaja, der Allunionsstraße, die parallel zur Sowjetskaja verläuft. Die Nr. 8 ist ein unscheinbares Haus aus dem 19. Jahrhundert, nur eine Etage, klein und schäbig. Seine Mauern sind ein wenig abgesackt. Das Gebäude macht den Eindruck, als wolle es sich ducken und möglichst nicht gesehen werden. Rechts führen Stufen zu einer zweiflügeligen Tür hinauf, es gibt fünf Fenster an der Frontseite und noch zwei im Keller, wo sich ebenfalls Wohnräume befinden. Entlang der Dachkante hat der Bauherr eine Zierleiste aus Gips anbringen lassen, es ist der einzige Schmuck dieses Hauses. Aber Böhme ist froh, hier eine Unterkunft gefunden zu haben.

Gleich am nächsten Tag unternimmt er einen Spaziergang zum Kino »Oktober«, das nur gut fünf Minuten von seinem Quartier entfernt ist. Das Filmtheater ist in einem zweistöckigen Jugendstilgebäude untergebracht, das der Orenburger Kaufmann und Wohltäter Pjotr Fjodorowitsch Pankratow 1914 errichtet ließ. Unter den Häusern an der Sowjetskaja, meist alte Gebäude aus dem vorigen Jahrhundert, sticht es hervor. Früher hieß die Straße Gouvernementstraße, später Nikolajewskaja. Das Gebäude links vom Kino, in dem sich ein Café befindet, gleicht jenem, in dem Böhme jetzt wohnt: einstöckig, weiß gekalkt, ein wenig schief. Die Fassade des Kinos ist dagegen mit beigefarbenen Glasurziegeln verkleidet. Vier Fenster, groß wie die eines Warenhauses, und ein Zierbalkon in der Mitte der zweiten Etage verleihen ihr eine ungewöhnliche Eleganz, ganz oben sind die Initialen »PFP« eingelassen.

P. F. Pankratow war in Orenburg eine durchaus ungewöhnliche Erscheinung. Er gehörte zum Börsenvorstand, war anglophil und erzog seine Kinder nach englischem Vorbild. Mit seinem Geld förderte er die Orenburger Real- und die Handelsschule. Das Gebäude in der Nikolajewskaja plante er von Anfang an als öffentliches Kino und zeigte sich damit auf der Höhe der Zeit, denn kurz vor Beginn des Ersten Weltkriegs war die Kinematographie den Kinderschuhen entwachsen. »Apollo« hieß das Theater damals. Es gab noch ein zweites Kino in Orenburg, das sich »Lux« nannte und nunmehr »Proletarier« heißt, und ein drittes namens »Palace«, das sich heute »Molot« nennt, der Hammer. Aber das luxuriöse »Apollo« blieb stets das führende Haus in der Stadt. Der Glanz der Vorkriegsjahre ist noch immer wahrzunehmen. Dem geräumigen Entree schließt sich ein Café mit langem Tresen an, dahinter öffnet sich der Zuschauersaal. Die Kommunisten haben alles so gelassen, wie es war, lediglich der Name ist nun ein anderer.

1932 läuft der erste Tonfilm auf der Leinwand des »Oktober«. Aber es gibt noch nicht viele Tonfilme, und so werden 1935 immer noch Stummfilme gezeigt. Deren musikalische Begleitung erledigte bisher ein Klavierspieler, nun aber hat die Gebietsführung beschlossen, in allen Orenburger Filmtheatern Orchester einzusetzen. Böhme – ein Verbannter zwar, aber von denen gibt es in Orenburg Tausende – ist hochwillkommen. Er werde die Truppe führen, versichern sie ihm im »Oktober«, nur müsse er sich noch ein paar Wochen gedulden, bis die Planstellen offiziell genehmigt sind.

Was für ein Glück nach den Tiefschlägen der letzten Monate, nach den Depressionen in der Haft! Böhme hält den ständigen Wechsel von Tiefs und Hochs inzwischen für den normalen Lauf des Lebens. Dass es mit ihm musikalisch in den letzten Jahren stets nur bergab gegangen ist, sieht er wohl. Er war zwei Jahrzehnte lang Mitglied der führenden Oper des Landes, dann nur noch Musiklehrer, und nun wird er zum Leiter eines kleinen Kino-Orchesters in der Provinz herabsinken. Doch mit 65 Jahren schraubt man seine Ansprüche zurück. Das Wichtigste ist, dass er weiter Musik machen und nach Möglichkeit seinen Lebensunterhalt damit verdienen kann.

Im September nehmen die Pläne im »Oktober« Gestalt an, und am 3. Oktober wird den Einwohnern von Orenburg offiziell mitgeteilt, dass es künftig »Symphonieorchester«[227] in den städtischen Kinos geben wird, das größte im Filmtheater »Proletarier«. Im »Hammer«, dem alten »Lux«, werde ein Trio spielen und im »Oktober« ein gemischtes Symphonie- und Jazzorchester aus zehn Musikern.

Ins Kino zu gehen gehört zu den beliebtesten Freizeitbeschäftigungen der Orenburger, ja des Sowjetmenschen überhaupt, das Fernsehen gibt es ja noch nicht. Oft sind schon mittags Vorführungen angesetzt, die Hauptvorstellung beginnt um sieben Uhr abends. Sie ist meist ausverkauft. Ab fünf stehen die Leute an der Kinokasse an, die Karten sind schnell weg. Die neuen Filme, die nach Orenburg kommen, werden schon Tage vorher in den Zeitungen angezeigt. Es ist ein buntes Gemisch aus sowjetischen Bürgerkriegsdramen, Liebesfilmen und Komödien. Die Sowjetregierung forciert die Filmproduktion. Sie hat die älteste Filmgesellschaft des Landes, die 1914 in Petersburg gegründet

Das frühere »Elektrotheater Apollo« in der Sowjetskaja uliza heißt jetzt »Oktober« und ist das größte Kino von Orenburg. Der Verbannte Oskar Böhme dirigiert hier das Hausorchester. Filmmusik zu machen ist eine neue Erfahrung für ihn. Es ist die Pionierzeit des Kinos, die Orenburger stehen Schlange, um Karten für die Vorstellungen zu bekommen. In der Allunionsstraße, nur wenige Hundert Meter vom Kino entfernt, ist Böhme in einem kleinen Zimmer untergekommen. Es wird seine Bleibe für die nächsten drei Jahre.

wurde, zur »Filmfabrik« ausgebaut. »Lenfilm« nennt sie sich nun. Die meisten Filme kommen von dort. Das Moskauer Pendant »Mosfilm« ist zehn Jahre jünger.

Stummfilme musikalisch zu untermalen ist eine Kunst für sich, Böhme hat das noch nie gemacht. Die Musik im Kino muss viele Anforderungen erfüllen. Sie soll die lauten Projektionsgeräusche übertönen, die Zuschauer im abgedunkelten Saal beruhigen, Stimmung aufbauen, Eindrücke verstärken, Gefühle lancieren. Die Pianisten, die gewöhnlich für diese Musik sorgen, greifen gern auf klassische Vorlagen zurück, auf Klavierauszüge der Werke Mendelssohns, Schumanns oder Griegs, je nachdem welches der Stücke zu den Charakterbildern des jeweiligen Films passt. Oder sie nutzen Opernliteratur. Spielt der Film im Orient, bieten sich Verdis *Aida*, Rubinsteins *Dämon* oder Verdis *Otello* an, wenn Streifen aus der russischen Geschichte auf die Leinwand kommen, Glinkas *Ein Leben für den Zaren* oder *Die Braut des Zaren* von Rimski-Korsakow. Manchmal sind Polkas oder Walzer von Johann Strauss von Nutzen, auch Operettenmelodien oder Zigeunerromanzen. Aber die Filme sind inzwischen länger und dramaturgisch raffinierter geworden, die Musik muss kontrastierende Szenen miteinander verbinden. Es gibt jetzt Musiklisten, die exakt auf den Ablauf des jeweiligen Films ausgerichtet sind, Auflistungen der musikalischen Charaktere und der ihnen adäquaten Musiktitel, ausformulierte Überleitungen und Verknüpfungen. Nur ist diese Literatur noch nicht bis Orenburg vorgedrungen, und so kommt ein Mann wie Böhme, der seit Jahrzehnten selbst komponiert, dem Kinotheater »Oktober« gerade recht.

Mit seinen zehn Musikern ist das Orchester natürlich nicht annähernd so groß wie jenes im New Yorker Roxy Theatre an der Seventh Avenue, dem mit 6000 Plätzen größten Kino der Welt. Das besitzt eine Musiktruppe von 110 Mann. Und so haben die zehn Musiker im Orenburger »Oktober« alle Hände voll zu tun. Jeder Film besteht aus sechs bis acht Teilen, zwischen denen es Pausen gibt, weil der Filmvorführer umspulen muss. Dann geht das Licht an, und es wird weitergespielt, um die Zuschauer bei Laune zu halten.

Zwischen den Vorstellungen sitzt das Orchester auf einer kleinen Bühne im Untergeschoss und musiziert dort. »Im Foyer spielt das Orchester Jazz«, steht in den Kinoanzeigen der *Orenburger Kommune*. Der Jazz kommt dem studierten Trompeter Oskar Böhme sehr recht. Er hat schon in den 1920er Jahren einen der Begründer des sowjetischen Jazz kennengelernt, den Trompeter Jakow Skomorowski. Damals zieht der Jazz aus Amerika in die Restaurants und Bars von Moskau und Leningrad ein. Die Sowjetmacht verfolgt diese Entwicklung argwöhnisch und unterbindet sie schließlich. Aber dann entdeckt man den angeblich proletarischen Jazz. Skomorowski und der beliebte Sänger Leonid Utjossow machen ihn mit ihrer Band in der Sowjetunion populär. Der Durchbruch kommt 1934 mit dem Filmmusical *Lustige Burschen*, einem Streifen über den Dirigenten eines Jazzorchesters, der unter dem Titel *Moscow Laughs* sogar im kapitalistischen Westen läuft. Die Hauptrolle spielt Utjossow selbst. Noch immer steht die Kommunistische Partei – wie die NSDAP in Deutschland – westlicher Musik skeptisch gegenüber, vor allem der »Negermusik«. Aber wenn einheimische Orchester sie spielen, wird sie akzeptiert.

So beginnt im Frühherbst 1935 Oskar Böhmes Filmmusikkarriere. *Nenawist – Liebe und Hass* – ist einer der ersten Filme, die er mit dem Orchester begleitet, ein Stummfilmdrama, das die sowjetische Frau adeln soll. Die Geschichte dreht sich um eine Bergarbeiterwitwe, die im Bürgerkrieg einen Aufstand von Frauen gegen Weißgardisten anführt – die Feinde der Sowjetmacht wollen das Bergwerk sprengen, in dem ihr verstorbener Mann gearbeitet hat. Auch dieser Streifen kommt aus dem »Lenfilm«-Konzern, ebenso *Tschapajew*, ein Film über den legendären sowjetischen Divisionskommandeur im Bürgerkrieg. Im Triumph zieht dieser Streifen jetzt von Kino zu Kino und wird schließlich zum Klassiker.

Wer Lenins Worte begreifen will, wonach das Kino von allen Künsten »für uns die wichtigste«[228] ist, sollte sich näher mit dem Erfolg von *Tschapajew* beschäftigen. Überall im Land stehen die Menschen schon ab sieben Uhr morgens Schlange nach den Karten. »Die Zuschauer kamen aus Werken, Fabriken, aus Schulen«,[229] berichtet die Zeitschrift *Smena*. »In Kolonnen marschierten die Kämpfer der Moskauer Proletarischen Division, mit Orchestern und Plakaten, auf denen stand: ›Wir gehen, um uns Tschapajew anzusehen‹. Glückliche Tage für die Filmkunst (…), weil ›Tschapajew‹ ein politisches Ereignis wurde, das die Massen noch enger um die Leninsche-Stalinsche Partei zusammenschloss, ein Ereignis, das zu Sieg, Kühnheit und Heldentum aufrief.« Allein in Moskau sehen sich binnen weniger Wochen 2,2 Millionen

Menschen den Film an, viele drei-, fünf- oder gar zehnmal hintereinander.

Auch *Volljährigkeit* steht jetzt in Orenburg auf dem Programm, ein Drama über den Kampf gegen die Deutschen am Ende des Ersten Weltkriegs, und der Film *Das private Leben des Pjotr Winogradow*, in dem es um einen Erfinder geht, dessen Liebesleben sich überaus kompliziert gestaltet. Ist die Liebe genauso wichtig wie der Einsatz für den neuen Staat? Das wird in diesen Jahren eines der zentralen Themen im Film. Im Grunde gibt es auf diese Frage nur eine Antwort: Der Sowjetmensch soll sich in den Dienst des sozialistischen Aufbaus stellen und Tag und Nacht danach trachten, die kapitalistische Art des Wirtschaftens zu sprengen, selbstlos soll er die Produktivität steigern und damit ein Beispiel für das neue, sozialistische Arbeiten geben. Die Familie als bürgerlicher Zweckverband spielt kaum noch eine Rolle. Die Sowjetmacht hat ihre gesetzlichen Grundlagen aufgeweicht, sie hat Lebenspartner formell Verheirateten gleichgestellt und illegitimen Kindern dieselben Rechte wie legitimen zugestanden, die Scheidung kann dem Ehepartner per Postkarte mitgeteilt werden. Frauen haben viele Rechte gewonnen, viele aber auch verloren. Die freie Liebe hat eine Menge sozialer Probleme geschaffen, weshalb so manches Gesetz bald wieder geändert wird.

Bei allem Enthusiasmus, der viele Sowjetbürger tatsächlich antreibt: Die Menschen sehnen sich nach einem sinnlichen Ausgleich für den nüchternen sowjetischen Alltag. Sie lieben die Musik, immer wieder die Musik. Und sie strömen in die Kinos, vor allem wenn ein Streifen wie *Gorjatschije denjotschki – Heiße Tage* – läuft, ein Film über die schwierige Liebe zwischen einem Panzerkommandanten und einer Studentin an einem Landwirtschaftstechnikum. Sie sind begeistert von der Erfindung des Tonfilms. Werden Streifen wie der amerikanisch-ungarisch-österreichische Musikfilm *Peter* gezeigt oder der deutsch-französische Liebesfilm *Unter den Dächern von Paris* – beide kommen im Herbst 1935 in die Kinos –, sind die Karten im Handumdrehen ausverkauft.

Böhme findet in Orenburg – wie zuvor schon in Leningrad – noch eine Nebenbeschäftigung, und zwar auf höchst kuriose Weise. Eines Tages beschließt er, auf dem Weg zum Kino einen Abstecher zum Musikalischen Technikum »10. Jahrestag der Oktoberrevolution« zu machen, Orenburgs 1927 gegründeter Musikschule. Beim Rundgang durch die

Schule gelangt er zu einem Saal, in dem ein junger Trompeter gerade eine Etüde übt – eine Etüde von Oskar Böhme. Böhmes Musik wird zwar überall gespielt, aber kaum jemand kennt den Komponisten von Angesicht, und so spielt sich nun eine Szene ab, die man in Orenburger Trompeterkreisen noch viele Jahre erzählt. Der junge Mann kommt mit Böhmes Stück überhaupt nicht zurecht, er muss immer wieder neu ansetzen, aber es will ihm nicht gelingen. Böhme, der seine Trompete bei sich hat, fragt, ob er sich vielleicht einmal an dem Stück versuchen dürfe. Er darf, und er spielt die Etüde auswendig und fehlerfrei. Die Zuhörer sind überwältigt. Ihre Überraschung ist nicht gering, als sich herausstellt, dass sie soeben den Verfasser der Etüde gehört haben. Und Oskar Böhme kommt zu einer Stelle an der Musikschule in Orenburg.

Die musikalische Erziehung ist in der Sowjetunion inzwischen Breitenarbeit. Bauern- und Arbeiterkinder werden gefördert und Talente gesucht. An den Schulen im ganzen Land gibt es Klaviere. Böhme darf in der Trompetenklasse des Technikums unterrichten, und es dauert nur wenige Wochen, bis er auch privat Unterricht erteilt in seinem Zimmer in der Allunionsstraße Nr. 8. Das Technikum bringt übrigens einige Jahre später einen Musiker hervor, der weltweit Berühmtheit erlangt: den Cellisten Mstislaw Rostropowitsch. Er ist der Sohn des Cellisten Leopold Rostropowitsch, der zu Beginn des Krieges gegen Hitlerdeutschland mit seiner Familie nach Orenburg evakuiert wird und dort in das Lehrerkollegium des Musikalischen Technikums eintritt.

Als es Herbst wird und schließlich Winter, fühlt Oskar Böhme sich in der Stadt am Ural-Fluss schon mehr oder weniger heimisch. Was bleibt ihm auch anderes übrig? Verlassen darf er Orenburg nicht, sein Leben ist jetzt auf wenige Quadratkilometer begrenzt. Vormittags der Gang zur Musikschule, nachmittags oder abends der zum Kino – an diesen Rhythmus hat er sich inzwischen gewöhnt. Auch an die Kulisse der Sowjetskaja, vor der sich nun sein Alltag abspielt. Dort kauft er ein, dorthin führen die Behördengänge, dort marschiert er mit seinen Kollegen am 7. November zu Ehren der Revolution auf, und dort auch trifft er meist die Bekannten, die er in Orenburg hat. Natürlich muss er regelmäßig in die Straße des 9. Januar gehen, um sich beim NKWD zu melden. Der Staat behält seine Opfer im Blick.

Nicht nur die Opfer. Alle Sowjetbürger haben dem von Staat und Partei vorgegebenen Takt zu folgen. Der sozialistische Wettbewerb wird zur alleinigen Triebfeder des Lebens. Tag für Tag wird über eifrige Kämpfer berichtet, über Mähdrescherfahrer, die sich beim Einbringen des Getreides überbieten, als seien sie Gladiatoren aus frührömischer Zeit, oder über Bergarbeiter, die – wie der Hauer Alexei Stachanow im August dieses Jahres – ein Vielfaches der Tagesnorm an Kohle fördern. Nach der Arbeit müssen die Werktätigen noch an diversen Versammlungen teilnehmen. Jeden Tag rufen die Zeitungen zu Partei-, Funktionärs- oder Bürgertreffen auf. In Orenburg werden die Vorsitzenden der Abgeordnetengruppen und der Straßenkomitees in den Dynamo-Klub bestellt, um den 18. Jahrestag der Revolution vorzubereiten, die Vertreter des städtischen Handels haben sich zu Beratungen über den Brotverkauf in der Staatsanwaltschaft einzufinden, Eltern und Lehrer sollen einer Bildungskonferenz beiwohnen. Im Stadttheater gibt es einen Kongress dörflicher Stoßarbeiter, deren Reden auf Tage hinaus alle Zeitungsseiten füllen, und regelmäßig wird über die Transportleistungen der Orenburger Eisenbahn berichtet – der Plan für die Beladung sei mit 167,6 Prozent erfüllt worden, der für die Entladung mit 152,8 Prozent –, als ob das den Menschen etwas sagen würde. Sogar die Wolfsjagd auf den Kolchosen rund um Orenburg steht unter Kontrolle der Partei, die Abschüsse der Tiere durch einzelne Kollektivbauern werden öffentlich gewürdigt.

Die *Orenburger Zeitung* scheint einzig und allein dafür da zu sein, Beschlüsse, Verordnungen und Ernennungen bekannt zu machen. Selten wird über das berichtet, was das Leben der Menschen wirklich berührt. 1935 wird tatsächlich die Rationierung von Milch aufgehoben, ein Liter kostet in Orenburg jetzt einheitlich 1,30 Rubel. Die Zeitungen feiern das als Erfolg Stalins. Laut Beschluss des Ministeriums für Binnenhandel müssen alle Lebensmittelgeschäfte nun »mindestens 77 verschiedene Artikel«[230] im Angebot führen – eine Forderung, die nach dem Bericht der *Orenburger Kommune* in 30 Orenburger Läden angeblich bereits umgesetzt worden ist. Niemandem erschließt sich, warum es gerade 77 sind. Ausstellungen werden eröffnet, Ehrentafeln enthüllt und Parteiversammlungen abgehalten, Veranstaltungen, an denen mitunter auch parteilose Orenburger teilnehmen müssen. Und wenn einer der höheren Funktionäre im fernen Moskau eine Rede hält, wird sie umgehend auch in Orenburg ausgewertet, so wie Stalins Auftritt auf dem Unionskongress der »Stachanowzy« – der Stoßarbeiter – Ende November. Dann hat sich der parteilose Oskar Böhme gleich zweimal einzufinden, und zwar im Kino »Oktober« und in der Musikschule »10. Jahrestag der Oktoberrevolution«.

Vor der Musikschule haben ihn die Kollegen im Filmtheater gewarnt. Deren Lehrer hätten sich schon früh einen Namen in der von Stalin ausgerufenen Kulturrevolution gemacht, keinen guten. Sie hätten in Orenburger Zeitungen Artikel gegen »bürgerliche Tendenzen« in der Musik veröffentlicht und einen Boykott der Werke Rachmaninows erklärt, weil in denen die »dekadente Ideologie des Kleinbürgertums«[231] zum Ausdruck komme. Das ist ziemlich wohlfeil. Rachmaninow zu kritisieren ist unter Stalin Common sense, nachdem der Pianist nach der Revolution das »gnadenlose Ausmerzen der Kunst« durch die Bolschewiki angeprangert hatte und in den Westen emigriert war. Die Parteizeitung *Prawda* hatte daraufhin das Todesurteil über den Künstler Rachmaninow gesprochen: »Sergei Rachmaninow, einstiger Sänger der russischen Kaufleute und Bourgeois, längst unfruchtbar gewordener Komponist, Imitator und Reaktionär, ehemaliger Gutsbesitzer, der vor gar nicht langer Zeit, 1918, in Hass zu Russland erglühte, als die Bauern ihm seine Ländereien wegnahmen, ist ein Erzfeind der sowjetischen Regierung.«[232] Als der Komponist 1932 in der *New York Times* gegen die Folterungen in den Kerkern der sowjetischen Geheimpolizei protestiert, wird er in der Sowjetunion endgültig zur Unperson und seine Musik verboten.

Für die Orenburger Musikschule ist die Rachmaninow-Kritik eher eine Flucht nach vorn, denn das Technikum wird immer wieder öffentlich kritisiert, es sei unter den sowjetischen Musikschulen eine der schwachen, »es fehlen hochqualifizierte pädagogische Kader, die Musikinstrumente reichen nicht, es gibt keine kleinen Geigen, keine Celli, nicht einmal einen Konzertflügel«.[233] Es dauert nicht lange, bis in der *Prawda* ein Artikel erscheint, der den nächsten Angriff auf allzu selbständige Künstler einleitet. Dieses Mal geht es gegen den »Formalismus«, konkret gegen die Oper *Lady Macbeth von Mzensk* des 35-jährigen Dmitri Schostakowitsch. Chaos statt Musik, steht über dem Pamphlet, das Schostakowitschs Musik verreißt. Sie sei »grob, primitiv, vulgär. Die Musik quakt, heult, schnaubt, keucht, um die Liebesszenen um so naturalistischer darzustellen (…). Der Komponist hat sich offenbar nicht die Aufgabe gestellt, zuzuhören, was man von ihm erwartet, was das sowjetische Auditorium in der Musik sucht.«[234]

Kommentare dieser Art kommen in diesen Jahren einer beruflichen Vernichtung gleich. Vorauseilender Gehorsam und Denunziation gehen Hand in Hand. Für Verbannte sei Vorsicht geboten, sagt einer der Musiker zu Böhme und erzählt von Victor Serge, dem Romanschriftsteller und Publizisten, den sie in Moskau erst aus der Partei geworfen, dann verhaftet und schließlich ebenfalls nach Orenburg verbannt haben und der in diesen Monaten nur deswegen einer erneuten Verhaftung entgangen ist, weil sich ausländische Kollegen wie Romain Rolland, André Gide und George Orwell für ihn eingesetzt haben. Serge hat inzwischen die Erlaubnis erhalten, Orenburg und die Sowjetunion zu verlassen, Stalin selbst hat sie erteilt. Nicht alle kommen so glimpflich davon.

Nicht nur die Musikschule, Orenburgs Kulturszene insgesamt ist zutiefst verunsichert. Im Schauspielhaus wird die Zusammensetzung des Repertoires zum Vabanquespiel. Über sie befindet jetzt ein künstlerischer Rat, in dem Vertreter von Partei, Staat und Gewerkschaften sitzen. Und so werden der Führung genehme Werke wie Furmanows *Tschapajew* aufgeführt, Wischnewskis Revolutionsstück *Optimistische Tragödie* oder Iwanows Bürgerkriegsdrama *Panzerzug 14-69*, ferner sieben Stücke von Maxim Gorki. Mit einem solchen Spielplan kann man in diesen Zeiten nicht allzu viel falsch machen.

Oskar Böhme ist gewarnt, aber in seinem kleinen Orchester im »Oktober« fühlt er sich einigermaßen sicher. Das Risiko, politisch aufzufallen, ist hier geringer als anderswo. Mit den Filmen selbst hat er nichts zu tun, sie sind ohnehin von der Zensur abgenommen, und für die Art der Begleitmusik interessiert sich die Partei nicht.

So geht das Jahr 1935 zu Ende, und das neue beginnt, wie das alte aufgehört hat. Es gibt die üblichen russischen Jolkafeiern zu Neujahr, aber der offizielle Höhepunkt am 1. Januar ist die Eröffnung des Pionierhauses in Orenburg. Zwei Tage darauf steht die Stadt im Zeichen eines großen Lehrerkongresses, und dann dreht sich alles nur noch um eines: Stalin hat noch kurz vor Neujahr eine Rekordernte für 1936 verlangt, sieben bis acht Milliarden Pud Getreide sollen eingefahren werden.

Im »Oktober«-Kino spielen sie *Grosa – Das Gewitter* –, ein Alltagsdrama aus einer kleinen Stadt an der Wolga Anfang des 19. Jahrhunderts. Der Film soll ein Beweis dafür sein, wie grundlegend sich das

Leben in Russland verbessert hat. Was im Rest des Landes vor sich geht, bekommt Böhme allenfalls bruchstückweise mit, er erfährt es meist aus Briefen, die ab und zu aus Leningrad eintreffen, von Bekannten und Freunden wie Alissa Hübbenet. Auch in Leningrad, so schreibt sie, sei das Leben jetzt alles andere als leicht.

Verrohte Hunde

Im Zentrum von Leningrad verkehren jetzt Trolleybusse, und man sieht die ersten sowjetischen Autos, die M-1, auf den Straßen der Stadt, die im Molotow-Autowerk in Gorki vom Band laufen, dem früheren Nischni Nowgorod. In der Stadt an der Newa wird die erste sowjetische Fußballmeisterschaft eröffnet, mit einem Spiel zwischen der örtlichen Dynamo-Mannschaft und Lokomotive Moskau. Es gibt die ersten Langstrecken- und Polarflüge sowjetischer Flieger in diesem Jahr – vieles bekommt das Etikett »neu« und »bislang einmalig«.

Wer Zeitungen richtig lesen kann, ahnt, dass die weltpolitische Lage für die sowjetische Führung nicht einfacher geworden ist. In Spanien putscht Franco gegen die gerade etablierte linke Regierung, und in Deutschland attackiert Hitler weiterhin den russischen Bolschewismus. Der erst Ende des vergangenen Jahres zum Marschall ernannte stellvertretende Verteidigungskommissar Michail Tuchatschewski, Russlands »roter Napoleon«, warnt die sowjetische Führung schon im Januar 1936 vor der militärischen Gefahr, die von Deutschland droht, und fordert eine Modernisierung der Roten Armee. Doch im Frühjahr entspannt sich die Lage erst einmal. Zwischen Berlin und Moskau wird ein Handelsvertrag abgeschlossen. Stalin ist an guten Beziehungen zu Deutschland interessiert. Die Deutschen, die noch in Leningrad leben, bleiben dennoch vorsichtig. Die Mitarbeiter im Generalkonsulat haben ihre privaten Kontakte zu Sowjetbürgern eingestellt. Sie wollen in der aufgeheizten innenpolitischen Atmosphäre niemanden gefährden und beschränken sich auf ihre offiziellen Aufgaben.

Dem Chemiker Richard Poehl, arbeitslos und inzwischen 59 Jahre alt, wird im März 1936 vom Generalkonsulat endlich ein deutscher Pass ausgehändigt. »Beruf: Chemiker, Geburtsort: Petersburg, Wohnort: Leningrad, Gestalt: hoch, Farbe der Augen: blau, Farbe des Haares:

ergraut«,[235] steht in dem Dokument, für das er acht Rubel Gebühren zu zahlen hat. Auch seiner 44-jährigen Frau Eugenie, geborene Trompeter, »Gestalt: hoch, Farbe des Haares: dunkelblond«,[236] wird das beantragte Reisedokument ausgehändigt. Es sind die Pässe Nr. 32 und 33, die das deutsche Generalkonsulat in diesem Jahr ausstellt, und das zeigt, dass kaum noch Deutsche Richtung Westen ausreisen dürfen. Als Geltungsbereich der Pässe haben die deutschen Beamten »Gesamtes In- und Ausland« eingetragen, aber was nützt das, wenn man zur Ausreise aus der Sowjetunion eine Genehmigung des NKWD braucht?

Nun, da sie die Pässe in Händen halten, machen die Poehls sich noch mehr Sorgen um ihre Tochter Marie. Sie ist knapp 18 Jahre alt und mit dem Architekten Georg Sebode liiert. Der junge Mann ist künstlerisch begabt, eigentlich hatte er Maler werden wollen, Marie hat sich heftig in ihn verliebt. Was stört sie da die Politik, sie will Leningrad nicht verlassen. Dabei gibt es Hinweise genug, die es ratsam erscheinen lassen, der Stadt lieber heute als morgen den Rücken zu kehren. Die Führung um Stalin sucht nach immer neuen Volksfeinden und sozial fremden Elementen, nach Menschen, die in die sozialistische Gesellschaftsordnung nicht hineinpassen. In der zweiten Hälfte des Jahres 1935 wurden alle acht noch existierenden deutschen Kirchen geschlossen und einer »gesellschaftlichen« Verwendung zugeführt. Im August die Michaelskirche an der Ecke zur 3. Linie, auf der Oskar Böhme früher gewohnt hat, dann die Katharinenkirche, am 1. September die Annenkirche, an der einst Pastor Eduard Maaß gepredigt hat, im Dezember schließlich die Nikolaikirche im deutschen Kolonistendorf Graschdanka. Bereits im Frühjahr waren sechs Pastoren verhaftet worden, denen man Verbindungen ins Ausland vorwarf, worunter auch die Annahme von Hilfslieferungen des Martin-Luther-Bundes und des Internationalen Roten Kreuzes fiel.

Das alles ist nicht allein dem blinden Eifer subalterner Kräfte geschuldet, sondern hat System. Das Zentralkomitee der Partei setzt die Partei- und Geheimdienstfunktionäre unter enormen Druck. Im Februar kündigt die Parteiführung in einem Geheimbeschluss weitere Maßnahmen gegen »Spione, Schädlinge und Terroristen« an. Im Juli erhalten die NKWD-Abteilungen eine geheime Instruktion, in der von den Untersuchungsbeamten die Anwendung »beliebiger« Methoden gefordert wird, um vermeintlichen Volksfeinden schneller Geständnisse abzupressen. Kurz darauf folgt ein Beschluss des sowjetischen Exekutivkomitees, wonach Gefängnisse für besonders gefährliche Konterrevolutionäre eingerichtet und sie mit bis zu 20 Jahren Haft bestraft werden sollen.

Im August kommt es zum ersten großen Moskauer Schauprozess. 16 Angeklagte stehen vor dem Tribunal im Gewerkschaftshaus, unter ihnen ein Mann, der acht Jahre lang die mächtigste Figur in Petrograd/Leningrad war und später Führer der Kommunistischen Internationale: Grigori Sinowjew. Wer hätte das nach der Revolution für möglich gehalten? In der sechstägigen öffentlichen Verhandlung gegen das »Antisowjetische trotzkistische Sinowjew-Zentrum« wirft der Generalstaatsanwalt den Angeklagten Vorbereitungen zum Terrorismus, Verbindungen zu Leo Trotzki, Beteiligung an der Ermordung des Leningrader Parteichefs Sergei Kirow und weitere unglaubliche Dinge vor.

Sinowjew und seine Mitgefangenen üben Selbstkritik, sie bezichtigen sich aller nur denkbaren Verbrechen und gehen so weit, öffentlich einzugestehen, was sich Stalin und seine Kreaturen einfach nur ausgedacht haben – nämlich dass sie »Faschisten« seien. Aber selbst dieses abartige Zugeständnis hilft ihnen nicht: Alle 16 werden in der Nacht des 26. August 1936 erschossen. Sinowjew, der 1918 die Vernichtung von zehn Millionen Russen als unumgänglich bezeichnet hatte, denn etwa so groß sei der Anteil derjenigen an der Bevölkerung, die für die Sache der Revolution nicht zu gewinnen seien, fällt jetzt, im Angesicht seines eigenen Todes, auf die Knie, bittet um Gnade und küsst die Stiefel seiner Henker, wie Augenzeugen übereinstimmend berichten.

Die *Orenburger Kommune* druckt wie die Zeitungen im ganzen Land die Anklageschrift gegen Sinowjew und seine Mitangeklagten sowie die Rede von Generalstaatsanwalt Andrei Wyschinski im vollen Wortlaut. Am Tag darauf erscheinen auf der Titelseite Wortmeldungen von Werktätigen, die »die Infamie der elenden trotzkistisch-sinowjewschen Mörder«[237] anprangern und allerhärteste Strafen für sie fordern, dazu Briefe an den Genossen Stalin von den Arbeitern des Lokomotivreparaturwerkes und von Orenburger Kosaken. Und als aus Moskau die Mitteilung über die Erschießung der vermeintlichen Trotzkisten eintrifft, schreiben Kollektive wie das der Professoren und Dozenten des Landwirtschaftsinstituts, dass dieses Urteil exakt ihren Willen ausdrücke und jeder nun noch mehr Wachsamkeit an den Tag legen müsse.

»Allgemeine Zustimmung zur Erschießung der verrohten Hunde des terroristischen Zentrums«,[238] konstatiert die Redaktion. Und natürlich hat man inzwischen auch in Orenburg Trotzkisten entdeckt – im Konsumverband und im Fleischkombinat. Die Partei habe es bei der letzten Säuberung ihrer Reihen an Achtsamkeit fehlen lassen, wird dazu erklärt.

Bei Oskar Böhme, im Kino »Oktober«, spielen sie in diesen Tagen *Rodina sowjot – Die Heimat ruft.* Es ist einer der neuen sowjetischen Filme, die den Krieg vorwegnehmen: Der Testpilot Sergei kehrt von einem Rekordflug zurück, man feiert ihn mit einem Fest, doch am selben Abend wird der Krieg ausgerufen. Sergei übernimmt eine Jagdstaffel, schießt drei feindliche Flieger ab und sichert damit die Landung eines Stoßtrupps im Rücken des Feindes. Man schreibt erst 1936, aber das Land läuft bereits im Kriegsmodus, Stalin und seine Militärs gehen davon aus, dass der nächste Krieg in der Luft entschieden wird.

Der Zorn der Werktätigen

Als das Jahr 1937 beginnt, hat Oskar Böhme mehr als die Hälfte seiner Verbannungszeit hinter sich. Die Arbeit mit dem Orchester des Filmtheaters »Oktober« lenkt ihn ab, auch die mit den Kindern am Technikum, denen er Trompetenunterricht erteilt. Musik beseelt ihn, sie entrückt ihn der bedrückenden Wirklichkeit. Wenn er im Radio die ersten Klänge von Tschaikowskis h-Moll-Sinfonie oder eine von Beethovens Violinsonaten hört, steigen Bilder aus Petersburg in ihm auf, Erinnerungen an seine Frau Alexandra, an den Blick aus dem Orchestergraben hinauf in die Ränge des Marientheaters, der sich ihm dort allabendlich bot.

Er muss nicht wirklich leiden in Orenburg, sein Leben hier ist kein Gefängnisaufenthalt. Er kann sich frei bewegen, zumindest innerhalb der Stadtgrenzen, und, was ganz wichtig ist, er hat Freunde. Nicht wenige Leningrader sind wie er nach Orenburg verbannt worden. Konrad Schnakenburg lebt jetzt hier, eigentlich Konrad Heinrich Otto von Schnakenburg, ein Baltendeutscher, der von 1914 an am Kaiserlichen Gymnasium in Zarskoje Selo Deutsch unterrichtete – bis 1925, als das Gymnasium bereits eine sowjetische »Arbeitsschule« war. Anfang der 1920er Jahre hatte Schnakenburg in Petrograd Bibelkurse belegt und war

Pastor an der lutherischen Kirche von Puschkin geworden, wie Zarskoje Selo nun heißt. Dann zog er nach Leningrad und lehrte am Institut für Ingenieure der Milchindustrie Deutsch. Als herauskam, dass er weiterhin Bibelstunden gab, wurde er entlassen. Ein Sondergericht verurteilte ihn 1935 zu fünf Jahren Verbannung. Seit Anfang Juli 1935 lebt er mit seiner Frau Xenia in Orenburg, Böhme ist ab und an bei den beiden zu Besuch. Auch den Arzt Leo Pape hat er hier kennengelernt. Pape unterhielt am Krjukow-Kanal 4 in Leningrad eine Praxis, nur ein paar Hundert Meter hinterm Marientheater.

Und Böhme hat aus Leningrad Besuch bekommen, von Alissa Hübbenet. Das erste Mal erscheint sie im Mai 1936. Sie bringt Lebensmittel und Post von zu Hause, denn Leningrad wird natürlich besser versorgt als Orenburg. Er wiederum gibt ihr Briefe für seine Brüder in Deutschland mit, die er in Orenburg nicht in den Briefkasten werfen kann. Alissa hat genügend Bekannte im Umfeld des deutschen Generalkonsulats, die solche Post weiterleiten.

Alissa Hübbenet ist inzwischen 44 Jahre alt und nicht nur Böhmes beste Freundin. Sie steht ihm auch als Pianistin sehr nah. Sie unterhalten sich über die alten Zeiten in Petersburg, aber mehr noch über das, was in der ehemaligen Hauptstadt vor sich geht. Sie sprechen über die Entlassenen, Verurteilten, Verbannten, Verschwundenen. Die Deutschen haben unter dieser Regierung keine Zukunft mehr, sagt Alissa – nicht in Leningrad, nicht in Moskau, nirgendwo im Land. Es sind selten glückliche Tage, wie aus der Welt gefallen. Beim Abschied am Bahnhof verspricht Alissa, im nächsten Jahr wiederzukommen.

Alissas böse Vorahnungen werden sich bald bestätigen. Dabei beginnt das neue Jahr 1937 prächtig, mit einem großen Feuerwerk im Dynamo-Stadion. Im Lenin-Kulturpark werden drei Eisbahnen eröffnet, der Bau der ersten Straßenbahnlinie beginnt, die ersten Taxis verkehren in der Stadt, und seit Jahresbeginn können die Orenburger rund um die Uhr mit den Nachbarrayons telefonieren.

In Böhmes »Oktober«-Kino wird der erste sowjetische Farbfilm gezeigt, *Die Nachtigall*, ein Streifen, der in vorrevolutionärer Zeit spielt. Pech nur: Die Kopie, die vorher in Ufa gelaufen war, taugt nichts mehr, der Film reißt alle paar Minuten und muss schließlich wieder abgesetzt werden. Auch in der Musikalischen Komödie geht es locker zu, da spielen sie Franz Lehárs *Lustige Witwe*, und im Zirkus gibt es einen Abend des Humors und des Lachens mit dem Komiker Woldemar, anschließend Tanz bis drei Uhr nachts.

In Orenburg herrschen in diesen Wochen 20 Grad Frost, im Umland sind es sogar minus 32 Grad, und wieder liegt ungewöhnlich viel Schnee. Böhme muss sich anstrengen, genügend Holz und Kohle für den schlecht ziehenden Ofen in seinem Zimmer zu beschaffen. Er hat Glück, dass sich in der Straße, in der er wohnt, das Kontor der Brennstoffabteilung des Stadtexekutivkomitees befindet. Das verkauft Heizmaterial seit Kurzem auch an Privatpersonen. Erfreulich auch: Zum 1. Februar werden die Gehälter für Lehrer erhöht, selbst für die an den Musikschulen. Monatlich werden nun 295 Rubel gezahlt. Oskar Böhme bekommt diese Summe anteilig, denn er unterrichtet nur stundenweise am Orenburger Technikum, für eine akademische Stunde gibt es jetzt sechseinhalb Rubel statt zuvor drei.

Der sowjetische Alltag ist schwierig und irritierend. Eben noch hoch geehrte Parteiführer werden plötzlich mit Hassparolen überzogen und als »hündische Volksfeinde« geschmäht. Bei der Eisenbahn in Orenburg nehmen sie mehrere Schichtleiter wegen »antisowjetischer Tätigkeit« fest, auch Sabotage wird ihnen vorgeworfen. In Wahrheit geht es wohl nur um Planrückstände und alltägliche Schlamperei. Ungewissheit wird zum alltäglichen Begleiter, die totale Willkür verbreitet Angst. Und so versuchen viele, die Erwartungen des Staates gehorsam zu erfüllen, etwa indem sie am gemeinschaftlichen Abhören der »historischen« Rede des Genossen Stalin auf dem Allunionskongress teilnehmen, die Radio Komintern am 14. Januar auf 6990 kHz überträgt.

»Es gibt keine Kapitalistenklasse mehr in der Industrie«,[239] sagt der KP-Führer. »In der Landwirtschaft gibt es die Klasse der Kulaken nicht mehr. Es gibt keine Kaufleute und Spekulanten mehr im Handel. Alle Ausbeuterklassen sind liquidiert. Die Klassenstruktur unserer Gesellschaft hat sich verändert.«

Es ist kein Vergnügen, dem langsam und leidenschaftslos sprechenden Führer beim Knistern der Kurzwelle zuzuhören, wenn er über die Veränderungen im Sowjetland und die Vorzüge der neuen sowjetischen Verfassung spricht. »Erstaunlich, wie man solchen Erfolg haben kann bei so schlechten Voraussetzungen – Stimme und Akzent, ungebildet«,[240] schreibt der Geochemiker Wladimir Wernadski in sein Tagebuch, der nach der Revolution einige Zeit Präsident der ukrainischen

Akademie der Wissenschaften war. Am Tag darauf wird die Rede von Staatsoberhaupt Michail Kalinin übertragen, der den außerordentlichen Rätekongress der Russischen Sozialistischen Sowjetrepublik eröffnet. Und so geht es Woche für Woche.

Die Angst bekommt immer neue Nahrung. Am 24. Januar, einem Sonntag, hängt in den Schaukästen an der Uliza Sowjetskaja wieder eine Ausgabe der *Orenburger Kommune* mit bedrohlichen Schlagzeilen. »Trotzkistische Spione, Diversanten, Verräter der Heimat«[241] steht fett gedruckt auf Seite 1. Auf den folgenden Seiten kann man die Anklagerede gegen namhafte Parteifunktionäre lesen, denn in Moskau hat der zweite große Schauprozess begonnen, der »Prozess der 17«. Vor Gericht stehen Georgi Pjatakow, früher Vizechef des Obersten Volkswirtschaftsrates, und Karl Radek, einst Sekretär des Exekutivkomitees der Komintern, der nach der Revolution einer der wichtigsten Vermittler zwischen Deutschland und Sowjetrussland war. Nun werden sie und 15 weitere ehemals hochrangige Parteimitglieder als Trotzkisten angeklagt.

Eine ganze Woche lang füllen Prozessberichte die Orenburger Zeitungen. Am 2. Februar drucken die Blätter das Urteil ab. Für die meisten Angeklagten gibt es wieder die Höchststrafe. 13 der Verurteilten hat man bereits erschossen, als die Orenburger ihre Zeitung aufschlagen. Wieder ruft die Partei die Bevölkerung auf, dem »großen Lehrer« Josef Stalin eine Loyalitätsadresse zu übermitteln, alles wie im Herbst des letzten Jahres. Von einer »verrohten trotzkistischen Verbrecherbande«[242] ist die Rede und davon, dass das Urteil »vom Volk diktiert« worden sei. Dabei hat das Volk noch drei Wochen zuvor nicht das Geringste von dieser angeblichen Bande gewusst. In Böhmes Kino läuft *Lichter der Großstadt* mit dem Komiker Charles Chaplin.

1937 ist das letzte Jahr des zweiten Fünfjahrplans, der die endgültige Beseitigung der kapitalistischen Elemente einleiten und den Sieg des Sozialismus verankern soll. Dafür muss man sich aller Unzuverlässigen entledigen. Auch rund um die Sowjetunion wird es immer unsicherer. In Deutschland herrschen die Nationalsozialisten, im Osten marschiert Japan, und in Spanien tobt der Bürgerkrieg.

Nach den ersten beiden Schauprozessen geht es in der Sowjetunion Schlag auf Schlag, nicht alles bekommt die Öffentlichkeit mit. Ende Februar tritt das Zentralkomitee der Kommunistischen Partei zusammen. Die führenden Genossen hätten sich als naiv und blind erwiesen, sagt Stalin in seiner Rede, »sie haben es nicht vermocht, das wahre Gesicht der Volksfeinde zu erkennen, sie waren nicht in der Lage, die Wölfe im Schafspelz auszumachen, sie haben ihnen nicht die Maske herunterreißen können«.[243] Er proklamiert eine Verschärfung des Klassenkampfes.

Anfang März lässt Stalin altgediente Mitkämpfer der »Lenin'schen Garde« in den Ministerien verhaften. Noch im selben Monat beginnt die Säuberung im NKWD, Anfang April wird Nikolai Jeschow neuer Geheimdienstchef.

Im Mai trifft es die Rote Armee. Als einer der Ersten wird Marschall Michail Nikolajewitsch Tuchatschewski verhaftet, seit Kurzem Oberbefehlshaber des Wolga-Militärbezirks. Im Gefängnis landen die Kommandeure des weißrussischen und des Kiewer Militärbezirks, der Chef der Kriegsakademie und andere hohe Militärs. Nicht einmal einen Monat später sind sie alle tot. Sie sollen für ausländische Mächte spioniert haben. Die vorgebrachten Beweise sind konstruiert.

Am 2. Juli befasst sich das Politbüro der Partei erneut mit »antisowjetischen Elementen«. Es legt fest, dass dem Zentralkomitee binnen fünf Tagen die derzeitige Zusammensetzung der Troikas gemeldet werden muss, der außergerichtlichen Tribunale, die mit den Volksfeinden abrechnen sollen, und verlangt, dass ihm die Anzahl der zu erschießenden und der zu verbannenden Personen mitgeteilt wird.

Am 30. Juli unterzeichnet der Volkskommissar für Inneres den Geheimbefehl 00447. Grausames hat das Land bereits genug erlebt, aber das Dokument mit der unscheinbaren Nummer 00447 bedeutet eine Zeitenwende. Denn mit ihm beginnt der »Große Terror«. Der Terror ist bis dahin schon nicht gering, aber was nach dem 5. August 1937 im Land geschieht, ist so etwas wie die maschinelle Tötung unschuldiger Menschen. Vom 5. August an sollen Kulaken, Geistliche und Kriminelle, die man für fähig hält, aktiv Handlungen gegen die Sowjetmacht zu begehen, verhaftet und abgeurteilt werden, Familienangehörige inbegriffen. Das ist im Grunde nichts anderes als eine prophylaktische Säuberung des Volkes. Jede Republik, jedes Gebiet erhält eine Planvorgabe für die zu Repressierenden. Diese werden in zwei Gruppen unterteilt: Kategorie 1 bedeutet Tod durch Erschießen, Kategorie 2 Lager- oder Gefängnishaft zwischen acht und zehn Jahren.

Die Aktion soll vier Monate dauern und rechtzeitig zum Jahrestag der Stalin'schen Verfassung und vor den ersten Wahlen zum Obersten Sowjet der UdSSR abgeschlossen sein. Die Wahlen sind für den 12. Dezember angesetzt.

Es ist eine höllische Maschinerie, die nun mit unerbittlicher Grausamkeit anläuft. Wer zwischen ihre Räder gerät, wird oft mit einer Bleistiftnotiz an irgendeinem Schreibtisch des NKWD entschieden. Willkürlich produzieren die Geheimbürokraten Anklagen und lassen immer neue Gruppen von Verdächtigen festnehmen. Die Deutschen bilden eine dieser Gruppen.

Bereits am 19. Juli, elf Tage vor dem Geheimbefehl, wird im Innenkommissariat eine Operation zur Liquidierung aller Deutschen geplant, die auf irgendeine Weise mit der Rüstungsindustrie zu tun haben. Am 25. Juli erfolgt der operative Befehl, er trägt die Nummer 00439. Aus Agenturunterlagen der letzten Zeit gehe hervor, so heißt es da, dass der deutsche Generalstab und die Gestapo in großem Umfang eine Spionage- und Diversionstätigkeit in den wichtigsten Industriebetrieben durchführen, vor allem in der Verteidigungsindustrie. Im Rahmen dieser Maßnahme würden sie Kader von deutschen Staatsbürgern nutzen. Schon jetzt würden diese Leute Diversionsakte verüben. »Deshalb befehle ich«,[244] so schreibt der Volkskommissar für Inneres und Generalkommisar der Staatssicherheit, Nikolai Jeschow, »1. Binnen drei Tagen Listen aller deutschen Staatsbürger aufzustellen, die in Militärbetrieben arbeiten oder zu unterschiedlichen Zeiten dort gearbeitet haben, aber im Lande geblieben sind, und aller deutschen Staatsbürger, die im Eisenbahntransport arbeiten. 2. Beginnend mit dem 29. Juli ist mit der Verhaftung aller von Ihnen ermittelten deutschen Staatsbürger zu beginnen.«

Der Befehl klingt, als ginge es nur um Personen mit deutscher Staatsbürgerschaft und lediglich um Beschäftigte in armeenahen Bereichen. In Wirklichkeit sind auch die Deutschen mit sowjetischer Staatsbürgerschaft gemeint, und ganz schnell wird dieser Befehl auf andere Berufsgruppen ausgedehnt. Ähnliche Befehle erlässt das NKWD für weitere Nationalitäten. Es gibt eine »polnische« und eine »Charbiner Operation«, die sich auf ehemalige Mitarbeiter der Ostchinesischen Eisenbahn und Re-Immigranten aus der Mandschurei bezieht, später auch Säuberungen unter Letten, Esten, Finnen, Griechen, Bulgaren und

Mazedoniern. Aber die Deutschen stehen wegen der angespannten Beziehungen Moskaus zum Hitler-Regime unter besonderer Beobachtung.

Verhaftet werden zuerst jene, die beim NKWD bereits registriert sind und schon einmal verhaftet wurden. Das erleichtert die Planerfüllung, denn von diesen Menschen liegen bereits alle möglichen Daten vor. Auslöser für die Festnahmen sind Spitzelberichte, Denunziationen, manipulierte Geständnisse.

Im Orenburger Gebiet setzen die Repressionen schon 1936 ein, und es trifft sogleich angesehene Mitglieder der Partei. Das erste Opfer ist der Bevollmächtigte des Volkskommissars für Schwerindustrie im Orsker Industriegebiet, Sergei Frankfurt. Dann werden mehr als 130 Industriedirektoren der Spionage und konterrevolutionärer Tätigkeit bezichtigt. 1937 geraten auch hochgestellte Partei- und Staatsfunktionäre ins Visier. Im September kommt es in der Rayonhauptstadt Buguruslan nordwestlich von Orenburg zum ersten Schauprozess in der Region. Vor dem Militärtribunal stehen der frühere Chef des Rayonexekutivkomitees und mehrere Kolchosvorsitzende.

Noch bevor das Tribunal beginnt, fordern Kollektive wie das der Orenburger Mittelschule Nr. 6 öffentlich Todesurteile für alle Beschuldigten. Auch andere Arbeitskollektive beeilen sich, die Vernichtung der »Scheusale und Schurken«[245] zu verlangen, obwohl sie von den Menschen, über die sie richten, in Wirklichkeit gar nichts wissen. »Der Zorn der Werktätigen des Orenburger Gebiets ist groß«,[246] schreibt die *Orenburger Kommune* und macht auf diese Weise die Bevölkerung zu Mittätern des NKWD. Mit nur einer Ausnahme werden alle Angeklagten erschossen. Nach demselben Muster läuft ein Prozess im Nowo-Pokrowski-Rayon östlich von Orenburg ab, dann einer in Tjoploje im Westen des Gebiets und einer südöstlich im Dombarowski-Rayon.

Fast jeden Tag werden nun angebliche Umsturzversuche von Volksfeinden aufgedeckt: im Gebietsverband des Komsomol, in der Handelsorganisation in Torsk, in irgendwelchen Kolchosen. Der obersten Parteiführung reicht das Tempo beim Ausfindigmachen angeblicher Volksfeinde jedoch nicht, sodass der Leningrader Parteichef und ZK-Sekretär Andrei Schdanow, ein besonders eifriger Jünger Stalins, Ende September nach Orenburg kommt und auf einer Plenartagung die Gebietsparteizentrale auflösen lässt. Ihre Mitglieder seien bis auf eines hartgesottene Banditen gewesen, heißt es. Die Zeitungen drucken lediglich eine kleine Notiz. Die Bevölkerung erfährt so gut wie nichts davon, dass angeblich die gesamte Führungsspitze der Partei in Orenburg aus Volksfeinden bestanden hat. Von den 55 Sekretären der Stadt- und Rayonkomitees der Partei werden 28, also gut die Hälfte, ebenfalls zu antisowjetischen Verbrechern erklärt. Das Orenburger NKWD lässt in nur fünf Monaten 7500 Menschen verhaften und die meisten davon erschießen. 45 Prozent der örtlichen Nomenklatura werden hingerichtet.

In den Monaten darauf bricht die Industrieproduktion ein, und natürlich werden die Pläne für das Gebiet nun nicht mehr erfüllt. Der Staat enthauptet sich selbst. Doch die *Orenburger Kommune*, deren Redaktion ebenfalls von Verhaftungen betroffen ist, druckt anscheinend ungerührt seitenweise Huldigungen der örtlichen NKWD-Genossen zur Feier des 20. Jahrestages des Geheimdienstes im Dezember. »Das sowjetische Volk liebt die Tschekisten wegen ihrer Unversöhnlichkeit, ihrer Furchtlosigkeit und ihrer Selbstaufopferung im Kampf gegen die Konterrevolution und die niederträchtigen Feinde des Volkes«,[247] ist zu lesen. Vielen, deren Familienmitglieder Opfer ebenjener Tschekisten wurden, laufen bei der Lektüre Schauer über den Rücken.

Aber das NKWD, das Schwert der Arbeiterklasse, muss sich nicht verstecken, und deswegen druckt die Zeitung sogar die Porträts führender Orenburger Geheimdienstler ab: von Leutnant Mark Ziklin, einem Mann mit fliehender Stirn und Oberlippenbart, von Hauptmann Ilja Sawizki, der ebenso bullig dreinschaut wie Oberleutnant Kosma Kosminych, von Oberleutnant Nikolai Saizew, einem Offizier mit hartem, entschlossenem Gesicht, der im Jahr darauf zum Chef der Orenburger Geheimdienstfiliale aufsteigt, von Oberleutnant Andrei Afanasjew, dem als Einzigem ein Lächeln um die Lippen spielt, und von Unterleutnant der Staatssicherheit Andrei Worobjow, der auf dem Foto besonders zurechtweisend schaut.

Als die Geheimpolizei am 20. Dezember im Dramentheater ihr Jubiläum begeht, hält der Chef der Orenburger NKWD-Verwaltung, Obermajor der Staatssicherheit Alexander Uspenski, die Festrede. Das ist nicht ohne Pikanterie. Er wird ein paar Monate später zum NKWD-Chef der Ukraine befördert, doch dann befiehlt ihn die Führung nach Moskau. Uspenski, der genau weiß, was das zu bedeuten hat, täuscht einen Selbstmord vor und verbirgt sich unter dem Namen eines Arbeiters im Ural. Einige Monate später wird er dennoch entdeckt und erschossen – nicht etwa als Henker seines eigenen Volkes, sondern als vermeintlicher Spion.

Letzte Warnung

Am 22. August 1937 wird in Orenburg der Deutschlehrer Konrad Schnakenburg verhaftet, den Böhme aus Leningrad kennt. Kurz darauf holt das NKWD auch Leo Pape ab, den Leningrader Arzt. Der Kreis wird enger, das ist nicht mehr zu übersehen. Böhme ist wie paralysiert. Er fühlt sich ohnmächtig, denn er kann nicht das Geringste zu seiner Verteidigung unternehmen, er kann nur warten. Nur noch acht Monate muss er in Orenburg bleiben, dann läuft die Verbannungszeit ab. Aber er gibt sich keinen Illusionen hin, dieses Maß – drei Jahre Verbannung –, das hat gar nichts zu bedeuten, denn er ist zum Opfer eines Systems geworden, das nach Belieben über ihn verfügen kann. Die Fristen von Haft und Verbannung sind rein symbolisch, die Machthaber können sie beliebig verändern. Also ist es unsinnig, davon auszugehen, dass sein Leidensweg nach Ablauf der drei Jahre zu Ende sein wird. Alissa Hübbenet war im Mai noch einmal nach Orenburg gekommen, hatte ihm aber wenig Hoffnung gemacht. Ob er in Orenburg oder Leningrad lebe, das sei im Grunde egal. Auch in Leningrad werden seit dem Frühjahr Deutsche verhaftet, und es spielt dabei keine Rolle, woher sie stammen und welchen Beruf sie ausgeübt haben. Es trifft alle: Angehörige der alten Bourgeoisie, ehemalige Adlige, aus dem Ausland angereiste Spezialisten, Bauern aus den deutschen Kolonistendörfern, Studenten, Politemigranten.

Der Student Albert Almendinger aus dem Dorf Luxemburg in Georgien wird bereits im April 1937 verhaftet. Seine Kommilitonen Wilhelm Martens, Reinhold Müller und Paul Weber teilen ein paar Monate später sein Schicksal. Es sind junge Menschen, die erst wenige Jahre zuvor aus anderen Teilen des Landes nach Leningrad gekommen und nie im Ausland gewesen sind. Der Vorwurf der Spionage ist also ganz und gar abwegig. Almendinger wird im August 1937 erschossen, Martens auch, Müller im Dezember und Weber im Januar darauf. Nicht besser ergeht es den Politemigranten, die aus Hitler-Deutschland in die

Sowjetunion geflüchtet sind, in ihren Augen das fortschrittlichste Land der Welt. Sie sind bereit, ihre Kraft für den Aufbau des Kommunismus einzusetzen, den sie unter Stalin fast verwirklicht sehen. Niemand steht loyaler zum sowjetischen Staat als diese Emigranten. Jetzt verstehen sie die Welt nicht mehr, verstehen nicht, welchen Illusionen sie erlegen sind. Sie haben für ihre Überzeugungen ihre Heimat aufgegeben und müssen nun die bittere Erfahrung machen, dass ihre neue politische Heimat sie verrät. Die Brüder Richters aus Hamburg werden im April verhaftet, der Thälmann-Sekretär Paul Dietrich, der erst drei Monate zuvor die sowjetische Staatsbürgerschaft erhalten hat, im August, die Berlinerin Dobranizkaja im Oktober, Max Schulze aus Rheine im November, der Ingenieur Fritz Palenschat im Dezember. Im Rundbrief Nr. 68 des NKWD »Über die Ausländer« war zuvor behauptet worden, dass »die überwiegende Mehrheit der Ausländer, die in der UdSSR leben, den organisierten Boden für Spionage und Diversion«[248] bilden.

Zug nach Warschau

Am 23. November 1937, einem Dienstag, steigt Eugenie Poehl in Leningrad in den Zug nach Finnland. Es grenzt an ein Wunder, dass sich die letzte in Leningrad verbliebene Familie der Apothekerdynastie von Poehl in diesen Wochen noch retten kann. Jetzt zahlt sich aus, dass Richard Poehl für seine Familie die deutsche Staatsbürgerschaft und entsprechende Pässe besorgt hat und dass es zwischen Hitler und Stalin eine Abmachung über die Rückwanderung deutscher Staatsbürger in ihre Heimat gibt. Aber die »Rückwanderung« muss das allmächtige NKWD erst einmal genehmigen. Eugenie Poehl, deren Pass im März 1937 vom deutschen Generalkonsulat in Leningrad noch einmal für ein Jahr verlängert wird, erhält als Erste die Erlaubnis, das Land zu verlassen. Sie fährt durch die liebliche Landschaft zwischen Wald und Meer, wo die reichen Petersburger einst ihre Landsitze hatten, Richtung Karelien. Bis vor wenigen Jahren lebte hier der Maler Ilja Repin, der so unendlich viel von der russischen Geschichte auf die Leinwand gebracht hat: Iwan den Schrecklichen, die Wolgatreidler, die Saporoger Kosaken, Nikolai II. – und 1918 den »Bolschewiki«, jenen fetten Rotarmisten, der einem kleinen Kind triumphierend das Brot wegnimmt.

In wenigen Jahren, im Winterkrieg gegen Finnland, wird die Rote Armee das Anwesen unter Artilleriebeschuss nehmen, denn dort hat sich dann der finnische Armeestab einquartiert.

Eugenie passiert die mächtige, von den Finnen errichtete Festung Viipuri, das russische Wyborg. Nach nur 32 Kilometern Fahrt ist sie an der Grenzstation Rajajoki, wo die Reisenden auf sowjetischer Seite mit einem großen Transparent in die westliche Welt entlassen werden: »Proletarier aller Länder, vereinigt Euch!« Dann rumpelt der Zug über die schmale Grenzbrücke des Flusses Rajajoki, auf Russisch »Sestra« – Schwester. An dieser Stelle wird fast auf den Tag genau zwei Jahre später der Sowjetisch-Finnische Krieg beginnen, ausgelöst durch eine Provokation des NKWD. Den Sowjets ist die Nähe der finnischen Grenze zu Leningrad ein Dorn im Auge, weshalb sie immer wieder auf einen Gebietsaustausch drängen und schließlich zum Angriff übergehen. Eugenie Poehl fährt bis Helsinki, dort schifft sie sich am 4. Dezember nach Deutschland ein.

Vier Tage später erhält auch ihr Mann Richard das sowjetische Ausreisevisum. Es trägt die Nummer 127311 und ist zwölf Tage gültig. Das NKWD verlangt, dass er über einen westlichen Grenzübergang ausreist. Richard Poehl nutzt die Frist bis zum letzten Tag. Der Abschied von seiner Heimatstadt fällt ihm schwer. Hier ist er zur Schule gegangen, hier hat er studiert und den Aufstieg der Apothekerfamilie unter Führung seines Vaters Alexander von Poehl miterlebt. Petersburg ist sein Zuhause, Berlin, das Ziel, das er nun ansteuert, ist ihm fremd. Aber Russland will ihn nicht mehr. 20 Jahre schon ist er ein Fremder in seiner Heimat, entrechtet, entwürdigt, verfolgt. Die große Poehl'sche Firma, der stolze Besitz von einst, das alles gibt es nicht mehr. Er kann von Glück reden, dass er – bis auf seine Herzbeschwerden – physisch noch unversehrt ist.

Am 20. Dezember 1937, dem letzten Gültigkeitstag seines Visums, steigt er in den Zug Richtung Warschau. Er wählt die Strecke der alten Warschau-Petersburger Eisenbahn, den Weg, auf dem vor beinahe 40 Jahren der Trompeter Oskar Böhme nach Sankt Petersburg kam. Noch am selben Tag passiert er den Grenzübergang Ostrow südlich des Peipussees, nicht weit von der alten russischen Stadt Pskow. Wenige Stunden später ist er in Lettland. Aber es stimmt nicht ganz, dass die Letzten der Poehl-Familie nun in Sicherheit sind. Poehls Tochter

Marie ist noch in Leningrad. Sie hat am 5. November 1937, gerade 18 Tage vor der Abfahrt ihrer Mutter, ein Mädchen zur Welt gebracht, das den Namen Eugenija Georgijewna erhält. Eugenija ist die russische Version des Namens ihrer Mutter Eugenie, der Vatersname Georgijewna steht für Georg Karlowitsch Sebode, den Vater.

Georg Sebode und Marie Poehl sind nicht verheiratet, aber sie haben nun ein gemeinsames Kind. Es ist eine Verbindung ohne Zukunft. Georg kann und will nicht ausreisen, Marie jedoch möchte ihrer Familie folgen. Ein Jahr wird sie noch in der Sowjetunion bleiben. Dann wird auch ihr die Ausreise gelingen. Die kleine Tochter nimmt sie mit. Sebode bleibt allein zurück.

Das Ende der Kirche

Paul Reichert hat weniger Glück als die Poehls. Seit er vor fast fünf Jahren das Pfarramt an der Petrikirche übernommen hat, geht es mit der Gemeinde immer weiter bergab. Selbst Bischof Malmgren, sein Widersacher und zuletzt Vorsitzender im Obersten lutherischen Kirchenrat sowie Chef des Moskauer Konsistoriums, hat inzwischen vor dem Druck und den ständigen Befragungen des NKWD kapituliert und ist im Sommer 1936 nach Deutschland emigriert. Die sowjetischen Behörden, die gewöhnlich ohne jeden Skrupel auch Geistliche verhaften und erschießen, hatten sich bei Malmgren zurückgehalten. Zu eng waren dessen Verbindungen nach Deutschland, zu anerkannt war er in der internationalen Kirchenwelt. Die Theologische Fakultät der Leipziger Universität hatte ihn 1927 sogar zum Ehrendoktor ernannt.

Reichert, der Mann aus dem Wolgagebiet, hat solchen Rückhalt nicht, und so klopfen in der Nacht zum 17. November 1937 die NKWD-Leute an die Tür der Wohnung Nr. 32 der Sofi-Petrowskaja-Straße 16, gleich neben der Petrikirche. Die Geheimpolizei verhaftet den inzwischen 62-jährigen Paul Reichert und nimmt gleich auch noch seinen Sohn mit, den 29-jährigen Bruno. In derselben Nacht werden 15 weitere Mitglieder der Kirchengemeinde festgenommen. Allen wird vorgeworfen, sich an einer »konterrevolutionären faschistischen Untergrundorganisation der Kirche« beteiligt zu haben, die der deutsche Generalkonsul Rudolf Sommer und zwei seiner Mitarbeiter 1934 gegründet haben sollen. Zehn Tage später wird mit Ferdinand Bodungen, seit 1901 Pfarrer der Petruskirche in Peterhof, der letzte deutsche Pastor verhaftet. Das Einzige, was man gegen ihn vorbringen kann, ist, dass er Lebensmittelpakete und Geld aus Deutschland und Lettland erhalten hat, aber das reicht jetzt, um ihn zum Volksfeind zu erklären. Der junge Leningrader NKWD-Beamte K. P. Tichomirow wird später bestätigen, sein Chef habe die Mitarbeiter angewiesen, »alle früheren Mitglieder der kirchlichen Zwanziger-Gruppen«[249] festzustellen und zu verhaften, die Mitglieder der Kirchenräte. »Wir saßen einige Tage lang Tag und Nacht, um die Verhaftungen zu organisieren und durchzuführen, aber die Abteilungsleitung trieb uns an, mehr zu verhaften. 75 Prozent all dieser Personen waren alte Leute.«

Als die Deutschen am 24. Dezember 1937 zum Weihnachtsgottesdienst kommen, finden sie die Türen der Petrikirche verschlossen. Die Leningrader Führung hat im Zuge der Verhaftungen die letzten lutherischen Kirchen der Stadt schließen lassen, auch die größte, die des heiligen Petrus. Enttäuscht und verbittert gehen die Deutschen heim, nur einige wenige suchen die noch nicht geschlossene lettische Kirche am Sagorodny-Prospekt auf, um dort die Geburt des Erlösers zu feiern.

Am 20. Februar 1938 wird die Petrikirche wegen »fehlender Pastoren« offiziell geschlossen, kurz darauf übergibt das Leningrader Exekutivkomitee das Gebäude an die Staatsorganisation »Lengosestrada«, den Unterhaltungsverband der Stadt.

Winter

Es ist Dezember 1937, und es sieht so aus, als sei der Kelch an Oskar Böhme noch einmal vorübergegangen, denn die Hatz auf die Volksfeinde war bis Dezember terminiert, bis zur ersten Parlamentswahl in der Sowjetunion. Das NKWD hat in Zusammenarbeit mit den Troikas sein Plansoll erfüllt, ja sogar übererfüllt. Überall gab es nach den Verhaftungen Schauprozesse gegen die »Schädlinge«. 790 665 Menschen wurden wegen angeblicher konterrevolutionärer Tätigkeit verurteilt, 353 074 davon zur Höchststrafe. Allein in Leningrad wurden 19 370 Personen erschossen.

Die Wahlen am 12. Dezember werden von der Partei mit großem Pomp inszeniert. Noch am Vortag hält der »Woschd« – der Führer – eine Rede im Moskauer Stalin-Wahlkreis. »Niemals hat es in der Welt solche wirklich freien und wirklich demokratischen Wahlen gegeben, niemals«,[250] erklärt er dem Publikum. Dieser Satz wird am Tag nach der Wahl auf Seite 1 der *Orenburger Kommune* prangen. »Es war Morgen, es fiel flockiger Schnee«,[251] dichtet die Orenburger Erstwählerin N. Akimowa über ihren Gang zum Wahllokal: »Dieser Morgen wird als strahlender Stern für immer in des Volkes Gedächtnis bleiben.«

Es sind Wahlen ohne Alternative. Entgegen früheren Ankündigungen gibt es nur einen einheitlichen »Block der Kommunisten und Parteilosen«. Das Versprechen, Gegenkandidaten zuzulassen, hat Stalin schon im Sommer kassieren lassen, weil es sich nicht mit der beispiellosen Repressionswelle vereinbaren ließ, die bis zum 12. Dezember über das Land hinwegrollt. Landesweit beteiligen sich 96,8 Prozent der Wähler an der Stimmabgabe, auf exakt diesen Prozentsatz kommt man auch im Orenburger Gebiet. Dort stimmen 98,6 Prozent für die Kandidaten des Unionssowjets, 97,8 Prozent für die des Nationalitätensowjets, die beiden Kammern des neuen Parlaments. Die Unterstützung für die machthabende Partei scheint überwältigend. Aber von den 91 Millionen Menschen, die zu den Wahlurnen gegangen sind, haben immerhin 632 000 die Namen der Kandidaten für den Unionssowjet im Bulletin durchgestrichen, bei der anderen Kammer sind es 562 000. Und über zwei Millionen Stimmzettel sind ungültig. In der Parteiführung empfindet man das als Makel. Zweieinhalb Wochen später beginnt das Jahr 1938. »Feierlich und froh begrüßen die Werktätigen des Orenburger Gebietes das erste Jahr des dritten Stalin'schen Fünfjahrplans«,[252] schreiben die Zeitungen. Kein Durchatmen, kein Verschnaufen, kein Besinnen auf Menschliches – ohne Pause geht es weiter um Höchstleistungen für Partei und Land.

Es ist wie üblich kalt im Orenburger Winter. Die Temperaturen schwanken um die 15 Grad Frost, nachts sinkt die Quecksilbersäule sogar unter minus 20 Grad, aber es fällt diesmal kaum Schnee. Für Oskar Böhme verläuft das Leben wie gewohnt. Weil es nicht genügend neue Tonfilme gibt, werden im Kino »Oktober« noch immer viele Stummfilme gezeigt, gleich Anfang Januar *Bela*, ein Streifen aus vorrevolutionärer Zeit nach Lermontows Kaukasusstück *Ein Held unserer Zeit*.

Doch der Höhepunkt dieses Winters ist eine Filmchronik mit der Rede Stalins, die dieser auf der Wahlversammlung am 11. Dezember im Moskauer Bolschoi-Theater gehalten hat. Fast jeder Orenburger kennt sie inzwischen, sie ist in den zurückliegenden Wochen überall abgedruckt worden. Aber der lebende Stalin auf der Leinwand, das unmittelbare Erlebnis seiner Stimme, das ist etwas ganz anderes.

Die Kommunisten haben – so wie die Nazis in Deutschland – längst erkannt, welche suggestive Kraft Bild und Ton entfalten, welche Macht sie ausüben können. Der Führer erscheint auf der Leinwand als Übervater, der mit erhobenem Zeigefinger seine Kinder ermahnt. Stalin in natura soll die Menschen begeistern und zugleich einschüchtern. »Tausende Augenpaare sind auf den Größten der Großen gerichtet, auf den Vater und Freund aller Werktätigen, den Genius der modernen Menschheit«,[253] notiert der Volkskorrespondent L. Bakonin für die Gebietszeitung. »Der Film bewegt die Zuschauer, Hurra-Rufe zu Ehren des Genossen Stalin rütteln an den Mauern des Kinotheaters. Das ganze große sowjetische Volk zieht es mit seinen Herzen, seiner heißen Liebe und seiner Ergebenheit zum geliebten Genossen Stalin. Die Zuschauer haben keine Eile, auseinanderzugehen.« Die haben sie tatsächlich nicht, denn sie sind vor allem wegen des Hauptfilms gekommen, der nach der Stalin-Rede läuft: *Es blinkt ein einsam Segel*, die Verfilmung eines Werkes des Romanciers Walentin Katajew, der die revolutionären Ereignisse von 1905 aus der Sicht zweier Schuljungen in Odessa erzählt. Die Geschichte wird später zum sowjetischen Klassiker.

Oskar Böhme verbringt nun die meiste Zeit in der Musikschule. Er übt mit seinen Schülern Tonleitern und Dreiklänge, die Koordination von Zunge und Finger, er übt mit ihnen das Anblasen, übt Noten und Transpositionen, unterschiedliche Rhythmen – staccato, portato, legato – und schließlich jene Stücke, die sie in den Prüfungen vorspielen müssen: »Auf den Flügeln des Gesangs« von Mendelssohn-Bartholdy, das Concerto in D-Dur von Giuseppe Torelli und Sonaten von Tomaso Albinoni, aber auch leichte Jazzstücke. Natürlich stellt er seinen Schülern auch seine eigenen Werke vor und probt sie mit ihnen, die »Soirée de St. Pétersbourg« zum Beispiel. Schließlich sind es Stücke, die nicht nur in Deutschland, sondern auch im sowjetischen Staatsverlag verlegt worden sind, zuletzt noch 1930. In den letzten Leningrader Jahren hat er einiges komponiert, auf insgesamt 46 Werke ist er inzwischen gekommen. Darunter sind zwei dreistimmige Fugen für Trompete, Althorn und Baritonhorn, das große Bläsersextett in vier Sätzen op. 30 für Cornet, zwei Trompeten, Basstrompete oder Althorn, Tenorhorn oder Posaune und Tuba – ein Werk mit einem virtuosen und klangprächtigen Schluss. Zu seinen Schöpfungen gehören ferner die Ballettszenen für Cornet und der »Russische Tanz« op. 32 für Cornet à pistons mit Orchester-, Militärmusik- oder Bläserbegleitung. Der »Russische Tanz« ist ziemlich populär.

Böhme findet immer wieder Trost in der Musik, in dieser universellen Kunst. Dass er ein angesehener Komponist ist, hat sich inzwischen bei allen Kollegen der Musikschule herumgesprochen und ihm einiges Ansehen eingebracht. Auch sein Unterricht ist erfolgreich: Ein Schüler seiner Trompetenklasse, Kolja Alechin, wird im Januar 1938 als »junges Talent« in der Gebietsparteizeitung vorgestellt. Aber die ernüchternde politische Wirklichkeit holt Oskar Böhme immer wieder ein.

Anfang März 1938 stehen die Orenburger Zeitungen erneut im Zeichen eines Schauprozesses. Es ist der dritte und größte, der jetzt im Oktobersaal des Moskauer Gewerkschaftshauses stattfindet – und die bislang perfekteste Inszenierung. Wieder sitzen führende Mitglieder der Kommunistischen Partei und Staatsfunktionäre auf der Anklagebank, aber diesmal sind die Namen noch klangvoller. Nikolai Bucharin ist dabei, Wirtschaftsexperte, ehemals Politbüromitglied sowie als Nachfolger Sinowjews Chef der Komintern und laut Stalin einst der »Liebling der Partei«; Alexei Rykow, sechs Jahre lang Vorsitzender des Rates der Volkskommissare und damit Ministerpräsident; Genrich Jagoda, bis 1936 Chef des Innenministeriums und der Geheimpolizei, sowie Nikolai Krestinski, einst Justiz-, dann Finanz-, später Vize-Außenminister, vor allem aber lange Jahre sowjetischer Botschafter in Deutschland. Sie sollen einen »Block der Rechten und Trotzkisten« gebildet, diesen für Sabotage und Spionage eingesetzt und Lenin, Stalin, Kirow und sogar Gorki nach dem Leben getrachtet haben. Einen halben Monat lang berichtet die *Orenburger Kommune* Tag für Tag auf den vorderen Seiten vom Fortgang des Prozesses. Das Tribunal ist der Führung ungeheuer wichtig, so wichtig, dass in der Ausgabe vom 14. März Hitlers Einmarsch in Österreich nur auf der letzten Seite erwähnt wird. Auch in diesem Fall fordern »die Werktätigen des Orenburger Gebiets«[254]

gleich zu Prozessbeginn, »diese unmenschlichen Feinde des Volkes zu vernichten«. Zehn Tage später sind 19 der 21 Angeklagten tot, erschossen wie Hunderttausende vor ihnen.

Die Verfolgungswelle rollt nach der Parlamentswahl also einfach weiter. Die NKWD-Filialen überall im Land verlangen von der Moskauer Führung immer neue Verhaftungs- und Hinrichtungsquoten. Einmal angeworfen, läuft die teuflische Vernichtungsmaschine nun von ganz allein. Ende Januar 1938 billigt das Politbüro der Partei den »Vorschlag« des NKWD, noch einmal 57 200 Menschen zu verhaften und 48 000 von ihnen hinzurichten – ohne dass man weiß, wen man denn eigentlich erschießen will. Am Ende werden aus den geplanten vier Monaten Terror fünfzehn Monate, und dieser Terror wird 200 000 Menschen mehr betreffen, als ursprünglich festgelegt worden war. Die Inszenierungen von Sabotage und Verrat sind alltäglich geworden und werden schnell wieder vergessen, was auch daran liegt, dass die Opfer in der Regel noch am Tag der Urteilsverkündung erschossen werden.

Über all den Verhaftungen und Erschießungen zieht in Orenburg der Frühling ins Land. Im Mai, drei Wochen nach der großen Maidemonstration, wird im Karl-Liebknecht-Garten die Sommersaison mit einem großen Volksfest eröffnet. Es gibt ein Konzert des Ensembles »Adler des Kaukasus«, Blasorchester treten auf, und auf dem Tanzplatz werden »westeuropäische Tänze« gespielt. Dazu gibt es ein grandioses Feuerwerk. Im Orenburger »Vergnügungsgarten« zeigen sie an den Abenden den neuen sowjetischen Film *Wolga, Wolga*, eine Musikkomödie, die zum Symbol einer ganzen Epoche und zum Lieblingsfilm Josef Stalins wird. Danach spielt eine Ziehharmonikagruppe. Und auch im Lenin-Kultur-und-Erholungspark in der Nähe des Bahnhofs gibt es am 6. Juni ein »Massen-Volksfest« mit Karussells, Theatervorstellungen, Konzerten und Schachwettkämpfen.

Die drei Jahre Verbannung, zu denen Böhme verurteilt worden war, sind inzwischen verstrichen. Aber er bekommt kein Zeichen, dass er nach Leningrad zurückkehren darf.

Letzte Verhaftung

Der 15. Juni 1938 ist ein Mittwoch. Tagsüber steigt das Thermometer auf über 30 Grad. Schon seit Anfang des Monats ist es so heiß, es regnet kaum. Oskar Böhme geht wie gewöhnlich zur Arbeit ins Kino. »*Komsomolsk*«, ein neuer Film aus den Leningrader Studios, läuft an diesem Abend an. Es ist ein Epos über Mitglieder des Jugendverbandes Komsomol, die auf Geheiß der Partei in der Taiga eine neue Stadt mit einer Schiffswerft erbauen – das spätere Komsomolsk am Amur im Fernen Osten der Sowjetunion. Der Film trifft nicht unbedingt Böhmes Geschmack, er ist voller Pathos, aber Regisseur Sergei Gerassimow ist ein Meister im Ausmalen von Charakteren. Vier Vorstellungen gibt es jetzt pro Abend. Böhme kommt zu der Vorstellung um 20.30 Uhr. Es ist sein letzter Abend in Freiheit.

Am frühen Morgen klopft es an seine Zimmertür in der Wsesojusnaja. Männer vom NKWD stehen draußen. Es ist das dritte Mal, dass er verhaftet wird. Und er ahnt, dass es diesmal nicht so glimpflich wie früher ausgehen wird. In Orenburg wie in der gesamten Russischen Föderation werden gerade die Wahlen zum Obersten Sowjet der RSFSR vorbereitet. Wie üblich treffen sich die handverlesenen Kandidaten mit ihren Wählern. In der Gebietszeitung war gestern die Rede von Nikolai Saizew auf einer dieser Versammlungen zu lesen gewesen. Der gerade einmal 35-jährige neue NKWD-Chef von Orenburg bewirbt sich für einen Sitz im russischen Parlament. »Der sowjetische Nachrichtendienst«[255] wird »sämtliche Volksfeinde, alle Feinde der Sowjetmacht, alle Feinde der Partei bis zum letzten ausrotten«, hatte Saizew erklärt. »Möge jeder Werktätige wissen, dass die sowjetische Aufklärung auf der heimatlichen sowjetischen Erde keinen Verräter und Abtrünnigen am Leben lässt.« Beifall und Hochrufe auf den »ruhmreichen Stalin-Mitkämpfer und kämpferischen Führer des sowjetischen Geheimdienstes, Genossen Jeschow«, hatte die Zeitung notiert.

Die Entscheidung zu Böhmes Festnahme fällt am 11. Juni 1938. An diesem Tag legt der Unteroffizier der Staatssicherheit Chasan seinem Chef, dem amtierenden Leiter der 3. Abteilung der Orenburger Geheimpolizei, Leutnant der Staatssicherheit Mark Ziklin, einen Beschlussentwurf vor, in dem es heißt: »Der Bürger Böhme, Oskar Wilg., geboren 1870 in Dresden (Deutschland), deutscher Nationalität, Bürger der

UdSSR, parteilos, Lehrer des Musiktechnikums, wohnhaft Wsesojusnaja uliza Nr. 8, Wohnung 1, ist hinreichend entlarvt, Leiter einer in Orenburg existierenden nationalistischen Spionageorganisation zu sein.«[256] Der übliche Vorwurf also: Spionage. Die 3. Abteilungen des NKWD sind die für die sogenannte KRO zuständigen Abteilungen, für die »Kontrraswedka« – Spionageabwehr. Chasan formuliert als Beschluss, »Böhme, O. W., als Beschuldigten gemäß Artikel 58-Ia und 58-II im Orenburger Gefängnis in Haft zu nehmen«. Leutnant Ziklin zeichnet die Order ab, allerdings erst am Tag nach Böhmes Verhaftung. Selbst die wenigen formalen Vorschriften, die es für Verhaftungen noch gibt, sind angesichts der immer schneller laufenden Terrormaschine kaum einzuhalten. Was die Männer vom NKWD bei der Durchsuchung von Böhmes Wohnung beschlagnahmen und anschließend auflisten, ist dürftig und wird als Beweismittel für den Spionagevorwurf ganz sicher nicht reichen:

Ausweis[257]
Sparkassenbuch
Adressbuch
Foto
Buch in ausländischer Sprache (1)
Ausländische Briefmarken (1 Paket)
Postkarten (92)

Für die 1609 Rubel und 17 Kopeken, die bei Böhme gefunden werden, stellt die Geheimpolizei eine Quittung aus.

Das Orenburger Gefängnis liegt nicht weit vom Zentrum entfernt, in der Nähe des Ural-Flusses. Man muss nur von der Sowjetskaja, an der Böhmes Kino »Oktober« liegt, in die Wodinaja einbiegen, die Straße des 9. Januar überqueren, in der sich der NKWD-Sitz befindet, und dann nach links die Kobosewa zum Fluss hinabgehen. Dort erheben sich, fast schon am Ufer, die Mauern des Gefängnisses. Dorthin bringt man Böhme. Ein Foto wird gemacht.

Fünf Tage nach seiner Verhaftung muss Böhme den obligatorischen Fragebogen ausfüllen:

Das Foto, das der Orenburger Geheimdienst von Oskar Böhme nach der Verhaftung macht, zeigt einen älteren Mann mit zusammengekniffenem Mund und ernstem, aber wachem Blick. Er schaut direkt in die Kamera. Der Schädel ist kahl, nur an den Seiten wachsen noch ein paar weiße, stopplige Haare. Böhme trägt einen Schnurrbart, die Wangen sind unrasiert. Bekleidet ist er mit einem schmal gestreiften, groben Hemd – er hat das nächstbeste gegriffen und übergestreift, als man ihn mitten in der Nacht verhaftet. Der Kontrast zu dem Künstlerfoto, das Böhme in den Anfangsjahren seiner Petersburger Karriere anfertigen ließ, könnte kaum größer sein.

VORVERURTEILUNGEN[258]
1930 durch OGPU verhaftet. 4 Monate. Wegen nicht nachweisbarer Schuld freigelassen
FAMILIENSTAND, ANGEHÖRIGE
Witwer. Stieftochter Sinaida Anatoljewna Jakowlewa, Bruder im Ausland, Deutschland, Rostock, Böhme, Eugen Wilgelmowitsch, geb. 1868 (hatte mit ihm bis zur Verhaftung Briefwechsel)

Im Med-Punkt des Gefängnisses wird er untersucht. Die Ärzte diagnostizieren »Myokarditis und chronische Bronchitis«.[259] Herzmuskelentzündung also. Es ist die alte Herzgeschichte, die er schon länger mit sich herumschleppt. Die Ärzte hindert das nicht, Böhme für arbeitsfähig zu erklären. Damit ist den Präliminarien der Gefängnisaufnahme Genüge getan. Was nun passiert, wird nicht dokumentiert. Erst nach exakt einem Monat wird Oskar Böhme zum ersten Verhör geführt. Die Zeit bis dahin fällt in eine der schrecklichsten Rubriken der NKWD-Tätigkeit: die Vorbereitung des Verhörs. Das Foltern ist der Geheimpolizei längst offiziell gestattet, und sie hat inzwischen die subtilsten Methoden dafür entwickelt. Zigaretten werden auf der Haut des Häftlings ausgedrückt, Finger- und Zehennägel eingeklemmt und ausgerissen, das Licht in der Zelle wird Tag und Nacht angelassen, das Opfer am Schlafen gehindert, und natürlich schlägt man den Häftling bei jeder nur möglichen Gelegenheit – in den Magen, in die Leistengegend, in die Genitalien. Es gibt nur wenige, die diese Prozedur seelisch und physisch unversehrt überstehen. Das konnte man in den vergangenen Monaten den Berichten zu den Moskauer Schauprozessen entnehmen, wenn man sie zu lesen verstand. Die jeder Logik widersprechenden Geständnisse der Angeklagten, ihre absurden Selbstanklagen – dergleichen war ohne Druck und Folter nicht denkbar. Nach so einer Folter weiß das Opfer oft selbst nicht mehr, was Wahrheit ist und was Fiktion. Schon die Inquisitoren der römisch-katholischen Kirche haben darauf gebaut.

Am 15. Juli wird Oskar Böhme zum Verhör geholt, es ist ein Freitag. Der Verlauf der Befragung ist entlarvend. Es lohnt sich, ihr genau zu folgen, denn dieses Verhör ist ein sich selbst erklärendes Dokument über die Skrupellosigkeit, aber auch Schlichtheit der sowjetischen Geheimpolizei. Schon nach der vierten Frage des Untersuchungsführers Unterleutnant Birschewoi von der 3. Abteilung des Orenburger NKWD ändern sich Charakter und Richtung der Vernehmung. Der Geheimdienst hat Böhme offenbar instruiert, sich zu Anfang noch ein wenig zu wehren, um den Anschein einer objektiven Befragung zu erwecken. In Wirklichkeit wollen die NKWD-Leute schnell zum Ziel kommen. Es ist eine sorgfältig vorbereitete Inszenierung, im Fall Böhme hat der Geheimdienst die zurückliegenden vier Wochen gut genutzt:[260]

FRAGE Sie wurden als Teilnehmer einer deutschen faschistischen Spionageorganisation verhaftet. Geben Sie erschöpfend Auskunft zum Kern der Sache.

BÖHME Ich war nie in irgendeiner faschistischen oder Spionageorganisation. Ich war ein ehrlicher Bürger der Sowjetunion.

FRAGE Die Untersuchung besitzt Sie belastendes Material.

BÖHME Ich sage die Wahrheit.

FRAGE Sie lügen, die Untersuchungsbehörde besitzt Beweise für Ihre Teilnahme an der konterrevolutionären Spionage-Arbeit.

Der Untersuchungsführer liest eine Aussage von Professor Arthur Brock vor, dem ehemaligen Direktor der Schule der Deutschen Reformierten Kirche in Leningrad, der inzwischen ebenfalls verhaftet worden ist – wegen konterrevolutionärer Spionage. Beim Aufzählen seiner Bekannten hatte er auch Böhme genannt. Trotzdem beharrt Böhme weiterhin darauf, »nicht Mitglied einer konterrevolutionären Organisation« zu sein.

»In diesem Fall sind wir gezwungen, Ihnen die Aussage Ihres zweiten Beteiligten, Kleinenberg, Erich Karlowitsch, vorzulegen«, sagt der Untersuchungsführer. »Bestätigen Sie die Richtigkeit dieser Aussage?«

Um Kleinenberg, den letzten Direktor des Petrigymnasiums, ging es schon bei den ersten Verhaftungen. Aber hier ist der vorgesehene Wendepunkt der Aufführung. Nach nur wenigen Minuten Verhör lenkt Oskar Böhme ein und betritt den Weg, der ihn ins Verderben führen muss. Er weiß es. Aber was ist schlimmer: die Folter oder etwas zu bekennen, was er nie getan hat? Er fährt nun fort in einer Diktion, die nicht seine eigene ist. Die Worte klingen wie einstudiert. Unterleutnant Birschewoi ist das egal, ihm geht es nicht um Logik oder Schönheit der Argumentation, ihm geht es um ein Geständnis, so unglaublich es auch ausfallen mag.

BÖHME Nachdem ich mich überzeugt habe, dass die Untersuchungsbehörde meine konterrevolutionäre Tätigkeit kennt, habe ich beschlossen, nicht weiter zu lügen und die Wahrheit zu sagen.
FRAGE Antworten Sie: Sind Sie Teilnehmer einer konterrevolutionären Spionageorganisation?
BÖHME Ja, ich war einer der Teilnehmer.

Von nun an läuft das Verhör ab, wie es ablaufen soll – in der Denkweise des Geheimdienstes und in seiner Sprache. Zuerst geht es um Böhmes Leningrader Zeit.

FRAGE Wann und durch wen wurden Sie angeworben?
BÖHME Ich wurde 1930 für die deutsche faschistische Spionageorganisation in Leningrad angeworben, durch den Professor der Leningrader Universität A. G. Wulffius.
FRAGE Unter welchen Umständen?
BÖHME Ich bin professioneller Musiker. Bis zur Revolution habe ich als Solist im Petrograder Staatlichen Akademischen Theater gearbeitet, auch nach der Revolution.
1928 begann ich, als Lehrer in der Musikschule zu arbeiten, außerdem dirigierte ich ein deutsches Orchester. Als Musiker war ich der deutschen Bevölkerung bekannt.
Auf einem der Konzerte 1929 machte sich Prof. Wulffius mit mir bekannt. Er lud mich ein, in die deutsche Gesellschaft »Bildungsverein« einzutreten. Nachdem ich in den Bildungsverein eingetreten war, machte sich Wulffius näher mit mir bekannt, redete mehrmals mit mir über nationalistische Themen und entfachte in mir nationalistische Gefühle.
Ich muss sagen, dass Wulffius mit mir nicht lange über dieses Thema reden musste, denn ich war schon vorher deutscher Nationalist, das brachte uns schnell zusammen.
1929 schlug Wulffius vor, in Konzerten in der Petrikirche, der Annenkirche und an der schwedischen Schule aufzutreten, wo ich nationalistische Musik durchzog. Außerdem gab ich Konzerte am deutschen Generalkonsulat in Leningrad. Weil das mit meinen Überzeugungen zusammenfiel, willigte ich gern ein und begann musikalische Werke auszuwählen, die durchtränkt waren mit deutschem Nationalismus.

7

ПРОТОКОЛ ДОПРОСА

обвиняемого Б Э М Е Оскара Вильгельмовича.

От 15-го июля 1938 года.

БЭМЕ Оскар Вильгельмович, 1870 года рождения, уроженец города Дрезден (Саксония), по национальности немец, гражданин СССР образование высшее-музыкальное, беспартийный.
До ареста дирижер оркестра кино "Октябрь" в Оренбурге.

Вопрос: Вы арестованы, как участник немецкой фашистской шпионской организации.

Дайте по существу исчерпывающие показания.

Ответ: Я никогда ни в какой фашистской или шпионской организации не состоял и был честным гражданином Советского Союза.

Вопрос: Следствие располагает уличающими вас материалами и требует давать правдивые ответы.

Ответ: Я говорю правду.

Вопрос: Вы лжете, следствие имеет показания ваших соучастников по контрреволюционной шпионской работе (зачитывается показание обвиняемого БРОК Артура Александровича).

Вы будете теперь показывать правду ?

Das Verhörprotokoll vom 15. Juli 1938 beginnt mit einer Vorverurteilung: »Sie wurden als Teilnehmer einer deutschen faschistischen Spionage-Organisation verhaftet«, behauptet der sowjetische Untersuchungsführer. Böhme muss jede seiner protokollierten Antworten mit seinem Namen abzeichnen.

Unterleutnant Birschewoi notiert, was Böhme sagt, er verknappt es, formuliert es direkter, bringt es in die Sprache seines Dienstes, des NKWD. Denn das Protokoll ist nicht für die Nachwelt, sondern für seine Vorgesetzten gedacht. So kommen Sätze wie jener zustande, die einfach nur Parteisprache sind und die Böhme nie sagen würde – »musikalische Werke, die durchtränkt waren mit deutschem Nationalismus«. Böhme weiß, dass seine Verhaftung nichts mit den alten, ohnehin harmlosen Leningrader Geschichten zu tun hat. Denn Wulffius, das hat er beim letzten Besuch von Alissa Hübbenet erfahren, ist bereits im Februar 1937 festgenommen und für acht Jahre ins Lager geschickt worden. Hätte er derart Kompromittierendes ausgesagt, hätte das NKWD Böhme bereits vor anderthalb Jahren verhaftet. Hat es aber nicht. Damit ist klar: Böhmes Vergangenheit in Leningrad interessiert den Geheimdienst nicht, sie wurde nur aus taktischen Gründen wieder ausgegraben. Böhmes Aussage ist lediglich aus einem einzigen Grund wichtig: Das Orenburger NKWD hat einen neuen Plan an Verhaftungen, und Böhme muss zu dessen Erfüllung beitragen. Im Grunde ist es egal, wen die Geheimpolizei festsetzt, es geht nicht um Schuld, es geht ausschließlich um die Zahl. Am wenigsten Arbeit machen jene, von denen es in der NKWD-Kartei bereits eine Karte gibt. Zunächst wird eine Anklage erfunden und dann das Geständnis – die Mär vom Verrat an der Sowjetunion – mit Ausdauer und Gewalt aus dem Opfer herausgepresst. So geschieht es auch bei Böhme. Unterleutnant Birschewoi will das Geständnis einigermaßen überzeugend dokumentieren, und so sucht er Näheres über die angeblich nationalistischen Konzerte Oskar Böhmes zu erfahren.

FRAGE Wer half Ihnen dabei, und woher hatten Sie die Noten?

BÖHME Mir half Musikprofessor Bertholdy, R. A. Außerdem erhielt ich die nötigen Werke über meinen Bruder Eugen Wilgelmowitsch, der in der Stadt Rostock in Mecklenburg (Norddeutschland) lebt.

FRAGE Fahren Sie fort, über Ihre Anwerbung zu reden.

BÖHME Als er meine Aktivitäten und meine Überzeugungen sah, führte Wulffius mich in die deutschen Gesellschaften »Die Fackel«, »Hyperborea«, »Newanija« und den Bildungsverein ein, dessen Mitglied ich wurde. Als Mitglied des Bildungsvereins und indem ich Aufgaben von Wulffius erfüllte, wurde ich automatisch Mitglied der konterrevolutionären Spionageorganisation.

FRAGE Was stellten diese Gesellschaften dar?

BÖHME Wie ich von Wulffius wusste, sind all diese Gesellschaften konterrevolutionär, lediglich verborgen unter der Maske von Kulturgesellschaften. Faktisch führten sie eine faschistische Spionagetätigkeit zugunsten Deutschlands aus.

FRAGE Wer ist Ihnen bekannt aus dem führenden Zentrum dieser faschistischen Spionageorganisation?

BÖHME Aus den Worten von Wulffius weiß ich, dass diese Organisation angeführt wurde von Brock, Wulffius, Kleinenberg und anderen.

FRAGE Nennen Sie die einfachen Mitglieder dieser konterrevolutionären Organisation.

BÖHME Unserer konterrevolutionären Organisation gehören mehr als 200 Leute an. Darunter P. Kügelgen, Redakteur einer deutschen Zeitung, der Geiger Walter vom Akademischen Theater, der Militärarzt Vorkammer, die Pianistin Hübbenet (…)

FRAGE Welche Aufgabe stellte Ihnen Wulffius?

BÖHME Wulffius schlug mir vor, Angaben über die Lage der Flughäfen um Leningrad herauszufinden.

FRAGE Haben Sie diese Aufgabe erfüllt?

BÖHME Ja. Ich habe die Aufgabe von Wulffius erfüllt und ihm 1930 Angaben über die Lage von Flughäfen auf der Wassili-Insel, neben dem Ruderhafen in Oranienbaum, Peterhof und anderen Orten übergeben. Außerdem übergab ich ihm Material über die Auffüllung der Flugschulen in Leningrad.

FRAGE Welche Aufgaben erfüllten Sie für Wulffius noch?

BÖHME Ich sollte Angaben über die Produktion von Artilleriegeschützen im ehemaligen Obuchowski-Werk sammeln.

FRAGE Haben Sie diese Aufgabe erfüllt?

BÖHME Nein, diese Aufgabe habe ich wegen meiner Verhaftung durch die Organe der OGPU nicht erfüllt.

Böhme erzählt dem Geheimdienstler Birschewoi Details über seine Festnahme 1930 und seine Freilassung nach viermonatiger Haft und erwähnt pflichtschuldig, wie er sich angeblich in der Haft mit Gleichgesinnten abgesprochen habe, um die volksfeindliche Arbeit später fortzusetzen. Nach der Freilassung habe er jedoch drei Jahre lang keinerlei konterrevolutionäre Tätigkeit ausgeübt, bis er die Verbindung mit anderen Bekannten wiederherstellen konnte.

An dieser Stelle wird die Befragung vorerst unterbrochen. Oskar Böhme setzt hinter jede seiner Antworten handschriftlich ein kleines »O. Böhme« und bestätigt die Richtigkeit des Protokolls: »Getreu meinen Worten wiedergegeben und persönlich gegengelesen. O. Böhme«. Dann wird er in seine Zelle zurückgeführt.

Das Orenburger NKWD hat die Befragungen aus der Leningrader Zeit einfach umgeschrieben. Der dortige Geheimdienst hatte Böhme 1931 keinerlei Verschwörung gegen den Staat nachweisen können und die Untersuchung deswegen eingestellt. Die Orenburger Kollegen wollen nun aus 2000 Kilometern Entfernung herausgefunden haben, dass Böhme schon damals ein Spion gewesen ist und die Leningrader OPGU einfach nur belogen hat.

Auch die Aufzählung der »einfachen Mitglieder« der Spionageorganisation stammt nicht von ihm. Die Orenburger Untersuchungsführer schreiben lediglich jene Namen ins Protokoll, die Böhme an anderer Stelle, bei der Frage nach Leningrader Bekannten, genannt hatte: den Herausgeber der *St. Petersburger Zeitung* Paul von Kügelgen etwa, dessen Blatt die Todesanzeige seiner Frau gedruckt hatte, den ersten Geiger des Orchesters im Marientheater, Viktor Walter, einen guten Kollegen, der aber schon 1925 nach Paris emigriert ist, dazu noch weitere Musiker, Musiklehrer, Ärzte, Journalisten.

Und Alissa Hübbenet? Nie hätte Oskar Böhme sie als Mitglied einer konterrevolutionären Organisation erwähnt. Das wird bei der nächsten Befragung deutlich, bei der er etwas ganz anderes über seine Freundin Alissa erzählt, sie regelrecht in Schutz nimmt vor den Verdächtigungen des NKWD. Die Widersprüche zwischen den einzelnen Protokollen fallen den Orenburger Untersuchungsführern offenbar nicht auf, sie schreiben ihr Belastungsmaterial auf unglaublich schludrige Weise zusammen. Tatsachengehalt und Logik wird ohnehin niemand überprüfen.

Vier Tage später, am 19. Juli, wird das Verhör fortgesetzt. Wieder sitzt Unterleutnant Birschewoi vor Oskar Böhme. Er muss nun den Nachweis führen, dass Böhme seine zersetzerische Tätigkeit auch in Orenburg ausgeübt hat.

FRAGE Sie haben am 15. Juni 1938 ausgesagt, dass Sie 1934 Ihre konterrevolutionäre Tätigkeit wiederaufgenommen haben?

BÖHME Ja, das war so.

FRAGE Wie haben Sie Kontakt mit Brock aufgenommen?

BÖHME Nach der Zerschlagung unserer konterrevolutionären Spionageorganisation in Leningrad durch die Organe der OGPU habe ich alle Verbindungen abgebrochen. Im Mai 1934 traf ich zufällig an einer Straßenbahnhaltestelle Brock, der sich sehr freute und mich zu sich in seine Wohnung einlud.

FRAGE Haben Sie Brocks Einladung angenommen?

BÖHME Ja, ich war in seiner Wohnung, wo sich ein lebhaftes Gespräch über die Wiederbelebung unserer Organisation entwickelte. Hier erzählte mir Brock, dass es ihm und anderen Führern nach der Zerschlagung unserer Organisation 1930 gelang, einen Teil der Spionageorganisation wiederherzustellen und wie die Arbeit läuft.

Danach fragte mich Brock, ob ich meine Ansichten nicht geändert hätte, worauf ich antwortete, dass ich als echter Deutscher meine Ansichten nicht geändert habe, im Gegenteil, ich hätte sie noch mehr gefestigt. Angesichts meiner Offenheit schlug Brock mir vor, die Spionagetätigkeit fortzusetzen. Er habe Anweisungen aus Deutschland, dass es notwendig sei, nicht nur in Leningrad faschistische Formationen aufzubauen, sondern auch in anderen Städten Diversionsgruppen zu gründen und sie in bedeutende Werke einzuschleusen, Spionagematerial über die Rote Armee, die Flotte und die Luftwaffe zu sammeln. Brock bestätigte, dass es schnell gehen müsse, weil der Krieg bald beginnen soll.

FRAGE Welche Aufgaben stellte er Ihnen konkret?

BÖHME Ich erhielt die Aufgabe, Spionagematerial über den Zustand von Teilen der Roten Armee, von Militärschulen und deren Lage und Personalbestand zu sammeln. Außerdem schlug er vor, aus antisowjetischen Elementen Leute für terroristische Gruppen zu rekrutieren.

FRAGE Was haben Sie praktisch getan?

BÖHME 1934 bis 1935 habe ich Spionagematerial über die Schulen der Kriegsflotte, über die Flottenakademie, die Artillerieschule und einzelne Teile der Leningrader Garnison gesammelt.

FRAGE Und was taten Sie hinsichtlich der Anwerbung von Personen für terroristische Gruppen?

BÖHME Diese Aufgabe zu erfüllen gelang mir nicht, weil ich 1935 durch die Organe der OGPU verhaftet und nach Orenburg verbannt wurde.

FRAGE Haben Sie Brock vor Ihrer Abreise noch einmal gesehen?

BÖHME Nein, Brock habe ich nicht mehr gesehen, aber ich traf einen der Führer unserer Organisation, den aus der Verbannung zurückgekehrten Wulffius, mit dem ich früher eine enge Spionageverbindung hatte. Als er von meiner Verbannung aus Leningrad erfuhr, schlug er mir vor, Verbindung zu halten.

FRAGE Gab er Ihnen eine Aufgabe?

BÖHME Ja, Wulffius beauftragte mich, in Orenburg eine Filiale unserer Leningrader Organisation zu gründen. Alle Spionage-Angaben sollte ich ihm oder Brock übermitteln.

FRAGE Haben Sie das erfüllt?

BÖHME In Orenburg kam ich 1935 an, eine Zeit lang habe ich keinerlei konterrevolutionäre Tätigkeit ausgeübt. Im Januar 1936 traf ich mich mit einem Leningrader Bekannten, der ebenfalls verbannt worden war, dem Deutschen Schnakenburg. Das Treffen war sehr bewegend. Schnakenburg lud mich zu sich in die Wohnung ein, ich willigte ein, und wir gingen zu ihm. Danach besuchten wir uns öfter. Nachdem ich mich von Schnakenburgs Feindschaft zur Sowjetmacht überzeugt hatte und weil ich seiner nationalistischen Gefühle sicher war, begann ich in einem der Gespräche offen darüber zu reden, dass Hitler Deutschland eine neue Kultur bringt, dass er ein Mensch mit großem Willen ist, einen Krieg gegen die UdSSR vorbereitet und wir als echte Deutsche Hitler im Kampf gegen die UdSSR helfen müssen. Dafür müssten wir im Innern der Sowjetunion subversive Arbeit durchführen.

FRAGE War Schnakenburg mit der konterrevolutionären Arbeit einverstanden?

BÖHME Ja, Schnakenburg willigte ein, mir in der konterrevolutionären Arbeit zu helfen, und interessierte sich dafür, ob es auch in anderen Städten konterrevolutionäre Organisationen gebe. Ich erzählte ihm kurz, dass es bedeutende Organisationen in Leningrad und anderen Städten gibt.

FRAGE Welche konterrevolutionäre Tätigkeit übten Sie in Orenburg aus?

BÖHME In Orenburg habe ich neue Mitglieder für unsere Organisation angeworben. Nachdem ich Schnakenburg angeworben hatte, suchte ich neue Kandidaten, mit Erfolg. Von Schnakenburg erfuhr ich, dass es in Orenburg den administrativ ausgesiedelten Deutschen Pape gibt, einen Arzt, und ich beschloss, ihn kennenzulernen.

FRAGE Wie erfüllten Sie die Aufgabe von Wulffius zur Spionage?

BÖHME Nachdem ich Schnakenburg angeworben hatte, beauftragte ich diesen, Spionagedaten über die Lage von Militärteilen in Orenburg zu sammeln, über ihre Bewaffnung, über den Personalbestand der Luftwaffenschule und der Flakschule, über die Typen der Flugzeuge und ihre Flugeigenschaften.

FRAGE Haben Sie Pape angeworben?

BÖHME Ja, ich habe Pape angeworben.

FRAGE Unter welchen Umständen?

BÖHME Ich habe ihn im Februar 1936 in seiner Wohnung angeworben. Wir haben mehrfach Gespräche über die große deutsche Nation geführt und über den baldigen Krieg, den Hitler gegen die Sowjetunion vorbereitet. Pape hat ganz offen seinen Hass gegen die Sowjetunion zum Ausdruck gebracht, indem er sagte, man habe ihn zugrunde gerichtet, seinen Namen vernichtet und nach Orenburg verbannt. Bald käme die Zeit, dass er mit all diesen Erniedrigungen, Beleidigungen und Zerstörungen abrechnen kann.

Angesichts der Erregung Papes schlug ich ihm vor, seine Rache nicht auf die lange Bank zu schieben und sofort damit zu beginnen, mittels Spionage und Diversion die Kraft der Sowjetunion von innen heraus zu untergraben und so den Weg Hitlers in die Sowjetunion zu erleichtern. Ich erzählte Pape kurz von unserer grandiosen konterrevolutionären Organisation in Leningrad und anderen großen Städten. Nachdem Pape sein Einverständnis zur Spionage- und Diversionstätigkeit gegeben hatte, stellte ich ihm die Aufgabe, neue Kader unter antisowjetischen Elementen anzuwerben, vorzugsweise Deutsche, und Aufklärungsdaten über den Militärtruppenübungsplatz zu sammeln, der in der Nähe der Station Dongus existiert.

FRAGE Wie reagierte Pape?

BÖHME Pape reagierte sehr lebhaft auf die Aufgabe, sie sei leicht erfüllbar, und er erzählte mir, dass er einen jungen Menschen deutscher Nationalität aus dem Luxemburg-Rayon kennt, der jetzt in

Orenburg lebt und die Medizinische Schule abschließt: Enns, Nikolai Korojewitsch, nach Papes Worten ein Faschist, den man für Diversions- und terroristische Zwecke nutzen könne. Pape warb ihn an.

FRAGE Welches Material sammelte Ihre Spionagediversionsgruppe?

BÖHME Unsere Gruppe sammelte Material von militärischer Bedeutung über den Personalbestand der Militärschulen von Orenburg, über den politisch-moralischen Zustand, über Flugzeugtypen, ihre Bewaffnung, über die Flugeigenschaften, über den Dongusker Truppenübungsplatz, über die Flakluftabwehr, ihre Reichweite, über Munitionsfabriken in Orenburg, ihre Kapazität und die Qualität ihrer Produkte.

FRAGE Wie hielten Sie Verbindung mit der Führung der Organisation und wie übergaben Sie das Material?

BÖHME Ich habe das gesamte Material bei mir aufbewahrt und Anfang 1937 mit einer Vertrauensperson an Wulffius nach Leningrad geschickt.

FRAGE Wer war diese Vertrauensperson?

Böhme Das war mein bester Freund seit dem Tod meiner Frau: Hübbenet, Alissa Antonowna – eine Pianistin, die zweimal zu mir nach Orenburg kam. Das erste Mal im Mai 1936, das zweite Mal im Mai 1937, und ich habe zweimal mit ihr unser Spionagematerial geschickt. Über sie erhielt ich Instruktionen von Wulffius.

FRAGE Heißt das, Hübbenet A. A. war ebenfalls Mitglied Ihrer Organisation?

Böhme Nein. Sie weiß nichts über unsere terroristische Spionagediversionsorganisation.

FRAGE Wie konnten Sie ihr eine so gefährliche Sache anvertrauen? Sie hätte das öffnen und lesen können.

BÖHME Ich war mir ihrer völlig sicher. Ich habe ihr eingeschärft, dass das Paket, das sie befördert, große Bedeutung für mich und meine weitere Verbannung hat. Ich muss sagen, dass sie bereit war, alles für mich zu tun, nur damit ich zufrieden bin.

FRAGE Welche Aufgabe stellte sich Ihre konterrevolutionäre Gruppe für die Kriegszeit?

BÖHME Für die Kriegszeit stellte sich unsere konterrevolutionäre Gruppe die Aufgabe, mit allen Mitteln von innen heraus den Interventen zu helfen, indem wir das Hinterland schwächen. Das heißt, wir stellten uns die Aufgabe, die Eisenbahn zu zerstören, die Eisenbahnbrücke über die Wolga zu sprengen, Militärzüge mit Personal und Pferden die Böschung hinabzustürzen und den Flughafen von Orenburg zu sprengen. Außerdem wollten wir terroristische Akte gegen die Führer der Partei und der Sowjetmacht sowie den Kommandobestand der Roten Armee durchführen.

FRAGE Wen haben Sie noch angeworben?

BÖHME Niemanden, weil Ende 1937 Schnakenburg und Pape durch die Organe des NKWD verhaftet wurden.

FRAGE Haben Sie Ihre Spionage nach der Verhaftung von Schnakenburg und Pape eingestellt?

BÖHME Die Spionagetätigkeit habe ich nach der Verhaftung von Schnakenburg und Pape nicht eingestellt, sie war lediglich geschwächt. Aber ich habe sie bis zu meiner Verhaftung fortgesetzt.

Welch eine formalistische Sprache, welch eine wirre Argumentation! Bei fast jeder Antwort das Wortungetüm »terroristische Spionagediversionsorganisation« in den Mund zu nehmen, das allein wäre für den Befragten schon eine enorme Herausforderung gewesen. Kein Mensch redet so. Ein Angeklagter würde sich im Verhör wohl auch kaum immer wieder als »echter Deutscher« bezeichnen und von »unserer grandiosen konterrevolutionären Organisation« reden. Ganz und gar unvorstellbar ist, dass ein Mann wie der Trompeter Oskar Böhme Eisenbahnbrücken, Flugplätze und Militärzüge sprengt, dazu wäre er nicht einmal in der Lage, wenn ihm jemand helfen würde. Bekannte »Faschisten« zu nennen käme ihm ebenfalls niemals in den Sinn, und dass Hitlers Krieg gegen die Sowjetunion bereits Mitte der 1930er Jahre fest geplant war, dürfte ebenfalls ins Reich sowjetischer Propaganda gehören.

Aber für Unterleutnant Birschewoi ist nun alles gesagt, was gesagt werden musste. Er kann zum Ende kommen. Er nimmt ein Blatt Papier und formuliert handschriftlich die entscheidenden Fragen.

FRAGE Bestätigen Sie Ihre Angaben vom 15. und 19. Juli 1938?

BÖHME Ich bestätige meine Angaben vom 15. und 19. Juli vollinhaltlich. O. Böhme

FRAGE Erkennen Sie sich als schuldig im Sinne der vorgelegten Beschuldigungen laut Artikel 58-Ia, 58-8, 58-9, 58-11?

BÖHME Ich erkenne meine Schuld im Sinne der mir vorgelegten Beschuldigungen an. Ich habe seit 1929 eine aktive konterrevolutionäre Tätigkeit gegen die Sowjetmacht geführt. Über mehrere Jahre hinweg, von 1929 bis zu meiner Verhaftung, hatte ich Verbindung zu Agenten ausländischer Aufklärungsdienste und habe Spionagetätigkeit geleistet. Aufgezeichnet bei vollen Kräften. O. Böhme

Die Tinte, mit der Böhme dieses Geständnis notiert, ist blass, die Unterschrift leicht verwischt. Er weiß, dass er sein Schicksal mit dieser Unterschrift besiegelt, und er ahnt, dass er mit seinen Aussagen so manchen seiner Bekannten belastet. Drei Tage später, am 22. Juli, formuliert Unterleutnant Birschewoi den Text, der die Untersuchung in Sachen Oskar Böhme abschließen soll.

Ich, operativer Bevollmächtigter der 6. Unterabteilung der 3. Abteilung der UNKWD, Unterleutnant der Staatssicherheit Birschewoi, beschließe gemäß Artikel 206 der Strafgesetzordnung nach Prüfung der Untersuchungssache Nr. 6378, Böhme, Oskar Wilgelmowitsch, und angesichts der Tatsache, dass die Materialien der vorbereitenden Untersuchung vollständig die erhobenen Beschuldigungen bewiesen haben, die Untersuchungssache 6378 für beendet zu erklären.
Die Materialien sind ausreichend für die Überstellung Böhmes, O. W., an das Gericht gemäß Artikel 58-Ia, 58-8, 58-9 und 58-11 des Strafgesetzbuches der RSFSR, worüber der Beschuldigte per Unterschrift informiert wurde.

Das Papier unterschreibt als Erster Birschewoi, dann der Leiter der 3. Abteilung, Leutnant Ziklin – und schließlich das Opfer selbst: »O. Böhme«.

Leningrad 1938

Was hinter den Mauern des Orenburger Gefängnisses vor sich geht, soll in der Stadt niemand wissen. So will es die Partei: Es wird groß über die Schauprozesse gegen einzelne prominente Volksfeinde berichtet, die massenhafte Abrechnung mit gewöhnlichen »Verrätern« bleibt dagegen unbeachtet. Das soll den Anschein erwecken, dass lediglich begründete Fälle untersucht und dann zu Recht hart bestraft werden. Dass im Hintergrund ein Fließband des Todes läuft, wird verschwiegen. Natürlich haben sie im Kino »Oktober« und im Musiktechnikum registriert, dass Oskar Böhme verschwunden ist. Aber Nachfragen beim NKWD sind sinnlos, ja gefährlich. Und so sieht ein ganzes Volk zu, wie seine Mitbürger verschwinden – alle tun so, als bemerkten sie es nicht.

In Moskau findet in diesen Tagen die erste Sitzung des Obersten Sowjets der RSFSR statt, des neu gewählten Parlaments der russischen Föderation. »Nachdem unser Land, unter Führung des Lenin'schen-Stalin'schen Zentralkomitees und unter Mithilfe des sowjetischen Nachrichtendienstes die grundlegenden Nester der Feinde zerschmettert hat, erklimmt es unbeirrt von Monat zu Monat neue Gipfel«,[261] erklärt Nikolai Bulganin, der russische Regierungschef.

Eines der »grundlegenden Nester« war das der Deutschen. In Leningrad sind kaum noch Spuren von ihnen zu finden. Mit Marie und der kleinen Eugenie Poehl verlassen in diesem Jahr die allerletzten Poehls das Land. Auch die Einwohnerschaft der deutschen Kolonistendörfer ist in den letzten Monaten dezimiert worden. Graschdanka, wo die Amann-Familie wohnt, macht da keine Ausnahme. Am 14. Juni 1938, einen Tag vor der Festnahme von Oskar Böhme in Orenburg, wird Peter Amann verhaftet. In dieser Nacht holen die NKWD-Leute in Graschdanka noch weitere Männer aus den Betten. Bis der Gefängniswagen eintrifft, werden die Verhafteten in der Feuerwehrwache des Dorfes festgehalten. Amanns Sohn Albert, 14 Jahre alt, wird von der Mutter zur Wache geschickt, um dem Vater wenigstens warme Sachen zu bringen. Peter Amann nimmt ihn auf den Schoß und sagt: »Du bist jetzt der Älteste, pass auf die Mutter auf.«

Zu dieser Zeit haben längst alle alteingesessenen Familien Angehörige verloren. Nikolai Amann aus Haus Nr. 20, ein Cousin Peters, ist im vergangenen September verhaftet worden. Aus Haus Nr. 26 ist der Kutscher Pjotr Muchanow verschwunden, dazu Leonid Pletnjew, dessen Großmutter einst einen großen Laden besaß, aus Haus Nr. 5 der 28-jährige Peter Eidemüller und sein gleichnamiger Vetter, ebenfalls ein Cousin von Peter Amann. Weiter aus Haus Nr. 35 Jakob Erhardt, aus Nr. 15 Jewgraw Bauer und aus Nr. 31 Wladimir Bauer, dazu Pjotr Parschin aus Nr. 11, zuletzt Fahrer im Polytechnischen Institut. Alle sind im Leningrader Gefängnis gelandet, wohin auch die in dieser Nacht Verhafteten gebracht werden. Die Amanns können dort anfangs noch Päckchen für Peter abgeben. Irgendwann verweigern die Wachen aber die Annahme mit der Begründung, Peter Amann sei zu zehn Jahren Lagerhaft verurteilt worden, ohne Recht auf Briefwechsel.

Auch in den Straßen von Leningrad ist von der Verhaftungswelle kaum etwas zu spüren, schon gar nicht für die vielen ausländischen Touristen, die 1938 in die Stadt kommen. Die Sowjetregierung will dem Westen jenes Land präsentieren, das sie als das fortschrittlichste der Welt preist. In den Jahren zuvor haben bereits einzelne Schriftsteller wie H. G. Wells, Lion Feuchtwanger und Oskar Maria Graf die Sowjetunion bereist, nun aber besuchen ganze Gruppen das Land, Moskau vor allem und Leningrad, das sich leicht mit dem Schiff erreichen lässt. Mit der *Queen Mary* treffen gleich mehrere Hundert Amerikaner ein, mit dem Dampfer *Frankonia* einc große Gruppe Engländer, Schiffe aus Schweden, Norwegen und Frankreich ankern im Handelshafen, und auch der Dampfer *Rheinland* mit 200 Deutschen an Bord steuert Leningrad an. Man zeigt den Ausländern die Eremitage, die Peter-und-Paul-Festung und führt ihnen die neuen sozialistischen Betriebe vor, und Ende Juli, als die Amerikaner in der Stadt sind, wird auf dem Urizki-Platz vor dem früheren Winterpalast eine grandiose Sportschau mit 35 000 Teilnehmern veranstaltet. Sie soll den Patriotismus und die Ergebenheit für die Sache Lenins und Stalins demonstrieren, Schönheit, Gesundheit und körperliche Vollkommenheit vorführen. Die Ausländer sind begeistert.

2,9 Millionen Einwohner hat Leningrad inzwischen, 1939 wird die Drei-Millionen-Grenze überschritten. Die erste Metrolinie wird geplant, die die großen Bahnhöfe mit den Rayons im Süden der Stadt verbinden soll. An dieser Tangente ist auch die »Moskauer Chaussee« geplant, ein Prachtboulevard mit Palästen, Denkmälern, Obelisken und luxuriösen Wohnhäusern, das sozialistische Gegenstück zum ehemaligen bürgerlichen Newski-Prospekt in der Innenstadt mit den einst von italienischen und deutschen Baumeistern erbauten Palästen. Die sind für die Bolschewiki barocker Kitsch. Sie träumen von imperialer Größe in den Farben eines russischen Sozialismus so wie Adolf Hitler und sein Architekt Albert Speer von einem pompösen nationalsozialistischen Berlin.

Bis auf das steinerne Erbe ist das Deutsche, überhaupt alles Ausländische ausgemerzt. Es gibt keine deutschen Firmen- oder Reklameschilder mehr, keine deutschen Krankenhäuser, keine deutschen Apotheken und auch keine deutschen Bäckereien. Auf den Straßen der Stadt hört man kein Deutsch mehr.

Aus der Petrikirche, in der Oskar Böhme so oft konzertierte, sind die Altarbilder entfernt worden. Noch wird in dem ehemaligen Gotteshaus eine Ausstellung über den Nordpol gezeigt. Aber die meiste Zeit wird der 1838 eingeweihte Sakralbau nun als Lager genutzt. Nächstes Jahr soll dort ein Dokumentarfilmstudio einziehen. Die Annenkirche, in der Eduard Maaß als Pastor predigte, wird bereits zum Filmtheater »Spartak« umgebaut. Als ginge es darum, auch noch die letzten Spuren zu verwischen, werden selbst die Friedhöfe der Deutschen geschleift. Auf dem lutherischen Smolensker Friedhof auf der Wassili-Insel sind die Gräber verwahrlost, die Grabplatten wurden für den Bau von Fußwegen verwendet. Auch der lutherische Friedhof Wolkowskoje südlich des Stadtzentrums verfällt, jener Gottesacker, auf dem Alexander von Poehl beigesetzt ist. Den Nikolsker Friedhof am Alexander-Newski-Kloster, auf dem Oskar Böhme vor 29 Jahren seine Frau Alexandra bestattet hat, wollen die Behörden offiziell liquidieren. Grabräuber haben dort Hunderte von Gräbern aufgebrochen und ausgeraubt. Überlebt hat aus der Erbmasse der Deutschen nur, was die Sowjetmacht gebrauchen kann, etwa die Poehl'sche Apotheke, aus der inzwischen die Städtische Apotheke Nr. 13 geworden ist. Sie trägt den Namen des Flottenoffiziers Leutnant Schmidt, eines Teilnehmers der Revolution von 1905, der auf der Petersburger Kadettenanstalt ganz in der Nähe der Apotheke ausgebildet worden war.

Auch die Kirchner'sche Fabrik für Kalender- und Büroartikel in der Bolschaja Puschkarskaja existiert noch. Fast 1500 Menschen arbeiten jetzt dort. Anstelle des Zarenporträts zeigen die Hefte, die an Schreibwarengeschäfte in der ganzen Sowjetunion geliefert werden, nun Porträts von Marx, Lenin und Stalin. Auch die Hüllen für die Schallplatten mit den Stalin-Reden stammen von hier. Pech hatte die Fabrik mit dem Ehrennamen »Andrei Bubnow«, den sie Anfang der 1930er Jahre erhielt. Bubnow war Lunatscharski als Volksbildungskommissar gefolgt, 1937 aber zum Volksfeind erklärt worden. Die Fabrikleitung musste über Nacht das gesamte Firmenpapier – Briefbögen und -umschläge sowie sämtliche Formulare – einstampfen. Dass das Werk einmal der deutschen Familie Kirchner gehört hat, wissen die meisten Arbeiter nicht.

Wie die deutschen Unternehmer sind auch die deutschen Politiker, Beamten, Offiziere, die Mediziner, Künstler, Architekten aus Petersburg-Petrograd-Leningrad verschwunden, als hätte es sie nie gegeben, als hätten sie diese Stadt nicht mit geprägt. Zwei Jahrhunderte lang war es mit den Deutschen an der Newa stets aufwärts gegangen, wenig mehr als 20 Jahre hatte es für ihren Abstieg gebraucht. Jetzt, im Jahr 1938, sind die deutschen Einrichtungen allesamt verschwunden, selbst das deutsche Generalkonsulat an der Isaakskathedrale hat zugemacht. Welch ein Absturz!

Abwärts

Der 3. Oktober 1938 ist ein Montag. Es ist Herbst geworden, aber in Orenburg sind es tagsüber noch 15 Grad. Die Zeitungen berichten auf der ersten Seite über die Tschechoslowakei, über den Einmarsch der Deutschen ins Sudetengebiet und den der Polen ins Teschener Land sowie über den schändlichen Rückstand des Orenburger Gebiets bei der Getreideablieferung. Oskar Böhme weiß von alledem nichts. Im Gefängnis gibt es keine Zeitung. Seit zweieinhalb Monaten hat man ihn nicht mehr zum Verhör geholt. Es ist, als habe man ihn vergessen. Doch an diesem Montag dreht sich der Schlüssel in der Zellentür, ein Wärter brüllt »Raustreten!«. Böhme springt auf und ist mit wenigen Schritten auf dem Gang.

Er müsse zur medizinischen Untersuchung, erklärt man ihm. Böhme wird über verwinkelte Korridore geführt, Türen werden rasselnd auf- und hinter ihm wieder verschlossen. Dann geht es über ausgetretene Stufen hinab in den Keller. Man befiehlt ihm zu warten. Es ist nass und kalt hier unten, ein Ort, an dem man nicht lange ausharren möchte. Aber Böhme hat sich inzwischen an vieles gewöhnt. Er hört, wie eine Tür geöffnet wird. Schritte nähern sich. Ein NKWD-Mann tritt an ihn heran. Er hält eine Pistole in der rechten Hand, setzt sie blitzschnell im Nacken von Oskar Böhme an und drückt ab. Es reicht dieser eine Schuss, die NKWD-Leute haben das immer und immer wieder geübt. Böhme bricht zusammen, fällt auf den Kellerboden. Der Trompeter Oskar Wilhelmowitsch Böhme, vor 40 Jahren aus Dresden in dieses Land gekommen, ist tot.

Wo das NKWD Oskar Böhme begraben hat, ist nirgendwo dokumentiert. Wahrscheinlich hat er seine letzte Ruhestätte in der »Sauralskaja Roschtscha« gefunden, einem Birkenhain südlich von Orenburg am anderen Ufer des Ural-Flusses. Dort befand sich seit Ende 1920 ein zwei Hektar großes, mit hohen Zäunen abgeschirmtes »Spezialobjekt« des NKWD und späteren Ministeriums für Staatssicherheit. Zwischen 1930 und Anfang 1950 sind laut Angaben des Orenburger FSB, des heutigen Staatssicherheitsdienstes, an dieser Stelle rund 8000 Menschen beigesetzt worden – Menschen, die in Orenburg erschossen worden oder in den Gefängnissen der Stadt gestorben waren. Man warf sie in der »Sauralskaja Roschtscha« in Massengräber. Symbolische Kreuze markieren heute diese Stellen.

Das Todesurteil haben sie Oskar Böhme gar nicht gezeigt. Es wurde auf ein Blatt in der Größe eines Schulhefts getippt:[262]

AUSZUG AUS DEM PROTOKOLL DER TROIKA DER UNKWD DES ORENBURGER GEBIETS.

3. Oktober 1938
Angelegenheit Nr. 6378 der 3. Abteilung UNKWD betreffend Anklage Böhme, O. W., geboren 1870, Dresden, Deutschland, Deutscher, Bürger der UdSSR, parteilos.
1930 verhaftet durch die Organe der OGPU unter Verdacht der Spionage.
1935 aus Leningrad administrativ ausgesiedelt. Bis zur Verhaftung Dirigent des Orchesters des Kinotheaters »Oktober« in Orenburg.
Wurde 1929 durch Prof. Wulffius für eine Spionagediversionsorganisation angeworben. Befasste sich im Auftrag der Organisation mit dem Sammeln von Spionage-Informationen, die der deutschen Aufklärung übergeben wurden.
Für die Kriegszeit bereitete er die Durchführung von Diversionsakten bei der Eisenbahn und auf Orenburger Flugplätzen vor.
Böhme Oskar Wilgelmowitsch ist zu ERSCHIESSEN.
Sekretär der Troika
Trojelnikow

Das Wort »Erschießen« hat der Geheimdienstbeamte in Versalien in die Maschine gehämmert, als wolle er damit ein Ausrufezeichen setzen, ein Zeichen der Empörung, eines, das noch mal bekräftigen soll, dass einer wie Böhme nichts anderes verdient habe als dieses ERSCHIESSEN. Es ist die Notiz eines Bürokraten des Todes. Noch am selben Tag wird ein kleiner Zettel an das Urteil geheftet:[263]

BESCHEINIGUNG
Das Urteil wurde am 3/X/1938 vollstreckt.
Grundlage: Akt v. 3. X. 1938
Leiter der 1. Spezialabteilung der UNKWD
Leutnant der Staatssicherheit, Trojelnikow

Kino

Am Abend von Oskar Böhmes Todestag zeigen sie im Kinotheater »Oktober« zufällig einen Film über einen Deutschen, den Streifen *Professor Mamlock*. Dem Werk liegt das gleichnamige Schauspiel des deutschen Schriftstellers Friedrich Wolf aus dem Jahr 1933 zugrunde. Hauptfigur ist der deutsche Arzt Hans Mamlock, ein Jude und überzeugter Demokrat, der an den Judenverfolgungen der Nazis zerbricht und Selbstmord begeht. Das Leningrader Filmstudio bleibt mit seinem Film dicht am Stück von Friedrich Wolf, allerdings mit einer Ausnahme: Der Regisseur hat das Finale geändert. Mamlock begeht im Film nicht Selbstmord, sondern wird von den Nazis erschossen, also gezielt hingerichtet. Es ist ein Schluss ganz im Sinne der sowjetischen Propaganda. Er soll den menschenverachtenden Charakter des Hitler-Regimes unterstreichen.

Wissen die Zuschauer im »Oktober«-Kino von Orenburg tatsächlich nicht, dass lediglich ein paar Hundert Meter entfernt ebenfalls pausenlos hingerichtet und gemordet wird, nur im Namen einer sich für unfehlbar haltenden kommunistischen Partei? An diesem Tag ist der Trompeter Oskar Böhme ihr zum Opfer gefallen, der Orchesterdirigent dieses Kinos. Er ist einer von etwa 70 000 Deutschen, die in den Jahren 1937 und 1938 von sowjetischen NKWD-Tribunalen verurteilt werden.

WAS WURDE AUS …

OSKAR BÖHMES Tod wird nie bekannt gemacht, es gibt keine Mitteilung darüber, auch wo ihn das NKWD begraben hat, wird nirgendwo dokumentiert. Etwa 1989 tauchen in der Sowjetunion erste Hinweise auf, dass Oskar Böhme 1938 in Orenburg erschossen worden ist. Gewissheit gab es jedoch lange Zeit nicht. Bis heute hält sich das Gerücht, Böhme sei noch nach 1938 in einem Arbeitslager des sowjetischen Gulag gesehen worden. Der russische Trompeter Anatoli Seljanin berichtet in seinem Werk *Der Ton der Trompete:* »Eines Tages kam nach einem Konzert ein alter verhärmter Mann zu mir und fragte, ob ich diesen Trompeter aus Orenburg kenne – Oskar Böhme. Als ich ihm erzählte, er sei 1938 gestorben, erregte sich dieser Mann sehr und sagte, das sei überhaupt nicht wahr. Er habe seine Haft zusammen mit Oskar Wilgelmowitsch Böhme beim Bau des Großen Turkmenischen Kanals verbracht. Nach seinen Worten war Böhme schon sehr alt, er konnte nicht arbeiten und wurde zum Zählen der Sandkarren eingesetzt.«[1] Es muss eine Verwechslung gewesen sein.

Noch 2010 schreibt der amerikanische Trompeter Edward H. Tarr, der sich ausführlich mit der Musik Böhmes befasst hat: »Das Jahr und die Umstände seines Todes werden wohl nie geklärt werden. Es kursieren verschiedene unbewiesene Vermutungen. Wurde er nach der Ermordung Kirows am 1. Dezember 1934 von Stalin dorthin (nach Orenburg) verbannt? Wurde er noch später, mit 68 Jahren, Zwangsarbeiter am Turkmenistan-Kanal? Oder zog er vielleicht von selbst nach Orenburg, wo es schon seit jeher eine deutsche Kolonie gegeben hatte?«[2]

Böhmes Brüder lebten jedenfalls weiter in dem Glauben, Oskar sei am Leben. In einem Brief an Willi Liebe, Solotrompeter an der Deutschen Oper Berlin, schreibt Benno Böhme am 19. Mai 1940: »Mein Bruder Oskar befindet sich noch in Russland, er sowie wir dürfen keine briefliche Unterhaltung pflegen und haben bis heute noch keine Nachricht von ihnen (richtig: ihm) erhalten. Mein Bruder ist Russischer Stattsbürger (sic), das war mit der Stellung annahme bei der Kaiserl. russ. Oper bedingt worden, jetzt für ihnen (richtig: ihn) und für uns sehr schlecht.«[3] Benno Böhme schreibt das zu einer Zeit, als sein Bruder Oskar bereits anderthalb Jahre in russischer Erde liegt.

Dass Oskar Böhme zu den Letzten gehört, die Stalins Großem Terror zum Opfer fallen, ist von besonderer Tragik. Denn wenige Wochen später, am 17. November 1938, wird die Terrormaschine mit einem Brief an alle NKWD-Führer, Staatsanwälte und höheren Parteisekretäre gestoppt. Bis zu diesem Zeipunkt sind 1 575 000 Menschen verhaftet worden, allein in den Jahren 1937 und 1938. Von ihnen wurden 1 345 000 verurteilt und 681 692 erschossen, also etwa jeder Zweite. Das Blatt wendet sich jetzt gegen Stalins bislang wichtigstes Werkzeug, das NKWD. Viele seiner Mitarbeiter hätten ihre Macht missbraucht, heißt es plötzlich. Verhaftet werden nun auch viele Orenburger NKWD-Funktionäre, darunter der für den Fall Oskar Böhme verantwortliche Untersuchungsführer. Die Wahrscheinlichkeit ist also hoch, dass Böhme ein paar Wochen später nicht mehr hingerichtet worden wäre. Fast gleichzeitig tritt im Verhältnis zwischen der Sowjetunion und Deutschland Tauwetter ein. Im Oktober 1938, in Böhmes Todesmonat, schließen der deutsche Botschafter in Moskau, Friedrich-Werner Graf von der Schulenburg, und Stalins Außenminister, Maxim Litwinow, eine Vereinbarung, dass sich Presse und Rundfunk beider Seiten künftig direkter Angriffe auf die Staatsoberhäupter der beiden Länder enthalten sollten. Einen Monat später einigen sich Deutschland und die Sowjetunion auf ein Handelsabkommen, und dann lenkt Stalin auch in seiner öffentlichen Propaganda gegenüber Deutschland ein. Die durch gegenseitige Verunglimpfungen und Verdächtigungen belastete Atmosphäre zwischen Moskau und Berlin ändert sich daraufhin schlagartig, und das aus einem naheliegenden Grund: Sowohl Stalin als auch Hitler trauen den Westmächten nicht und suchen erneut die Annäherung. Ein paar Monate später kommt es zum deutsch-sowjetischen Nichtangriffspakt, und plötzlich sind die Deutschen in der sowjetischen Öffentlichkeit wieder Freunde und Verbündete. Die Polemik gegen Hitlers Faschisten wird von den Zeitungsseiten verbannt.

Oskar Böhme hilft das nicht mehr, er ist tot, wie viele Tausend andere Deutsche ebenso. Er wird vergessen, sowohl in der Sowjetunion als auch in seiner früheren Heimat Deutschland.

Knapp 50 Jahre später kommt Michail Gorbatschow an die Macht und versucht, das Sowjetsystem zu reformieren. Nun öffnen sich die

Archive, auch die des NKWD. Ganz leise, meist unbemerkt von der Öffentlichkeit, sehen Sonderkommissionen die alten Akten des Geheimdienstes durch. Es sind Berge von Papier, aber im Januar 1989 kommt auch die Akte Böhme auf den Tisch. Nach ihrer ausführlichen Prüfung legt der Militärstaatsanwalt des zuständigen Wolga-Militärbezirks, Generalmajor der Justiz A. Polonski, gegenüber dem Militärtribunal des Militärbezirks Widerspruch gegen das Böhme-Urteil von 1938 ein. Polonski schildert zuerst die gegen Böhme erhobenen Beschuldigungen, dann befasst er sich mit den Vorgängen im Orenburger Gefängnis:

> Am 15. Juni 1938 wurde Böhme verhaftet und ins Orenburger Gefängnis gebracht. Welche Arbeit mit ihm während des Monats nach seiner Verhaftung durchgeführt wurde, ist aus den Unterlagen nicht ersichtlich. Laut Untersuchungsmaterial wurde er in dieser Zeit nicht ein einziges Mal befragt, legte aber bei den Verhören am 15., 19. und 20. Juli Geständnisse zum Kern der Sache ab.
>
> Der Akte lag eine Kopie des Verhörs von Brock durch das Leningrader NKWD bei (2. April 1938). Brock zählte die ihm bekannten Leiter und Mitglieder des »Bildungsvereins« auf (insgesamt 65 Mitglieder). Böhme, Oskar Wilgelmowitsch, nannte er dabei nicht und bestätigte nicht die Übergabe von Informationen über den Personalbestand der Leningrader Flottenakademie durch das Mitglied der Organisation Böhme.
>
> Der Bürger Enns bestätigte nicht die Tatsache seiner Anwerbung durch den Leiter der Gruppe, Böhme.
>
> Schnakenburg und Pape wurden in der Angelegenheit Böhme nicht befragt, die Protokolle ihrer Verhöre finden sich nicht in der Akte. Pape hat nicht bestätigt, dass er durch den Bürger Böhme angeworben wurde.
>
> Andere Materialien, die die Angelegenheit Böhme betreffen, existieren nicht. Damit gibt es keine Beweise, die seine Teilnahme an einer konterrevolutionären Tätigkeit bestätigen. Im Gegenteil: Nach dem Studium des Archivmaterials zu Schnakenburg und Pape wird festgestellt, dass deren Akten durch die Aufsichtsbehörde wegen Abwesenheit eines Verbrechens geschlossen wurden.
>
> Entsprechend der Feststellung des Militärtribunals des Wolga-Militärbezirks und des Südural-Militärbezirks v. 4.2.1958 und 4.4.1963 hat

> die konterrevolutionäre Organisation, an der Pape und Schnakenburg angeblich beteiligt waren, im Orenburger Gebiet 1937–38 nie existiert. Wie aus der Mitteilung der UKGB des Orenburger Gebietes v. 3.1.1989 ersichtlich, wurden die ehemaligen Leiter der UNKWD Saizew, N.S., und der Leiter der 3. Abteilung der UNKWD Ziklin, M.M., die die Untersuchung zu Böhme leiteten, wegen grober Verletzung der sozialistischen Gesetzlichkeit, die sich in der Fälschung der Strafsache zeigt, und wegen Anwendung ungesetzlicher Methoden bei der Untersuchung des Verhafteten 1939 und 1940 durch das Militärkollegium des Obersten Gerichts der UdSSR verurteilt.

Und dann kommt Generalmajor Polonski zu dem Schluss:

> Das persönliche Schuldeingeständnis des Bürgers Böhme, konterrevolutionär tätig gewesen zu sein, kann nicht als Beweis seiner Schuld angesehen werden.
> Ich bitte darum, den Beschluss der Besonderen Troika der UNKWD des Orenburger Gebiets v. 3. Okt. 1938 zu Böhme Oskar Wilgelmowitsch wegen Abwesenheit eines Verbrechens aufzuheben.[8]

Am 18. Januar 1989 tagt das Militärtribunal des Wolga-Militärbezirks in der Zusammensetzung Oberst der Justiz Siroty, A.M., als Vorsitzender und Oberstleutnant der Justiz Saitschikowa, A.I., sowie Major der Justiz Krizikera, W.P., als Mitglieder. Es beschließt:

> Geleitet von Teil 2, Artikel 378 und 379 der Strafprozessordnung
> der RSFSR legt das Militärtribunal des Gebietes fest:
> Der Beschluss der Besonderen Troika der UNKWD
> des Orenburger Gebietes v. 3. Okt. 1938 zu
> Böhme Oskar Wilg.
> wird aufgehoben und die Akte geschlossen wegen
> Abwesenheit eines Verbrechens.
> Für die Richtigkeit: A. Saitschikowa[9]

Mit dem 18. Januar 1989 also gilt der deutsche Trompeter Oskar Böhme als rehabilitiert. Keiner hat um diese Geste nachgesucht, es gibt ja keine Angehörigen mehr. Der Beschluss wird auch nirgendwo veröffentlicht.

Erst als der Petersburger Historiker Anatoli Rasumow 1995 sein Projekt »Zurückgegebene Namen« startet und an der Russischen Nationalbibliothek die Buchreihe *Leningrader Martyrologium* herauszugeben beginnt, in der er die Namen aller einst in Leningrad Verhafteten verzeichnet, taucht der Name Oskar Böhme wieder auf. Die Kurzbiographie des deutschen Trompeters findet sich in Band 12.

Böhmes Leningrader Freunde und Bekannten erleiden ein ähnliches Schicksal wie er. Konrad Schnakenburg, der am 22. August 1937 in Orenburg verhaftet wurde, wird drei Wochen später erschossen. Reinhold Bertholdy ist zu dieser Zeit bereits anderthalb Jahre tot, er ist im April 1936 in einem Lager bei Wologda gestorben. Auch Alexander Wulffius kommt in Stalins Gulag um, im Juni 1941 in einem Lager bei Workuta, andere Quellen sprechen von Omsk. Und Böhmes Freundin Alissa von Hübbenet, die noch zweimal zu ihm nach Orenburg gereist ist, stirbt im April 1943 während der Leningrader Blockade. Sie wird nur 51 Jahre alt.

40 906 Menschen werden 1937 und 1938 allein in Leningrad erschossen, in der Stadt, die Böhme sich zur Heimat gewählt hatte. Ihre Leichen werden auf einem NKWD-Gelände nahe der Siedlung Lewaschowo vergraben. Das Waldstück ist heute eine Gedenkstätte, in der sich auch ein Denkmal befindet, das den Böhmes und Schnakenburgs, den Bertholdys und den Wulffius gewidmet ist. »Den Deutschen Russlands« steht auf dem Stein.

Böhmes künstlerische Rehabilitierung hat im Gegensatz zur politischen bereits früher eingesetzt – in der russischen wie auch in der internationalen Musikwelt. In Moskau wird Böhmes wichtigstes Werk, das e-Moll-Konzert op. 18, bereits 1960 neu aufgelegt – allerdings mit einem nach sowjetischer Manier umbenannten 2. Satz: Aus dem »Adagio religioso« wird ein »Adagio festivo«.

Neun Jahre später wird Böhme erstmals wieder in Sergei Bolotins *Biographischem Lexikon der Musiker und Blasinstrumente* erwähnt. Sein e-Moll-Konzert und seine Etüden op. 20 wurden an den sowjetischen Konservatorien und Hochschulen sowie in der DDR auch davor schon einstudiert und gespielt, das Konzert allerdings nur in der Klavierfassung. Denn das Orchestermaterial hatte der Verleger Richard Schauer Ende der 1930er Jahre ins Exil nach London mitgenommen. Auch in einigen Bibliotheken in den USA fand sich die Orchesterpartitur.

Oskar Böhme gilt heute nicht nur als einer der größten Trompetenvirtuosen um die Wende vom 19. zum 20. Jahrhundert, sondern zusammen mit den Deutschen Wilhelm Wurm und Wassili Brandt als wichtigster Begründer der sowjetischen Blechbläserschule. Seinem Vorbild ist es zu verdanken, dass im 20. Jahrhundert nirgendwo in der Welt so viele Trompetenkonzerte komponiert wurden wie in der Sowjetunion.

1977 beginnt der Schweizer Trompeter Max Sommerhalder, Böhmes Werke neu zu beleben, nachdem er in der Zürcher Musikhandlung Jecklin in den frühen 1970er Jahren Werke von Oskar Böhme und Wassili Brandt entdeckt hatte. Er nimmt einige von ihnen für Radio SRF Zürich auf und spielt zwischen 1979 und 1981 mehrere Böhme-Werke für MUSIDISC ACCORD Frankreich ein, darunter auch das e-Moll-Konzert – allerdings in einer nach f-Moll transponierten Fassung, die sowohl in der Sowjetunion als auch in Deutschland erschienen war, weil es heute keine A-Trompeten mehr gibt und weil die e-Moll-Fassung längst vergriffen ist. Auch der norwegische Trompeter Lars Naess beginnt kurz darauf, Böhme zu spielen.

Der amerikanische Trompeter Edward H. Tarr führt Sommerhalders Forschungen weiter und veröffentlicht die Ergebnisse seiner Studien in den USA, erste CD erscheinen. Der bedeutendste sowjetische Trompetensolist, der 1921 geborene und spätere Professor der russischen Akademie für Musik, Timofei Dokschizer, spielt Böhmes e-Moll-Konzert wenige Jahre nach Sommerhalder auf Schallplatte ein, pikanterweise – als wolle er sich bei diesem Stück besonders absichern – mit dem Blasorchester des sowjetischen Verteidigungsministeriums.

Inzwischen sind Böhmes Kompositionen in das internationale Standardrepertoire der Trompete eingegangen und werden von Brass-Bands in aller Welt gespielt. An vielen Musikschulen findet man sie als Ausweis trompeterischen Könnens unter den Prüfungsstücken der Trompeterklassen, und auch bei internationalen Trompeterwettbewerben tauchen Böhmes Werke inzwischen als Pflichtstücke auf. In Sankt Petersburg, der Stadt des Triumphes und des Leidens für Oskar Böhme, stehen sie erneut auf den Spielplänen.

Böhmes Lebensweg blieb trotzdem unbekannt. Die meisten Musiker, die seine Werke aufführen, wissen bis heute nichts über jenen Mann, der sie einst komponierte. Auch in Sankt Petersburg und Orenburg erinnert nichts mehr an den deutschen Musiker. Nur tief in den Archiven ist sein Name noch zu finden. In der früheren Petersburger Kaiserlichen Oper, die nun wieder Marientheater heißt, werden noch alte Spielpläne aufbewahrt, auf denen der Name Böhme steht, auch in einem Album mit den Porträts der Orchestermitglieder wird er erwähnt. Und da offenbar jedes Regime, egal ob bürgerlich oder kommunistisch, mit Eifer Akten anlegt und diese sorgfältig verwahrt, haben Böhmes Personalakte aus den Kaiserlichen Theatern und die Verhörprotokolle des NKWD die politischen Zeitenwechsel überdauert.

Die Spuren, die Böhmes recht große Familie hinterlassen hat, sind jedoch verwischt. Auch die Briefe, die der Trompeter aus Russland an seine Brüder schrieb, ließen sich nicht mehr auffinden. Sein Bruder Eugen, mit dem er offenbar am intensivsten korrespondierte, starb 1948 in Rostock, sein Bruder Benno 1949 in Dresden. Aber die Häuser, in denen Oskar Böhme in Petersburg lebte, stehen noch. Ebenso das kleine Wohnhaus in Orenburg, nur heißt die Straße jetzt nach dem früheren Stalin-Vertrauten Ordschonikidse. Der Geheimdienst hat nach wie vor im früheren »Amerikanischen Hotel« in der Straße des 9. Januar seinen Sitz, und auch das Gefängnis am Ufer des Ural ist noch in Betrieb. Das Kino »Oktober« existierte nach Böhmes Tod noch weitere 50 Jahre, Anfang der 1990er Jahre wurde es geschlossen. Danach zog ein gehobenes Restaurant in die Räume ein, das »Pankratow«. Neben dem früheren Kinosaal, in dem Oskar Böhme sein Orchester dirigierte, gibt es nun einen Pub mit deutschem Flair. Er nennt sich »Bierquelle« und bietet als größte Attraktion »legendäre deutsche Würste« aus der bayrischen Oberpfalz an.

RICHARD POEHL aus der Apothekerfamilie der Poehls wohnt nach seiner Ausreise aus der Sowjetunion mit seiner Frau Eugenie in Berlin. Ihre Tochter Marie kommt, nachdem sie Leningrad verlassen hat, mit der kleinen Eugenie bei ihnen unter.

Von den Poehl-Söhnen leben zu dieser Zeit neben Richard noch Arist und Alexander und natürlich Alfred, gegen den sie weiter prozessieren. Bis auf Arist, der sich in Jugoslawien aufhält, hat es alle nach Berlin verschlagen. Alfred ist nach Zehlendorf gezogen, Alexander wohnt mit Frau und Tochter in Wilmersdorf, gleich hinter dem Stadthaus an der Kaiserallee, wo seine Frau ein Modeatelier betreibt, und

In zwei Koffern hatte die 1937 in Leningrad geborene Eugenie Poehl-Tanger die Erinnerungen an ihre Familie aufbewahrt.

Richard im Oberlandgarten am Flughafen Tempelhof. Die Verhältnisse sind bescheiden, Geld ist nicht mehr viel da. Die Familie hat einen gewaltigen sozialen Abstieg erlitten nach der Petersburger Zeit, als sie noch das große Pharma-Unternehmen auf der 7. Linie betrieb.

Alexander, in dessen Händen die Buchhaltung der Firma Poehl gelegen hatte, sucht 1939 Arbeit. Viel Hoffnung, eine Stelle zu finden, hat er nicht, denn er ist jetzt 56 Jahre alt. Richard, sechs Jahre älter, arbeitet nicht mehr und kümmert sich um seine Enkelin. Man kann das alles aus den Briefen erfahren, die Alexander an Arist in Jugoslawien schreibt, in einem altertümlichen Russisch, mit Zeichen, die es seit 20 Jahren im kyrillischen Alphabet nicht mehr gibt. Von seiner Tochter Nina ist da die Rede, die in einen schweren Unfall verwickelt und nach Ausbruch des Krieges aufgrund ihrer Russischkenntnisse in der Berliner Auslandsbrief-Prüfstelle eingesetzt wird, oder von Andreas, dem Sohn des schon früh verstorbenen Bruders Rudolph, der unbedingt als Freiwilliger in den Krieg ziehen will, aber noch nicht die dafür nötige deutsche Staatsbürgerschaft besitzt. Und auch davon, dass Richard mit seiner Frau nicht mehr gut auskommt und Marie ihre eigenen Wege geht. Es sind die kleinen Sorgen einer einst großen Familie.

»Alfred hat eine neue Lüge ans Gericht geschickt, auf die man wieder antworten muss«, klagt Alexander im August 1939 in einem seiner Briefe.[10] Immer noch versuchen er und Richard, wenigstens Teile des früheren Poehl-Vermögens zurückzubekommen. Und immer noch treibt sie die Hoffnung, die Firma in Deutschland wiederbeleben zu können – mit Geld, das ihnen das Deutsche Reich als Wiedergutmachung für ihr verlorenes Eigentum zahlt. Auch ein Gutachten, das im Juni 1941 entsteht, fünf Tage vor dem Überfall Hitlers auf die

Sowjetunion, beschäftigt sich damit. Es wird ganz in der Nähe der russischen Grenze von Professor Dr. Reinhart Maurach verfasst, Direktor am Institut für Osteuropäisches Recht der Albertus-Universität in Königsberg. Maurach, ein anerkannter Rechtswissenschaftler, der in Russland geboren ist, prüft anhand der vorliegenden Akten vor allem eines: ob die Munizipalisierung der Poehl'schen Häuser in Leningrad im Jahr 1927, also deren entschädigungslose Enteignung zugunsten der Stadt, aufgrund der sowjetrussischen Rechtslage zulässig gewesen ist. Die aufwendige 30-seitige Expertise gipfelt in dem Satz: »Der Munizipalisierungsakt war nach internem Recht der RSFSR gesetzwidrig (…) stellte aber auch gleichzeitig ein völkerrechtliches Delikt dar. Nach dem Rapallovertrage von 1922 und dem Schlußprotokoll zu Art. 8 des Niederlassungsabkommens war eine Enteignung deutscher Staatsangehöriger ohne angemessene Entschädigung ausgeschlossen (…). In jedem Falle kann er (Poehl) für Enteignungsakte, die nach dem Abkommen vom 12.10.1925 und nach seiner Einbürgerung liegen, die Schutzbestimmungen dieses Vertrages für sich in Anspruch nehmen. Ihm gegenüber besteht daher materiell die Schadenersatzpflicht der UdSSR.«[11]

Dieses Papier bietet eine gute Grundlage für den nächsten Schritt: eine finanzielle Ersatzpflicht des Deutschen Reiches zu prüfen, denn von russischen Behörden ist kein Ausgleich zu erwarten. Aber dann bricht der Krieg gegen die Sowjetunion aus, und das Vorhaben erledigt sich von selbst.

1943 stirbt Arist und wenige Tage vor Kriegsende, am 30. April 1945, auch Alexander. Richard lebt bis 1948, Alfred noch zwei Jahre länger. 1950 ist der letzte der sieben Poehl-Brüder tot und damit die Hoffnung, an das goldene Zeitalter der Petersburger Firma anzuknüpfen. Der Name von Poehl verschwindet aus der internationalen Arzneimittelwelt. Der Rest von Richards Familie – Eugenie Poehl, ihre Tochter Marie und Enkelin Eugenie – zieht im Sommer 1950 nach Ost-Berlin, nach Oberschöneweide. Marie ist Dolmetscherin für die DDR-Regierung, sie heiratet 1948 und heißt nun Krämer, Aber sie ist gesundheitlich nicht stabil, sie hielt sich schon vor dem Krieg in verschiedenen Sanatorien auf. Sie stirbt mit 45 Jahren.

Ihre Tochter Eugenie, die Letzte aus der Familie, die noch in Russland geboren ist, kommt als uneheliches Kind während des Krieges zu

Pflegeeltern auf einen Bauernhof bei Jüterbog. Sie studiert später in der DDR Gebrauchsgrafik und arbeitet dann im Berliner Naturkundemuseum, doch ihre Leidenschaft gilt der Malerei. Die künstlerische Ader hat sie von ihrem Vater Georg Sebode, dem Architekten, der eigentlich Maler werden wollte. Sebode ist in Russland geblieben. Im Krieg wird er Major der Roten Armee. Er soll, so erzählt seine Tochter später, damit geliebäugelt haben, zu den Deutschen überzulaufen. Zu Kriegsende ist Sebode in Wien stationiert, dann kehrt er in die UdSSR zurück.

Eugenie ist die Einzige, die noch Verbindung zum Heimatland der Poehls hält. 1952 fährt sie das erste Mal wieder in die Sowjetunion und trifft sich mit ihrem Vater, der inzwischen drei weitere Kinder hat. In Berlin heiratet sie den Elektroingenieur Klaus Tanger, von dem sie drei Kinder bekommt. Selbst für sie rückt die Petersburger Familiengeschichte immer weiter in den Hintergrund. Doch auch in diesem Fall bewirkt die Perestroika von KP-Generalsekretär Michail Gorbatschow eine jähe Wende. Denn als sich die Sowjetunion langsam auflöst, wird klar, dass manches in Frage gestellt werden wird, was nach dem Umsturz der Bolschewiki in Russland geschah. Eugenie Tanger in Berlin ist wie elektrisiert. Sie nimmt ihren alten Namen wieder an und schreibt als »Eugenie von Poehl-Tanger« an den Leningrader Stadtrat der Volksdeputierten, um eine Entschädigung für den durch die Nationalisierung der Poehl-Firma entstandenen Schaden zu erreichen. Im Oktober 1991 antwortet der amtierende Leiter der juristischen Abteilung, A. A. Lawrentjew, »dass die gegenwärtige Gesetzgebung keinen Mechanismus kennt zur Wiederherstellung der Vermögensrechte von Eigentümern, ihrer Erben und Rechtsnachfolger an Betrieben, die nationalisiert worden sind«.[12] Nicht weit von Lawrentjews juristischer Abteilung entfernt befindet sich die Abteilung für auswärtige Beziehungen. Deren Leiter heißt zu dieser Zeit Wladimir Putin.

Die abschlägige Antwort entmutigt Eugenie von Tanger-Poehl nicht, auch nicht die Tatsache, dass sie vom Medizingeschäft nichts versteht. Brief auf Brief schreibt sie jetzt, um Helfer in ihrer Angelegenheit zu finden: an den deutschen Generalkonsul in Sankt Petersburg, an das Büro der Delegierten der Deutschen Wirtschaft, an die Kanzlei der Russischen Botschaft in Bonn, an das Bundesaufsichtsamt für den Wertpapierhandel, an die Moskauer Filiale des amerikanischen Immobilienunternehmens Jones Sang LaSalle, an die New Yorker Rechtsberatung Gusy Van der Zandt LLP und an viele andere. Ihre Briefbögen tragen das Wappen von »Prof. Dr. von Poehl & Söhne St. Petersburg«, das schon ihr Urgroßvater verwendet hatte. Seine Urenkelin fügt den Schreiben alle nur möglichen Unterlagen bei und erläutert ihre Idee: Sollten die Immobilien zurückgegeben werden, wolle sie die frühere Apotheke und die einstige Pharmazeutische Fabrik deutschen Investoren zur Verfügung stellen. Und natürlich versucht sie, in diesen für Russland wirren Zeiten auch die Behörden in Leningrad, das inzwischen wieder Sankt Petersburg heißt, zu locken: »In der Verbesserung der medizinischen Versorgung, und dazu gehören vor allen Dingen Medikamente, sehe ich eine lohnende Aufgabe, die zu lösen im beiderseitigen Vorteil liegen würde.«[13]

Erfolg hat Eugenie von Poehl-Tanger bei ihren Bemühungen nicht, und so versucht sie wenigstens, die russischen Staatsanleihen aus der Zarenzeit, die noch im Besitz der Familie waren, bewerten zu lassen und zu verkaufen. Als Kopie liegt die Quittung des 1919 ersatzlos eingezogenen Poehl'schen Vermögens über 171 709,50 Goldrubel bei. Aber auch dieser Versuch fruchtet nicht, ebenso wenig der Vorschlag an amerikanische Immobilienfirmen, ihnen die Petersburger Grundstückspapiere zu verkaufen. 20 Jahre lang treibt Eugenie von Poehl-Tanger die Idee um, im Namen ihrer Familie eine Wiedergutmachung zu erreichen. Vergeblich. Im Frühjahr 2016 stirbt sie an ihrem letzten Wohnsitz in Königs Wusterhausen. Beim Aufräumen des Hauses im Amselsteg findet einer ihrer Söhne, der Bernauer Arzt Torsten Tanger, auf dem Dachboden zwei Koffer voller Dokumente: Es sind die Papiere einer Apothekerfamilie, die einst Hoflieferant des Zaren in Sankt Petersburg war und durch den Umsturz von 1917 alles verlor.

Wenigstens der Name Poehl ist ins postsowjetische Sankt Petersburg zurückgekehrt. Die Apotheke im Haus Nr. 16–18 auf der 7. Linie der Wassili-Insel arbeitet wieder. »Genossenschaft von Professor Doktor Poehl und Söhne, Pharmacie Prof. Dr. de Poehl & Fils« steht in frisch gemalten Buchstaben an der Fassade, und im selben Haus befindet sich auch wieder eine »Klinik Dr. Poehl«: Öffnungszeiten 9 bis 22 Uhr. In der Apotheke stehen Arzneimittelschränke aus gediegenem dunklen Holz, es gibt ein Porträt des Patriarchen Alexander von Poehl und eine Tafel, die daran erinnert, wie die Geschichte dieser Apotheke einst begann: mit dem Perleberger Schuster Friedrich Wilhelm Poehl.

Pastor **EDUARD MAASS** und seine Frau **EDITHA** haben keinen leichten Start nach ihrer Ankunft am 18. Dezember 1918 in Tilsit. Die Stadt ist überfüllt mit Militär und Flüchtlingen, vorübergehend findet die Familie Unterkunft in einem Altersheim, dem Tilsiter »Krönungs-Jubiläumsstift«. Dort verbringt sie ihr erstes Weihnachten in Deutschland, ausgeplündert und bar aller früheren Ersparnisse, aber glücklich, Krieg und Revolution in Russland entronnen zu sein.

Eduard Maaß stellt sich dem Magistrat vor und bewirbt sich um die frei gewordene zweite Pfarrstelle in der Stadt, nach einer Probepredigt bekommt er den Zuschlag – und als glückliche Draufgabe die dazu gehörige Pfarrwohnung in der Deutschen Straße Nr. 1 neben der Deutschen Kirche am Südufer der Memel, die man die Alte Kirche nennt – im Gegensatz zu ihrer Filiale, der Kreuz- oder Neuen Kirche in der Stadt. Aus den Fenstern der Wohnung sieht die Familie auf die Memelbrücke mit dem prächtigen Portal, die ins Memelland hinüberführt. Ebenfalls ganz nah ist das Königin-Luise-Haus, in dem sich die preußische Königin 1807 mit Napoleon zu einer Aussprache traf, bevor der für Preußen so drückende Frieden zu Tilsit geschlossen wurde.

Die Maaßens statten die große Wohnung mit gespendeten Möbeln und einem ebenfalls gespendeten Klavier aus, auf dem vor allem die Älteste, Editha, spielt. Sie hat bei der Schulaufnahme in Tilsit zwei Klassen übersprungen. Überhaupt liebt die Familie Kunst und Geselligkeit, die Mutter malt, man führt einen Lesezirkel und spielt Theater. Editha erhält am Konservatorium Klavier- und Gesangsunterricht. Es ist fast schon folgerichtig, dass sie ihren künftigen Mann, den Bankangestellten Alfred Müller, bei einer Laienaufführung der Kleist'schen *Hermannsschlacht* im Stadttheater kennenlernt. 1921, mit 18 Jahren, ist sie verlobt.

Alfred Müller stammt aus einer einfachen Familie, ein südländisch wirkender, gut aussehender Mann, gesellig und mit schauspielerischem Talent. Er wurde in Memel geboren und verfügt als Kassierer der Tilsiter Disconto-Gesellschaft über ein eher geringes Einkommen. Es ist nicht die Verbindung, die sich Edithas Eltern gewünscht hätten. Dass der Bankbeamte Müller später mit einem erdachten Doppelnamen seinen Status aufzuwerten versucht, wohl auch gegenüber der adligen Verwandtschaft, liegt nahe, es gibt verschiedene Versionen dazu. Heraus kommt jedenfalls als neuer Name »Mueller-Stahl«. Am 19. Mai 1923

Ein Foto aus glücklichen Zeiten: Familie Maaß 1925 in Tilsit. Pastor Maaß und seine Frau lassen sich mit den Kindern ablichten, hinten stehend Editha mit ihrem Mann Alfred.

traut Eduard Maaß in der Alten Kirche von Tilsit seine Tochter Editha und ihren Bräutigam Fred.

Das wohlbehütete, kunstsinnige Dittchen muss sich umstellen und nun eine Familie umsorgen. Man wohnt in der Tilsiter Lindenstraße. 1926 kommt Sohn Hagen zur Welt, zwei Jahre später Roland, 1936 Gisela und 1938 Dietlind. Und mittendrin, im Herbst 1930, wird Armin geboren, der später ein großer Mime und Musiker werden wird und – ganz der Mutter folgend – auch Maler. Bekannt wird Armin Mueller-Stahl vor allem als begnadeter Schauspieler. Zunächst macht er Karriere in der DDR, später, nach der Wende, in Hollywood. Bis auf Roland, der früh stirbt, landen alle Kinder am Theater.

Eduard Maaß zieht schließlich von Tilsit weiter nach Jucha, das im ostpreußischen Landkreis Lyck liegt, in Masuren. Dort wird er Dorfpfarrer. Auch Editha Mueller-Stahl bleibt mit ihrer Familie nicht im Grenzland. Ihr Mann sieht sich nach einer sichereren Gegend um, und so verlagern die Mueller-Stahls ihren Lebensmittelpunkt 1938 ins uckermärkische Prenzlau. Hier erleben sie den Kriegsausbruch.

Vater Fred wird, obwohl er schon 41 Jahre ist, als Verwaltungsoffizier zur Wehrmacht eingezogen. Die Familie kommt einigermaßen gut durch den Krieg, Editha kann mit ihren Kindern ab und zu sogar noch nach Jucha fahren, zu den Eltern. Als sich 1945 die Russen nähern, trifft es die Mueller-Stahls aber doch: Die erste Bombe, die in Prenzlau fällt, am 20. April 1945, an Hitlers Geburtstag, trifft ausgerechnet ihr Grundstück. Binnen Sekunden ist das Haus eine Ruine. Editha Maaß flüchtet mit den Kindern, wie vorher für diesen Fall mit ihrem Mann abgesprochen, auf das Gut Goorstorf bei Rostock, wo Bekannte leben.

Alfred Mueller-Stahl will sich auf dem Gut, das bald von den Russen eingenommen wird, mit seiner Familie treffen, aber er kommt nie dort an. Jahrzehntelang gilt er als verschollen, bis die Nachricht eintrifft, Mueller-Stahl sei am 1. Mai 1945 im Reservelazarett im mecklenburgischen Schönberg verstorben, in unmittelbarer Nähe von Goorstorf. Die Todesursache ist unbekannt. Sohn Armin geht jedoch davon aus, dass der Vater auf dem Weg zu ihnen als Deserteur erschossen worden ist.

Editha Mueller-Stahl kehrt nach Ende des Krieges mit ihren Kindern nach Prenzlau zurück, findet mit der Familie Unterschlupf in einem der von Bomben und Artillerie verschont gebliebenen Häuser und wird in der Nachkriegszeit zum Mittelpunkt der Großfamilie, weil inzwischen auch mehrere ihrer Schwestern und das Kindermädchen einer Tante zu ihr gestoßen sind, ja selbst die aus Ostpreußen geflüchteten Eltern. Zeitweise müssen die zwei Zimmer der Wohnung 18 Menschen beherbergen. Edithas Wärme, ihre Hilfsbereitschaft und ihre Menschlichkeit wurzeln in der Geschichte ihrer Familie. Sie hat nie vergessen, was sie während des ersten großen Krieges und des Umsturzes der Bolschewiki in Petrograd erlebt hat.

Editha wird Dolmetscherin beim sowjetischen Kommandanten in Prenzlau, nebenbei gibt sie Klavier- und Deutschunterricht in russischen Offiziersfamilien. Von 1946 an arbeitet sie in der Stadtverwaltung, als Mitarbeiterin des Bürgermeisters, dem sie Dokumente und Briefe ins Russische übersetzt. Mit einer heimlich angefertigten Kopie eines russischen Stempels hilft sie Hunderten von Menschen bei der Beschaffung von Wohnungen, Heizmaterial, Lebensmittelbezugsscheinen sowie Zuzugsgenehmigungen und wird damit über die Stadtgrenzen hinaus bekannt, bis sie mit diesem Trick auffliegt und in Ungnade fällt. 1950, da ist sie 47 Jahre alt, wird sie Russischlehrerin an einer Prenzlauer Grundschule und studiert zugleich im Fernstudium Pädagogik. Als sie 1954 mit den Töchtern nach Leipzig umzieht, führt sie diese Arbeit weiter – zuerst als Dozentin für Russisch und Deutsch an der Arbeiter- und Bauernfakultät, an der vor allem Ausländer studieren, dann bis 1963 als Lehrerin an der Erweiterten Oberschule »Karl Marx«. 1963 wird sie pensioniert, neun Jahre später zieht sie zu ihren Schwestern Irene und Sigrid in den Westen, nach Bad Pyrmont. Da bleiben ihr noch sechs Jahre, bis sie, nunmehr bei ihrer Schwester Ellen Dagmar Freifrau von der Goltz im oberbayrischen Seeon lebend, im Dezember 1978 stirbt.

Ihr Vater, Eduard Maaß, der bis 1951 als Pfarrer in Schönburg an der Saale wirkte, ist genau 20 Jahre zuvor gestorben. Das Leben hatte diesen »gebildeten und wahnsinnig liebenswerten Menschen«,[14] wie sein Enkel Armin Mueller-Stahl sagt, von Estland über Sankt Petersburg und Ostpreußen bis ins Herz Deutschlands geführt.

Editha Mueller-Stahl und ihr Vater Eduard sind nach der Flucht aus Petrograd nie wieder in der Stadt an der Newa gewesen, selbst die Russischlehrerin Editha Mueller-Stahl reist später nie in die Sowjetunion. Das Kapitel Petersburg, diese fünf schweren Jahre ihrer Biograpie, war für beide abgeschlossen. Erst Armin Mueller-Stahl kommt an den Kindheitsort seiner Mutter zurück, als Schauspieler zu Filmaufnahmen. In der russisch-britischen Co-Produktion *Leningrad – Die Blockade* spielt er 2009 den Oberbefehlshaber von Hitlers Heeresgruppe Nord, Generalfeldmarschall Wilhelm Ritter von Leeb. Aber dieser Film kommt nie in die deutschen Kinos.

Für Eduard Maaß wäre es recht schmerzhaft gewesen, noch einmal einen Blick auf seine Petersburger Wirkungsstätte zu werfen. Die Kirche ist zwar stehen geblieben, aber wurde 60 Jahre lang als Kino genutzt. Nach dem Ende der Sowjetunion gelingt es, den Kinosaal sonntags für Gottesdienste der deutschen Gemeinde anzumieten, und es scheint sich eine Rückgabe des Hauses an die Gemeinde abzuzeichnen. Dennoch richtet eine Petersburger Firma Ende 2001 in der oberen Etage einen Nachtklub ein. Wenige Monate später beschließt die Stadtverwaltung tatsächlich, das Gebäude der lutherischen Kirche zu übergeben. Als der Nachtklub sich weigert, das Haus zu verlassen, zieht sie vor Gericht. Am 18. November 2002 entscheiden die Richter, dass der Klub das Gebäude räumen muss. Aber 18 Tage später brennt die Annenkirche vollständig aus. Offiziell ist die Ursache bis heute ungeklärt, doch hält sich hartnäckig das Gerücht, dass Brandstifter am Werk waren. Inzwischen hat die Ruine des Gotteshauses wenigstens ein Dach bekommen, auch die Fassade wurde restauriert. Im Innern aber bietet sich noch immer ein Bild der Verwüstung.

Die Evangelische Kirche hat die Gemeinden der Annen- und der Petrikirche vor Jahren zusammengelegt und das Gebäude an der Kirotschnaja den finnischen Gläubigen von Sankt Petersburg übergeben. Nur die äußere Gestalt der fast 250 Jahre alten Annenkirche erinnert noch an ihre große Vergangenheit.

Auch die Brüder **KARL** und **OTTO KIRCHNER** haben Petrograd nach der Revolution verlassen. Ihre Kalender- und Schreibwarenfabrik in der Bolschaja Puschkarskaja, ihre Häuser, ihre Grundstücke – alles ist verloren. In Berlin wollen sie einen Neuanfang wagen. Viele russische Adlige, Geschäftsleute und Intellektuelle suchen auf der Flucht vor den Bolschewiki in Berlin Unterschlupf. Zeitweise halten sich hier bis zu 400 000 Russen auf. Fast alle bedeutenden russischen Schriftsteller beziehen vorübergehend in der deutschen Hauptstadt Quartier, ebenso Maler, Architekten, Schauspieler, Sänger und Verleger. Dutzende russischer Restaurants werden eröffnet, dazu Kleinkunstbühnen und ein Kabarett sowie ein russisches Realgymnasium, 24 russische Tageszeitungen und Wochenblätter erscheinen. Die Russen bilden im Berlin der Zwischenkriegszeit eine feste Community, sie treffen sich im Café Landgraf in der Kurfürstenstraße und später im Café Leon am Nollendorfplatz. Im »Leon« entsteht 1922 der »Klub pisateljei«, der Klub der Schriftsteller. Auch im Logenhaus in der Kleiststraße trifft man sich oft.

Es ist ein günstiges Umfeld für die Kirchner-Brüder, denn den Namen Otto Kirchner kennen viele Russen aus ihrer Petersburger Zeit. Ein Glück, dass der Vater einem der Söhne seinen Namen gegeben hat. 1922 gründen die Brüder den »Verlag Otto Kirchner & Co.« in Berlin. »Gegenstand des Unternehmens ist: Druck, Vertrieb und Handel mit Büchern, Zeitschriften, Zeitungen und anderen Drucksachen sowohl in Deutschland als auch im Auslande«, so steht es im Handelsregister.[15] Otto Kirchner wohnt in Wilmersdorf, Karl in Charlottenburg. Darüber hinaus betreiben die beiden eine »Otto Kirchner & Co. Buchhandlung« in der Genthiner Straße 19 nicht weit vom Landwehrkanal sowie eine in der Kleiststraße 25, in der Nähe vom Wittenbergplatz. Sie haben sich für ihre Geschäfte exakt das Zentrum des russischen Berlin ausgesucht. 1923 eröffnen sie noch eine »Otto Kirchner Kalenderverlag GmbH«. Als Erstes geben die Kirchners 1922 den Gedichtroman *Padutschaja stremnina – Die Stromschnelle* – von Igor Sewerjanin heraus, einem Petersburger Poeten des Silbernen Zeitalters. Sewerjanin war 1918 in Moskau zum »König der Poeten« gewählt worden, dann aber nach Estland emigriert. Sie publizieren auch Kinderbücher. *Mein erstes Buch. Chrestomatie für Kinder* erscheint noch im selben Jahr, ebenso eine *Anleitung zum selbständigen Lernen der englischen Sprache.*

Das Buch *Dewstwenniza – Die Jungfrau* – des Petersburger Prosaikers Alexander Drosdow, den es gleichfalls nach Berlin verschlagen hat, wird wenig später von den Kirchners verlegt, auch *Petschalny Bog – Der traurige Gott* – von dem Schriftsteller Iwan Konoplin und *Rasgowor s sosedom – Gespräch mit dem Nachbarn* – von Arkadi Buchow, einem Satiriker, der nach Litauen emigriert ist, aber dann in die Sowjetunion zurückkehrt, wo er 1937 erschossen wird.

Die große Erfahrung der Kirchners auf dem Gebiet der Buchkunst zeigt sich beim Verlegen von Kinderbüchern wie *Hauffs Märchen* oder der russischen Fibel *Ich möchte lesen*. Die Bücher werden von angesehenen Künstlern gestaltet und reich illustriert, allein die Fibel mit über 300 Zeichnungen. Auch Memoiren und Tagebücher von Teilnehmern des Welt- und des Bürgerkriegs erscheinen bei Kirchner, Erinnerungen früherer Duma-Abgeordneter, politische Streitschriften oder Bücher wie *Der Untergang des kaiserlichen Russland* aus der Feder des früheren zaristischen Gouverneurs und Ministerialbeamten Pawel Kurlow, der ebenfalls nach Berlin geflüchtet ist.

Von 1922 an geben die Kirchners den literarischen Almanach *Wereteno – Die Spindel* – heraus. In ihm kommen namhafte Schriftsteller zu Wort, der spätere Literaturnobelpreisträger Iwan Bunin etwa, der wolgadeutsche Schriftsteller Boris Pilnjak oder Wladimir Sirin, hinter dem sich der vorerst ebenfalls in Berlin lebende Vladimir Nabokov versteckt. Und dann verlegen sie auch noch die Satirezeitschrift *Weretenysch*, in der Ilja Ehrenburg, Michail Bulgakow und Alexander Kuprin schreiben, allesamt Männer von literarischem Rang. Um diese Zeitschrift bildet sich ein fester Kreis von 120 Schriftstellern, die sich regelmäßig in der Gegend um die Gedächtniskirche zu Literaturdebatten treffen.

Trotzdem ist den Kirchner-Brüdern kein dauerhafter Erfolg beschieden. Es gibt in der russischen Emigrationsszene viel zu viele Verlage, die Konkurrenz ist groß, fast 200 Verlagsanstalten werden in den 1920er Jahren gegründet. Und auch sonst steht das Buchgeschäft unter keinem guten Stern. Die Papierpreise klettern ins Schwindelerregende, es ist die Zeit der Inflation, die Druckereien fahren ihre Kapazitäten immer weiter zurück. Das Geld der Kirchners wird knapp, 1929 werden ihre Firmen wieder aus dem Handelsregister gelöscht. Dies ist das Ende der Ära Kirchner, die 1871 mit der Reise von Otto Kirchner sen. nach Sankt Petersburg so hoffnungsvoll begann.

PAUL und **BRUNO REICHERT**, die letzten Pastoren der deutschen Petrikirche, die am 17. November 1937 festgenommen worden waren, haben nach ihrer Verhaftung nicht mehr lange zu leben. Bereits am 26. Dezember, zu einer Zeit, als sie für die in Leningrad verbliebenen Deutschen eigentlich die Weihnachtsgottesdienste abhalten wollten, verurteilt das NKWD die beiden Reicherts und elf weitere Gemeindemitglieder wegen Bildung einer »faschistischen Untergrund-Kirchen-Organisation«. Sie erhalten die Höchststrafe. Am 3. Januar 1938 werden der 29-jährige Bruno und sein 62-jähriger Vater erschossen.

Bereits im darauffolgenden Jahr stellt sich heraus, dass die Strafsache Reichert und ein großer Teil der Verhörprotokolle Fantastereien der Geheimpolizei gewesen sind, denn nun wird einer der Untersuchungsführer von Reichert, I. M. Lobow, selbst der »Verletzung der sozialistischen Gesetzlichkeit« angeklagt. Lobow sagt aus, dass »die Strafakten der Mitglieder der Zwanziger-Räte der deutschen lutherischen Kirchen in Leningrad durch die 1. Unterabteilung der 3. Abteilung der UNKWD des Leningrader Gebietes gefälscht worden sind. Die Fälschungen bestanden darin, dass alle Verhörprotokolle nicht die Worte der Verhafteten enthielten, sondern durch die (NKWD-)Mitarbeiter selbst angefertigt und dann nur noch durch die Unterschriften der Beschuldigten ergänzt wurden«.[16] Erschossen werden auch viele andere Pastoren, am 15. Januar 1938 etwa Ferdinand Bodungen, der Pastor der Petrikirche in Peterhof. Kurt Muss, zuletzt Pastor der Michaelskirche, bereits 1930 zu zehn Jahren Lagerhaft verurteilt, stirbt im August 1937 im Gulag bei Murmansk.

Nur mit Helmut Hansen, der bis 1929 Hauptpastor der Petrikirche und bereits Ende 1929 verhaftet worden war, geschieht ein Wunder. Er wird nach acht Jahren Haft aus dem Lager entlassen – als Invalide. Für die schwere Zwangsarbeit kann man ihn nicht mehr gebrauchen.

Ida Reichert, die Frau von Paul Reichert, bleibt in Leningrad zurück. Sie muss 1944 die Wohnung räumen, überlebt die Blockade aber. Von den sieben gemeinsamen Kindern werden mehrere verbannt, die Zwillingstöchter Irmgard und Gertrud sind seither verschollen.

Ida Reichert erhält Ende November 1957, genau 20 Jahre nach der Verhaftung ihres Mannes, eine Bescheinigung des Militärtribunals des Leningrader Militärbezirks in einem Duktus, als ginge es um die Korrektur einer banalen Diebstahlangelegenheit. Wörter wie »Hinrichtung«, »Tod« oder »erschießen« tauchen nicht auf. Der kleine Zettel trägt die Nummer 8656 und das Datum 20.11.1957: »Die Anklage des Bürgers Reichert, Paul Iwanowitsch, geboren 1875 in Kamyschin, Gebiet Saratow, verhaftet am 17. November 1937, ist am 18. November 1957 vom Militärtribunal des Leningrader Militärbezirks überprüft worden. Der Beschluss vom 26. Dezember 1937 in Bezug auf Reichert P. I. wird aufgehoben und die Akte wegen Nichtvorliegen eines Verbrechens geschlossen. Der Bürger Reichert wird posthum rehabilitiert.«[17]

Die Petrikirche am Newski-Prospekt, der Pastor Reichert in den letzten Jahren vorstand, wird während des Krieges als Lager genutzt. 1955 entbrennt ein Streit um ihre weitere Nutzung, den der Schwimmverband der Baltischen Schifffahrtsgesellschaft gewinnt. In der Folgezeit werden ein Schwimmbad mit zwei Sprungtürmen aus Stahlbeton in der Kirche eingebaut, dazu ein Turnsaal, ein Trainingsraum und eine Sauna. 1993 wird der Schwimmbetrieb eingestellt und das Haus an die Evangelisch-Lutherische Kirche in Russland zurückgegeben. Die Gottesdienste finden jedoch auch nach 1993 noch längere Zeit in der Annenkirche statt, weil sich das Schwimmbad nicht ohne Weiteres zurückbauen lässt. Die Petrischule hinter der Kirche, mit über 300 Jahren die älteste Schule der Stadt, erhält 1996 ihren historischen Namen zurück. Offiziell ist sie heute die Petersburger Schule Nr. 222 mit mehr als 500 Schülern.

PETER AMANN aus dem deutschen Kolonistendorf Graschdanka wird am 14. Juni 1938 verhaftet, einen Tag früher als Böhme, und am 6. November desselben Jahres erschossen. Es ist der letzte Tag der Massenerschießungen, Amann gehört also wie Böhme zu den letzten Opfern der großen Terrorwelle. Hingerichtet wird er nach der sogenannten Deutschenliste Nr. 34, also allein aufgrund seiner Nationalität. Von dieser Liste überleben elf Menschen, offenbar weil die Strafaktion abrupt abgebrochen wird. Graschdanka wird durch die Deutschenliste Nr. 5 entvölkert, auf der viele Männer vom Artel »Wyborger Transportarbeiter« stehen. Sie werden am 9. Januar 1938 erschossen. Es trifft Nikolai Amann, Wladimir Bauer, Eduard Bauer, Peter Jegorowitsch und Peter Fjodorowitsch Eidemüller sowie Jakob Erhardt.

Peter Amanns Sohn Albert wird mit Beginn der deutschen Belagerung im Leningrader Maschinenbauwerk »Friedrich Engels« kaserniert und im März 1942 mit allen anderen männlichen Einwohnern Graschdankas in die sibirische Region von Krasnojarsk verbannt. Die Amanns müssen ihre Kuh im Sowchos abliefern, dann geht es über das Eis des Ladoga-Sees, den einzigen Weg aus dem Blockadering, nach Osten und weiter in Viehwaggons in ein Dorf nahe Tjumen. Schon auf dem Weg dorthin sterben viele.

Albert Amann verdingt sich als Schlosser, sein Bruder als Träger in einer Mühle. Im Jahr darauf werden sie zusammen mit anderen Leningradern, Ukrainern und Moldawiern per Schiff in den Norden gebracht, in ein Dorf im Siedlungsgebiet der Chanten und Mansen, zweier finno-ugrischer Stämme von Rentierjägern. Dort arbeitet Albert Amann als Böttcher, Zimmermann und Bootsbauer und kehrt 1946 nach Graschdanka zurück. Er erkennt sein Heimatdorf nicht wieder: Von den Deutschen ist niemand mehr da, in den Häusern leben Fremde. Da Albert Amann in Graschdanka nicht bleiben kann, weil er keine Wohngenehmigung erhält, schlägt er sich nach Kirow durch. Von dort wird er 1949 abermals verbannt, und zwar »für ewig« in ein Phosphorit-Bergwerk. Falls er erneut flüchten sollte, so die Drohung der Sowjetbehörden, werde er zu 25 Jahren Lagerarbeit verurteilt.

1956 kehrt Albert Amann, inzwischen verheiratet und mit Familie, endgültig nach Graschdanka zurück. Er ist der Einzige der früheren Dorfbewohner, dem es gelingt, sich per Gerichtsbeschluss in das alte Haus seiner Familie einzuklagen. In Graschdanka Nr. 24 lebt Amann noch weitere zehn Jahre, bis die deutsche Kolonistensiedlung in den 1960er Jahren aufgelöst wird. An ihrer Stelle werden Straßen mit Plattenblocks gebaut – das große Leningrad hat Graschdanka erreicht. Die meisten Deutschen sind ohnehin längst tot, aber nun verschwinden auch noch ihre alten Dörfer aus der Regierungszeit Katharinas der Großen. Die letzten Spuren der Deutschen in Graschdanka sind damit getilgt.

Die Namen der anderen Petersburger Deutschen, die den Furor von Krieg, Bürgerkrieg, Hunger und politischem Terror nicht überleben, sind ebenfalls verschwunden, niemand in Deutschland, ja selbst niemand in Sankt Petersburg kennt sie mehr. Auch die Brüder Richters aus Hamburg, der Thälmann-Sekretär Paul Dietrich, die Berlinerin Dobranizkaja, Max Schulze aus Rheine und der Ingenieur Fritz Palenschat überleben den Großen Terror nicht.

Zu den wenigen Deutschen, denen die Stadt Sankt Petersburg Denkmäler gesetzt hat, gehört der gebürtige Deutsche **CARL BULLA**. Der Sohn eines Kaufmanns aus der schlesischen Kleinstadt Leobschütz war 1867 in die Stadt gekommen, Fotograf geworden und hatte als einer der Ersten die Erlaubnis erhalten, Straßen, Plätze und öffentliche Einrichtungen von Sankt Petersburg zu fotografieren. 230 000 seiner Negative haben sich erhalten. Ohne Bulla würde heute kaum noch jemand wissen, wie Petersburg vor über 100 Jahren aussah. Bulla stirbt 1929 in Estland, aber auch seine Söhne Alexander und Viktor, die seine Arbeit fortsetzen, werden in den 1930er Jahren Opfer des Terrors. Die überwiegende Zahl der Fotos in diesem Buch, die Ereignisse in Sankt Petersburg, Petrograd und Leningrad zeigen, wurden von Karl und Viktor Bulla angefertigt oder sind unter der Quellenangabe »Atelier Carl Bulla« in den Archiven verzeichnet.

DANK

möchte ich all jenen sagen, ohne deren Hilfe dieses Buch nicht zustande gekommen wäre, denn die Lebensspuren vieler Helden schienen bis zur Unkenntlichkeit verwischt oder gänzlich verschüttet.

Am Anfang aller Recherchen stand Anatoli Rasumow von der Russischen Nationalbibliothek in Sankt Petersburg, der seit über 20 Jahren die Namen der in Leningrad Verhafteten und Erschossenen sammelt – in seinen Listen fand ich zufällig den Trompeter Oskar Böhme. Auf der Suche nach Dokumenten zu Böhme haben in Sankt Petersburg dankenswerterweise geholfen: Olga Owetschkina, Archivleiterin des Marientheaters, Wenjamin Kaplan und Alena Baskind vom Towstonogow-Theater, Sergei Priwalow, der stellvertretende Direktor der Rimski-Korsakow-Musikschule, und Arina Nemkowa, die Direktorin der Stiftung zur Förderung und Entwicklung der deutsch-russischen Beziehungen.

Dank ist den überaus hilfsbereiten Mitarbeitern der Petersburger Archive zu sagen und den Leitern des russischen Inlandsgeheimdienstes FSB für Sankt Petersburg und das Leningrader Gebiet, Generalleutnant Alexander Rodionow, sowie für das Orenburger Gebiet, Generalmajor Wiktor Gawrilow, der inzwischen in der FSB-Führung in Moskau arbeitet. In Moskau half mit vielen Ideen und Briefen sowie großem Organisationstalent Tatjana Tschuchlomina. In Deutschland konnte ich das Bild von Oskar Böhme mit Hilfe von Johannes Brenke, dem Direktor des Trompetenmuseums in Bad Säckingen, vervollständigen und in der Schweiz durch die überaus freundliche Unterstützung des Trompeters Max Sommerhalder, der mich in die Geheimnisse des Trompetenspiels einführte und Entscheidendes zur künstlerischen Bewertung Oskar Böhmes beitrug. Auch Juliane Puls von den Städtischen Sammlungen Freital lieferte wichtige Mosaiksteinchen.

Die Rekonstruktion der Familiengeschichte von Poehl wäre ohne Hilfe von Dr. Torsten Tanger in Bernau unmöglich gewesen, dem Sohn von Eugenie von Tanger-Poehl. Wesentliche Hinweise haben mir Prof. Dr. Ingrid Kästner, Leipzig, und die Stadtarchivarin von Perleberg, Sylvia Pieper, gegeben.

Einzelheiten zum Leben von Eduard und Editha Maaß erfuhr ich von Armin Mueller-Stahl, mit dem ich gemeinsam in dessen Geburtsstadt Tilsit reiste, das heutige Sowjetsk. Der begnadete Erzähler Mueller-Stahl konnte sich an viele Details aus dem Leben seiner Mutter Editha erinnern; ihm und Ekkehard Maaß in Berlin danke ich für die Überlassung der Lebenserinnerungen von Editha Maaß und Ellen Dagmar Freifrau von der Goltz.

Dass sich im Buch einiges mehr erzählen ließ über Pastor Paul Reichert und seinen Sohn, habe ich Ljudmila Schmidrina in Sankt Petersburg zu verdanken, der Enkelin von Paul Reichert. Ebenso geholfen hat mir Walentina Michailowa, die in Sankt Petersburg lebende Enkelin von Peter Amann, die mir vom Leben ihrer Familie in Graschdanka und später in der Verbannung berichtete.

Dank sage ich auch Boris Taburetkin, Professor für Trompete am Petersburger Konservatorium, Walentin Elbek, dem Präsidenten der Petersburger Carl-Bulla-Stiftung für historische Fotografie, dem Petersburger Historiker Lew Lurje, Judith Pacard vom Musikverlag Zimmermann in Mainz, der sehr verständigen, hilfreichen und hartnäckigen Elisabeth Ruge in Berlin, dem Programmleiter Jens Dehning vom Siedler Verlag und meiner Lektorin Ditta Ahmadi, die zusätzlich noch ein wunderbares Gespür für die Fotos hatte.

Ein besonderer Dank gebührt Sonja Pallasch, die mit lebhaftem Interesse, moralischem Beistand und liebenswerter Anteilnahme dieses Unternehmen verfolgt und mir in vielem geholfen hat.

ANMERKUNGEN

1 Akte Nr. 2778/35, Böhme, O. W., Archiv des FSB für Sankt Petersburg und das Leningrader Gebiet.
2 Ebd.
3 *Bolschoj Slowarj russkich ogoworok*, Moskau 2007, S. 216.
4 *Orenburgskaja Kommuna*, 3. Juli 1935, S. 4.
5 Ebd., 23. Mai1935.
6 *Kniga o pamjati schertw polititscheskich repressij w Orenburgskoj oblasti*, Kaluga 1998.
7 *Istorija Orenburschja*, Orenburg 1996.
8 Edward H. Tarr, »Oskar Böhme revisited: Young musicians' training, instruments, and repertoire in the late nineteenth and early twentieth centuries«, in: *Brass Scholarship in Review*, Hillsdale 2006, S. 189.
9 Edward H. Tarr, *East meets West. The Russian Trumpet Tradition from the Time of Peter the Great to the October Revolution*, Hillsdale 2003, S. 203.
10 Auskünfte von Juliane Puls. Siehe dazu auch Rolf Günther, Juliane Puls und Wolfgang Vogel, *Städtische Sammlungen Freital*, München/Berlin 2003.
11 Tarr, *East meets West*, S. 214.
12 Ebd., S. 206.
13 Nikolai Gogol, *Petersburger Skizzen und andere Aufsätze*, Berlin 1982, S. 137f.
14 Ebd., S. 140.
15 Fjodor M. Dostojewski, *Aufzeichnungen aus dem Untergrund*, München 1985, S. 9.
16 Gogol, *Petersburger Skizzen*, S. 137.
17 Andrej Bely, *Petersburg*, Berlin 1982, S. 10.
18 Lew Lurje, *Bes Moskwy*, Sankt Petersburg 2014, S. 10.
19 Karl Schlögel, *Petersburg*, Frankfurt am Main 2015, S. 21.
20 *Perepiska Nikolaja II c Wilgelmom II*, Moskau 2017, S. 42f.
21 Ossip Mandelstam, *Das Rauschen der Zeit. Gesammelte »autobiographische« Prosa der 20er Jahre*, Frankfurt am Main 2005, S. 19.
22 Margarete Busch, *Deutsche in St. Petersburg 1865–1914*, Essen 1995, S. 59.
23 Nikolai Gogol, *Petersburger Novellen*, München 2014, S. 47.
24 Gogol, *Petersburger Skizzen*, S. 142.
25 Heinrich Storch, *Gemählde von St. Petersburg*, Zweiter Theil, Riga 1793, S. 485, zit. n. Anna M. Ivachnova, Natalia Decker und Ingrid Kästner, »*Zur Geschichte der St. Petersburger Apothekerfamilie Poehl*«, in: Erich Donnert (Hg.), *Europa in der Frühen Neuzeit*, Bd. 6, Köln/Weimar/Wien 2002, S. 579.
26 Busch, *Deutsche in St. Petersburg*, S. 50; Schlögel, *Petersburg*, S. 215ff.
27 Ingeborg Fleischhauer, *Die Deutschen im Zarenreich*, Erftstadt 2005, S. 262.
28 Vertrag zwischen Herrn Jul. Heinr. Zimmermann und Oskar Böhme v. 30. März 1899, Archiv Zimmermann-Verlag Mainz.
29 Vgl. Max Sommerhalder, *Musique romantique russe pour trompette*, Paris 1979, Plattencover.

30 Ebd.
31 Ebd.
32 Oskar Böhmes Konzert – http://trumpetclub.ru/koncert-oskara-beme.html (zuletzt aufgerufen am 25.8.2018).
33 Gogol, *Petersburger Skizzen,* S. 141.
34 Ebd., S. 145.
35 Russisches Staatliches Historisches Archiv Sankt Petersburg (RGIA), Fond (F)1284, opis (op.) 99, delo (d.)1643.
36 RGIA, F 1284, op. 99, d.1643.
37 *Journal der Verfügungen für die Kaiserlichen St.-Petersburger Theater*, Nr. 268, 25. September 1902.
38 *Russkaja Musykalnaja Gaseta*, Nr. 20/21 (1902).
39 W. A. Teljakowski, *Dnewniki direktora Imperatorskich teatrow, 1909–1913*, Leningrad/Moskau 1965 – http://www.belousenko.com/books/telyakovsky/telyakovsky_memuary.htm (zuletzt aufgerufen am 25.9.2018).
40 Ebd.
41 E. F. Naprawnik, *Awtobiografitscheskije, twortscheskije materialy, dokumenty, pisma,* Leningrad 1959, S. 39.
42 Teljakowski, *Dnewniki direktora Imperatorskich teatrow.*
43 Archiv Marientheater Sankt Petersburg, Repertoire-Buch 1905.
44 Ingrid Kästner, »Alexander Poehl (1850–1908) und die Organotherapie«, in: Ingrid Kästner, Regine Pfrepper, Dietrich von Engelhardt (Hg.), *Von Samuel Gottlieb Gmelins Reise durch Russland bis zum Niedergang der Apothekerfamilie Poehl,* Aachen 2001, S. 255.
45 Ebd.
46 *St. Petersburger Herold* 1907–1909.
47 Zentrales Staatliches Historisches Archiv Sankt Petersburg (ZGIA), F 212, op. 1, d. 4569.
48 ZGIA, F 520, op. 1, d. 759.
49 ZGIA, F 1229, op. 1, d. 53.
50 *Perepiska Nikolaja II c Wilgelmom II,* S. 20f.
51 https://scepsis.net/library/id_3379.html (zuletzt aufgerufen am 25.9.2018).
52 Nikolai und Marina Konjajewa, *Russkij Chronograf 1894–1953,* Moskau 2014, S. 70f.
53 Martin Aust, *Die russische Revolution,* München 2017, S. 33.
54 Ebd., S. 33f.
55 RGIA, F 497, op. 5, d. 291.
56 Mandelstam, *Das Rauschen der Zeit*, S. 10.
57 *St. Petersburger Herold*, 20. Mai 1909.
58 *St. Petersburger Zeitung*, 23. September 1909.
59 RGIA, F 497, op. 5, d. 291.
60 ZGIA, F 479, op. 20, d. 1351.
61 RGIA, F 497, op. 14, d. 162.
62 RGIA, F 815, op. 11–1909, d. 41i.
63 ZGIA, F 1519, op. 1, d. 6.
64 ZGIA, F 225, op. 1, d. 3793A.
65 Protocollbuch des Kirchenraths der St.-Annen-Gemeinde, Sitzung 7. November 1913, ZGIA, F 1896, op. 1, d. 9.

66 *St. Petersburger Herold*, 6. April 1913.
67 *St. Petersburger Zeitung*, 1. Januar 1914.
68 *St. Petersburger Herold*, 16. Juni 1914.
69 Ebd., 1. Januar 1914.
70 Ebd., 20. April 1914.
71 *St. Petersburger Zeitung*, 13. April 1914.
72 Ebd., 22. März 1914.
73 Ebd.
74 *Wesj Petrograd na 1915*, S. 50.
75 *St. Petersburger Herold*, 21. April 1914.
76 *St. Petersburger Zeitung*, 22. April 1914.
77 *Journal der Verfügungen für die Kaiserlichen St.-Petersburger Theater*, 40 (1914), 19. bis 21. Mai.
78 *Erinnerungen Ellen Dagmar Freifrau von der Goltz,* Familienarchiv Ekkehard Maaß/Armin Mueller-Stahl, S. 9.
79 *St. Petersburger Herold*, 20. Juli 1914.
80 *Perepiska Nikolaja II c Wilgelmom II,* S. 263.
81 *St. Petersburger Zeitung*, 21. Juli 1914.
82 *St. Petersburger Herold*, 13. Juli 1914.
83 *St. Petersburger Zeitung*, 20. Juli 1914.
84 Tilmann Buddensieg, »Die kaiserliche deutsche Botschaft in Petersburg«, in: Martin Warnke (Hg.): *Politische Architektur in Europa vom Mittelalter bis zur Gegenwart,* Köln 1984, S. 374–398, hier S. 379.
85 Boris Antonow, *Peterburg – 1914 – Petrograd,* Sankt Petersburg 2014, S. 315.
86 Ebd., S. 320.
87 Ebd., S. 321.
88 Ebd., S. 350.
89 Sinaida Hippius, *Petersburger Tagebücher 1914–1919,* Berlin 2014, S. 13.
90 *St. Petersburger Zeitung*, 30. Juli 1914.
91 *St. Petersburger Herold*, 7. August 1914.
92 Ebd., 17. August 1914.
93 *Petrograder Herold*, 22. August 1914.
94 Igor Archipow, *»Patriotism w period krisisa 1914–1917 godow«,* in: *Swesda,* St. Petersburg, 9 (2009).
95 *Petrograder Herold*, 11. September 1914.
96 Zit. n. Fleischhauer, *Die Deutschen im Zarenreich,* S. 420.
97 Antonow, *Peterburg*, S. 325f.
98 *Erinnerungen Editha Mueller-Stahl,* Familienarchiv Armin Mueller-Stahl/Ekkehard Maaß, S. 2.
99 Antonow, *Peterburg*, S. 438.
100 *Erinnerungen Editha Mueller-Stahl*, S. 2f.
101 Ebd., S. 3.
102 ZGIA, F 254, op. 1, d. 7574.
103 *Niwa* (Petrograd) 31 (1917), S. 2.
104 Protocollbuch des Kirchenraths der St.-Annen-Gemeinde, Sitzung 23. August 1914, ZGIA, F 1896, op. 1, d. 9.
105 Ebd., Sitzung 20. November 1914, ZGIA, F 1896, op. 1, d. 9.
106 *Erinnerungen Editha Mueller-Stahl,* S. 7.

107 RGIA, F 497, op. 5, d. 291.
108 Ebd.
109 Brief Oskar Böhmes an Nikolai Malko vom 6. Februar 1915, Bibliothek des Marientheaters Sankt Petersburg.
110 RGIA, F 497, op. 5, d. 291.
111 *Erinnerungen Editha Mueller-Stahl,* S. 8.
112 Felix Jussupow, *Memuary,* Moskau 1998, S. 166.
113 Zit. n. Aust, *Die russische Revolution,* S. 100.
114 Fleischhauer, *Die Deutschen im Zarenreich,* S. 529.
115 *Gesetz über die Verfassunggebende Versammlung,* Verlag Otto Kirchner, Petrograd 1917, RNB.
116 *Erinnerungen Editha Mueller-Stahl,* S. 12.
117 *Die Kerenski-Memoiren,* Wien/Hamburg 1966.
118 Hippius, *Petersburger Tagebücher,* S. 234.
119 Ebd. S. 234f.
120 ZGIA, F 1216, op. 2, d. 9.
121 Ebd.
122 Protocollbuch des Kirchenraths der St.-Annen-Gemeinde, Sitzung 18. Januar 1918, ZGIA, F 1896, op. 1, d. 9.
123 Ebd., Sitzung 11. Februar 1918.
124 ZGA, F R-47, op. 1, d. 52.
125 RGIA, F 497, op. 6, d. 5125.
126 Archiv Marientheater Sankt Petersburg, Repertoire-Buch 1917.
127 *Istorija Mariinskogo Teatra 1783–2008,* Sankt Petersburg 2008, S. 232.
128 Denis Konowalow, *Mariinskij Teatr w 1917 godu: K istorii konflikta s A. W. Lunatscharskim,* http://www.academia.edu/4464299/THE_MARIINSKY_THEATRE_IN_1917_ON_THE_CONFLICT_WITH_A._LUNACHARSKY (zuletzt aufgerufen am 21.1.2019).
129 Ebd.
130 Anatoli Lunatscharski, *Die Revolution und die Kunst,* Dresden 1974, S. 26f.
131 Ebd.
132 Zit. n. Nina Berberova, *Ich komme aus St. Petersburg,* Düsseldorf 1990, S. 136.
133 S. Jarow, E. Balaschow, W. Musajew, A. Rupasow und A. Tschistikow, *Petrograd na perelome epoch,* Sankt Petersburg 2013, S. 276.
134 Hippius, *Petersburger Tagebücher*, S. 394f.
135 Zit. n. Jarow u.a., *Petrograd na perelome epoch,* S. 221.
136 Ebd., S. 416.
137 Ebd., S. 417.
138 Ebd.
139 *Erinnerungen Editha Mueller-Stahl,* S. 15.
140 Protocollbuch des Kirchenraths der St.-Annen-Gemeinde, Sitzung 11. Juni 1918, ZGIA, F 1896, op. 1, d. 9.
141 W. I. Lenin, *Was tun?,* Berlin 1972, S. 91.
142 Zit. n. M. W. Wassiljewa, *Rabotschije fabriki »Swetotsch« w trjoch revoluziach,* Leningrad 1968, S. 14.
143 Zit. n. ebd., S. 39.
144 ZGA, F R-1125, op. 2, d. 10.
145 ZGA, F R-1578, op. 7, d. 4.

146 ZGA, F R-1001, op. 16A-3, d. 12715 bis 12726.
147 ZGA, F R-142, op. 2, d. 178.
148 Ebd.
149 Ebd.
150 *Erinnerungen Editha Mueller-Stahl,* S. 16ff.
151 Ebd., S. 18ff.
152 Ebd., S. 20ff.
153 Zit. n. Elena Ignatowa, *Sapiski o Peterburge,* Petersburg 2017, S. 447.
154 Vgl. Aust, *Die russische Revolution,* S. 198.
155 Emma Goldman, *My disillusionment in Russia,* New York 1923, zit. n. Jarow u.a., *Petrograd na perelome epoch,* S. 96.
156 Zit. n. ebd., S. 99.
157 Zit. n. ebd., S. 110.
158 Zit. n. Ignatowa, *Sapiski o Peterburge,* S. 443.
159 Zit. n. ebd., S. 337.
160 Viktor Schklowskij, *Sentimentale Reise,* Berlin 2017, S. 211f.
161 Wladislaw Chodassewitsch, *Nekropolis,* Münster 2016, S. 202.
162 Viktor Schklowskij, *Gamburgski stschet,* Moskau 1990, S. 152f.
163 Chodassewitsch, *Nekropolis,* S. 272f.
164 Berberova, *Ich komme aus St. Petersburg,* S. 156f.
165 Zit. n. *Istorija Mariinskogo Teatra 1783–2008*, Sankt Petersburg 2008, S. 236.
166 ZGA, F 4302, op. 22, d. 71.
167 Schlögel, *Petersburg,* S. 566.
168 Zit. n. Sergei Priwalow, *Musykalnaja schkola imeni Rimskogo-Korsokowa*, Sankt Petersburg 2013, S. 6.
169 Ebd.
170 ZGA, F 1139, op. 2, d. 201.
171 Bericht des Büros für Betriebsverpachtungen, ZGA, F 1552, op. 18, d. 8.
172 Ebd.
173 Pachtvertrag vom 28. Oktober 1921, ZGA, F 2078, op. 1, d. 796.
174 ZGA, F 1552, op. 18, d. 8.
175 Brief vom 27. Dezember 1923, ebd.
176 Ebd.
177 Schklowskij, *Sentimentale Reise,* S. 286.
178 Zit. n. W. S. Ismosik und N. B. Lebina, *Peterburg sowjetskij,* Sankt Petersburg 2016, S. 24.
179 Dmitri Scherich, *Is Petrograda w Leningrad. 1924,* Sankt Petersburg 2004, S. 19f.
180 Ebd., S. 20.
181 Sitzungsprotokolle der Fachkommissionen, ZGALI, F 44, op. 1, d. 17.
182 Personalakte Alissa Hübbenet, ZGALI, F 298, op. 2, d. 928.
183 Zit. n. Scherich, *Is Petrograda w Leningrad*, S. 149.
184 Brief Alfred Poehl vom 27. Februar 1924, Familienarchiv Tanger/von Poehl (Richard von Poehl), Bernau.
185 Brief vom 26. April und 10. Mai 1927, ZGA, F 2078, op. 1, d. 632.
186 Brief vom 15. Juli 1927, ebd.
187 Ebd.
188 Brief vom 23. Juli 1927, ZGA, F 1552, op. 7, d. 820.
189 Brief vom 12. Oktober 1927, ZGA, F 2078, op. 1, d. 632

190 Eidesstattliche Versicherung von Friedrich Harry Rogenhagen, Berlin, 5. März 1931, Familienarchiv Tanger/von Poehl (Richard von Poehl), Bernau.
191 Protokoll über die Auflösung des Pachtvertrages, ZGA, F 2078, op. 1, d. 816.
192 M. W. Schkarowskij und N. J. Tscherepenina, *Istorija Ewangelitschesko-Ljuteranskoi Zerkwi na Sewero-Sapade Rossii 1917–1945*, Sankt Petersburg 2004, S. 49.
193 *Leningradskaja Prawda*, 9.5.1928, zit. n. Archimandrit Augustin (Nikitin): *Petrischule: Stranizy istorii*, Sankt Petersburg 2015.
194 Wilhelm Kahle, *Geschichte der evangelisch-lutherischen Gemeinden in der in der Sovetunion 1917–1938*, Leiden 1974, S. 279.
195 Alexander Solschenizyn, *Der Archipel GULAG*, Bern 1974, S. 69.
196 https://ru.wikipedia.org/wiki/58-%D1%8F_%D1%81%D1%82%D0%B0%D1%82%D1%8C%D1%8F (zuletzt abgerufen am 21.1.2019).
197 Verhörprotokoll v. 12.9.1930, Akte 3058, Nr. R-74581, Archiv des FSB für Sankt Petersburg und das Leningrader Gebiet.
198 Schriftstück von Gübbenet, Alissa Antonowna, 22.9.1930, ebd.
199 Zit. n. Nikolai Konjajew und Marina Konjajewa, *Russkij Chronograf 1894–1953*, Moskau 2014, S. 446.
200 Beschluss über die Heranziehung der betreffenden Person als Beschuldigten, Akte 3058, Nr. R-74581, Archiv des FSB für Sankt Petersburg und das Leningrader Gebiet.
201 Verhörprotokoll v. 15.1.1931, ebd.
202 Verpflichtung v. 18.1.1931, ebd.
203 *Putewoditelj po Leningradu*, Leningrad 1935, S. 9
204 Ebd., S. 11.
205 Repertoire-Plan des Großen Staatlichen Dramatischen Theaters, ZGALI F 268, op. 2, d. 9.
206 *Komsomolskaja Prawda*, 15.9.2011.
207 ZGA, F 47, op. 2, d. 4
208 Brief von Woldemar Stoll an Alexander Poehl v. 20. Juli 1934, Familienarchiv Tanger/von Poehl.
209 Teilurteil des Landgerichts Berlin in Sachen des Kaufmanns Richard v. Poehl gegen den Kaufmann Alfred v. Poehl, verkündet am 31. Oktober 1934, ebd.
210 Stellungnahme von Richard v. Poehl für das Berliner Kammergericht v. 5. Februar 1935, ebd.
211 *Leningradskaja Prawda*, 1.2.1933.
212 Ralf Georg Reuth (Hg.), *Joseph Goebbels, Tagebücher*, Bd 1: *1924–1929*, München/Zürich 1999, S. 88.
213 M. W. Schwarkowskij, N. J. Tscherepenina, *Istorija Ewangelitschesko-Ljuteranskoi Zerkwi na Sewero-Sapade Rossii 1917–1945*, Sankt Petersburg 2004, S. 52.
214 *Rote Zeitung* (Leningrad), 30.9.1933.
215 Ebd., 4.1.1933.
216 J. Stalin, *Fragen des Leninismus*, Moskau 1938, S. 829.
217 *Rote Zeitung* (Leningrad), 5.1.1935.
218 *Putewoditelj po Leningradu*, Leningrad 1935, S. 21.
219 Ebd., S. 260.
220 Verhörprotokoll Oskar Böhme v. 10. Mai 1935, Akte P-91288 des Zentralarchivs der Tscheka-OGPU-NKWD, in: Akte 3058, Nr. R-74581, Archiv des FSB für Sankt Petersburg und das Leningrader Gebiet.

221 Ebd., Akte 2778.
222 Verhörprotokoll v. 14. Mai 1935, ebd.
223 Abschließende Anklage zur Sache 2778, ebd.
224 Protokollauszug der Osobennoje Soweschtschanije v. 20. Juni 1935, ebd.
225 Gustav Hilger, *Wir und der Kreml*, Frankfurt am Main 1956, S. 253.
226 Igor Chramow, *Orenburg*, Orenburg 2013, S. 120.
227 *Orenburgskaja Kommuna*, 3.10.1935.
228 Brief A. W. Lunatscharkis an G. M. Boltjanski, in: *Sowjetskoje Kino*, Nr. 1-2/1933.
229 *Smena* Nr. 266, Februar 1935.
230 *Orenburgskaja Kommuna*, 28.1.1936.
231 *Istorija Orenburschja* – http://kraeved.opck.org/kraevedenie/history/orenburje_pervie_pyatiletki.php#33 (zuletzt abgerufen am 20.1.2019).
232 Michail Schischkin, »Erst der Tod, dann das Leben«, in: *Neue Zürcher Zeitung*, 23.2.2013.
233 *Orenburgskaja Kommuna*, 5.1.1936.
234 *Prawda*, 28.1.1936.
235 Reisepass Richard Poehl v. 10. März 1936, Familienarchiv Tanger/von Poehl.
236 Reisepass Eugenie Poehl v. 10. März 1936, ebd.
237 *Orenburgskaja Kommuna*, 26.8.1936.
238 Ebd., 28. August 1936.
239 I. W. Stalin, *Sotschinenija*, Bd. 14 (März 1934–Juni 1941), Moskau 2007, S. 141.
240 Wladimir Wernadski, *Dnewnik 1938 goda*, zit. n. Karl Schlögel, *Terror und Traum. Moskau 1937*, München 2008, S. 299.
241 *Orenburgskaja Kommuna*, 24.1.1937.
242 Ebd., 2. Februar 1937
243 Stalin, *Sotschinenija*, Bd. 14 (März 1934–Juni 1941), S. 192f.
244 *Leningradski Martirolog 1937–1938*, Bd. 2, 1996, S. 452f.
245 *Orenburgskaja Kommuna*, 9.9.1937.
246 Ebd.
247 Ebd., 20. Dezember 1937.
248 Pawel Poljan, »Inostranzy w GULAGE: sowjetskije repressii protiw inostrannopoddannych«, in: *Demoskop Weekly*, 23.2.2004 – http://www.demoscope.ru/weekly/2004/0147/analit03.php (zuletzt abgerufen am 20.1.2019).
249 M. W. Schwarkowskij, N. J. Tscherepenina, *Istorija Ewangelitschesko-Ljuteranskoi Zerkwi na Sewero-Sapade Rossii 1917–1945*, Sankt Petersburg 2004, S. 57f.
250 Stalin, *Sotschinenija*, Bd. 14 (März 1934–Juni 1941), S. 305.
251 *Orenburgskaja Kommuna*, 14.12.1937.
252 Ebd., 3. Januar 1938.
253 Ebd., 16. Januar 1938.
254 Ebd., 5. März 1938.
255 Ebd., 14. Juni 1938.
256 Archiv des FSB Orenburg, F 8003, op. 5, d. 14070 (Akte 6378 über die Anklage Böhme, Oskar Wilgelmowitsch).
257 Durchsuchungsprotokoll, ebd.
258 Fragebogen des Verhafteten v. 20. Juni 1938, ebd.
259 Gesundheitszeugnis des Medizinischen Dienstes der UNKWD, ebd.
260 Befragungsprotokoll v. 15. Juli 1938, ebd., auch die folgenden Zitate.
261 *Orenburgskaja Kommuna*, 22.7.1938.

262 Protokoll des Urteil des Troika des Orenburger Gebiets in Sachen Böhme, O. W. Archiv des FSB Orenburg, F 8003, op. 5, d. 14070 (Akte 6378).
263 Ebd.

Was wurde aus

1 Anatoli Seljanin, *Swuk truby,* Saratow 2012, S. 81.
2 Edward H. Tarr, Brass Collection, *Oskar Böhme, Konzert e-moll op. 18,* Eichsel 2009/10.
3 Brief von Benno Böhme an Willi Liebe, 19. Mai 1940, Trompetenmuseum Bad Säckingen.
4 Beschluss des Rates der Volkskommissare der UdSSR und des Zentralkomitees der WKP (B) v. 17. November 1938, in: Stalin, *Sotschinenija,* Bd. 14 (März 1934–Juni 1941), S. 363.
5 Ebd., S. 364.
6 »Hinweis für L. P. Berija«, in: ebd., S. 377.
7 Chiffretelegramm an die Sekretäre der Parteikomitees und die Führung des NKWD-UNKWD vom 10. Januar 1939, in: ebd., S. 381f.
8 Protest an das Militärtribunal des Wolga-Militärbezirks vom 16. Januar 1989, in: Archiv des FSB Orenburg, F 8003, op. 5, d. 14070 (Akte 6378).
9 Festlegung, ebd.
10 Brief von Alexander von Poehl vom 25. August 1939, Familienarchiv Tanger/von Poehl.
11 Rechtsgutachten in der Häuserangelegenheit Poehl, Königsberg, 17.6.1941, ebd.
12 Brief des Exekutivkomitees des Leningrader Stadtsowjets vom 10. Oktober 1991, ebd.
13 Brief an das Büro der Delegierten der Deutschen Wirtschaft vom 16. Februar 1992, ebd.
14 Armin Mueller-Stahl, *Dreimal Deutschland und zurück,* Hamburg 2014, S. 21.
15 Gottfried Kratz, Russische Verlage und Druckereien in Berlin 1918–1941 – http://russkij-berlin.org/05Kratz-Verlage.html (zuletzt aufgerufen am 26.9.2018).
16 M. W. Schkarowski und N. J. Tscherepenina, *Istorija Ewangelitschesko-Ljuteranskoi Zerkwi na Sewero-Sapade Rossii 1917–1945,* Sankt Petersburg 2004, S. 57.
17 Familienarchiv Ljudmila Schmidrina (Paul Reichert), Sankt Petersburg.

QUELLEN UND LITERATUR

Quellen

Archiv des FSB für Sankt Petersburg und das Leningrader Gebiet
Archiv des FSB für das Gebiet Orenburg
Archiv des Großen Towstonogow-Dramen-Theaters Sankt Petersburg
Archiv der Rimski-Korsakow-Musikschule Sankt Petersburg
Archiv Max Sommerhalder, Astano
Archiv des Staatlichen Akademischen Mariinski-Theaters Sankt Petersburg
Carl-Bulla-Stiftung für historische Fotografie Sankt Petersburg
Familienarchiv Ekkehard Maaß, Berlin
Familienarchiv Walentina Michailowa (Peter Amann), Sankt Petersburg
Familienarchiv Armin Mueller-Stahl (Editha Maaß/Mueller-Stahl), Sierksdorf
Familienarchiv Ljudmila Schmidrina (Paul Reichert), Sankt Petersburg
Familienarchiv Tanger/von Poehl (Richard von Poehl), Bernau
Landesarchiv Berlin
Musikverlag Zimmermann, Mainz
N. K. Krupskaja-Gebietsbibliothek Orenburg
Russische Nationalbibliothek Sankt Petersburg (RNB)
Russisches Staatliches Historisches Archiv Sankt Petersburg (RGIA)
Stadtarchiv Dresden
Stadtarchiv Perleberg
Stadtarchiv Rostock
Städtische Sammlungen Freital
St. Petersburger Herold
St. Petersburger Zeitung
Zentrales Staatsarchiv für Kino-, Foto- und Phonodokumente Sankt Petersburg (ZGAKFP)
Zentrales Staatsarchiv für Literatur und Kunst Sankt Petersburg (ZGALI)
Zentrales Staatsarchiv Sankt Petersburg (ZGA)
Zentrales Staatliches Historisches Archiv Sankt Petersburg (ZGIA)

Literatur

Amburger, Erik: *Deutsche in Staat, Wirtschaft und Gesellschaft Rußlands. Die Familie Amburger in St. Petersburg 1770–1920*, Wiesbaden 1986
Andrejewa, N. S.: *Revoluzija 1905–1907 i pribaltiskije nemzy*, Moskau 2016
Antonow, Boris: *Peterburg–1914–Petrograd*, Sankt Petersburg 2014
Archimandrit Augustin (Nikitin): *Petrischule: Stranizy istorii*, Sankt Petersburg 2015
Archipow, Igor: »Patriotism w period krisisa 1914–1917 godow«, in: *Swesda*, Sankt Petersburg, Nr. 9/2009
Aust, Martin: *Die russische Revolution*, München 2017
Bazankov, A. M., Ewing, J., Ewing, Ch.: »Foreign reviews of Leningrad 1938«, in: *Modern History of Russia*, 2/2013
Bely, Andrej: *Petersburg*, Berlin 1982
Berberova, Nina: *Ich komme aus St. Petersburg*, Düsseldorf 1990

Busch, Margarete: *Deutsche in St. Petersburg 1865–1914,* Essen 1995
Chodassewitsch, Wladislaw: *Nekropolis,* Münster 2016
Chramow, Igor: *Orenburg,* Orenburg 2013
Darinski, A. W., Starzew, W. I.: *Istorija Sankt-Peterburga XX wek,* Sankt Petersburg 1997
De profundis: *Vom Scheitern der russischen Revolution,* Berlin 2017
Dostojewski, Fjodor M.: *Aufzeichnungen aus dem Untergrund,* München 1985
Efimow, Dmitri: *Predstawlennaja istorija Utschilischtscha Swatoi Anny,* Sankt Petersburg 2004, http://www.239.ru/userfiles/file/239_history.pdf (zuletzt abgerufen am 20.1.2019)
Fleischhauer, Ingeborg: *Die Deutschen im Zarenreich,* Erftstadt 2005
Gedenkfriedhof Lewaschowo, Sankt Petersburg 2013
Gleserow, Sergei: *Istoritscheskije raijony Peterburga ot A do Ja,* Sankt Petersburg 2013
Gleserow, Sergej: *Sewernyje okraini Peterburga,* Sankt Petersburg 2013
Gogol, Nikolai: *Petersburger Novellen,* München 2014
Gogol, Nikolai: *Petersburger Skizzen und andere Aufsätze,* Berlin 1982
Gussarow, A. J.: *Pawlowsk,* Sankt Petersburg 2013
Hilger, Gustav: *Wir und der Kreml,* Frankfurt am Main/Berlin 1956
Hippius, Sinaida: *Petersburger Tagebücher 1914–1919,* Berlin 2014
Ignatowa, Jelena: *Sapiski o Peterburge,* Sankt Petersburg 2017
Ismosik, W. S., Lebina, N. B.: *Peterburg sowjetskij,* Sankt Petersburg 2016
Istorija Mariinskogo Teatra 1783–2008, Sankt Petersburg 2008
Istorija nemzew Rossii, Informazionny portal rossijkich nemzew, Moskau
Istorija Orenburschja, http://kraeved.opck.org/kraevedenie/history/orenburje_pervie_pyatiletki.php#33 (zuletzt abgerufen am 20.1.2019)
Ivachnova, Anna M., Decker, Natalia, Kästner, Ingrid, »Zur Geschichte der St. Petersburger Apothekerfamilie Poehl«, in: Erich Donnert (Hg.), *Europa in der Frühen Neuzeit,* Bd. 6, Köln/Weimar/Berlin 2002
Jarow, S., Balaschow, E., Musajew, W., Rupasow, A., Tschistikow, A.: *Petrograd na perelome epoch,* Sankt Petersburg 2013
Juchnjowa, Natalija, Juchnjowa, Jekaterina: *Sankt Petersburg am Kreuzweg der Kulturen. Die deutsche Route,* Sankt Petersburg 2006
Jussupow, Felix: *Memoiren,* Moskau 1998
Kästner, Ingrid: »Alexander Poehl (1850–1908) und die Organotherapie«, in: Ingrid Kästner, Regine Pfrepper, Dietrich von Engelhardt (Hg.), *Von Samuel Gottlieb Gmelins Reise durch Russland bis zum Niedergang der Apothekerfamilie Poehl,* Aachen 2001
Kahle, Wilhelm: *Geschichte der evangelisch-lutherischen Gemeinden in der Sovetunion 1917–1938,* Leiden 1974
Kerenski, Alexander: *Die Kerenski-Memoiren,* Wien/Hamburg 1966
Kirikow, B. M., Kirikowa, L. A., Petrowa, O. W.: *Newskij Prospekt,* Sankt Petersburg 2013
Kollektiwisazija i raskulatschiwanije w Ingermanlandii, https://histrf.ru/uploads-media/default/0001/09/e8c4d057a1d6528c9fb13aecd3ed92a956404c45.pdf (zuletzt abgerufen am 20.1.2019)
Konjajew, Nikolai, Konjajewa, Marina: *Russki Chronograf 1894–1953,* Moskau 2014
Konowalow, Denis: *Mariinskij Teatr w 1917 godu: K istorii konflikta s A. W. Lunatscharskim,* http://www.academia.edu/4464299/THE_MARIINSKY_THEATRE_

IN_1917_ON_THE_CONFLICT_WITH_A._LUNACHARSKY (zuletzt aufgerufen am 21.1.2019)

Koroljow, Kirill (Hg.): *SSSR. Awtobiografia*, Moskau 2010

Krasny terror w Petrograde, Moskau 2014

Lenin, W. I.: *Was tun?*, Berlin 1972

Lunatscharski, Anatoli, *Die Revolution und die Kunst*, Dresden 1974

Lunatscharski, Anatoli: »Na sowjetskije relsy«, in: *Newa*, Leningrad, Nr. 11/1965, zit. n. http://lunacharsky.newgod.su/lib/vospominaniya-i-vpechatleniya/na-sovetskie-relsy (zuletzt abgerufen am 20.1.2019)

Lurje, Lew: *Bes Moskwy*, Sankt Petersburg 2014

Lurje, Lew: *Grad obretschjonny*, Sankt Petersburg 2017

Leningradski Martirolog 1937–1938, Bd. 1– 3, 1995–2015

Mandelstam, Ossip: *Das Rauschen der Zeit: Gesammelte »autobiographische« Prosa der 20er Jahre*, Frankfurt am Main 2005

Minzlow, S. R.: *Peterburg in den Jahren 1903–1910*, Riga 1931

Mueller-Stahl, Armin: *Dreimal Deutschland und zurück*, Hamburg 2014

Nabokov, Vladimir: *Erinnerung, sprich. Wiedersehen mit einer Autobiographie*, Reinbek bei Hamburg 2015

Nachtigal, Reinhard: *Aufstieg und Niedergang der Deutschen von St. Petersburg-Leningrad*, Konferenzbeitrag, Saratow 2004

Naprawnik, W.: *Eduard Franzowitsch Naprawnik i ego sowremenniki*, Leningrad 1991

Nemzy w Rossii. Petersburgskije Nemzy, Sankt Petersburg 1999

Nikitinenko, G., Sobol, W.: *Doma i ljudi Wassiljewskowo ostrowa*, Moskau/Sankt Petersburg 2013

Pantzier, Rosel und Heinz: *Das Städtische Orchester Rostock, 1897–1957*, Rostock 1957

Pawlowski park. Woksal perwoijschelesnoi dorogi – http://tsarselo.ru/yenciklopedija-carskogo-sela/adresa/pavlovskii-park-vokzal-pervoi-zheleznoi-dorogi.html#.WYg8A4pCRNo (zuletzt abgerufen am 20.1.2019)

Petrowskaja, I. F.: *Musikalny Peterburg 1801–1917*, Bd. 10, Sankt Petersburg 2009

Plan goroda S.-Peterburga, Sankt Petersburg 1911

Poehl-Tanger, Eugenie von, Kästner, Ingrid: »Das Schicksal der deutsch-russischen Apotheker-Familie Poehl im 20. Jahrhundert«, in: Ingrid Kästner, Regine Pfrepper, Dietrich von Engelhardt (Hg.): *Von Samuel Gottlieb Gmelins Reise durch Russland bis zum Niedergang der Apothekerfamilie Poehl*, Aachen 2001

Poljan, Pawel: »Inostranzy w GULAGE: sowjetskije repressii protiw inostranno-poddannych«, in: *Demoskop Weekly*, 23.2.2004 – http://www.demoscope.ru/weekly/2004/0147/analit03.php (zuletzt abgerufen am 20.1.2019)

Priwalow, Sergei: *Musykalnaja schkola imeni Rimskogo-Korsakowa*, Sankt Petersburg 2013

Putewoditelj po Leningradu, Leningrad 1935

Reichs-Kursbuch Mai 1897, Berlin 1897, Nachdruck Ritzau-Verlag, Pürgen 1979

Reuth, Ralf Georg (Hg.): *Joseph Goebbels Tagebücher, 1924–1945*, München/Zürich 1999

Rossija 1913 god, Sankt Petersburg 1995

Rossijski Rubl. Enziklopedija »Wokrug sweta« – http://www.vokrugsveta.ru/encyclopedia/index.php?title=Российский_рубль (zuletzt abgerufen am 20.1.2019)

Sankt-Peterburg 1703–1917, Sankt Petersburg 2000

Scherich, Dmitri: *Is Petrograda w Leningrad. 1924*, Sankt Petersburg 2004
Schkarowski, M. W., Tscherepenina, N. J.: *Istorija Ewangelitschesko-Ljuteranskoi Zerkwi na Sewero-Sapade Rossii 1917–1945*, Sankt Petersburg 2004
Schklowskij, Viktor: *Gamburgski stschjot*, Moskau 1990
Schklowskij, Viktor: *Sentimentale Reise*, Berlin 2017
Schlögel, Karl: *Petersburg*, Frankfurt am Main 2015
Schlögel, Karl: *Terror und Traum. Moskau 1937*, München 2008
Schwahn, Hans: *St. Petri 1710–2010*, Sankt Petersburg 2010
Seljanin, Anatoli: *Swuk truby und Orkestr 3-4/2009*
Smirnow, W. W.: *St. Petrischule. Schkola, schto na Newskom prospekte sa kirchoi*, Sankt Petersburg 2009
Solschenizyn, Alexander: *Der Archipel GULAG*, Bern 1974
Sommerhalder, Max: Begleittext zur LP *Musique romantique russe pour trompette*, ACCORD ACC. 140.027. Suresnes: Musidisc Europe 1980
Sommerhalder, Max: Begleittext zur CD *Giuliano Sommerhalder: Romantic Virtuosity*, Solo Musica München 2008
Stalin, J.: *Fragen des Leninismus*, Moskau 1938
Stalin, I. W.: *Sotschinenija*, Bd. 14, März 1934–Juni 1941, Moskau 2007
Taburetkin, Boris: *Welikije imena Peterburgskoi konservatorii. K 150-letiju so dnja roschdenija A. B. Gordona*, www.conservatory.ru/files/Musicus_49_Taburetkin.pdf (zuletzt abgerufen am 20.1.2019)
Tarr, Edward H.: Brass Collection: *Oskar Böhme, Konzert e-moll op. 18*, Eichsel 2009/10
Tarr, Edward H.: *East Meets West: The Russian Trumpet Tradition from the Time of Peter the Great to the October Revolution*, Hillsdale, NY, 2003
Tarr, Edward H.: »Oskar Böhme revisited: Young musicians' training, instruments, and repertoire in the late nineteenth and early twentieth centuries«, in: *Brass scholarship in review. Proceedings of the Historic Brass Society conference, Cité de la musique*, Paris 1999, Hillsdale, NY, 1999
Teljakowskij, W. A.: *Dnewniki direktora Imperatorskich teatrow, 1909–1913*, Moskau 2016
Teljakowskij, W. A.: *Dnewniki direktora Imperatorskich teatrow, 1909–1913*, Leningrad/Moskau, 1965 – http://www.belousenko.com/books/telyakovsky/telyakovsky_memuary.htm (zuletzt abgerufen am 20.1.2019)
The Price Regent's Band: *Russian Revolutionaries Vol. I: Victor Ewald and Oskar Böhme* – http://www.princeregentsband.com/blog/2017/10/22/russian-revolutionaries-vol-i-victor-ewald-and-oskar-bohme (zuletzt abgerufen am 20.1.2019)
Wassiljewa, M. W.: *Rabotschije fabriki »Swetotsch« w trjoch revoluziach*, Leningrad 1968
Wexler, Arkadi, Kraschennikowa, Tamara: *Takaja udiwitelnaja Ligowka*, Sankt Petersburg 2013
Wolkow, Solomon (Hg.): *Die Memoiren des Dmitri Schostakowitsch*, Berlin 2003

BILDNACHWEIS

akg-images: 157 o.
Archiv des FSB für das Gebiet Orenburg: 325, 329
Archiv des Großen Towstonogow-Dramen-Theaters Sankt Petersburg: 265 o., 265 u.
Archiv des Musikverlags Zimmermann, Mainz : 57 u. (mit freundlicher Genehmigung von SCHOTT MUSIC, Mainz)
Archiv der Rimski-Korsakow-Musikschule Sankt Petersburg: 239 u.
Bozheryanov, Ivan Nikolaevich (Hg.): A *Cultural-Historical Sketch of the Life of St. Petersburg over two centuries*, Sankt Petersburg 1902, Bd. 1, S. 186: 143 u.
bpk: 211 o.
Carl-Bulla-Stiftung für historische Fotografie Sankt Petersburg: 109, 123, 127 o., 219 u. (Carl Bulla)
Elke Rehder Collection: 199 u. (Paul Langhans: *Deutsche Kolonisation im Osten II. Auf slawischem Boden*, aus *Langhans Deutscher Kolonial-Atlas*, Gotha 1897, Karte Nr. 7)
Familienarchiv Ekkehard Maaß, Berlin: 47 o., 203 u., 359
Familienarchiv Walentina Michailowa, Sankt Petersburg: 49 o., 199 o.
Familienarchiv Ljudmila Schmidrina, Sankt Petersburg: 231 o.
Familienarchiv Tanger/von Poehl, Bernau: 43 o., 43 u., 79 o., 190
Christian Neef: 295 u., 343, 354
picture alliance: 219 o. (Heritage Images)
ru.nailizakon.com: 13, 295 o.
Russische Nationalbibliothek Sankt Petersburg (RNB): 83, 127 u., 139 u.
Russisches Staatliches Historisches Archiv Sankt Petersburg (RGIA): 62 (F 1284, op. 99, d. 1643.)
Trompetenmuseum Bad Säckingen: 33
Zentrales Staatlich-Historisches Archiv Sankt Petersburg (ZGIA): 41 u. (F 1519 op. 1 d. 32), 47 u. (F 1896 op. 1 d. 9)
Zentrales Staatsarchiv für Kino-, Foto- und Phonodokumente Sankt Petersburg (ZGAKFP): 20/21, 35, 37 o., 37 u., 41 o., 49 u., 57 o., 65 o., 65 u., 73 o., 73 u., 79 u., 89, 101 o., 101 u., 139 o., 143 o., 157 u., 171 o., 171 u., 203 o., 209 o., 209 u., 211 u., 231 u., 239 o., 259 o., 259 u., 279, 285

Malaja
Petrowskij Prospect
Maly Petrowskij Br.
Petrowskij Ostrow
Kostrowskij Park
Kamenskij Br.
Golodaj
Ssmolensker Luther. Friedhof
Patronen-Fabr.
Shdanowskij Br.
Tutschkow Br.
Naberesnaja
Penk. Bujan
Birshewoi
Wassiljewskaja
Gal. Ssemenow
Börse
Universität
Univers. Nab.
Admiralteisk.
Nikolajewsk. Br.
Kronstadt. Pristan
Nikolajewskaja Nab.
Ssmolenskoje Pole
Tschekusch
Galerny Osstr.
Podsorny Osstr.
Franco-russ. Ges. (Baird)
Admiralteisk
Kolomenskaja
Matissow Br.
Chrapowitzkij Br.
Offizier Br.
Theater Pl.
Nicolaus
Nikolajew
Kalinkin Br.
Bol. Kalinkin Br.
Maly Kalinkin Br.
Troizk. Pl.
Nowo Kalinkin
Nikolaus Kav. Schule
Kurljandskaja
Tarakanowskaja
Sawodskaja
Pokrowskaja Pl.
Alartschin Br.
Bardow Br.
Smury Br.
Potsjelujew Br.
Postamt Br.
Löwen Br.
Charlam
Blagow. Pl.
Peters Pl.
Alexan
Rota
8
4
7
3
5